제5판

정부와 NGO

－사회적 자본과 협치적 거버넌스를 중심으로－

임 승 빈

도서출판 대영문화사

제5판 머리말

지난 2018년 제4판 개정판이 나온 이후 만 4년이라는 세월은 대내·외적으로 급격한 변화가 일어났던 시기였다. 국내적으로는 정권교체기를 거쳤으며 코로나19라는 전대미문의 전지구적 팬데믹이 발생하여 극심한 경제위기에 직면한 국가들이 속출했으며, 국내적으로도 어려운 경제환경과 더불어 빈부 격차는 더욱 심화된 위기의 연속이었다. 정도의 차이는 있지만 급격한 제4차 산업혁명이라는 IT와 디지털의 세계는 정부와 NGO 간의 관계를 맺는 환경을 근본적으로 변화시켰다. 동시에 경제환경의 변화가 빈부 격차의 문제를 가져온 것은 개인의 문제를 떠나 계층 간의 갈등과 지역 간의 갈등도 유발시켜 한국 사회의 큰 문제로 자리잡은지 오래되었다. 2019년을 기점으로 수도권의 인구가 전 국민의 50% 이상을 차지하면서 정치와 경제의 지배는 대도시 중심의 국가지배체제를 탄생시킨 반면, 생활공동체이면서 가치공동체였던 전통적 지역사회를 붕괴시켜 심각한 지역불균형과 인구의 편중 현상도 발생시키고 있다.

그러나 이러한 산적한 현안들에 대해서 시민사회의 목소리는 진보와 보수라는 진영논리로 합리적으로 투영된다기보다는 이념적으로 투영되어 또 다른 갈등을 낳고 있는 실정이다. 더 이상 현대 사회를 다양성이라고 표현하기에는 모자랄 정도로 국가 및 지역사회가 추구하고 있는 가치 또한 복잡다기(複雜多岐)하여 중앙정부나 지방정부가 국민이나 지역 주민 모두가 만족하는 정책을 수립하여 정부 혼자서 추진하다는 것은 불가능해졌다. 따라서 시민사회단체(NGO)의 정체성이라고 할 수 있는 공익과 공정, 협력, 신뢰라는 가치를 추구하는 집단과 협력적 거버넌스를 구축해야 한다. 그러나 대부분의 시민사회단체를 보는 우리 국민의 시각은 NGO를 정당과 유사한 정치단체로 보는 경향이 더욱 심화된 것은 안타까운 현실이다. 다시 강조하지만 원론적인 입장에서 본다면 정부는 우리의 현안들과 국제 사회에 던져진 공동체 전체에게 주어진 집합적 문제를 해결하고, 삶의 질을 향상시키기 위하여 시민사회단체와 협력적 거버넌스를 구축해야 할 것이다.

지금 우리가 목도하고 있는 정부와 NGO 간의 관계는 과거 서유럽 국가들에서 신분제적 사회에서 최하층이었던 계층이 신분제가 붕괴되면서 시민사회로 탈바

꿈하게 되어 양자 간의 사회적 계약으로 진화하는 긍정적인 면을 보고 있는 것이 아니다. 오히려 우크라이나－러시아 전쟁, 한－중－일－북한의 긴장 관계로 인하여 각국에서는 군사력과 핵전쟁에의 대비까지 가는 시민사회의 역할 증대가 아닌 국가주의적 혹은 민족주의적 관점에서 국가의 역할이 강조되는 위험사회에 직면하고 있다.

이번 제5판에서는 이럴 때 일수록 신뢰와 협력을 강조하는 사회적 자본에 대한 논의와 공동체를 위한 NGO의 역할 강화에 관한 부분을 집중적으로 보완했다. 특히 정부와 NGO의 바람직한 관계 형성을 위한 민주적 거버넌스 체제를 만들기 위한 이론적 탐색과 방안 등에 대해서도 기술하였다. 끝으로, 항상 어려운 편집 작업과 교정, 발행을 책임져 주신 대영문화사의 임춘환 사장님과 임현준 부장님에게 지면을 빌어 고마움을 표하고자 한다.

2023년 1월

서울시 종로구 옥인동 二五齋에서

저자 임승빈(林承彬) 씀

제4판 머리말

2009년 초판부터 지금의 제4판 개정판까지 빛을 보게 된 것은 순전히 독자 여러분들의 성원과 질책에 힘입은 바가 크다고 생각한다. 미국의 토머스 제퍼슨(Thomas Jefferson)은 말년에 귀족주의자와 민주주의자를 구분하면서 다음과 같이 말했다고 한다. 귀족주의자는 "국민을 무서워하고 불신하여 그들로부터 모든 권력을 빼앗아 상위계층에게 주려는 자"이며 이와 대조적으로 민주주의자는 "국민과 하나가 되고 국민을 확고하게 신뢰하고 그들을 사랑하며 설사 항상 최고로 현명하지 않더라도 공공이익을 정직하고 안전하게 지키려는 자"라고 했다. 우리와 대비해 보면 정부의 권력 과정인 정책 과정에서 과연 시민사회의 의견이 얼마나 반영되었는지가 이 책의 문제 제기였다. 따라서 한국의 민주주의 구체적으로는 한국의 시민사회 및 시민단체의 역동성을 살펴보고자 하는 데에 이 책 저술의 목적이 있었던 것이다. 그러나 작금의 한국 사회는 진보와 보수라는 진영논리로 지나치게 대척점에 서 있다.

정보의 비대칭성의 연구 결과로 2011년 노벨 경제학상을 받은 조지프 스티글리츠(Joseph Stiglitz) 교수의 의견도 마찬가지이다. 스티글리츠의 분열된 사회가 왜 위험한가라는 화두의 '불평등의 대가'라는 역저를 권할 필요도 없이 우리 사회는 심한 갈등으로 분열되어 NGO들이 오히려 국민들에게 불안을 조장하고 있다는 비판에 직면하고 있다. 문제는 합의를 위한 갈등이 아닌 상호간에 질시(疾視)와 적개심의 정치로 인한 갈등이 난무하여 합의를 방해하고 있다는 데에 있다. 본래 갈등이란 일상생활의 한 부분처럼 자연스러운 것이며 갈등의 현상 자체 역시 부정적이지도 긍정적이지도 않은 중립적인 것이다. 오히려 갈등이 생산적으로 다루어지면 사회관계에 순기능적 영향을 줄 수도 있다. 다만, 갈등이 비생산적으로 다루어지면 폭력과 같이 기존 사회관계에 역기능적 영향을 미칠 수 있다는 것이다. 따라서 정치권이든 사회경제 영역이든 상호간의 갈등에서 합의를 도출하는 방법, 즉 갈등을 관리 내지 해결하는 방법을 찾아야 하는 것이다. 이쯤 이야기하면 명석한 우리 정치권이나 발 빠른 행정가들은 합의를 위한 제도나 혹은 기구를 만들고자 하거나 기존의 것을 개조하여 합의체 내지 협력기구를 만들고자 할 것이다. 그러나 틀렸다. 지금까지 이들 기구나 제도가 없었던 것이 아니다. 문제는 갈등을 관리하여 합의를 도출하려 모인 참여자들 자체가 동기가 불순하다. 상대방을 신뢰하지 않는, 즉 사회적 자본이 취약한 상태에서 모여 봤자 붕당에 지나지 않는 것이다.

따라서 이 책인 『정부와 NGO』에서는 초판부터 정부의 정책 과정에서 NGO들에 대한 영향력에 대한 공부를 하기 이전에 사회적 자본과 사회변동론적인 관점에서의 역동적인 한국의 시민사회와, 그리고 단체로서의 NGO의 역할에 대한 접근을 시도했다. 이번 제4판에서는 이를 보다 구체적으로 살피기 위하여 사회운동적 관점과 사회변동적 관점에서 NGO의 역할을 시대적으로 정책 이슈별로 보완 강화했다. 데이터 등도 최신 것으로 수정하는 등의 노력을 하였다. 끝으로, 항례적인 인사말이 되었지만 진심으로 제4판 개정판까지 지속적으로 출간이 가능했던 점은 독자들의 지적과 비판, 그리고 초판부터 지금까지 인연을 맺고 있는 대영문화사 임춘환 사장님과 임현준 과장님, 그리고 장선옥 선생님 등의 협조와 지원이 없었다면 불가능했을 것이다. 진심으로 심심한 감사를 드린다. 이 책이 다소나마 우리나라의 정부와 시민사회 상호간에 신뢰회복을 위한 이해증진과 공동체 발전에 기여를 했으면 하는 바람이다.

2018년 6월
서울시 종로구 옥인동 二五齋에서
저자 임승빈(林承彬) 씀

제3판 머리말

졸저(拙著)를 선보인 5년여 만에 제3판을 발행하게 된 것은 전적으로 독자들의 전폭적인 지지에 힘입은 바 크다. 협력은 왜 필요한 것일까? 2009년 노벨 경제학상을 수상한 엘리너 오스트롬(Elinor Ostrom)은 "자본이 곧 돈만을 의미하지는 않는다. 다른 무언가를 가능하게 해 주는 모든 자산이 자본이다. 따라서 협력도 매우 중요한 사회적 자본 중 하나이다"라고 말했다. 협력이 없다면 어떤 일이 일어날까. 인간의 이기심으로부터 발생하게 되는 공유지의 비극이 대표적인 사례일 것이다. 이러한 협력을 위해 정부와 NGO는 소통이 필요하다고 본다.

그러나 소통은 개념이 아니라 기술이다. 소통의 유명한 사례로서 스웨덴의 비스비(Visby) 시에서 매년 7월에 열리는 알메달렌(Almedalen) 정치박람회(Political Week) 사례가 있는데 이는 40여 년의 전통을 자랑한다. 이 축제에서는 정당, 시민단체, 개인 누구나 자신의 의견을 펼칠 수 있으며, 국가의 재정 상태, 경제 상태를 재무 장관이 직접 발표하고 서로 질문을 주고받으며 격식 없이 소통함으로써 최선의 해결책을 찾는 과정이다. 우리나라에서는 찾아볼 수 없는 일이며 실로 놀라운 일이 아닐 수 없다. 즉, 소통은 기술과 제도의 문제이며 정부와 시민사회, 즉 NGO로 대변되는 시민사회단체와 끊임없는 소통이 이뤄져야만 협력적 게임을 할 수 있다고 본다. 이러한 취지에서 이번 제3판에서는 사회적 기업, 미국, 영국, 일본 등의 국가에서 정부와 NGO가 어떤 방식으로 소통하고 있고 협력하는지를 독자들에게 전달하고자 했다. 그러나 여전히 많이 부족함을 느끼는 바이다.

끝으로, 이번 제3판 개정판이 출간되기까지는 강호 제현들의 질책과 애정 어린 지적이 있었기에 가능했다고 본다. 특히 대영문화사의 임춘환 사장님의 지속적인 지원에 의해 이 책이 명맥을 유지하게 되었음에 감사를 드리고, 정부와 NGO를 이해하는 이론과 실제가 겸비된 책이 되었으면 하는 바람이다.

2015년 정월

서울시 종로구 통인동 이오재(二五齋)에서

임승빈

개정판 머리말

초판 발간 이후 정부와 시민사회 모두 변화가 심했다. 또한 오・탈자로 인해 독자들에게 불편을 주어 저자로서 부끄러움을 느껴 빠른 시일 내에 개정판을 내고자 했다. 그러나 막상 수정 및 개정을 하려 했으나 정부와 NGO가 당면한 과제가 산적되어 있어 이를 다루고자 하다 보니 이 개정판은 개정판으로 보기보다는 완전히 새롭게 바꾼 초판에 가깝다고도 볼 수 있다.

21세기 초엽에 들어온 한국 사회에서 문제의 대부분은 경제 성장의 빛과 그림자의 차이라고도 볼 수 있다. 그러나 누구든지 이러한 위기를 극복하기 위해 시민사회 역량 강화를 강조하면서도 진보와 보수 진영의 해법은 천양지차에 가까워 오히려 갈등을 키웠다. 정부 역시도 편향적인 시민사회에의 시각을 가진 채로 좌(左)와 우(右)라는 낡은 도식에 빠져 자신들의 파트너를 그때그때의 입맛에 맞게 선택하고 있다. 지금 한국 사회는 급격한 경제 성장의 이면에 생활공동체이면서 가치공동체였던 전통적 지역사회를 붕괴시키고 심각한 지역불균형과 인구의 편중 현상, 세대 간의 의식 차이 등으로 인해 정책 갈등도 빚고 있다. 따라서 이러한 사회적 문제점들을 해소하기 위해 정부와 시민사회단체, 이 책에서는 범용적인 용어로서 NGO로 표현한 이들의 역할이 매우 중요하다. 또한 사회적 기업, 협동조합, 마을기업 등 자본주의가 갖고 있는 모순에 대해 시민사회 공동체가 새로운 지평을 열어가고 있으므로 이 책에서도 새로이 비중 있게 다뤘다.

물론 개정판의 내용에서는 기존의 사회적 자본에 관한 논의를 좀 더 심도 있게 보완했으며, 한국 시민사회단체의 성장과 과제, 그리고 정부의 역할과 과제 등에 대해서도 추가적이며 불필요한 것은 삭제하는 등의 노력을 했다. 각각의 장에서는 폭넓은 국내・외의 이론적 시각과 정보를 제공하도록 애썼으며 편향적으로 기술하지 않고자 노력했다. 학기당 16주 수업을 고려해 책의 분량은 한 학기가 소화시킬 수 있을 정도로 구성했다.

지금의 본인이 있게 해주신 분들은 너무나도 많다. 교단에 계신 혹은 계셨던 분들만은 물론 아니다. 특정한 분만 거론하거나 혹은 거론하지 않는 것 자체가 혹여 누가 될 것 같아 저를 아껴 주시는 모든 분께 감사를 표하고 싶다. 끝으로,

항상 격려와 기도를 아끼지 않는 부모님, 장모님, 밤늦게 귀가하는 남편에 대해 불평 한 마디 없는 아내, 이해심 깊고 발랄한 딸 서영에게도 지면을 빌려 고마움을 표하고자 한다.

2012년 8월
이오재(二五齋)에서
임승빈 씀

초판 머리말

사람들 사이의 협력은 어떻게 가능할까? 사회적 자본을 연구하는 많은 학자들은 협력이 가능한 사회, 질서와 규범, 신뢰가 있는 사회가 발전한다고 실증적·논리적으로 증명하고 있다. 예를 들어, 전통적인 경제학이론에 따른다면 자신의 이익을 계산하여 행동하는 사람들 사이에서는 협력과 나눔이란 불가능한 것처럼 보인다. 그래서 우리는 차가운 이성이 아닌 따뜻한 감성에 호소하는 방식이 협력과 나눔을 회복하는 길이라고 생각하기도 한다. 하지만 최근의 경제학과 심리학에서의 실험은 자신의 이익을 우선 고려하는 대부분의 사람들 사이에서도 협력과 나눔이 불가능한 것이 아니라는 것을 보여 준다. '최후 통첩 게임(ultimatum game)'이 그 한 예이다. '죄수의 딜레마 게임(prisoner's dilemma)'도 마찬가지이다. 이런 실험들에서도 같은 결과가 관찰되었다. 이것은 계산하는 이성을 가진 사람들 사이에서도 협력의 방식이 가능함을 보여 주는 좋은 예인 것이다. 정부와 시민사회단체 간의 협력도 그렇다. 정부실패와 시장실패의 공과를 따지기보다는 지금은 민과 관이 협력을 할 때이다.

실마리는 필자의 일본 동경대학 유학 시절로 거슬러 올라간다. 당시 일본으로의 유학도 드물었지만 대부분의 사회과학 분야의 유학생들은 일본의 경제 성장의 노하우를 배우기 위해 연구 주제를 삼는 것이 통상적이었다. 그러나 필자는 얼마 안 가 일본의 고도경제 성장의 비결은 지역사회에서의 전통적 주민조직과 행정과의 끈끈한 연계망에 있다는 점에 착안하기에 이르렀고, 학위논문으로 발전시키는 계기가 되었다. 일례이지만 1995년 1월 14일 일본의 한신·아와지(阪神·淡路) 대지진은 6,398명의 생명을 앗아갔다. 당시에 사상자 이외에 약 25,000명이 구조를 받았는데 17,000여 명이 민간 자원조직에 의해 구조를 받았고, 8,000여 명만이 행정(자치단체, 군대와 경찰 등)에 의해 구조를 받았다고 한다. 지진이 발생한 1월 14일은 일요일이어서 관공서가 제대로 대처를 못해 피해가 커졌던 반면에, 풀뿌리 주민조직에 의한 시민구호 활동이 어느 때보다 역할이 커서 1998년에 특정 비영리사회단체(NPO) 지원법 제정의 계기가 된 바 있다.

이를 계기로 필자가 1995년 귀국하여 YMCA, 경실련 등의 시민사회단체에서의

활동에서 정부와 NGO의 협력과 견제의 중요성을 깨닫게 되었다. 따라서 이 책을 '정부와 NGO'에 대한 이론과 실제가 겸비되도록 구성했으며, 행정학이라는 학문적 관점에서도 양자 간의 파트너십에 대해 많은 양을 할애했다.

끝으로, 졸저(拙著)를 세상에 선보이게 되는 것을 부끄럽게 여기며 미력이나마 이 책이 이 분야에 관심이 많은 학자를 비롯한 전문가, 정부, 학생, 시민사회단체 등에게 일조가 되기를 바랄 뿐이다.

2009년 설날

서울시 종로구 옥인동 우거(寓居)에서 저자

임승빈

차례

제5판 머리말 3
제4판 머리말 5
제3판 머리말 7
개정판 머리말 8
초판 머리말 10

1장 제도 · 문화 · 사회적 자본

제 1 절 제도 · 문화 · 사회적 자본의 상관성 ············ 19
1. 제도 · 문화 · 사회적 자본의 상관성 19
2. 사회적 자본의 개념과 의의 24
3. 사회적 자본에 관한 학자들의 견해 26
4. 요약 30

제 2 절 국정관리와 사회적 자본 ···························· 32
1. 정부와 사회적 자본과의 관계 32
2. 국정관리에서 사회적 자본의 중요성 34

제 3 절 사회적 자본의 측정과 우리나라의 수준 ······ 37
1. 사회적 자본은 어떻게 측정하는가? 37
2. 한국 사회에서 사회적 자본의 확충 방안과 그 효과 39
3. 정부와 시민사회단체와의 바람직한 파트너십 형성 43

2장 시민사회와 NGO의 개념과 범주

제 1 절 서유럽에서 시민사회 개념의 등장 ············· 46
제 2 절 NGO와 유사 용어의 정의 ························· 51
1. 국가별 개념의 차이 51
2. 이 책에서 NGO의 범위 60

제 3 절 NGO의 성장 배경과 특성 ························· 62
1. NGO의 2대 성장 배경 62
2. NGO의 일곱 가지 특성 64
3. NGO의 4대 기능 67

3장 한국의 시민사회 형성 과정과 NGO

제 1 절 정부와 시민사회의 형성 71
1. 조선의 신분제 사회와 차별 사회 71
2. 일제강점기(1910년~1945년) 73
3. 1945년~1980년 78
4. 1980년~1986년 79
5. 1987년~문민정부 80
6. 김대중 정부(1998~2003) 81
7. 노무현 정부(2003~2008) 82
8. 이명박 정부(2008~2013) 84
9. 박근혜 정부(2013~2017) 87
10. 문재인 정부(2017~2022) 88
11. 윤석열 정부(2022~2027) 89

제 2 절 시민단체의 연혁과 NGO의 급성장 90
1. 주요 시민단체의 연혁 90
2. 한국에서 NGO의 급성장에 대한 여덟 가지 요인 95

4장 한국의 사회운동과 정책 과정에서의 제도화

제 1 절 노동운동 101
1. 개념과 태생 101
2. 정부의 정책 과정에서의 노동운동단체 (NGO)들의 역할 102
3. 정부의 정책 과정에서 제도화로의 정착 과정 104

제 2 절 환경운동 107
1. 개념과 태생 107
2. 정부의 정책 과정에시의 환경운동단체 (NGO)들의 역할 108

제 3 절 소비자운동 112
1. 개념과 태생 112
2. 정부의 정책 과정에서의 소비자운동단체 (NGO)들의 역할 113
3. 정부의 정책 과정에서 제도화로의 정착 과정 120

제 4 절 여성운동 125

1. 개념과 태생 125
2. 정부의 정책 과정에서의 여성운동단체 (NGO)들의 역할 126
3. 정부의 정책 과정에서 제도화로의 정착 과정 128

5장 NGO의 주요 활동과 이념 갈등

제 1 절 21세기 NGO의 변화 ······ 135
1. 시민사회 내부의 변화 135
2. 새로운 다중매체(SNS) 시대에서의 변화 136

제 2 절 2000년대 이후 NGO의 주요 활동 ······ 138
1. 2000년 총선시민연대의 '낙천 · 낙선운동' 138
2. SOFA 개정운동 141
3. 2003년의 파병 반대, 여성과 환경운동의 분출 143
4. 한반도 대운하 반대운동 147
5. 평택 미군기지 이전 반대운동 150
6. 한 · 미 FTA 협정 반대운동 152
7. 태안 기름 유출사고 154
8. 광우병 파동 156
9. 세월호 참사 160
10. 광화문 촛불집회 163

제 3 절 시민사회단체 간 이념 갈등의 확장 ······ 167
1. 진보적 NGO 내부에서의 신사회운동과 구사회운동 168
2. 진보단체와 보수단체의 갈등 분출 168

6장 우리나라 NGO의 활동 방식과 정책 영향력

제 1 절 정부의 정책 과정 참여 ······ 171
1. 정책 과정에의 참여 의의 171
2. 정부와 NGO와의 관계 변화 174
3. 정책 과정에서 정부와 NGO 176

제 2 절 정부와 NGO 간의 파트너십 ······ 178
1. 등장 배경 및 개념 178
2. 파트너십형 사회구조로의 전환 180
3. 파트너십의 의의 180

4. 파트너십의 유형 183

제 3 절 NGO 활동 현황 분석 ······ 189
1. 활동 영역별 분류 189
2. 유형별 민간단체 지원사업 선정 현황 189
3. 법적 자격에 의한 분류 190

제 4 절 우리나라 NGO들의 정책 영향력 ······ 191
1. 배경 191
2. NGO의 영향력에 대한 이론적 논의 192
3. 우리나라 NGO의 정책 영향력 행사에 관한 논쟁점 194

7장 NGO의 내부 거버넌스, 재정과 기부

제 1 절 조직 및 인력관리 ······ 198
1. 조직관리 198
2. NGO의 인적자원 관리 200
3. NGO의 의사결정 구조 202

제 2 절 NGO의 재정자율성과 의존성 ······ 204
1. 현황 204
2. 재정 자립을 둘러싼 두 가지 견해 205

제 3 절 기부 ······ 212
1. 개념 212
2. 기부의 의의 213
3. 기부의 유형 214

8장 공유재의 확장과 중간 지원조직

제 1 절 공유재의 확장과 NGO 역할 ······ 217
1. 공유재의 개념 217
2. 공유재의 확장을 위한 중간 지원조직의 개념과 역할 220
3. 공유재 확장 활동 사례: 영국과 한국 223

제 2 절 정책 과정에서의 공론화제도 운영의 의의와 평가 ······ 227
1. 공론화의 개념과 추진 방법 227
2. 우리나라에서의 시민배심원제 활용 사례 228
3. 평가와 전망 229

제 3 절 중간 지원조직: 영국과 일본 사례 ············231
1. 영국 231
2. 일본 233
3. 영국과 일본 사례에서의 시사점 236
4. 우리나라에의 적용 238

9장 사회적 기업의 등장과 의의

제 1 절 사회적 기업의 등장 ································242
1. 배경 242
2. 개념 243

제 2 절 사회적 기업의 의의 ································244
1. 등장 배경 244
2. 사회적 기업의 개념과 특성 245
3. 사회적 경제와 사회적 기업 249
4. 사회적 기업의 역할 250
5. 사회적 기업의 유형 250
6. 우리나라 정부의 사회적 기업에 관한 지원 형태 251
7. 사회적 기업에 대한 비판 254

10장 국제화 시대 NGO의 역할

제 1 절 글로벌 시민사회의 도래 ··························256
1. 지구시민으로서의 개념 256
2. 글로벌 시민사회에서 NGO의 역할과 방향 258

제 2 절 글로벌 NGO 사례 ···································263
1. 월드비전(World Vision) 263
2. 그린피스(Greenpeace) 266

11장 일본 시민사회의 변화

제 1 절 일본 시민사회의 형성과 변화 ··················269
1. 전후 태동 시기(1945년 이후) 269
2. 시민사회의 발전 270
3. 지역사회의 변화 271

제 2 절 정부 주도형에서 새로운 파트너십으로 ······274
1. 행정 주도형의 자원봉사 구축 274
2. 1990년 이후 정부와 시민사회단체와의

새로운 파트너십 274
3. 정부와 시민사회단체와의 파트너십 276
4. 재난관리에서의 민－관 협력체제의 강화 277

제 3 절 주민조직과 NPO 조직 ………………………… 279
1. 주민조직 279
2. 일본 NPO와 특징과 개념 282
3. 전통적 주민조직과 NPO의 구분 286

제 4 절 공익법인 제도 도입 ……………………………287
1. 사단법인 · 재단법인의 진화 287
2. 공익법인 개혁의 배경 288
3. 신공익법인 제도의 도입과 변화 291
4. 공익사단법인 · 공익재단법인 292

12장 영국과 미국의 시민사회 변화

제 1 절 영국 ……………………………………………………298
1. 20세기 영국 시민사회의 변화 299
2. 제도적 지원 체계 300

제 2 절 미국 ……………………………………………………303
1. 형성과 성장 303
2. 미국 시민사회의 영역별 활동 유형 305
3. 미국 시민사회의 특징 307
4. 미국 시민단체에 대한 지원 제도 310

13장 사회적 자본의 위기와 협치적 공동체주의

제 1 절 참여 민주주의의 위기 ………………………… 314
1. 시민참여와 민주주의 314
2. 시민참여의 허와 실 315

제 2 절 사회적 자본의 위기와 협력적 거버넌스를 통한 극복 ……………………………………317
1. 사회적 관용성이 미흡한 사회적 자본의 위기 317
2. 지역공동체 붕괴와 협력적 거버넌스 구축 321

참고문헌 327
찾아보기 349

제 1 장 제도 · 문화 · 사회적 자본

제 1 절 제도 · 문화 · 사회적 자본의 상관성

1 제도 · 문화 · 사회적 자본의 상관성

사회적 자본이 유형적인 법 · 규칙 또는 무형적인 규범이나 문화로 정착되는 과정을 제도화 과정이라고 한다. 이러한 제도화 과정은 여러 가지 요인에 의하여 생성 · 유지 · 소멸되는데, 논의는 제도론과 신제도론으로 구별되어 막스 베버(Max Weber) 이후 지금까지 이어져 오고 있다.

"독일의 사회철학자인 막스 베버(1864~1920)의 영향을 강하게 받아 생긴 사회학에서의 제도론(institutional theory)은 셀즈닉(Selznick, 1949)과 탈코트 파슨즈(T. Parsons) 등에 의해 발전된다. 이 제도론은 사회학 및 법 행정학 등에서 광범위하게 시회과학 전반의 조직분석 방법론에 사용되며 제도가 놓여 있는 환경의 중요성을 강조한다. 베버의 사상체계를 이어받은 파슨즈(Parsons, 1960)는 조직은 기술, 관리, 제도라는 하위 시스템으로 구성되어 있다고 주장한다. 제도 시스템(공동체 시스템)이란 것은 광범한 공동체에 존재하는 일반화된 사회규범 및 여론 또는 정부기관, 업계, 미디어 매체들을 가리키며, 그것이 조직의 의미, 정당성, 고차원적인 지원의 원천이 된다는 것이다. 따라서 이것들이 조직목표 수행을 가능하게 한다고 지적한 것이다. 또한 기술 시스템은 상위의 관리 시스템에 의해 통제되며 관리 시스템은 다시 상위의 제도 시스템에 의해 통제된다는 계층적인 연결관계가 조직에 존재하며, 이 연결은 질적으로는 분리되어 있다고 주장한다. 이러한 파슨즈의 견해에 영향받은 제도론은 조직환경이 기술적 조건이나 경제적 자원뿐만이 아니라 상징(심볼), 인식 시스템, 규범적 신념 등의 문화적인 맥락이라는 구조 속에서 영향을 받는다고 주장하는 이론이다. 이를 보다 구체적으로 조직론적 관점에서 접근해보면 제도론은 사회를 구성하는 공통의 체계(시스템)에 조직과 그 구성원이 귀속해 있다는 상정에서 출발한다(Davis & Powell, 1992). 조직에 있어 중요한 환경은 조직을 어떻게 만들어야 하는 것인가에 관한 무형의 신념이다. 제도이론에서는 조직에 있어서 항상적인 반복적인 생활패턴은 개개인들의 자기이해에 의해 만들어지는 것이 아니라 '어떤 것의 존재의 이유나 행위가 정당하다고 여겨지는 것'으로서 적절(appropriate), 자명하다(taken for granted)고 인식되는 것으로부터 출발한다"(임승빈 2022b, 175-176 발췌 요약).

한편, 기본적인 입장은 같지만 1990년대 이후 등장한 신제도론주의자들은 마이크로 접근 방법과 매크로 접근 방법으로 구별된다. 먼저, 마이크로 접근 방법에서는 사회구성주의(social constructionist), 특히 현상학적 사회학 등에 강하게 영향을 받는다. 이것은 사회적 현실은 인간의 창조물이며 반복되는 상호작용의 부산물이라는 것이라는 견해에 기반을 두고 '현실을 구성하는 과정'으로서 제도화에 주목하는 것이다.

신제도론의 두 번째 접근 방법인 매크로 접근 방법은 '제도화란 사회적 사고와 행위에 있어서 사회과정, 의무, 또는 현실의 규칙과 같은 지위를 얻

■ **제도론**

- 막스 베버(Max Weber)에서 탈코트 파슨즈(T. Parsons): 조직이란 기술 · 관리 · 제도라는 하위 시스템을 통하여 조직의 목표를 달성, 기능적 관점, 상하관계가 계층적이지 질적으로 연계되어 있지는 않음.
- 제도론은 조직환경이 기술적 조건이나 경제적 자원뿐만 아니라 상징(심볼), 인식 시스템, 규범적 신념 등의 문화적인 맥락에서 양향을 받는다는 주장
- 조직론적 관점에서 보면 제도론은 사회를 규성하는 공통의 체계(system)에 조직과 그 구성원이 귀속해 있다는 상정에서 출발. 조직의 중요한 환경은 조직을 어떻게 만들 것인가 하는 무형적인 신념. 조직에 있어서 항상 반복적인 생활패턴은 개개인들의 자기이해에 의해 만들어지는 것이 아니라 '어떤 것의 존재의 이유나 행위가 정당하다고 여겨지는 것'으로서 적절 · 자명하다고 인식에서 출발

으려고 하는 과정에 관여하는 것'이라고 정의한다(Meyer & Rowan, 1977: 341). 그들은 시점을 광범위한 제도적 환경에 있어 제도적 규제(institutionalism rules)가 조직구조에 영향을 미치는 것에 주목한다. 제도적 규칙이란 사회에 내재되어 있는 분류 시스템이며, 여론, 교육제도, 법률, 재판소, 전문적 직업, 규제기관, 인증허가기관, 정부 등에 의해 생산되고 옹호된다는 것이다. 예를 들어, 공인회계사라는 사회적 지위는 특정한 활동 등의 사회적 역할뿐만 아니라 재무를 관리하기 위한 고도의 제도화된 규칙인 것이다. 이와 같이 현대 조직의 지위, 정책, 프로그램, 절차 등의 공식구조의 많은 요소는 강력한 제도적 규칙을 반영하는 것이며, 이들 제도적 규칙은 '합리화된 신화(rationalized myths)'로서 기능한다고 그들은 주장한다(Meyer & Rowan, 1977: 343). 즉, 제도적 규칙이란 바람직한 목적을 달성하기 위한 합리적인 절차라는 의미에서 합리화된 것이라는 것이다. 말하자면 신제도이론의 매크로 접근 방법에서는 제도론은 합리화된 신화라고 일컬어지는 공유된 신념체계가 존재하며 조직은 그 신념체계에 동조하는 것에 의해 정당성을 획득하려고 하는 것이라고 주장한다. 따라서 이들은 조직의 평가 및 생존에서 중요한 점은 실제적인 과업 달성에 관한 객관적인 결과(능률)보다는 환경이 제공하는 신화(규칙 등)에 동조하는 조직구조를 갖고 있느냐는 여부가 더 중요하다고 보는 것이다. 이러한 제도론은 한 국가 또는 사회집단의 사회적 자본을 형성하는 데에 영향을 미친다고 보았으나 동조화 현상에 모순도 있다는 점을 발견한다. 그래서 이러한 모순을

■ 신제도론

- Micro 접근법: 사회구성주의(social constructionist), 특히 현상학적 사회학에 영향받음. 사회적 현실은 인간의 창조물이며 반복되는 상호작용의 부산물. 제도 · 조직은 '현실을 구성하는 과정'의 산물이라는 입장
- Macro 접근법: 제도화란 사회적 사고와 행위에 있어서 사회과정, 의무 또는 현실의 규칙과 같은 지위를 얻으려는 과정. 제도적 규제가 조직구조에 영향력을 미치는 것에 주목하는데, 제도적 규칙이란 사회에 내재되어 있는 분류 시스템이며 여론, 교육제도, 법률, 재판소, 전문직업, 규제기관, 정부 등에 의해 생산되고 옹호된다는 것이다. 즉, 현대 조직의 지위, 정책, 프로그램, 절차 등의 공식구조의 많은 요소는 강력한 제도적 규칙을 반영, 이를 제도적 규칙은 "합리화된 신화(rationalized myths)"로서 기능한다.

해결하기 위해 디커플링이라는 조직전략이 활용되며, 이와 같이 제도적 환경이 제공하는 신화의 동조에 의해 조직 간의 구조적 동질성이 증가하는 현상을 동형화(isomorphism)라고 한다.

헌팅턴(Samuel P. Huntington)은 사회적 자본의 형성에 있어서 교육을 강조하며 한국을 그 예시로 자주 언급하고 있다. 그의 유명한 저서인『문화가 중요하다(*Culture Matter*)』(2001)에서 "1960년대의 아프리카의 가나와 한국, 그리고 1990년대의 가나와 한국의 차이점을 문화의 차이를 교육에 대한 투자의 차이로 보며, 즉 사회적 자본의 차이"로 설명하고 있다(새뮤얼 P. 헌팅턴 · 로렌스 E. 해리슨, 2001: 서문). 그뿐만이 아니라 사회적 자본의 저명한 학자들인 후쿠야마(Francis Fukuyama), 노벨 경제학상 수상자이며 하버드대학교의 교수인 스티글리츠(J. E. Stiglitz) 역시 한국의 사회적 자본에 대하여 때로는 부정적으로 때로는 긍정적으로 언급하고 있다. 이러한 논의의 핵심은 제도와 문화가 어떻게 사회적 자본을 형성하는 데에 긍정적으로 작용하는지 또는 부정적으로 작용하는지에 대한 논의인 것이다. 예를 들어, 제프리 삭스(Jeffrey Sachs)는 자신의 논문에서 "경제 성장을 설명하면서 지리와 기후가 결정적 요인"이라고 강조했다. 그의 주장은 자레드 다이아몬드(Jared Diamond)의 최근 저서『총, 균, 쇠(*Guns, Germs, and Steel*)』를 연상시킨다. 다이아몬드는 저서에서 이렇게 결론을 내린다. "서로 다른 대륙에 살고 있는 사람들의 유구한 역사 속에서 결정적 차이를 만들어 낸 것은, 사람들의 선천적 재능이 아니라 환경의 차이였다." 천연자원을 포함한 지리와 기후가 국가의 빈부를 설명하는 주요 요인임은 너무나 분명하다. 거의 모든 선진 민주주의 국가들이 온대 지역에 자리잡고 있고, 대부분의 가난한 나라들이 열대에 위치하고 있다. 하지만 "주목할 만한 예외 사항도 있다. 러시아는 민주적인 북부 유럽이나 캐나다와 같은 위도에 위치하고 있다[북부 유럽과 캐나다는 국제투명도기구(Transparency International)가 조사한 세계 10대 반(反)부패국에 들어가는 반면, 러시아는 동일 기관 조사에서 세계 10대 부패국에 들어갔다. 이 사실은 우리에게 다시 한 번 앨런 그린스펀(Alan Greenspan)의 말을 상기시킨다]. 싱가포르, 홍콩, 대만의 절반은 열대 지방에 있다. 일본의 성공을 연상시키는 이들 국가의 사례는 유교주의가 지리를 이겼다는 사실을 보여 준다. 물론 한국의 사례도 빼놓을 수 없다. 열대 국가인 태국, 인도네시아, 말레이시아, 필리핀에서 소수 인종인 화교들은 성공을 거두었다."

…… (중략) 문화적 요인과 영향력이 크게 부상하고 있다…. 인간의 문화적 특성은 지역에 따라 크게 다르다. 그런 문화적 특징의 일부는 분명 환경의 소산이다…. 그러나 환경과 상관없는 현지 문화적 요인이 중요하다는 점도 주목해야 한다. 어떤 사소하고 한시적인 이유로 인해 사소한 문화적 요인이 발생한다. 그러다가 그것이 고정되고 그 다음에는 한 사회 전체를 어떤 중요한 문화적 선택 쪽으로 몰고 간다…. 그런 문화의 중요성이 미답변(未答辯)의 중요한 문제를 구성하는 것이다.

되풀이하여 말하지만, 위의 인용에서 언급한 바와 같이 문화가 독립된 변수가 아니라 다른 많은 요소들, 가령 지리와 기후, 정치, 역사의 변덕 등에 영향을 받는다는 점이다. 문화와 제도의 관계에 관해 대니얼 에퉁가-망겔(Daniel Etounga-Manguelle)은 이렇게 말한다. "문화는 어머니요, 제도는 자식이다." 이 말은 특히 장기적인 관점에서 맞는 말이다. 단기적인 관점에서 본다면 정치에 의해 촉진된 제도적 변화가, 대니얼 패트릭 모이니헌(Daniel Patrick Moynihan)의 현명한 판단처럼, 문화에 영향을 미칠 수 있다. 가령 1970년대에 이탈리아가 공공정책과 행정 절차를 탈중앙집권화하기로 한 것이 그 좋은 사례이다. 제도와 문화와의 관계에 대해서는 퍼트남(Robert D. Putnam)의 『민주주의 작동(*Making Democracy Work*)』(1993) 연구는 많은 시사점을 던져 주었다. 퍼토남의 핵심 주제는 남부 이탈리아와 북부 이탈리아의 광범위한 차이는 결국 문화가 만들어 낸다는 주장이다. 그는 탈중앙집권화가 남부 이탈리아에서 어느 정도의 신뢰, 절제, 타협을 만들어 냈다고 언급했지만 북부 지방과 비교해서는 약하다고 지적한다. 남부 이탈리아의 사회적 병리 상태에 대해서는 퍼트남 이전에 시드니 버바(Sidney Verba)와 가브리엘 앨먼드(Gabriel Almond)의 유명한 저서인 『*The Civic Culture*』에서 이탈리아의 사회적 자본의 후진성을 언급한 바 있다. 그들은 5개국(미국·독일·이탈리아·영국·멕시코)을 정량적 방법론을 사용하여 정치문화의 차이점을 기술한 것이다. 제도와 문화의 관계는 불가분의 관계인 것은 분명하나 선후의 강조에 따라 진단과 처방이 다를 수밖에 없다. 경제학, 정치학, 행정학과 같은 사회과학적인 분석방법론에서는 법규와 정부구조를 중시하는 제도주의론(institutionalism)과 인간의 행태를 중시하는 신제도주의론(new institutionalism)으로 대별되는 것처럼 이론적으로 각자의 독립된 체계를 형성하면서 발전하기에 이른다. 물론 신제도주의론의 접근방법이 제도란 인간이 만들고 사람과 사람의 상호관계를 규제하는 공식적,

비공식적인 사회적 제약을 의미하며 규칙과 규범을 강조한다는 측면에서 본다면 후술하는 사회적 자본을 설명하는 이론으로는 제도주의(institu-tionalism) 관점보다는 보다 유용하다고 볼 수 있다.

2 사회적 자본의 개념과 의의

사회적 자본(social capital)은 인간관계 속에서 발생하는 것으로 개인, 집단, 사회, 국가 등의 목표를 달성하는 수단으로 강조되는 무형재이다. 거버넌스라고 하는 것은 정부와 민간조직, 지역 주민을 망라하는 각 사회 주체가 공동 목표를 달성하기 위해 행하는 상호의존적 과정이라고 볼 수 있다. 논리적으로 생각할 때 사회적 자본의 형성 없이 행정의 거버넌스 체제의 구축은 힘들다. 정부와 사회적 자본과 상관성에 관한 이론적 논의는 비교적 활발하다. 사회적 자본 형성에서 지역사회의 역량 강화는 주민의 역량 강화와 연계되어 매우 중요하게 나타나고 있다. 이는 일찍이 논의되었던 시정개혁과 시민참여, 그리고 사회적 자본의 관계성과도 밀접하다. 최근 학계에서 사회적 자본에 대한 연구자들의 저서나 논문 역시 국가 또는 해당 지방정부의 역량에 대한 관심과 무관하지 않다. 학문적으로는 경제나 경영 분야뿐만 아니라 행정학이나 사회학, 그리고 정치학에서도 예외가 아니다. 사회적 자본은 학자에 따라 조금씩 다르게 정의되고 있지만 선진국에서 각종 사회문제는 가정, 학교, 그리고 지역사회 내 사회적 자본의 약화에서 비롯되었으며, 후진국 사회의 효율성 저하는 사회적 자본의 약화와 직접적으로 연관이 있다는 것이다. 후쿠야마(Francis Fukuyama)는 그의 저서 『신뢰(*Trust*)』(1995)에서, 사회적 자본을 국가 간의 비교를 통해 "사람들이 상호 신뢰 아래 협력하는 능력"이라고 정의하는가 하면, 로리(Glen Loury)는 개인이 자신의 이익을 얻기 위해 가정이나 지역사회에서 사회적 관계를 통해 생성되는 자원을 어떻게 활용하는가를 기술하기 위해 사회적 자본이라는 개념을 사용했다(Loury, 1977).

따라서 이들에게 사회적 자본은 콜먼(James Coleman)이 정리한 것처럼, 아동의 인지적 혹은 사회적 발달에 유용한 가정 내 관계나 지역사회 내 사회조직에 존재하는 지역사회의 역량을 강화시킬 수 있는 일련의 자원들로서 인식했다고 볼 수 있다. 특히 콜먼에게 구성원 간 관계 구조 속에 존재하는 데 특정 행위를 촉진하는 연결망(relational tie)이 사회적 자본이라는 것이다(Coleman, 1990: 312). 이러한 연결망은 구성원 간 사회적 관계의 유대망(network) 혹은 관계(connections)에 의해 그 지역사회의 역량으로 연결될 수 있는 것이다. 결론적으로, 그는 사회적 자본의 대표적인 형태를 구성원 간 의무와 기대, 사회조직 내에 존재하는 신뢰, 유용한 정보 교환, 지역사회 내의 규범과 제재, 권위 관계, 그리고 의도적 사회조직 등으로 구분하고, 이러한 사회적 자본은 가정, 학교, 지역사회 내 구성원 간의 관계 속에 존재한다고 했다. 후쿠야마의 최근 저서인 『국가 건설(*State Building*)』(2004)을 보면, 사회적 자본을 강한 국가의 필수 요소로 보고 있다는 점이 확연히 드러난다. 그는 국가마다 가지고 있는 공공 제도(public institution)는 특정한 사고 방식을 전제로 하며, 복잡한 운영 방식이 내재하고, 강한 국가의 조건은 지역사회 또는 공동체에서 스스로 관리할 제도적·조직적 역량에 대해 역설하고 있다.

즉, 지역사회에서 주민들 간의 신뢰적 상호작용이 사회적 자본이 되면 국가 건설에 순기능적으로 작동되게 된다는 것이다. 이 부분에 대해서는 일찍이 퍼트남(Robert D. Putnam)의 연구에서도 자명하다. 그는 한 사회의 주어진 문화적 전통이 '시민적 참여(civic engagement)'를 강조하는가 혹은 '비도덕적 가족주의(amoral familism)'에 함몰되어 있는가를 구분해 "상호간 이익을 위한 자발적 협력과 협동을 촉진시키는 연결망(networks), 규범(norms), 신뢰(trust)와 같은 사회조직의 특성"이 바로 시민사회를 구성하는 사회적 자본이라고 정의하고 있다(Putnam, 1993)는 점과 맥락을 같이한다.

따라서 그 사회의 특성이 그 사회의 민주주의나 경제 발전에 긍정적인 역할을 하는가 혹은 부정적인 역할을 하는가 하는 문제는 지역사회 혹은 국가 안에서 개개인들이 어떠한 상호작용을 하는가로 귀착된다(Fukuyama, 1995a). 이런 상황에서야만 이들 사회자본론자가 주장하는 바와 같이 성숙한 시민사회와 민주주의가 국가의 경제 발전, 즉 국가 역량이 증폭되는 것이다.

정리해 보면, 사람들 사이에 다양한 결사가 활성화되고 또한 이를 통해 사람들 사이의 결속이 다양한 방법으로 교차하면서 증진될 때에만 사회 전체적으로 공동의 목표를 성취하는 집합적인 능력이 향상될 수 있기 때문에 이들에게는 제도화된 사회적 자본의 축적이야말로 민주주의의 발전에 가장

사회적 자본을 이해하기 힘든 이유

사회적 자본은 유형적인 제도(법·령·조직)에서 무형적(규범·문화)으로 이행되는 과정이기 때문임. 이에 비해 사회간접자본(social infrastructure)은 사회적 요구 추상 내지 비구축된 환경을 구체적인 공공시설물로 만드는 것

사회적 자본
구상⇒추상
제도·규칙⇒ 문화·정신적 자산

≠

사회간접자본
추상⇒구상
(사회적 요구)⇒ 공공시설물

핵심적인 것으로 강한 국가의 조건이 된다고 한다(Fukuyama, 2004: 61-77). 반대로 국가의 역량을 약화시키는 것은 선진적인 제도의 유입에 대한 유무가 아니라 사회적 자본이라고 할 수 있는 사회적 규범과 시장경제에 대한 몰이해 문제이다. 그러므로 강한 국가는 시민들의 자발적 상호작용에 의해 사회적 자본이 형성되어 역량이 향상된다는 것이다(Fukuyama, 2004: 116-118).

3 사회적 자본에 관한 학자들의 견해

1) 토크빌(1805~1859)

사회적 자본이라는 표현은 프랑스의 정치학자 토크빌(Alexis de Tocqueville)이 1853년 미국을 다녀온 뒤, 당시 미국 사회를 서술하기 위해 처음으로 사용한 용어이다. 당시 그에게는 미국 사회구성원인 개개인이 단체를 구성해 서로의 필요를 채워 주고 공공의 이익을 추구하는 성향이 있다고 보았는데, 이를 가리켜 토크빌은 사회적 자본이라 했다. 그가 기술한 것은 지역사회 수준(level of community)이었는데, 이것은 지역사회 정신, 지역사회 공동의 문제에 대한 시민적 참여(civic engagement), 공공재(common good)에 대한 개인적 책무와 소속감을 의미했다.

2) 막스 베버(1864~1920)[1]

"막스 베버(Max Weber)는 처음에는 고대의 역사가로 시작해 나중에는 다양한 사회과학 학문 분야로 뻗어나간 사회학자이다. 그는 1904~1905년에 「프로테스탄트 윤리와 자본주의의 정신」이라는 아주 자극적이고 영향력 있는 논문을 발표했다. 이 논문의 주장을 간결이 요약하면 이렇다. 프로테스탄티즘 — 보다 구체적으로 칼뱅주의 — 은 현대 자본주의의 발흥을 촉진시켰다. 여기서의 자본주의는 곧 베버의 조국, 독일에서 일어난 산업 자본주의를 말한다. 프로테스탄티즘(Protestantism)이 이 일을 해낼 수 있었던 것은 로마 가톨릭주의의 여러 양상들(가령 가톨릭은 고리대금업을 금했다)을 철폐했기 때문이 아니었다. 부의 추구를 발명하거나 권장했기 때문도

1) 막스 베버에 관한 내용은 새뮤얼 P. 헌팅턴·로렌스 E. 해리슨 공편, 이종인 옮김(2001), 『문화가 중요하다』, 서울: 책과 함께. 56-59쪽의 요약 발췌한 것임을 밝힘.

아니었다. 그럼 무엇이었을까? 프로테스탄티즘은 경제적 성공에 이로운 일상생활의 윤리를 만들어 냄으로써 자본주의의 융성을 가져왔다는 것이다. 베버에 의하면, 칼뱅주의(Calvinism)는 예정설의 교리를 재차 확인함으로써 이런 성공을 가져왔다. 예정설은 신앙이나 행위로는 구원을 얻지 못한다는 주장이다. 구원이 되고 말고의 문제는 처음부터 모든 사람들에게 예정되어 있어서 아무도 그 운명을 바꾸지 못한다는 것이다. 이러한 신념은 운명주의적인 태도를 불러오기 쉽다. 만약 행동이나 신앙이 아무런 차이를 만들어 내지 못한다면, 차라리 방탕하게 살아가는 편이 더 낫다고 생각하게 된다. '선량해 봐야 아무런 소용이 없잖아?'라는 질문을 하기 쉬워지는 것이다. 하지만 칼뱅주의에 따르면, 선량함은 구원을 받을지도 모르는 유일한 징표다. 누구나 다 선택받을 가능성이 있지만, 자신의 인품과 행동으로써 영혼의 수준과 운명의 본성을 보여 주는 사람이 뽑힐 가능성이 가장 많다고 본다. 이런 암묵적인 확신이 적절한 생각과 행동을 일으키는 강력한 인센티브가 되었다. 그러나 예정설에 대한 굳센 믿음은 한두 세대 이상을 지속하지 못했다(예정설은 그리 인기 있는 교리가 아니었다). 그리하여 그 신념은 세속적인 행동 규칙으로 변화했다. 즉, 근면, 정직, 성실, 돈과 시간의 검약 등으로 굳어졌다."

물론 베버의 의견이 전적으로 옳은 것은 아니나 베버가 강조하는 자본주의적 프로테스탄트의 세속주의가 서유럽 국가들의 정치경제 제도 운영 방식을 결정했으며, 세속적이지만 개인과 개인의 규범을 강조하는 도덕성이 오늘날 서구의 사회적 자본 형성과 연결되었다는 점은 분명하다.

3) 콜먼(1926~1995)

제임스 사무엘 콜먼(James Samuel Coleman)은 미국의 사회학자이며 주로 시카고대학의 교수로서 연구를 했다. 신제도주의적 사회학자로서 콜먼은 사회적 자본을 이해할 때 기능주의적인 관점을 취한다. 그에게 사회적 자본은 하나의 실체가 아니라 다음과 같은 두 가지 특징을 갖는 복합적인 실체로 이해되고 있다. 하나는 사회구조 내에서 개인의 특정 행위를 촉진시킨다는 점이며, 다른 하나는 다른 유형의 자본(예: 인적 자본, 물적 자본)과 마찬가지로 사회적 자본 또한 특정 목적의 달성을 가능하게 한다는 점에서 생산적인 개념으로 이해했다(Coleman, 1990). 그는 특정 행위를 촉진시키는 사회적 자본은 유익하지 않거나 심지어는 다른 사람에게 해로울

그림 1-1 **인적 자본과 사회적 자본**

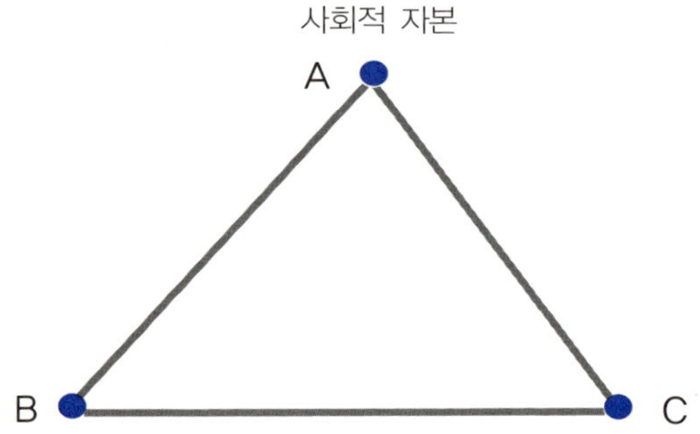

자료: Coleman(1990: 305).

수도 있다고 보고 있다. 또한 여타 자본과는 달리, 사람들 사이의 관계 구조 속에 사회적 자본이 내재하는 것으로 보았다.

한편, 콜먼은 사회적 자본을 인적 자본과 구별한다. [그림 1-1]은 세 사람의 관계를 나타내고 있다. 인적 자본은 결절점에 있는 반면, 사회적 자본은 결절점을 연결하는 선 위에 존재한다고 보았다. 인적 자본과 사회적 자본은 간혹 보완적일 경우도 있다. 예컨대, B가 어린아이이고 A가 B의 아버지인 상황에서, A가 B의 인식 발달을 돕는 역할을 수행한다고 할 때, A가 보유한 인적 자본과 A와 B 사이에 형성되는 관계 자본, 즉 사회적 자본은 상호 보완적이게 된다(Coleman, 1990). 또한 콜먼은 사회적 자본의 형성과 파괴에 대해서도 언급하고 있다.

4) 부르디외(1930~2002)

프랑스 사회학자이며 철학자인 피에르 부르디외(Pierre Bourdieu)는 "현대 국가의 근대성에 대하여 구별짓기, 문화적 자본, 아비투스(habitus) 등으로 개념적 용어들을 제시했다. 그는 마르크스와 같이 사회구조를 계급으로 보았으며 경제자본이 문화자본을 형성하고 궁극적으로는 사회자본의 특질을 만든다고 보았다. 즉, 또래 집단에서 튀는 행동은 그 사람의 개인취향이 아닌 그가 속한 계층(집단)의 아비투스이며, 이는 철저하게 경제적 자본과 밀접하게 연계되어 있다는 것이다. 예를 들어, 우리나라 경우에 빗대어 보면 고급 수입차, 그리고 강남 아파트에 살고 있다는 것들이 자신들만의 계층(상류층)을 표시하는 일종의 아비투스가 되는 것이다"(임승빈,

2022b: 223-224 발췌 요약).

5) 퍼트남(1941~)

퍼트남(Robert D. Putnam)은 집합적 행위의 딜레마를 극복하거나 자기 스스로 기회주의를 배격할 수 있느냐는 한 사회가 갖고 있는 사회적 자본에 달려 있다고 주장한다. 그는 공공 이슈에 대한 시민적 참여 네트워크와 상호부조와 같은 규범의 형태로 사회적 자본이 전승되고 있는 지역에서 자발적인 협력이 훨씬 쉽게 일어난다고 주장한다(Putnam, 1993a). 이러한 의미에서 볼 때, 퍼트남의 사회적 자본의 개념은 협동적 행위를 촉진시킴으로써 사회의 효율성을 제고하는 신뢰, 규범, 네트워크를 의미한다. 그는 이러한 사회적 자본의 개념을 이용해 사회적 자본과 지방정부의 성과 간의 관계를 설명하는 주목할 만한 연구를 수행했다. 어떤 조건이 강하고 효과적이며 반응적인 정부를 형성하는 데 필요한지를 이탈리아 지방정부를 대상으로 사회실험을 시도했다. 그 결과, 시민적 참여 네트워크와 상호부조 규범이 살아 있는 북부 지역이 사회적 관계가 수직적인 남부에 비해 지방정부 성과가 훨씬 높은 것으로 나타났다(Putnam, 1993a).

인물 탐구 프랜시스 후쿠야마(Francis Fukuyama, 1952.10.27~) 미국의 미래 정치학자

1952년 10월 27일 일리노이 주 시카고에서 미국으로 이민한 일본인 3세로 태어났다. 코넬대학교에서 서양 고전을 전공하고, 예일대학교에서 비교문학으로 학위를 받은 뒤, 하버드대학교에서 정치학 박사학위를 받았다. 1979년부터 워싱턴에 있는 랜드연구소에 몸담아 1996년까지 세 차례에 걸쳐 정치학부 연구원과 선임 연구위원을 지냈고, 1989년에는 미국 국무부 정책기획실 차장을 지냈다. 이어 1996년부터 2000년까지 조지메이슨대학교 공공정책학과 교수를 역임한 뒤, 2012년 존스홉킨스대학교 국제관계대학원 학장으로 있으면서 국제개발 프로그램을 이끌고 있다. 미래 정치학자이자 역사철학자로, 동유럽의 사회주의가 붕괴되기 시작한 1989년 논문 「역사의 종언」을 발표하면서 세계적인 주목을 받기 시작했다. 1992년에는 이 논문을 바탕으로 『역사의 종언과 최후의 인간(*The End of History and the Last Man*)』을 출간했다.

이 책은 공산권이 몰락하고 자유 민주주의가 승리함으로써 헤겔과 마르크스적 의미의 역사는 끝났다는 내용을 담고 있는데 출간과 동시에 세계적인 관심과 논쟁을 불러일으켰다. 1995년에는 이데올로기와 제도의 역사가 끝나고, 유일하게 살아남은 자유 민주주의 시장경제 체제가 지속되기 위해서는 윤리 · 도덕 · 관습 등 사회구성원 사이의 신뢰가 바탕이 되어야 한다는 내용의 저서 『신뢰(*Trust*)』(1995)를 출간했다. 이어 1999년에는 이전의 저서와 달리, 역사가 끝나기는커녕 일정한 주기로 붕괴와 재건을 되풀이한다는 내용을 다룬 『대붕괴 신질서(*The Great Disruption*)』를 출간했다. 그 밖의 저서로 『국가 건설(*State Building*)』(2004) 등이 있는데, 출간하는 책마다 세계적인 주목을 받았다.

6) 후쿠야마(1952~)

후쿠야마(Francis Fukuyama)는 신뢰(trust)를 사회적 자본으로 보고 있다. 그는 여섯 개 국가를 대상으로 사례 연구를 시도했고, 이를 통해 신뢰와 경제적 번영과의 관계를 설명했다. 그의 주장의 중심에는 시민사회가 상정되어 있으며, 가족과 국가 영역 사이에 존재하는 중간 규모의 민간조직을 시민사회의 중요한 축으로 상정하고 있다. 이러한 그의 주장은 자발적인 그룹 또는 단체의 미학에서 출발한다. 즉, 단체를 형성하는 능력은 기본적으로 신뢰에 기초할 수밖에 없고, 그렇게 생긴 단체는 그 구성원으로 하여금 함께 일하는 습관을 갖게 하고 생산성을 증대시킨다고 보고 있다.

4 요약

종합해 보면, 사회적 관계를 통해 형성되는 사회적 자본은 분야마다 각기 달리 표현되고 있음에도 불구하고 여러 면에서 생산적임을 알 수 있다. 즉, 사회적 자본은 국가 내의 네트워킹을 촉진시키고 빠른 정보의 흐름과 더욱 기민한 거래를 촉진시켜 사회 발전에 기여할 수 있다. 또한 지역사회가 안고 있는 문제에 대해 이해관계자들 간 협력을 통해 해결할 수 있는 문화적 힘을 제공해 주기도 한다. 사회적 자본의 위력은 시민들에게 문제 해결을 위해 직접참여해 행동할 수 있도록 하는 실용적인 기술을 탄생시킨다는 데 있다.

일찍이 토크빌이 미국 민주주의의 힘을 시민들의 자발적 결사정신에서 찾았다는 점을 생각해 보면 후쿠야마 등의 이러한 접근 방법이 참신한 주장은 아니다(Putnam, 1993a). 퍼트남이 제기한 수평적 관계와 콜먼이 확대한 수직적 관계는 정부, 정권, 법의 지배, 사법 체계 등을 포함하는 제도적인 관계와 시민의 정치적 자유 등과 같은 공식화·제도화된 관계와 구조를 포함한다(Seragedin & Grootaert, 2000; 박희봉·김명환, 2000에서 재인용)는 주장도 같은 맥락이다. 퍼트남은 "자발적 연대를 구성하는 자율적 개인을 시민으로 파악했고, 시민은 자립적 인간끼리 서로 자유·평등한 관계를 맺고 공공사회를 구성한다는 시민 의식에 근거해 자치를 사회 운영의 기본 목표로 삼아 주체적으로 참여하는 자발적 인간형이다"라고 정의한다.

이렇게 해서 주민협의회, 각종 사회클럽, 시민단체, 교회 등은 사회적·

표 1-1 사회적 자본의 정의에 따른 구성 요소

학자	정의	구성 요소	공통적 구성 요소
Tocqueville (1835)	구성원인 개개인이 단체를 구성해 서로의 필요를 채워 주고 공공의 이익을 추구하는 성향	– 지역사회의 정신 – 자발적 참여 – 개인적 책무와 소속감	신뢰 규범 네트워크
Bourdieu (1986)	친근감이나 상호 인지적 관계가 제도화된 덕택에, 혹은 지속적인 연결망의 덕택에 개인이나 집단이 실제적으로 혹은 가상적으로 얻게 되는 이점이나 기회의 총합	– 구별짓기, 아비투스 – 문화적 자본 – 경제적 자본	
Coleman (1990)	단일한 실체가 아니라 보통 두 가지 이상의 요소가 포함된 다양한 복합체로, 사회구조의 몇몇 측면을 구성하며, 구조 내 행위자의 특정한 행동을 촉진시킴.	– 사람들 간의 신뢰 관계 – 상호성 규범	
Fukuyama (1995)	신뢰(trust)와 동일시함. 단체를 형성하는 능력은 기본적으로 신뢰에 기초하며, 그 구성원은 협력하는 습관을 갖고 생산성을 증대시킨다는 논리	– 신뢰	
Putnam (1993a)	개인의 생산성을 향상시키는 물적 자본과 인적 자본과는 달리 사회적 자본은 상호 이익을 위해 조정과 협력을 촉진시키는 시민 유대의 네트워크, 호혜주의, 사회 신뢰와 같은 사회생활의 특질	– 신뢰 – 규범 – 네트워크	

자료: 이미정(2002: 70)을 필자가 재구성.

경제적 필요를 충족시켜 준다. <표 1-1>은 사회적 자본에 따른 구성 요소를 학자들의 견해에 따라 정리한 것이다(이미정, 2002: 70). 그뿐만 아니라 사회적 자본은 공공재의 가치를 유지하고 높여 주는 데도 필수적이다.

인간의 생활에 필수 불가결한 공공재는 협동과 신뢰를 통해서만 유지되며 각각의 자기 이익 극대화를 추구할 경우 상실되는 재화이다. 삶의 질, 환경 보호, 교통 안전 등과 같은 공공재의 유지는 사회적 자본을 필요로 한다. 이처럼 사회적 자본은 경제 성장과 민주 발전, 그리고 현대 사회가 직면하고 있는 많은 공동의 관심사의 해결에 크게 기여하는 핵심 개념으로 인식되고 있다.

| 제 2 절 |

국정관리와 사회적 자본

1 정부와 사회적 자본과의 관계

1990년대 이후 학계에서 '사회적 자본'은 앞서 언급한 바와 같이 행정학, 정치학, 사회학, 교육학 등 여러 사회과학 분야에서 가장 인기 있는 주제로서 대두되었다. 또한 사회적 자본은 현재 우리 사회에서 문제시되고 있는 각 분야에서 중시되고 있다. 정치학에서 사회적 자본은 시민사회의 성숙과 민주주의 발전을 가져오는 원동력인 동시에 집합행동의 무임승차(free rider) 문제를 해결할 수 있는 한 방책이 되기도 한다.

한편, 사회학에서 사회적 자본은 개인이 사회적 관계를 통해 다른 사람의 관심이나 도움을 얻을 수 있는 자원을 동원하는 능력으로 묘사되기도 하며, 또한 신뢰(trust)와 호혜성(reciprocity)에 기초한 공동체의 건설에 필수적인 전제 조건으로 인식되기도 한다(Coleman, 1988).

이처럼, 사회적 자본에 대한 연구는 사회과학 분야에서 개인과 집단의 경제적 행위를 시장의 논리로만 설명하던 종래의 신고전주의 경제학적 접근이 보여 주던 한계를 넘어서고자 하는 노력의 일환으로 제기되었다는 점에서 중요한 이론적 의미를 가진다. 사회의 변화하는 환경에 따라 미국 및 유럽의 지방정부는 접근 방법에서는 차이가 있지만 양자가 더욱 밀접한 관계를 유지하려고 노력하고 있다. 지역사회 문제와 관련한 공공 부문의 문제에서도 지방정부와 지역 주민은 상호 의존적인 관계를 인식하고, 개인과 지역사회의 요구를 충족시켜 주기 위해 공동의 목표를 달성하고자 노력하고 있다.

우리나라에서도 지방자치가 본격화되고 시민 의식이 성장하면서 행정과 민간의 관계에 근본적인 변화가 일어난다는 점을 인식해 최근 정책을 결정할 때 주민들의 의사를 반영하는 등 주민을 행정의 파트너로 인식하고 있다. 이러한 가운데 각 지방자치단체별로 제도적으로 구성되는 로컬 거버넌스(local governance)의 중요성은 아무리 강조해도 지나치지 않는다. 특히 시민사회(civil society)의 개념은 민주주의와 민주화를 비롯한 지역사회 발전을 위한 전제에서 출발하고 있다. 지역사회 문제가 해결되고 발전하기 위해서는 지역사회의 의사가 형성되고, 주민과 지방정부를 비롯한 다양한 집단의 협동이 필요하기 때문이다. 이러한 지역사회에서 협동은 자발적 참여를 통해 이뤄지며, 이러한 것이 사회적 자본의 형성을 이룰 수 있을 것이다.

몇 년 전에 타계한 헌팅턴(Samuel P. Hungtington)이 아시아적 가치가 경제 발전에 미친 영향에 대한 평가는 긍정론과 부정론으로 팽팽하게 맞서 있는 가운데 한국의 발전을 사회적 자본과 연계시켜 언급한 것은 유명하다

그는 『문화가 중요하다(*Culture Matters*)』라는 저서의 서문에서 한국의 발전을 1960년대의 아프리카의 가나와 비교하면서 한국인이 갖고 있는 근면성, 미래에 대한 투자, 교육열 등을 들고, 이와 같은 사회적 자본이 한국의 경제 발전과 민주주의를 함께 이뤘다고 언급한 바 있다. 따라서 헌팅턴의 주장은 해당 국가의 특성이 그 사회의 민주주의나 경제 발전에 긍정적인 역할을 하는가 혹은 부정적인 역할을 하는가 하는 문제로 귀착된다 (Huntington & Harrison, 2000: preface).

인물 탐구 **새뮤얼 필립스 헌팅턴(Samuel Phillips Huntington, 1927.4.18~2008.12.24)**
미국의 정치학자

1946년 예일대학교를 졸업했다. 23세부터 하버드대학교에서 강의를 했으며 냉전 이후의 세계 질서에 대해 다룬 『문명의 충돌』의 저자로 유명하다. 1948년 시카고대학에서 정치학 석사학위를 취득한 뒤 1951년 하버드대학교에서 박사학위를 받았다. 20대 초반에 박사학위를 받은 그는 그 뒤 58년 동안 하버드대를 떠나지 않고 학자의 길을 걸었다. 헌팅턴은 교수 생활 중 하버드대 국제관계연구소 소장과 존 올린 전략연구소 소장, 미국 정치학회 회장 등을 지냈으며, 현실 정치에도 일부 참여해 허버트 험프리 대통령과 지미 카터 대통령의 자문역을 지냈다. 헌팅턴 본인도 2007년 강의를 끝내면서 "내 인생을 통틀어 하버드에서 학부생들을 가르쳤던 경험보다 소중했던 기억은 없다"라고 회고했다. 1949~2007년 58년 간 하버드대 강단에 서 있었다. 1977~1978년 지미 카터 행정부에서 국가안보보좌관을 지내기도 했다. 2007년 강의를 마감한 헌팅턴 교수는 매사추세츠의 휴양지인 마서즈 빈야드에서 세상을 떠났다. 사인은 충혈성 심장 질환과 무증상 당뇨병의 합병증이었다.

미국 보수학계를 대표하는 학자로 꼽히는 헌팅턴은 1993년 『포린 어페어즈(*Foreign Afairs*)』에 발표한 「문명의 충돌(The Clash of Civilizations)」을 통해 세계적인 명성을 얻었다. 헌팅턴 교수는 이 논문을 통해 냉전 이후 시대는 서방과 라틴아메리카, 이슬람, 힌두교, 일본 등 7~8개의 문명들로 나뉘어 있으며, 국가 간 무력 충돌이 발생하는 것은 이념의 차이가 아니라 문화와 종교적 차이 때문이라고 주장했다. 1996년 이런 주장을 담은 『문명의 충돌』(1996)을 출간하면서 석학의 반열에 올랐다. 특히 이 책은 지난 2001년 발생한 9·11 테러 이후 집중 조명을 받으면서 저자인 헌팅턴의 명성을 드높였다. 『문명의 충돌』은 전 세계 39개 언어로 번역될 정도로 큰 인기를 누렸다. 한국에서도 지난 1997년 번역되었다.

그 밖의 저서로는 『군인과 정부』(1957), 『우리는 누구인가: 미국의 정체성 도전(*Who We Are*)』(2004)이 있다.

반면에 후쿠야마는 앞서 언급한 바와 같이 성숙한 시민사회와 민주주의를 건설하는 데 제도화된 민주주의를 경제 발전과 연관지어 역설하고 있다. 그는 사람들 사이에 다양한 결사가 활성화되고 또한 이를 통해 사람들 사이의 결속이 다양한 방법으로 교차하면서 증진될 때에만 사회 전체적으로 공동의 목표를 성취하는 집합적인 능력이 향상될 수 있다고 생각하기 때문이다. 그러므로 이들에게는 제도화된 사회적 자본의 축적이야말로 민주주의의 발전에 가장 핵심적인 것으로 강한 국가의 조건이 된다고 한다(Fukuyama, 2004: 61-77).

2 국정관리에서 사회적 자본의 중요성

민주주의와 경제 발전을 이룩한 선진 국가들을 연구한 퍼트남과 후쿠야마 등 서구 석학들은 민주주의와 경제 발전의 핵심적 요인으로 소위 사회적 자본을 지적한다. 사회적 자본은 상호간의 이익 증진을 위한 조정(coordination)과 협조(cooperation)를 용이하게 하는 네트워크, 규범, 그리고 사회적 신뢰 등 사회조직의 특질로 정의되며, 시민참여의 네트워크(network of civic engagement)와 호혜성의 규범(norm of reciprocity)으로부터 생성된다고 한다. 즉, 사회적 자본은 구성원들의 면대면 접촉을 통해 생성되기 때문에 사회적 자본이 많은 사회 또는 공동체일수록 공동의 문제의 해결을 위한 조정과 협조가 용이하다는 것이다.

현대 국가, 특히 1970년대 이후 재정적자를 겪은 선진국들에서 시민사회단체들의 영향력 증대 원인은 바로 정부실패(government failure)에 기인한다고 한다. 시장실패(market failure) 이후 정부는 시장에 개입해 복지사회를 이룩하려고 했으나, 오히려 더 나쁜 결과를 초래하거나 인민이 원하는 다양한 욕구를 충족시키는 데 한계에 부딪혔다는 것이다. 정부 영역은 원천적으로 다수결의 원리, 강제성의 원리, 획일성의 원리, 관료제의 원리가 적용된다. 따라서 현대 사회의 복잡한 문제를 해결하고 시민이 원하는 욕구를 해결하는 데 한계가 있다. 정부가 해결하지 못하는 각종 사회문제를 해결하고 정부의 한계를 보완하기 위한 기제로서 시민사회에서 각종 비영리단체(nonprofit organization: NPO)가 등장한 것이다. 비영리단체는 서구 복지국가, 특히 미국과 같은 복지다원주의(welfare pluralism) 사회에서 정부와의 협력을 통해 복지 서비스를 제공하는 중요한 역할을 한다. 이 비영리단체적 특성을 지닌 것이 바로 NGO(nongovermental organization)이다. NGO는 공공의 이익을 추구하는 결사체로서 정부가 해결하기 어려운 각종 사회문제를 자원주의(voluntarism)에 입각해 해결한다. NGO의 공익성은 정부의 목적과 상통하기 때문에 시민의 삶의 질을 증대하기 위해 정부와 일정한 협력이 이뤄진다. NGO에 대한 정부의 업무 위임과 재정 지원은 이러한 협력의 일환이다. 그뿐만 아니라, NGO는 사회 변혁을 실천하는 과정에서 정부의 개혁정책을 지지하거나 이에 반대하는 기득권 세력을 견제함으로써 개혁을 지원한다. 따라서 정부와 NGO 간에는 무언의 합의가 이뤄지고 정책형성 과정에서 다양한 협력이 이뤄질 수 있다. 오늘날 양자 간에는 국정관리(governance)라는 이름으로 다차원적인 협력이 일어나고 있다.

이러한 취지에서 우리나라에서도 1997년 IMF 외환위기 이후 행정안전부를 비롯한 정부의 각 부처에서 비영리 민간단체 공익활동 지원사업을 벌이고 있다. 이 사업은 비영리 민간단체의 자발적인 활동을 보장하고 건전한 민간단체로의 성장을 지원함으로써 비영리 민간단체의 공익활동 증진과 민주사회 발전에 기여함을 목적으로 지난 제도적으로 확립된 시점은 1999년부터이다. 즉, 정부의 힘만으로 완전하게 해결하는 데는 무리가 따르는 문제들이 있기 때문에 공공적 역할을 하는 비영리 민간단체의 역량을 동원, 문제 해결을 하려는 일종의 정부의 거버넌스 능력 향상의 일환으로 추진되는 것이다. 비영리 민간단체 공익활동 지원사업을 학문적인 분류 기준으로 분류해 볼 때 민간단체의 사업 내용은 크게 다음과 같은 네 가지 기능으로 나눌 수 있다. 첫 번째는 서비스 제공자(service provider)로서 무료 급식 등과 같이 주로 복지 서비스를 제공하는 것이다. 두 번째는 감시자(watcher)로서 도로 표지 모니터링과 같이 특정 현상이나 정부 서비스에 대한 감시 또는 평가를 수행하는 기능이다. 세 번째는 교육 및 여론 환기자(advocator)로서 자연 체험 교육이나 장묘문화 개선사업 등과 같이 특정 또는 불특정 집단에 대한 교육 및 의식 개혁 등을 추구하는 것이다. 네 번째는 제안자(creator)로서 어린이 안전지수 개발 또는 녹색 서울 관광지도 만들기 등과 같이 다른 사람이나 집단에 도움이 될 수 있는 도구를 만드는 것이다.

그러나 사회적 자본을 구성하는 집단과 집단구성원의 관계를 측정하여 사회적 자본 지수로 바꾸는 여러 학자들의 견해에 한계가 없는 것은 아니다. 예를 들어, 해리슨(Lawerence E. Harrison)의 다음과 같은 견해를 보면 더욱 확실하다. 해리슨은 "사회적 자본을 전체적으로 측정하는 일이 가능하느냐의 문제는 논의로 치더라도, 이러한 접근 방식에 의한 측정은 최소한 세 가지 문제점을 안고 있다. 첫째, 사회자본이 주요한 질적인 차원이라는 문제이다. 볼링 리그나 가든 클럽이 협력과 공공 활동을 위한 집단이라 하더라도, 집단 활동의 기준에 비추어볼 때 미해병대나 모르몬교도 같은 조직들과 사뭇 다를 수밖에 없다. 한마디로 볼링 리그가 해변으로 돌진할 수는 없는 노릇이다. 그러니 사회자본을 적절히 측정하려면, 그 집단의 활동 특성을 먼저 고려하지 않으면 안 된다. 만약 그런 집단이 역경에 처해 있다면, 그 집단이 지니고 있는 생산성 가치의 측정은 본질적으로 힘들 수밖에 없다. 둘째, 어떤 경제학자가 일컬은 집단구성원의 '긍정적 형식주의(positive externalities)', 혹은 우리가 말하는 '긍정적 신뢰의 범위(positive radius of trust)'와 관련 있는 문제다. 비록 모든 집단들이 운영을 위해 사회자본을 필요로 하지만, 일부는 자신의 멤버십 외부에도 신뢰의 결속을 형성한다. 베버(Max Weber)의 지적처럼 청교도주의는 단순히 자신의 종교적인 공동체 회원뿐만 아니라 인류 전체에게 정직을 요구한다. 한편, 상호의무의 규범은 집단구성원들의 소규모 부분 집합체만 공유할 수 있다. 가령 회원이 3,000만 명 이상 되는 미국 퇴직자연맹(AARP)과 같은 이른바 멤버십 집단의 경우, 단지 회원들이 해마다 동일한 조직에 회비를 지불한다는 이유만으로 두 회원이 서로를 신뢰하거나 서로의 활동에 도움을 주리라고 생각하기에는 무리가 있다. 셋째, 부정적인 형식주의와 관련된 문제다. 일부 집단들은 비회원들을 향해 편협함과 증오심을 드러내는가 하면 심지어 폭력을 행사하기까지 한다. 비록 KKK, 이슬람 연맹, 미시건 민병(Michigan Militia) 등이 사회자본을 소유하고 있다 할지라도 이런 집단들로 구성되어 있는 사회는 별다른 호소력이 없으며, 더욱이 민주주의를 멈추게 할 수도 있다. 이런 집단들의 협력에는 문제가 있으며, 서로를 뭉치게 하는 배타적인 공동체의 결속으로 주변 환경과의 단절을 초래하고, 스스로 적응력을 상실하고 만다"(새뮤얼 P. 헌팅턴 · 로렌스 E. 해리슨, 2001: 176에서 재인용)는 것이다.

즉, 결론적으로 공익성을, 즉 사회적 가치를 중시하는 사회적 자본이 강조되기 위해서는 민주성과 경제적 효율성을 동시에 담보할 수 있다는 것으로 귀결되어야 한다.

제 3 절

사회적 자본의 측정과 우리나라의 수준

1 사회적 자본은 어떻게 측정하는가?

"퍼트남(Robert D. Putnam)은 『민주주의 작동(*Making Democracy Work*)』에서 이탈리아의 지역별 통치 수준의 차이가 사회자본과 상관관계가 있으며, 미국에서는 1960년대 이래 사회적 자본이 감소하는 추세라고 주장한다. 또한 그는 자신의 저서를 통해 사회적 자본의 측정에 상당한 어려움이 따른다는 점을 시사한다. 여기서 그는 두 가지 형태의 통계적 측정 방식을 활용하고 있다. 첫째 방식은, 투표자나 신문 구독자 수와 같은 정치참여자의 지표뿐만 아니라 스포츠 클럽과 합창단에서 이익 집단과 정치정당에 이르는 집단 및 집단구성원에 관한 정보를 말한다. 좀 더 상세한 시간 예산 조사와 사람들이 실질적으로 자신의 근무 시간을 소비하는 방식에 관한 다른 지표들도 포함한다. 둘째 방식은, 가치와 태도에 대해 일련의 질문을 하는 일반 사회 조사(미국을 대상)나 세계가치조사(지구상의 60개국 이상을 대상) 등과 같은 자료들을 말한다. 지난 두 세대에 걸쳐 미국의 사회적 자본이 감소하고 있다는 주장은 여전히 뜨거운 쟁점으로 남아 있다. 많은 학자들이 지난 두 세대 동안 집단과 구성원이 실질적으로 증가했음을 보여주는 증빙 자료로 반대 주장을 펼치지만, 또 다른 학자들은 그런 자료들이 미국처럼 복잡한 사회의 집단 생활 현실을 제대로 포착하지 못했을 뿐이라고 주장한다"(새뮤얼 P. 헌팅턴 · 로렌스 E. 해리슨, 2001: 174에서 재인용).

사회적 자본지수란 사회자본을 구성하는 요소들, 즉 사회자본의 변화에 영향을 미치는 요인들의 상대적 경쟁력을 지수화한 것이다. 사회적 자본을 구성하는 요소로는 크게 사적 사회적 자본(15개 지표)와 공적 사회적 자본(15개 지표)으로 구분되며, 사적 사회적 자본은 사적 신뢰, 사적 배려, 사적 참여로, 공적 사회적 자본은 공적 신뢰, 공적 배려, 공적 참여 등과 같이 사회적 자본을 구성하는 여섯 가지 요소로 구분하였다. 산출 방법은 만점을 10으로 하여 모든 개별 지표들의 산술평균값을 지수화했다. 비교대상은 OECD 32개국이다. 사회적 자본지수 추정 결과 한국의 사회자본 수준은 G7에 훨씬 미치지 못하는 것으로 나타났다. 한국의 사회자본은 OECD 국가 중 최하위권 수준으로 평가된다. 한국의 사회적 자본지수는 5.07로 OECD 32개국(이하 OECD) 평균 5.80을 한참 밑도는 수준으로, 전체 32개 국가 중 29위로 나타났다(현대경제연구원, 2014.5.23).

상기 인용된 연구 이후에도 우리나라에서는 사회적 자본을 측정하는 연구가 지속적으로 되어 왔다. 2021년에는 국책연구원인 한국보건사회연구원에서 사회적 자본을 객관적으로 실증가능한 지표를 구성하여 설문분석을 통하여 조사한 바 있다. 이 연구에서는 사회적 자본을 구성하는 요소를 네트워크, 제도 신뢰, 일반 신뢰, 규범이라는 네 개의 큰 범주로 나누고 각 범주를 구성하는 하위 단위를 지수화시켜 연구한 바 있다. 한편, 사회적 자본의 하나의 유형인 문화자본 연구에서도 디마지오(Paul DiMaggio)의 문화자본지수 체계를 중심으로 한 사회학 연구도 있었다. 그러나 한결같이 이들 사회적 자본지수를 통한 연구에서 경제 규모 면에서 세계적으로 위상을 굳힌 한국이 한 발 더 나아가는 선진국으로 입지를 다지기 위해서는 사회적 자본의 확충을 강조하고 있다. 즉, 이는 사회적 자본이 정책과 국가 및 사회의 제반제도에 대한 국민의 신뢰도와 사회구성원 간 협력이 높을수록 해당 국가와 사회에 질적 수준이 좋은 것으로 평가되기 때문이다. “매일경제가 한국경제연구원에 의뢰해 영국 대표 싱크탱크 레가툼연구소의 국가별 사회적 자본 수준을 분석한 결과, 한국 사회적 자본지수는 2007년 42.3점에서 2021년에는 44점으로 정체 상태에 빠진 것으로 나타났다. 2021년에도 한국의 사회적 자본지수는 경제협력개발기구(OECD) 38개국 가운데 38위인 꼴찌로 OECD 평균(59.9점)과 비교해도 격차가 크다. 만성적으로 부족한 사회적 자본이 한국의 선진국 위상을 깎아 먹고 있는 것이다. 반면 2007년만 해도 한국과 사회적 자본 점수가 엇비슷했던 에스토니아(49.1점→61.2점), 리투아니아(32.9점→49.3점)는 같은 기간 최소 12점 이상 점수가 뛰어오르며 약진했다. …(중략)… 에스토니아는 개혁과정에서 발생한 불협화음을 강력한 리더십으로 극복하며 사회 신뢰를 쌓고 유럽 대표 정보기술(IT) 강국으로 위상을 굳혔다. 리투아니아는 2008년 글로벌 금융위기 수렁에 빠졌다가 2009년 당시 유럽연합(EU) 예산담당 집행위원이었던 달리아 그리바우스카이테(Dalia Grybauskaitė)가 사상 최초 여성 대통령 자리에 오르며 반전 드라마를 썼다. 국영 에너지 · 부동산 기업에 대한 대대적인 민영화를 통해 경제구조 개혁에 나서는 동시에 사법개혁, 부패 척결에 나서며 사회 투명성을 끌어올렸다. 그리바우스카이테 대통령은 국민의 강력한 지지를 바탕으로 2014년 재선에 성공했고, 2019년 7월까지 리투아니아의 개혁을 이끌었다."[2] 이와 같이 사회적 자본은 유형적이고 물질적인 자본과는 달리 무형적이며 비고정적이다. 따라서 사회적 자본의 확충이란 해당 국가 또는 사회가 끊임없이 노력해야지만 지속가능성 있게 높은 수준을 유지할 수 있는 것이며, 이럼으로써 상호 신뢰를 통한 국가 및 사회의 발전에 이뤄질 수 있는 것이다.

2 한국 사회에서 사회적 자본의 확충 방안과 그 효과

사회적 자본의 확충 방안은 사회적 자본의 형성 과정에 대한 논의를 기반으로 한다. 앞서 언급했듯이, 사회적 자본은 자발적 단체나 시민사회 참여와 같은 사회적 상호작용, 그리고 공공 제도의 확립과 공정성 확보 등에 영향을 받는다. 따라서 사회적 자본이 균형 있게 발전하기 위해서는 수평적인 네트워크의 발전과 공공 제도의 확립이 동시에 이뤄져야 한다. 그러나 학자마다 공공 제도의 확립과 같은 하향식 방안을 주장하기도 하고, 시민사회 자발적 단체참여를 통한 학습과 같은 상향식 발전 방안을 주장하기도 한다. 전자는 수평적 네트워크 발전은 시간이 오래 걸리는 반면, 공공 제도를 통해 신뢰를 쌓는 방법은 비교적 시간이 적게 들고, 정책적으로 시행하기 쉽다는 장점이 있다고 주장하는 반면, 후자는 오히려 공공 제도를 통해 사회적 자본을 형성하는 방법이 더 시간이 오래 걸린다고 주장하며, 자발적 난제활동을 통해 신뢰하고 협동하는 방법을 배우는 것이 더 효율적이라고 주장한다.

사람들 사이에 다양한 결사가 활성화되고 또한 이를 통해 사람들 사이의 결속이 다양한 방법으로 교차하면서 증진될 때에만 사회 전체적으로 공동의 목표를 성취하는 집합적인 능력이 향상될 수 있다고 생각하기 때문이다. 그러므로 이들에게는 제도화된 사회적 자본의 축적이야말로 민주주의의

2) 매일경제신문(2022.1.11, 김정환 · 안병준 기자).

발전에 가장 핵심적인 것으로 강한 국가의 조건이 된다고 한다(Fukuyama, 2004: 61-77). 반대로 국가의 역량을 약화시키는 것은 선진적인 제도의 유입에 대한 유무가 아니라 사회적 자본이라고 할 수 있는 사회적 규범과 시장경제에 대한 몰이해 문제 때문이라는 것이다. 그러므로 강한 국가는 시민들의 자발적 상호작용에 의해 사회적 자본이 형성되어 역량이 향상된다는 것이다(Fukuyama, 2004: 116-118).

그러나 일찍이 토크빌의 미국 민주주의의 힘을 시민들의 자발적 결사정신에서 찾았다는 점을 생각해 보면 후쿠야마 등의 이러한 접근 방법은 참신한 주장은 아니다. 퍼트남 역시 사회적 자본의 형성을 통해 등장하는 활성화된 시민사회가 없다면 민주주의는 발전할 수 없다고 주장한다(Putnam, 1993a). 특히 퍼트남이 제기한 수평적 관계와 콜먼이 확대한 수직적 관계에 더해 정부, 정권, 법의 지배, 사법 체계 등을 포함하는 제도적인 관계와 시민의 정치적 자유 등과 같은 공식화·제도화된 관계와 구조를 포함한다(Seragedin & Grootaert, 2000; 박희봉·김명환, 2000에서 재인용)는 주장도 같은 맥락이다.

우리 한국 사회는 서구적 시민사회를 거치지 않은 채 중앙집권적 국가체제에서 지방분권적 국가 체제로의 이행, 권위주의 행정문화에서 분권적 행정문화로의 이행, 권력의 집중에서 거버넌스 체제로의 이행 등이 함께 일어나고 있기 때문에 카오스적(혼돈) 현상이 발생하고 있다고 볼 수 있다. 이러한 시민사회단체의 활동 목적이 국가 전체, 나아가서는 지구사회의 공공선을 추구하는 것이라면 그 간의 한국 사회에서 NGO 역할에 대한 평가는 좀 더 이론적 논의[3]가 필요한 영역이라고 볼 수 있다. 예를 들어, 개인과 공동체, 환경과의 관계를 중심으로 1970년대 중반을 전후로 미국에서는 '자원동원론(resource mobilization theory)'이, 그리고 유럽에서는 구사회운동과는 일정한 거리를 두는 미국의 '자원동원론'과 유사한 '신사회운동론(theory of new social movement)'이라고 하는 사회운동에 관한 새로운 시각이 전개된다. 이러한 시각들은 사회운동에 관한 고전 모형과는 확연히 구별되는 분석 방법을 채택하고 있을 뿐만 아니라 많은 점에서 전통적 관점을 비판하고 그 대안적 성격을 강조해 왔기 때문에 오늘날에는 그

3) 자원동원론, 사회운동이론에 관한 자세한 논의는 임승빈, "실증적 분석을 통한 한국의 시민단체 활동의 변화에 관한 연구," 『비영리연구』, 2003년, 12월. 서울: 한국비영리학회, 제1권 제2호를 참조.

명칭이 일반적으로 인식되기에 이르렀다. 사회운동에 관한 이 두 가지 시각, 구사회운동과 신사회운동 또는 자원동원론은 미국과 유럽의 서로 다른 역사적 경험과 지적 전통 속에서 형성되었기 때문에 명백한 차이점을 보이고 있다. 그러나 신사회운동 또는 자원동원론이 구사회운동과는 달리 비계급운동, 비노동운동이라고 하는 후기 자본주의 사회의 새로운 사회운동을 대상으로 한다는 점과 양 이론의 지향점이 상호 보완적일 수 있다는 점에서 비교 및 통합의 가능성이 드물게나마 거론되기도 했다(조대엽, 1999: 74-75). 우리 학계에서도 신사회운동론적인 관심이 증폭되어 이론과 실제에 대한 논의들이 폭넓게 있어 왔다. 그러나 이에 비해 구사회운동론에 대한 언급은 상대적으로 소원한 인상을 갖게 한다.

그러나 이 두 가지 시각은 다양한 측면에서 상호 보완적인 내용을 갖추고 있기 때문에 두 시각 모두에 관심을 가짐으로써 얻을 수 있는 이점이 매우 크다고 말할 수 있다(조대엽, 1999: 76).[4] 자원동원론의 가장 특징적인 사실은 외부 지원의 중요성과 제도화된 자원의 확보를 강조한다는 점이다. 자원동원론에서 사회운동은 고유한 지도력과 자원적 스태프, 광범위한 멤버십, 직접 수혜자로부터 나오는 자원, 그리고 대중참여에 기초한 행위 등을 특징으로 하는 고전적 사회운동조직으로부터 외부 지도력과 전일제로 고용된 스태프, 소규모의 혹은 상존하지 않는 멤버십, 양심적 구성원으로부터의 자원, 불만을 가진 집단을 직접 끌어들이기보다는 그들을 대변하는 행동 등으로 특징화된 전문 사회운동조직으로 변화되어 왔다는 것이다(조대엽, 1999: 84). 또한 신사회운동에서는 구사회운동인 노동운동과는 달리 관심 영역을 시민권이나 정치 권력의 차원보다는 오히려 가치와 생활양식에 두고 있다는 점에서 문화 영역이라고 볼 수 있다. 신사회운동은 기본적으로 시민사회와 정부와의 파트너십 강화를 통해 출현했다고 볼 수 있다(조대엽, 1999: 92). 따라서 이러한 맥락에서 자원동원론과 신사회운동론이 근접하고 있는 것이다(Salamon, 1992: 19).

운동론적인 시각에서 본다면 우리나라 NGO의 특성은 1987년까지 정치적 자유, 노동자 여성, 환경 등 주로 사회의 소수자들의 권익을 보호하는 구사회운동이 지배적이었다고 본다면 6·29 선언 이후, 특히 문민정권 이후에는 경실련, YMCA, YWCA 등이 주축이 된 자원동원론적인 운동 방식

4) 인용서에 의하면, 조돈문, 이시재, 김성국, 정수복 등의 논문이 신사회운동론적으로 쓰여졌다고 한다.

에 가깝다고 볼 수 있다.[5] 그 이유에 대해 살펴본다면 1960년대 이후 지난 50여 년 동안 한국 사회는 경제가 고도 성장을 이룩하는 과정에서 사회 전반에 대한 국가의 관여 내지 의존 정도가 심화되어 확대되어 왔기 때문이다. 한국의 시민사회 역시 미국, 유럽 등지의 국가들과는 달리 민주적이며 공동체 의식이 강한 시민사회를 구축하는 데에 실패했다는 데에 그 원인(遠因)이 있다고도 볼 수 있다. 그 결과 권위주의적인 정부와 이에 맞서는 반정부적인 민간단체는 존재했으나 시민으로서의 권한과 책임을 강조하는 NGO가 제대로 성장하지 못했다고 볼 수 있다. 즉, 종래의 한국 사회에서 시민단체(NGO)는 정권에 대한 사회적 저항단체로서 혹은 국가의 비호를 받는 정권 수호의 외곽단체로서 왜곡된 성장을 하게 됨에 따라 시민사회 구축에는 큰 역할을 하지 못했다. 시민운동가들은 정치가와 같이 취급을 받는 재야(在野)라는 말로 표현되었으며, 관변단체의 임원들은 정권의 대변자 역할을 충실히 수행하는 데 있었기 때문에 1980년대 말까지만 해도 시민사회의 구축을 위한 구호만 있지 실제적인 시민사회를 구축하기 위한 활동은 극히 저조했다고 볼 수 있다. 한국에서 시민사회가 형성되지 못한 그 밖의 이유는 정치적인 이유 때문만이 아니라 갑작스러운 도시화로 인해 지역 중심으로 한 공동체 사회의 붕괴, 가족사회의 핵가족화 등 역시 한국의 시민사회 구축에 역시 큰 장애물이 되었다. 이와 같이 한국의 시민사회단체 활동에 이데올로기적 요소가 들어가 있는 것은 운동권(활동가들)과 학문적으로 색채가 다른 교수, 전문가들의 참여가 두드러지는 것은 비단 한국적 특성만은 아니지만 정치권과의 연계성이 높은 점은 매우 특징적인 현상이다. 이는 오랜 권위주의 정권에 대한 민주화운동의 결과와 그로 인해 탄생한 정권에 대한 반대운동 세력의 정치적 연합에 기인한다고 볼 수 있다.

따라서 한국 사회가 진보적 시민사회단체, 보수적 시민단체 모두 활발한 활동을 하고 있는 반면에, 공통적으로 적용되는 비판은 사회적 자본 형성에 기여하는 바가 약하다는 점이다. 시민단체들의 백화점식 운동 방식, 시민 없는 시민단체, 대안 없는 시민운동, 무분별한 연대운동, 정치권과의 보이지 않는 결속 등에 대한 비판 등은 급기야 시민사회단체의 사회적 책임성 문제라는 정체성 위기에 직면해 있다고 볼 수 있다.

---

5) 물론 환경 NGO뿐만 아니라 대부분의 한국의 NGO에서 취하고 있는 운동 방식이라고 분석될 수 있다.

3 정부와 시민사회단체와의 바람직한 파트너십 형성

정치·경제·사회의 각 분야에서 시민단체의 활약은 단순히 시민의 목소리를 전하려는 것이 아니라 제도 개선에도 상당 부분 일조했다. 각종 여론조사에서도 국민이 가장 신뢰할 수 있는 집단으로 시민단체를 선정하고 있다는 사실은 우리의 대의적 민주제에 대한 문제점의 지적과 아울러 정책과정에서 시민단체의 기능을 무시할 수 없는 상태에 이르렀다고 볼 수 있다. 또한 시민단체의 수가 양적으로 급격히 늘고 있다는 점은 이들 단체의 활동 영역이 다양화되고 전문화되고 있다는 현실을 반영한다. 그리고 정책과정이라는 복합적인 행정 과정에서 나타나는 시민단체의 활동 형태 역시 다양해지고 있다. 이전의 단순한 조언이나 정보를 제공하는 시민단체에서부터 각종 정부위원회에의 참여, 그리고 입법 청원과 언론을 통한 여론 압박, 나아가 시위를 직접 전개하는 시민단체에 이르기까지 시민단체의 활동 패턴이 다양해지고 있다. 그만큼 현 시점에서 시민들은 다양한 영역에서 다양한 수준의 활동을 복합적이고 중첩적으로 전개하고 있는 것이다. 앞서의 국가 영역과 집행권(공권력)의 논의를 상기하면서 정치 영역과 시민사회단체와의 바람직한 파트너십 형성을 위한 제언을 하고자 한다. 즉, 사회의 제도를 유지하는 데 정치행정 영역과 시민사회 영역 간의 파트너십을 위해 시민사회단체의 사회적 책임성인 공익적 역할이 강조되는 것이다.

정권에서 정치 영역과 시민사회단체의 영역 간에 어떠한 파트너십이 형성될 것인가 하는 예측은 정권의 성격에 따라 다르겠지만 시민사회단체의 공익적 활동과 사회적 책임성에 대한 강조는 변함이 없다. 만약 신자유주의 및 신고전학파의 경제 논리를 주장하는 보수정당이 집권하게 되면 정부와 사회문제 해결에 관심있는 시민사회단체의 관계는 소원해지며 특정한 정치행정 분야에 한해 친정부적인 시민사회단체들의 참여로 제한될 가능성이 크다. 특히 기업활동에 대한 시민사회단체의 시장 개입에 대해 보수적인 입장을 취하는 보수 언론의 경우 지속적으로 시민사회단체의 영향력 증대에 비판적 목소리를 낼 가능성이 크다. 그러나 시민사회단체의 영향력이 작아진다는 의미는 아니다. 국가 영역 및 개입을 축소시키면 시킬수록 시민사회단체의 영향력은 커진다. 기업들이 시장에서 거래 및 계약을 맺고 개입한다면 투명성과 정직성이 요구된다. 상인들 간의 거래라도 강자와 약자가 나오고 그들 간에 해결이 어려우므로 그 룰(rule)을 만들 때 시민사회가 개입할 여지가 크다. 다음으로 이익단체와 소비자, 상인들 간에 룰을 만들 때에도 시민사회단체가 개입할 여지가 크다. 최근 국내 시장, 국제 시장에 다양한 단체가 개입하는 것 자체가 국제적 현상 가운데 하나이며, 때로는 이들 단체가 정부보다도 전문적이다. 경제학적으로도 완전경쟁시장이라는 것은 있을 수 없으므로 시장(market)에서의 상호 신뢰 문제를 강조하고 이를 사회적 자본이라고 주장하는 시민사회단체의 역할은 소멸되지 않는다. 그러나 어떠한 성격의 정부라 하더라도 시장을 통한 자원 배분은 한계가 있다는 것을 깨닫게 되어 정부 개입의 확대 또는 축소를 하게 되는 것이다. 예를 들어, 대처리즘(Thatcherism), 레이거노믹스(Reaganomics)에서는 정부 역할의 축소로 인해 비(非)시장 영역과 시장 영역 모두에서 시민사회단체의 역할이 강조되고 있다는 점을 경험적으로 우리는 봤다. 더욱이 구제도학파자인 베블렌(Thorstein B. Veblen)이 말하기를 "이익을 극대화시키려고 한다"는 것은 인간뿐만 아니라 제도 자체도 이러한 속성이 있다는 점에 동의한다면 지금과 같은 정치 영역과 보수 및 진보 시민사회단체들 간의 파트너십은 사라지지 않고 오히려 진화할 것이다.

결론적으로, 국가의 정책 과정에서 NGO 역할에 대한 일반론적인 정답을 도출하기는 곤란하지만, 거시적으로 볼 때(정부와 NGO가 파트너십으로 만드는) 국가 제도 형성의 능력이 국가 기능 범위보다 더 중요함을 알 수 있다. 즉, 작지만 강한 국가(smaller but stronger state)를 건설하는 것이 핵심이다. 정부 역할과 영역, 규모는 작지만 강한 집행력을 갖기 위해서는 사회의 여러 조직이 자신들이 만든 국가의 합법적 지배구조에 동참해야 한다는 것이다. 이러한 이유 때문에 시민사회 영역에도 그들의 합리적 역할과 책임성이 강조된다. 앞으로 상당 기간 정부 개혁의 방향성은 작고 유능한 '소수 정예'의 정부를 구현하는 데 주력할 것이다. 그러면 그럴수록 정치행정 영역과 시민사회단체의 건전한 파트너십이 중요하며, 보수와 진보를 막론하고 시민사회단체의 사회적 책임성은 더욱 강조될 것이다.

생각해보기 **소통은 개념일까, 기술일까**

미국 샌프란시스코 시의 커뮤니티보드는 지역의 갈등을 법이나 공권력의 힘을 빌리지 않고 주민들이 직접 관리하고 해결하는 제도이다. 의뢰인이 하는 말을 여러 명의 중재자들이 경청하고 해결책을 제시해 줌으로써 갈등에 대한 완충장치의 기능을 수행한다. 중재과정을 통해 갈등을 흡수하고 서로 폭력 없이 문제를 해결할 수 있도록 돕는 것이다.

소통의 유명한 사례로서 스웨덴의 비스비(Visby) 시에서 매년 7월에 열리는 알메달렌(Almedalen) 정치박람회(Political Week) 사례가 있는데 이는 1968년부터 40여 년 전통을 자랑하고 있다. 이 축제에서는 정당, 시민단체, 개인 누구나 자신의 의견을 펼칠 수 있으며, 국가의 재정 상태, 경제 상태들을 재무 장관이 직접 발표하고 서로 질문을 주고받으며 격식 없이 소통함으로써 최선의 해결책을 찾는 과정이다. 우리나라에서는 찾아볼 수 없는 일이며 실로 놀라운 일이 아닐 수 없다. 이런 강의실에서 재무 장관이 직접 "올해도 많이 실망하셨죠? 지금 우리나라의 상태가 이러이러하고 저러해서 이렇게 밖에 할 수 없다. 이만큼의 예산은 여기 썼고 이만큼은 저기 썼습니다. 그래서 이만큼 남았습니다"라고 브리핑을 하며 시민들에게 알려주며 시민들도 그것을 듣고 궁금한 점은 직접 질문하며 소통을 하는 과정에서 더 나은 해결 방안을 찾고 사회적 신뢰를 구축하도록 한다는 점에서 의미가 있다고 할 수 있다.

제 2 장 시민사회와 NGO의 개념과 범주

제 1 절 서유럽에서 시민사회 개념의 등장

“지금을 살고 있는 우리의 삶이라는 생각, 행동을 지배하며 힘들게 하며 때로는 스스로 죽음에 이르게 하는 것이 자신이 선택하지도 선택할 수도 없는 신분과 금전적인 자본에 의해 운명이 좌우된다면 매우 슬픈 현실일 것이다.

→ 삶이 우리의 생각과 행동을 지배한다는 것은 매우 위험한 일이다. 선택의 순간이 주어지지 않는 신분의 한계 그리고 금전적인 자본에 의해 운명이 좌우된다는 현실에 때로는 자기 자신을 스스로 죽음에 이르게 하기 때문이다”(임승빈, 2022a: 98).

“이것이 바로 현대 국가가 과거의 전근대적인 권위주의적이고 신분제 사회에서 민주주의와 복지국가로 변하는 가장 큰 이유이다. 그러나 불과 100여 년 전만 해도 인류는 오랫동안 문명의 시작부터 신분과 화폐가 지배하는 질서에서 벗어나지 못했다고 볼 수도 있다. 우리가 알고 있는 동서양의 고대 철학자부터 현대 철학자에 이르기까지 이들이 공통적으로 주장했던 것은 자유의지를 갖도록 사람은 태어났다는 것이다. 특히 루소(Jean-Jacques Rousseau)와 칸트(Immanuel Kant)는 매우 구체적으로 타인과 환경으로부터 구속받지 않기 위한 인간의 자유에 대하여 논했으며 홉스

(Thomas Hobbes)부터 밀(J. S. Mill)에 이르기까지 현대 국가의 정치체제에 지대한 영향을 미친 정치철학자들 역시 인간의 자유의지를 강조한 것이다. 심지어는 마르크스(Karl Marx)마저도 인간의 자유의지를 잘 구현하는 이상적인 정치경제체제가 공산주의라고 주장했던 것이다. 학문에서도 로마 공화정 말기의 정치가이며 사상가였던 키케로(Marcus Tullius Cicero)가 강조한 휴마니타스(Humanitas)라는 개념 역시 인간다움을 언급한 것이었으며, 이를 기초로 하여 중세의 유럽 대학들이 논리, 수사학, 문법과 수학, 기하학, 음악, 천문학을 가르켜 일곱 개 부문의 'liberal arts'가 탄생한다. 즉, 인간됨을 위한 것이 자유이며, 이를 갖추기 위한 교양 수준에서의 학문이 시작된 것이다. 동양에서도 모든 국가가 해당되지는 않기는 하나 과거제를 시행한 중국, 한국, 베트남에서는 4서(논어, 맹자, 대학, 중용), 3경(시경, 서경, 역경)이 관리의 등용문이 되었는데, 당시 윤리학, 천문학, 음악, 역사 등으로 구성되어 교양인으로서의 인간됨을 가르쳤다.

그러나 중세 유럽의 대학에서 시작된 교양과목(liberal arts)들과 한국과 중국 등지에서 실시된 관직의 등용문이었던 과거 시험과목은 인간다움의 자유를 위한 것보다는 출세의 도구가 되어 권력과 돈을 쥐게 했으며, 타인과 사회를 지배하는 가장 유력한 수단으로 전락했던 것이다. 그렇다고 해서 반드시 학문만이 지배수단이 되어 권력과 돈을 쥐는 것은 아니었다. 동서양을 막론하고 근·현대 국가에 이르기까지 타인과 사회를 지배하는 수단은 신분과 종교도 있었으며, 심지어는 21세기 현재에도 지구상의 많은 나라에서는 여전히 신분과 종교가 사회적 질서를 지배하고 있다"(임승빈, 2022b: 95-98 발췌 요약).

이러한 현상을 프랑스의 유명한 역사학자이면서 지리학, 경제학 등에도 영향을 미친 페르낭 브로델(Fernand Braudel)은 『물질문명과 자본주의』(주경철 옮김)에서 인류의 정치경제사회 역사를 관통하는 질서로서 계서제를 강조한다. 그가 쓴 내용의 일부를 인용하면 다음과 같다. "계서제의 질서는 결코 단순한 것이 아니다. 모든 사회는 다양성이며 복수성이다. 사회는 내부로부터 스스로 분해된다. '봉건(feodale)'사회를 정의하려던 마르크스주의자들은 사회의 기본적인 복수성을 받아들이고 설명해야 하나 못한다. 봉건제는 로마어의 '봉토(feodum)'에서 유래한 신조어이지 16세기부터 20세기 전체를 자본주의라고 지칭하지 못하는 것처럼 11세기부터 15세기 전체를 봉건제로 지칭하는 것은 틀렸다. 그러므로 전체적으로 이야기하면 여러 사회가 혼재하여 잘하든 못하든 서로 의지하고 있으며 여러 개의 체제들이 있고 여러 개의 계서제가 있다. 이는 하나의 질서가 아니라 여러 개의 질서가 동시대에 존재한다는 것이다. 문화, 언어, 의식, 생활 양식도 복수로 존재한다. 그러므로 교회, 국가, 도시 등 모든 사회, 하부사회, 가족 집단 등도 나름의 계서적 질서를 갖고 있다. 그러나 사회 전체를 보면 가장 눈에 먼저 띄는 것은 하부가 아닌 부와 권력 면에서 정상과 기반으로 나누는 기본적인 불평등이다. 피라미드 정상에 있는 한줌의 특권층은 권력과 부와 생산의 잉여 중 많은 부분들이 이들에게 돌아간다. 즉, 통치, 관리, 지휘, 의사결정, 투자과정의 장악 등이다. 이들 밑으로는 경제의 대리인들, 모든 층위의 노동자들, 대다수 피지배민들 등이 있으며, 가장 밑으로는 실업자라는 사회의 찌꺼기가 깔려 있다. 놀라운 점은 특권층이 아주 소수라는 점이다"(페르낭 브로델 지음/주경철 옮김, 1995: 659-663 발췌 요약). 브로델이 인류사를 계서제로 보는 이러한 관점은 아주 탁월하다. 인간은 자유로움을 갖추기 위하여 태어났지만 타인을 지배하기 위하여 태어났다고도 볼 수 있다. 중세 유럽뿐만이 아니라 한국을 비롯한 동아시아 국가들에서도 쉽게 볼 수 있는 것이 계서제이다. 심지어는 미국의 현대 도시에서 마저도 특권층은 극히 소수이며, 때로는 우리들도 이들에게 편승하며 화폐, 신분, 종교가 만든 질서를 통해 여전히 구속받고 있으며, 그들의 지배를 정당화시키고 있다는 점은 누구라도 동의할 것이다. 그렇다고 비관할 만한 것은 아니다. 개인의 자유를 억압하는 이들 질서의 지배자들이 갖고 있는 정당성과 위험성에 문제를 제기하고 새로운 세계를 만들기 위한 고민은 고금동서의 학자들에게 항상 있어 왔으며 지금도 있다. 이것을 우리는 나라마다 시기적으로도 이념적으로도 그 배경도 다르지만 공통적으로는 국가권력에 대항하는 개인의 자유를 중시하는 시민사회의 등장이라고 한다.

그러나 국가 또는 귀족이라는 지배질서에 대항하는 개인의 자유를 강조하는 것은 시대사와 개인의 성향에 따라 차이를 보인다. "예를 들어, 홉스와 루소는 극명한 차이를 보여 주고 있다. 루소는 문학가이자 사회사상가였는데 루소는 '자유와 행복'을 탐구한 학자이기도 했다. 루소의 두 가지 사상은 '인간은 행복해지기 위해 사는 존재이다.' 또 하나는 '진정한 행복이란 무엇인가를 추구하지 않는다면 진정한 자유도 없다.' 홉스는 '만인에 대한 만인의 투쟁'이라는 표현으로 전쟁의 원인을 간단명료하게 정리하고 이를 제어하는 강력한 국가를 설정했지만, 루소는 이것에는 결정적인 약점이 있다고 했다. 즉, 힘을 한 곳에 집중시키기 때문에 반드시 전제주의적인 국가와 지배자가 탄생한다는 것이다. 이는 10%의 지배자와 90%의 노동자가 고착한다는 것이다. 실제로 인류의 역사가 그래왔다. 루소의 『고백록』을 보면 루소가 천착한 것은 자유이다. 자유를 확보하는 방안은 단 하나이다. 사회 전원이 서로 동시에 타인의 자유를 인정한 뒤, 모두가 대등한 권한을 가지는 '정부'를 만드는 것이다. 루소는 『인간 불평등 기원론』에서 인간은 자유롭고 평등하게 태어나지 않았으므로 누군가를 싸우고 지배하려고 한다는 것으로 인간이 자유와 평등을 얻기 위해서는 사회적 계약에 의한 새로운 질서를 만들자는 것이었다. 이 부분이 로크의 정치론과 차이가 나는데, 로크는 자연법적 사상의 출발에서 신앞에 평등이 법 앞에 평등과 같다고 했다. 즉, 신의 의지로 인간을 자유로이 창조했으므로 인간은 선천적으로 자유롭고 평등하다는 점이다. 따라서 절대주의 왕권에서 출불하는 왕권신수설을 부정하여 후에 1776년의 미국의 독립운동, 1789년 프랑스 시민혁명에 커다란 영향을 미치고 특히 미국 헌법의 기본 정신이 된다"(임승빈, 2022b 95-98 발췌 요약).

이 같은 역사적 경위를 겪어 서구사회에서는 국가에 대한 대항적 개념에서 시민(civitas)이 탄생했다. 따라서 역사적 경험이 다른 '시민사회'라는 개념과 범주는 국가마다 학자마다 다양하여 한마디로 정의하기 어려운 개념이다. 그러나 먼저, 시민사회라는 용어의 기원을 살펴보면, 키케로(Marcus Tullius Cicero)가 사용한 'societas civilis'라는 용어에서 그 초기 형태를 살펴볼 수 있는데, 이는 정치적 사회, 즉 국가를 의미하는 것이었다(조승래, 2004: 149). 시민사회가 이러한 개념을 갖기 시작한 기원은 유럽의 중세로 거슬러 올라가야 간다. 주성수(2006)는 영국의 역사에서 시민사회의 기원적 모습을 중세 시대의 길드(guild)에서 찾는다. 길드는 상인과 기술직 노동자들을 지원하는 네트워크 조직으로, 사회적 안성과 경제적 복리에 기여했다. 길드는 정부의 통제를 받지 않았다는 점에서 비정부적 조직이며, 또 정부와의 교환 관계를 통해 돈과 세금을 납부한 대가로 특별한 권리와 특혜를 받는다(주성수, 2006: 61). 그 이후 영국의 시민사회는 1688년의 명예혁명부터 그 존재가 뚜렷해졌다. 당시 혁명 중 쏟아져 나온 인간의 권리에 대한 이론과 주장들이 시민권의 확립과 상공업 활동이 확장될 수 있는 여건을 조성했기 때문이다(박지향, 1994: 262). 17세기 말과 18세기 초에 이르면 정기간행물과 커피하우스 등의 존재가 여론 형성의 중요한 기제로 작용하였다(박지향, 1994: 264). 커피하우스에서는 대개 문학이나 예술을 둘러싼 논쟁이 많이 벌어졌는데, 이는 곧장 경제, 정치적 이슈로 확대되었고, 여러 계층이 비교적 쉽게 이 모임에 참여할 수 있었다. 하버마스(Jürgen Habermas)는 17세기 말과 18세기 초에 형성되기 시작한 영국의 커피하우스, 프랑스의 살롱, 독일의 테이블 사회와 같은 공론의 장의 중요한 공통된 특징을 '동등성(equality)', '문제 제기(problematization)', '포괄성(inclusion)'으로 요약했다. 이러한 공론의 장의 확대가 자연스럽게 지역, 국가, 국제 수준으로서의 연대를 맺게 되었고(김호기, 1995: 129-131에서 재인용), 이러한 여러 계급이 참여할 수 있는 모임으로부터 시민들의 시민사회 활동이 본격화된 것으로 볼 수 있다.

따라서 전통적 의미의 시민사회는 시민에 의해 구성되고 그들의 참여로 운영되는 정치사회를 뜻했다.[1] 또한 시민사회라는 개념은 국가와 시장과의 관계에서 나타나는 특징을 중심으로 정의될 수 있다. 특히 유럽에서는 1980년대 중반부터 복지국가의 위기, 대량실업의 확대 등 사회경제적 문제가 발생하기 시작하면서 시민사회 개념에 대한 논의가 진행되었다. 그러나 오랜 논의에도 불구하고 시민사회라는 개념은 국가마다 다르고 국가 내에서도 제3섹터(the third sector), 자원 섹터(voluntary sector) 등 그 명칭이 혼용되고 있다. 영국에서는 이러한 고전적 의미의 시민사회 개념이 18세기 들어서면서 근대적 의미의 시민사회 개념으로 바뀌게 되는데, 즉 국가와 시민사회를 다른 영역으로 파악하려는 관점들이 등장하게 된다. 당시 영국에서 논의되던 시민사회론은, 시민사회를 상업사회로 보았던 흄(David Hume)의 담론, 정치적 인간사회가 곧 시민사회라고 주장했던 퍼거슨(Adam Ferguson), 그리고 흄과 퍼거슨의 시민사회론을 절충하여 개인들의 사적 이해의 장이지만 결국 공공의 이익이 발생하는 곳이 시민사회라고 주장했던 스미스(Adam Smith)에 의해 이어져나갔다(조승래, 2004: 151-154). 시민사회(civil society)라는 용어에 관해서는 "상호 지원, 공유된 이해 추구, 더 나아가 그들이 관심 갖는 문제, 흥미, 그리고 친선 등 사람들이 그들의 삶과 타인의 삶에 긍정적인 영향을 주기 위해 함께 모이는 곳", 즉 자원봉

1) 최초로 시민사회이론을 정립한 스코틀랜드의 계몽주의자 퍼거슨(Adam Ferguson)의 저서에서도 이러한 인식이 잘 나타나있다. 그는 저서 『시민사회의 역사론(*Essay on the History of Civil Society*)』(1773)에서 국가와 시민사회를 확연히 구별하지 않으며, 시민사회를 상업적 활동을 보호하고 세련화할 뿐만 아니라 정부와 법의 지배에 문화적, 공적 정신을 함양하는 '세련되고 문명화된 정치사회'로 정의하였다.

사단체협의회(National Council for Voluntary Organization: NCVO)에서 정의하는 개념을 앞서 언급하였다. 따라서 유럽, 특히 영국에서 제3섹터와 시민사회는 단순히 자선단체 또는 자원조직만을 범위로 하는 것이 아니라, 노동조합, 협동조합 또는 사회적 기업 등도 시민사회를 구성하는 주요 요소로 보다 더 광범위한 특성을 지닌다고 할 수 있다. 반면 자원 부문, 자발적 공동체 부문, VCSE 섹터는 제3섹터 및 시민사회보다는 좁은 범위로 볼 수 있는데, NCVO에서도 자발적 공동체 부문을 "시민사회의 중요하고 활기 넘치는 부분"(NCVO, 2009)이라고 명시하고 있다.

제 2 절

NGO와 유사 용어의 정의

1 국가별 개념의 차이[2)]

1) 외국과 한국의 NGO

새로운 개념이 '의미의 섬'의 지위를 획득해 일정한 속성을 가진 일상어로 쓰이기까지는 시간이 걸린다(Anheier et al., 2004). 초기에는 사용하는 사람이나 쓰이는 맥락에 따라 의미가 다르고 개념적 범주도 다양하다. NGO 또한 어떤 속성을 지니고 범주상 어디까지를 NGO라고 하는지 명확하지 않았다. 그럼에도 불구하고 NGO라는 개념은 1980년대 이후 전 세계적으로 급속하게 확산되었다. 그것은 서구 사회에서 복지국가의 위기로 인한 시민사회의 역할 증대, 남미와 아시아에서 권위주의 정권의 붕괴와 민주화의 물결, 동구 유럽에서 현실사회주의의 붕괴와 시장경제의 발달, 그리고 후기 산업사회에서 국가와 시장이 아닌 시민적 결사체를 통한 욕구충족 등으로 NGO에 대한 기대가 증대되고, NGO의 역할이 중시되었기 때문이다. 그렇다고 NGO의 개념이 전 세계적으로 보편성을 띠고 있다거나, 한 국가 내에서조차 범주가 명확하게 설정되었던 것은 아니다.

2) 임승빈 · 박상필(2008), "시민단체에 대한 정부 지원 제도의 문제점과 개선 방안," 『한국NGO학회연구보고서』, 49-61쪽의 내용을 요약 발췌한 것이며, 박상필(2005)에 상당 부분 의존했음.

NGO는 시민사회 내에서 위치하는 다양한 단체 중의 하나이다. 앞에서 살펴본 바와 같이, NGO는 시민사회의 다양한 단체 중에서 가장 공공성과 역동성이 강한 단체이다. 그러나 국가마다 시민사회에 있는 단체를 지칭하는 용어와 이들 용어 간의 구분이 다르다. 시민사회에 있는 단체를 지칭하는 용어는 NGO 외에도 NPO(nonprofit organization), VO(voluntary organization), PVO(private voluntary organization), CSO(civil society organization), 제3섹터(the third scetor) 등 다양하다. 미국에서는 비영리단체(NPO)를 가장 많이 사용하고, 이와 유사한 의미로 제3섹터라는 용어를 사용한다. 그리고 NGO와 유사한 용어로서 사적 자원조직(PVO)이라는 개념을 사용한다. 영국을 포함한 영연방 국가들은 전통적으로 자원조직(VO)이라는 용어를 주로 사용한다. 유럽 대륙은 국가마다 다양하여 NPO, 제3섹터, VO 등을 섞어서 사용한다. 최근에는 시민사회단체(CSO)라는 개념을 사용하기도 한다. 일본에서는 미국의 개념을 수입해 각색한 NPO와 제3섹터라는 개념을 사용한다. NGO라는 용어는 전 세계적으로 통용되고, 특히 권위주의 정권에 도전해 민주화운동을 추진한 제3세계에서 많이 사용된다.

시민사회의 다양한 단체를 표상하는 용어로서 NGO가 전 세계적으로 가장 많이 통용되지만, 그 개념 정의는 국가마다 다르고, 한 국가 내에서도 일치를 보지 못하고 있는 것이 현실이다. 미국이나 일본에서 NGO는 NPO의 일부로서 환경·개발·인권·평화·여성 권리·난민 구호 등과 같은 영역에서 공공의 이익을 추구하는 자발적 결사체, 특히 국제 원조에 참여하는 단체를 일컫는다. 일본에서는 시민사회의 자발적 결사체 중에서 국내 문제를 다루는 단체를 NPO라고 부르고, 국제 문제를 다루는 단체를 NGO라고 부르기도 한다. 따라서 NGO의 범주를 좁게 본다. 유럽에서는 국가마다 다양하다. NGO를 좁게 보아 전문 영역에서 국가를 상대로 정책 변화를 추구하고 시민 권리를 옹호하는 정치단체로 보거나, 개발도상국 개발 및 국제 원조에 참여하는 각종 결사체로 보기도 한다. 그러나 NPO처럼 비영리 병원, 대학, 복지관, 종교단체, 직능단체 등을 포함시켜 넓은 의미로 보기도 한다. 대체로 스칸디나비아 국가(스웨덴, 노르웨이, 덴마크)나 핀란드, 네덜란드 등은 넓게 보고, 중부 유럽으로 내려올수록 좁게 보는 경향이 있다. 캐나다의 경우도 좁게 보는 경우는 국제 원조단체로, 넓게 보는 경우는 NPO와 비슷한 범주로 본다. 제3세계에서 NGO는 독재정권에 저항해 민주화를 추진하고 국가 권력을 견제하는 시민사회의 정치단체를 지칭하거나, 선진국의 원조

를 받아 사회 개발을 추진하는 민간단체를 의미한다.[3)]

NGO라는 개념을 공식적으로 가장 많이 사용하고, NGO와 밀접하게 상호작용하는 주체는 사실 UN을 비롯한 각종 국제기구라고 할 수 있다. 그러나 UN 산하에도 다양한 국제기구가 있고, NGO와 협력하는 방식 또한 기구에 따라 다르다. 따라서 UN 내에서도 NGO에 대한 명확한 개념 정의에 대해 합의를 이루지 못하고 있는 실정이다. 다만 법적 의미로 어떤 국가에서 비영리단체로 등록되어 일정한 기간(보통 2년) 동안 활동해 왔고, 내부에 민주적인 의사결정 구조를 가지고 있으면 NGO로 인정해 주는 일정한 규정이 있기도 하다(Glasius & Kaldor, 2004). 이것은 곧 NGO가 어느 정도 조직화되고 제도화된 단체를 의미한다는 것이다. 이렇게 되면 상근자가 없거나 사무실도 없이 비공식적으로 활동하는 단체는 제외하게 된다. 세계은행(World Bank, 2003)은 NGO를 인간의 고통을 감소시키거나, 또는 빈곤층의 이해를 증진시키고, 환경 보전, 기초 서비스 제공, 지역사회 개발 등과 같은 공익을 위해 활동하는 단체로 규정하기도 한다. 특히 전형적인 NGO를 기부금과 자원활동(voluntary action)에 의존하는 단체로 규정한다.

우리나라에서의 NGO는 자생적으로 발생한 개념이 아니라 외국에서 수입한 개념이기 때문에 개념 정의에 상당한 혼란을 겪고 있다. NGO를 흔히 비정부기구 또는 비정부조직으로 번역한다.[4)] 그러나 기존의 비영리단체, 민간단체, 시민단체, 사회단체, 시민사회단체, 이익집단 등과 같은 개념과 어떻게 구분되는지 모호하다. NGO의 개념 정의에서 공익 추구 속성을 강조하는 사람이 있는가 하면, 국가로부터의 자율성과 시민의 자발적 참여를 강조하는 사람도 있다. 국제적 규모를 강조하는 사람도 있고, 국가에 대항해 권력을 견제하는 정치적 성격을 강조하는 사람도 있다. 이렇게 되면 NGO가 한국 사회에서 경험적으로 어떻게 인식되고 있는가를 규명하는 것이 중요하다.[5)] 물론 경험적으로 정의한다고 하지만, 바라보는 사람마다 견

3) 차명제(2000)는 각국의 NGO 정의를 예시하고 있는데, 우간다는 외국의 원조를 받아 활동하는 민간조직, 남아프리카공화국은 시장을 포함한 모든 민간단체, 인도는 정치성을 배제한 민간단체, 중국은 비정치적인 국민운동, 일본은 주민운동과 생활운동조직, 프랑스는 모금조직, 독일은 지구적 차원에서 활동하는 민간조직을 NGO라고 본다.

4) 초창기에 NGO를 번역하면서 주로 비정부기구라고 번역했는데, '기구'라는 용어는 영어 자체에도 없을 뿐만 아니라, 시민사회에 위치하고 있는 NGO의 개념에도 어울리지 않는다.

5) 외국의 NGO 개념을 빌려올 때 가장 대표적인 것이 샐러먼(Lester M. Salamon)의 개념 정의이다. 샐러먼은 NPO를 공식적인 조직, 사조직, 이윤 배분 금지, 자율관리, 자원봉사, 공익 추구 등 여섯 개 요소로 규정한다. 그러나 이것은 NPO의 개념 정의로서 비영리 병

해가 다양하기 때문에 공통된 개념 정의를 도출하기란 쉽지 않다. NGO를 연구하는 학자들 사이에서도 일치를 보기 어렵고, 또한 개념 정의가 일치하는 것이 반드시 바람직한 것도 아니다. 그리고 일정한 사회적 목적을 지향해 NGO의 규범적 속성을 강조할 수도 있다.

2) NGO와 유사 용어와의 비교

시민사회에서 활동하는 단체는 <표 2-1>에서 보는 바와 같이, 다양한 이름을 가지고 있다. 각각 범주가 다르거나 상위-하위 또는 부분-전체 관계에서 약간의 차이가 있다.

표 2-1 NGO 관련 용어표

NPO	nonprofit organization	비영리조직
NGO	nongovernmental organization	비정부조직
BONGO	business-organized NGO	기업 설립 NGO
DONGO[6]	donor-organized NGO	원조자 설립 NGO
GONGO[7]	government-organized NGO	정부 설립 NGO
INGO	international NGO	국제NGO
QUANGO[8]	quasi NGO	유사NGO
CBO	community-based organization	커뮤니티 기반조직
CMO	civil movement organization	시민운동조직
CSO	civil society organization	시민사회조직
CVO	community voluntary organization	커뮤니티 자원조직
GRO	grass-roots organization	풀뿌리조직
MBO	membership organization	회원 중심 조직
PBO	public benefit organization	공익조직
PO	people's organization	민중조직
PSC[9]	public service contractor	공공 서비스 용역기관
PVO	private voluntary organization	사적 자원조직
VO	voluntary organization	자원조직

원과 사립학교가 핵심이다. 복지다원주의 국가인 미국에서 이 두 부문은 정책적인 합의에서 중요할 뿐만 아니라, 지출 면에서 전체의 83%를 차지한다(Salamon, 1999). 이러한 NPO의 개념은 한국의 NGO와 다르다.

6) UN이 캄보디아, 모잠비크, 아프가니스탄과 같은 국가에 분쟁 이후의 각종 사회활동을 위해 직접 설립한 NGO가 있고, 대표적으로는 UNDP(United Nations Development Programme)를 들 수 있다(박재영, 2003).

7) GONGO는 과거 사회주의 정부나 권위주의 정부에 의해 만들어져 정부의 재정 지원을 받

(1) 비영리단체(NPO)와 제3섹터

한국에서 비영리단체는 미국의 개념과 비슷하다. 즉, 국가와 시장이 아닌 비영리 섹터에서 공공의 목적에 봉사하거나 조직구성원의 공동 이익을 추구하는 단체를 말한다. 이것은 시민사회 혹은 비영리 섹터의 모든 단체를 포괄한다. 비영리 병원과 사립학교에서부터 복지관, 환경단체, 여성단체, 종교단체, 변호사협회, 화수회, 동창회까지 포함한다. 비영리단체는 공공 서비스 제공, 국가 권력과 시장 권력의 견제, 참여와 공동체 문화의 형성, 개인 간의 유대와 협력 등과 같은 역할을 한다.

제3섹터는 1990년대부터 비영리단체와 같은 의미인 미국적 의미, 공사혼합기업을 의미하는 일본적 의미, 그리고 준공공 부문 등 세 가지 의미가 복합적으로 사용되어 오다가, 최근에는 주로 미국과 같이 비영리단체와 같은 의미로 사용된다.

우리나라의 연구에서도 시민사회단체에 대해서는 다양한 용어로 정의하며 사용되고 있다.[10)]

(2) 민간단체와 공익단체

민간단체는 공공단체의 상대적인 개념이다. 어원적으로 본다면 공공단체인 정부조직을 제외한, 기업을 포함한 시민사회의 모든 단체가 포함될 수 있다. 그러나 일단 기업은 자체 고유의 개념을 가지고 있고, 시민사회의 각종 단체 중에서 정부와 밀접한 관련이 있는 단체를 제외한다. 즉, 비영리단체 중에서 정책적인 고려에 따라 정부와 긴밀하게 협력하거나 정부의 재정지원에 대한 의존도가 높은 비영리 병원, 사립학교, 복지관 등과 같은 단체를 제외한 영역을 가리킨다. 따라서 민간단체는 비영리단체보다는 좁은 개념이고, NGO보다는 훨씬 넓은 개념이다. 미국에서는 종교단체를 공익단체로 분류하기도 한다(Salamon, 1999). 그러나 종교단체가 인간 구원과 사

는 NGO를 말한다. 중국이나 쿠바와 같은 국가가 인권 분야에서 GONGO를 조직해 인권회의와 같은 국제대회에 참여시키고 자국의 입장을 옹호하도록 했다(박재영, 2003).

8) 유사NGO란 자금의 대부분을 공적 기금(public fund)에 의존하는 NGO를 말한다. 주로 스칸디나비아 국가와 캐나다에 많이 존재한다(박재영, 1998).

9) PSC는 미국에서 NGO로 분류하는데, 공공 서비스를 제공해 공공 목적을 수행한다. 그러나 시장 지향적이어서 상대적으로 NGO보다 시장적 가치를 중시한다(Korten, 1990).

10) 시민사회단체는 일반적으로 정부와 기업 및 비영리단체의 중간 영역으로서 정부와 기업 혹은 정부와 비영리단체의 혼합적 또는 이중적 정체성을 가지고 있는 각종 조직을 말한다. 정부와 기업 사이에는 공기업 · 정부투자은행 등이 있고, 정부와 비영리단체 사이에는 정당, 국립대학, 국립병원, 공익재단 등이 있다.

회적 약자에 대한 각종 복지활동을 수행함에도 불구하고, 한국에서 교회와 사찰은 상업성이 강하고 집단이익을 추구하는 경향이 있어서 부정적인 시각도 많다.

(3) 시민단체 · 민중단체 · 관변단체

시민단체 · 민중단체 · 관변단체는 단체의 성격은 달라도 개념의 위계상 비슷한 수준에 있는 단체들이다. 시민단체는 1987년 6월항쟁 이후 기존의 시민사회를 지배하고 있던 민중단체와 관변단체에 상대적인 개념으로 등장했다. 한국에서 6월항쟁 이전만 해도 시민단체라는 말은 거의 사용하지 않았다.[11] 6월항쟁 이후 시민단체라는 말이 한국 사회에서 급속하게 퍼진 것은 1989년에 설립된 경제정의실천시민연합(경실련)의 위상에 크게 기인한다. 경실련 이후에 설립된 각종 환경 · 여성 · 인권 · 문화단체를 시민단체라고 부르기 시작했다. 시민단체는 시민들이 자발적으로 결성해 각종 공익활동을 하는 단체이다. 앞서 말한 바와 같이, 한국에서는 거의 NGO와 교환되는 개념이다.

민중단체는 시민단체와 같이 시민이 자발적으로 결성한 단체이지만, 계급적인 의미를 담고 있다. 민중단체는 기층민중 또는 민중적 주체성을 가진 사람이 중심이 되어 비합법적 또는 반합법적 방법까지 사용해 분배 문제 등 계급적 이슈를 적극적으로 제기하고, 궁극적으로 자본주의에서 사회주의로의 체제 변혁을 지향하는 단체이다. 각종 노동자단체 · 농민단체 · 빈민단체가 여기에 해당한다.

관변단체는 정부의 주도적인 역할에 의해 설립되어 재정의 상당 부분을 정부의 직 · 간접적인 지원에 의존하고, 단체의 사업과 조직에서 정부의 간섭을 받는다. 과거 관변단체는 정도의 차이는 있지만, 테러 · 관제 데모 · 선거운동 등을 통해 체제 유지에 협력하고 이에 상응해 정치적 · 재정적 특권을 누렸다. 1948년 정부 수립 이후 대한청년단과 서북청년단, 1950년대 한국전쟁 이후 백혈단과 구국돌격대, 그리고 1980년대 이후 새마을운동중앙협의회, 바르게살기운동중앙협의회, 한국자유총연맹, 자율방범대, 청소년선도회 등을 관변단체라고 불렀다. 그러나 민주화가 진척되어 정권의 정통성이 충족되고 절차적 민주주의가 완성됨에 따라 관변단체라는 용어는

11) 1987년 6월항쟁 이전에 민중단체와 관변단체에 포함시키기 어려운 단체를 대체로 사회단체라고 명명했다.

점점 사라지고 있을 뿐만 아니라, 시민단체와의 구별이 어렵고 구별의 실익도 없다.[12] 시민단체도 정부의 재정 지원을 받고 정부와 협력해 공동으로 사업을 추진하기 때문이다.[13] 단지, 관변단체를 구분하는 명확한 기준은 해당 단체를 위한 특별법의 유・무 정도일 것이다.

(4) 사회단체와 시민사회단체

시민사회단체는 한국에서는 매우 모호한 개념이다. 우선, 시민사회단체를 영어의 CSO를 번역해 사용하는 사람은 외국의 경우처럼 NGO 외에 각종 직능단체, 종교단체, 재단, 협동조합, 노동조합 등을 포함하는 넓은 의미로 사용한다. 이때 시민사회단체는 민간단체와 비슷한 범주이다. 그러나 실제로 시민운동에 관여하는 사람은 시민사회단체를 NGO나 시민단체와 같은 좁은 의미로 사용하기도 한다. 전자의 경우는 시민사회에 대한 담론이 확장되고 민간단체라는 용어가 점점 개념적 지지 세력을 상실해 가고 있는 상황에서 일정한 정체성을 확보하고 있다고 볼 수 있다. 그러나 후자의 경우는 한국에서 이미 생성된 시민단체를 굳이 단어를 늘려서 시민사회단체라고 할 이유가 없다. 또 다른 경우에는 시민사회단체를 CSO의 번역이 아니라 시민단체와 사회단체를 합친 의미로 사용한다.

이 경우에는 시민사회단체가 시민단체의 좁은 의미를 넘어설 수 있고, 사회단체가 가진 진보적 의미를 차용해 올 수 있는 이점이 있다. 실제로 시민운동의 현장에서 활동하는 사람까지 이런 의미로 시민사회단체라는 용어를 사용하기도 한다. 그러나 이럴 경우에도 시민사회단체의 개념적 범주가 모호하다.

(5) 이익집단

이익집단(interest group)은 이익집단정치론에서 매우 넓게 본다. 즉, 개

---

12) 실제로 미국과 같은 선진국에서는 정부가 설립한 NGO와 민간이 설립한 NGO 간의 구별이 거의 없다. 평화봉사단(Peace Corps), 전국노인봉사단(National Senior Service Corps), 비스타(Volunteers in Service to America: VISTA), 미국봉사단(AmeriCorps) 등은 연방정부가 개별 서비스를 촉진시키고, 미국과 해외에서 자원봉사 활동을 지원하기 위해 설립한 단체들이다. 즉, GONGO와 QUANGO가 많이 활동하고 있다. 그리고 2003년 부시(George Bush) 대통령도 시민의 자원봉사 활동을 지원하기 위해 백악관 산하에 미국자유봉사단(USA Freedom Corps)이라는 조직을 결성했다.

13) 과거 관변단체라고 불렀던 단체는 「비영리민간단체지원법」에 근거해 시민단체와 같이 공개경쟁을 통해 정부로부터 재정 지원을 받는다. 물론 지방 수준에서는 아직도 과거 관변단체라고 불렀던 단체에 대한 특권이 많이 남아 있는 것이 사실이다.

참여연대의 한미 FTA 졸속 타결 반대 가두 캠페인(2007.3.26)

위안부 문제 해결을 위한 정기 수요집회(2004.2.18)

인들의 집합체로서 공유된 목적 또는 가치를 달성하기 위해 상호작용하는 집단으로 본다(김영래, 1997b). 이렇게 되면 시민사회에 있는 대부분의 단체가 이 범주에 속하게 된다. 그러나 한국 시민사회에서 이익집단은 매우 좁은 의미로 본다. 즉, 이익집단을 "목표를 공유하고 정부에 대한 영향력 행사를 통해 집단이익을 추구하는 단체"로 본다(박상필, 2001a). 이것은 시민사회에서 개인이나 집단의 이익을 추구하는 행위로 인해 시민사회가 사유화될 여지를 차단하고자 하는 의지가 내재되어 있기 때문이다. 이익집단의 대표적인 단체로 노동조합과 직능단체를 들 수 있다.

노동조합은 노동자의 권익을 위한 단체로서 자본가와 비교해 사회적 약자의 모임이다. 그러나 노동조합은 임금노동을 매개로 하는 경제적 행위자라는 의미가 강하다. 따라서 주로 경제 영역에서 활동한다. 물론 한국과 같은 사회에서는 상대적으로 노동조합의 시민사회적 역할이 강하다고 할 수 있다. 그럼에도 불구하고 정도의 차이는 있지만, 시민사회에서 문화적 의미와 공공적 가치를 중시하는 NGO와는 다르다. 그리고 노동조합의 활동은 일정한 계급성을 내포하고 있는 데 반해, NGO는 초계급적 의미가 강하기 때문에 한국에서 노동조합을 실체적 의미의 NGO에 포함시키기는 어렵다.

생산자협동조합, 소비자협동조합, 노동자협동조합, 신용협동조합 등은 생산자와 소비자가 단결해 자본주의 체제를 보완하고, 상호 협조에 의해 좀 더 인간답고 지속가능한 자치사회를 실현하고자 하는 제도이다. 협동조합을 통해 자본가와 노동자, 고용자와 피고용자의 관계가 사라지고 노동자의 주체적인 자기 결정과 자주 관리가 가능해진다. 그리고 생산자와 소비자 간의 직접적인 연결을 통해 지구환경을 개선하거나, 초국적 기업에 저항해 지구화의 억압구조를 극복하는 데도 기여한다. 그러나 협동조합은 자본주의 사회에서 사회적 소유의 일종으로서 경제결사체라고 할 수 있다. 물론 국가마다 다르고 협동조합의 종류마다 다르다. 예를 들어, 미국보다는 일본에서 협동조합의 시민사회적 역할이 강하다. 그리고 협동조합 중에서 생활협동조합이나 의료협동조합과 같은 형태의 소비자협동조합은 지역의 생활 세계에 근거해 기술주의와 관료주의에 저항하고 대안사회를 형성하려는 의도를 가지고 있기 때문에, NGO에 좀 더 가깝다고 할 수 있다.

NGO의 개념을 이렇게 정의한다고 하더라도 그 구분이 명확한 것은 아니다. 공익의 개념이 모호하고, 회원 가입의 배타성을 어떻게 판단하며, 단체의 계급성을 어떻게 구분할 것인지 명확하지 않다. NGO는 대체로 초계급적이기는 하지만, 사회적 약자의 이익을 좇아 일정한 계급성을 반영하는 경우가 있다. 또한 직능단체라고 하더라도 공익활동을 하지 않는 것이 아니다. 대한변호사협회나 대한의사협회는 정관에 공익활동을 하도록 규정하고 있고, 실제로 정부로부터 위임을 받아 공적 기능을 하거나 각종 봉사활동을 한다(박상필, 2001a). 이렇게 볼 때 직능단체도 때로는 NGO의 기능을 하고 각종 시민운동에서 NGO와 연대해 활동하기도 한다.

2 이 책에서 NGO의 범위

NGO에 대한 정의를 좀 더 명확하게 하기 위해 이 책에서의 NGO는 [그림 2-1]의 Ⅳ 민간비영리조직에 속하며, 이들 가운데 사회운동단체에 국한시켜 행정과 NGO 간의 네트워크 구축에 관계를 파악하고자 한다. NGO의 유형의 또 다른 분류 방식인 [그림 2-2]는 교환구조의 차이점을 가지고 사회의 조직을 분류한 것이다. 라도스(David L. Rados)는 사람이나 조직이 주로 '교환'으로서 자기 욕구 및 조직 목적을 만족시키고자 하는 것에 착안해 분류한 것이다. 그러나 라도스의 분류 방식에서는 교환구조 가운데서도 자본을 중심으로 보았기 때문에 이 연구에서 대상으로 하고 있는 NGO가 적절한 유형으로 분류되기는 어렵다.

[그림 2-1]과 [그림 2-2]의 분류 방식에 따르면(Rados, 1981: 12-13;

그림 2-1 사회조직의 4대 분류

	민간조직	공공조직
영리조직	Ⅰ. 민간영리조직 1) 주식(株式)회사 2) 합명(合名)회사 3) 합자(合資)회사 4) 민간조합 등	Ⅱ. 공공영리적 조직 1) 비즈니스형 • 우편사업, 국유철도 • 유료도로, 국유산업 2) 서비스형 • 공립학교, 공립병원 • 진료, 보건소
비영리조직	Ⅳ. 민간비영리조직 1) 종교단체 2) 사회단체 3) 문화단체 4) 학술단체 5) 부조단체 6) 정치단체 7) 자선단체 8) 사회운동단체	Ⅲ. 공공비영리조직 1) 사회보장형 • 사회보장기관 • 복지기관 2) 규제형 • 형무소 • 재판소

자료: 渡辺好章(1998.3). 『비영리조직연구보고』, 지역계획건축연구소.

그림 2-2 라도스의 분류

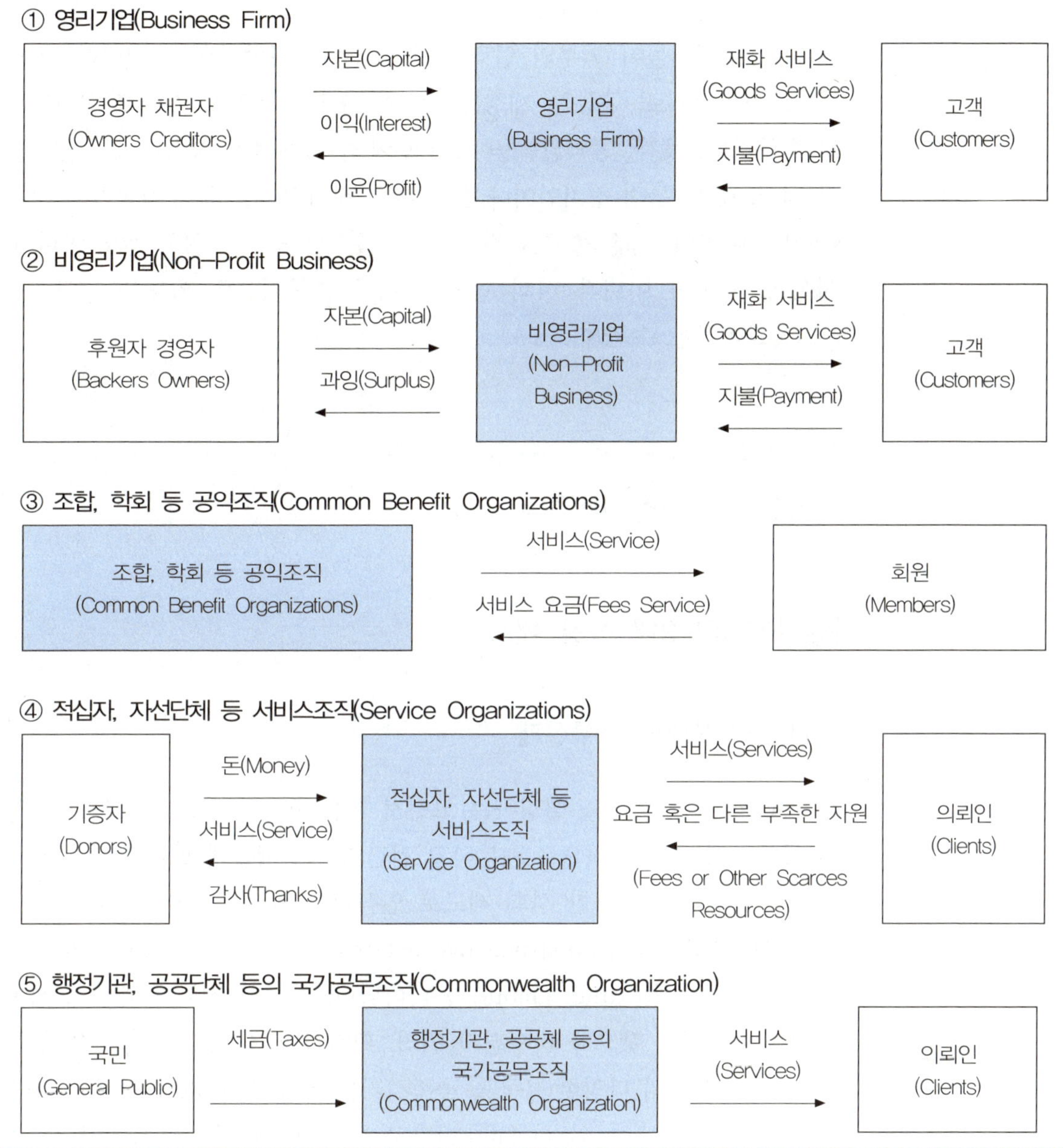

자료: Rados(1981: 12−13)를 재구성.

渡辺好章, 1988: 12에서 재인용), 이 연구에서 설정하는 NGO의 개념 범주는 [그림 2-1]에서는 민간조직이면서 비영리조직인 Ⅳ의 영역이 해당되며, [그림 2-2]에서는 ②와 ④가 가깝다고 할 수 있다. 전술한 NGO의 개념 및 정의, 사회단체의 유형화에 대한 학자들의 견해 가운데 공통적인 점을 정리해 이 연구에서는 NGO의 정의 및 범주를 다음의 여섯 가지로 국한시켜 살펴보도록 하겠다.

첫째, 구성원들이 외부의 압력을 받지 않고 '자발적으로' 설립한 단체, 둘째, '공식적으로' 구성원, 재정들에 관한 규정과 조직을 갖추고 정기적으로 활동하며, 셋째, 공익활동을 하며 단체의 자체적인 영리를 추구해서는 안 되며, 넷째, 특정 정치인이나 정당 혹은 정치집단을 위해 활동하는 것이 아니며, 다섯째, 특정 종교를 전파하기 위한 활동 등을 위한 것도 아니며, 여섯째, 친목이 아니라 사회 공익 기여를 주목적으로 활동하는 단체를 NGO로 파악할 수 있다.

제 3절

NGO의 성장 배경과 특성

1 NGO의 2대 성장 배경

1) 시장실패와 정부실패

NGO의 등장 이론을 설명하는 고전적 이론이다. 시장은 오랫동안 경쟁을 통해 자원을 효율적으로 배분하고 인간의 일상생활에 필요한 상품과 서비스를 제공하는 중요한 사회 제도로 인식되어 왔다. 그러나 공공재 제공의 한계, 부정적 외부 효과(negative externality),[14] 사회적 불평등의 초래 등으로 시장실패(market failure)가 나타났다. 따라서 정부가 개입해 복지사회를 이룩하려 했으나 다수결의 원리, 획일성의 원칙, 관료제의 원리 등으로 인해 시민의 다양한 욕구를 충족시키는 데 많은 한계를 가지고 있다. 이를 정부실패(government failure)라고 한다. 이때 정부가 해결할 수 없는 각종 사회문제를 해결하기 위해 NGO가 생기며 활동 영역이 넓어진다.

2) 시민사회 내의 민주화

시민사회에는 계급적 분열 이외에도 성 · 지역 · 직업 · 세대 간의 갈등이

14) 사적 이익을 극대화하기 위해 공해와 같은 사회적 불이익을 초래하는 것을 의미한다.

있다. 그리고 공익을 추구하는 집단과 사익을 추구하는 집단 간의 투쟁이 존재한다. 공익을 추구하는 영역에서도 비용의 지불 없이 이득을 보려는 무임승차가 발생한다. 시민사회 내에서도 이기주의와 배타적 연고주의가 발생한다. 이러한 시민사회의 분열과 비합리성은 국가와 시장경제의 영향이 크지만 국가나 시장이 스스로 해결할 수 있는 것은 아니다. 이러한 문제를 해결하기 위해 크고 작은 NGO들이 자생적으로 결성된다. NGO와 같은 자발적 결사체가 익명의 불특정 다수가 행동하는 사회의 비도덕성 문제를 스스로 해결하지 않으면 시민사회는 스스로 재봉건화되거나 국가에 의해 식민화되는 전철을 밟게 된다(박상필, 2001, 2002: 57-59). 즉, 한국의 시민사회는 샐러먼(Salamon, 1994, 1999) 등이 관찰했던 'NGO 혁명'의 추세에 있다고 볼 수 있다. 샐러먼 교수가 지적하는 'NGO 혁명'의 3대 조건, 즉 '위로부터의 압력', '아래로부터의 압력', 그리고 '밖으로부터의 압력'이 그 어느 국가에서보다도 한국에서 가장 강력한 추세로 진행되었다. 이런 의미에서 한국의 NGO 활동은 'NGO 혁명'으로 얘기하기에 충분하다.

먼저, '위로부터의 압력'은 리더십의 지지를 의미한다. 한양대 제3섹터연구소가 1998년과 2000년에 조사한 설문조사를 보면 그 어느 때보다도 김대중 정부에 와서 NGO 활동이 강력한 리더십의 지지를 받았다는 것을 알 수 있다. NGO를 지원하는 법인 「비영리민간단체지원법」이 시행되면서 NGO들이 공식적으로 재정 지원을 받으며 활동하게 되었고, 또 무엇보다도 무수한 정책 영역에서 NGO들의 문제 제기와 정책 건의가 있는 경우 정부는 이를 매우 긍정적으로 수용하며 NGO와 긴밀히 공조하기도 했다. 김대중 대통령은 총선시민연대의 활동에 대해 불가피한 것으로 인정하며 그 활동을 지지했고, NGO들이 끈질기게 추진해 온 '동강댐 건설 반대운동'에 손을 들어 주었으며, 심지어는 NGO의 사회개혁 흐름에 정부가 보조를 맞출 것을 지적하기도 했다.

또 '아래로부터의 압력'은 일반 시민의 지지로, NGO에 대한 일반 시민의 지지 또한 대단하리만큼 매우 호의적이었다. 법을 무시하는 '불복종운동'을 감행했던 총선시민연대의 활동에 대한 일반 시민들의 지지는 각종 여론조사에서 줄곧 2/3 이상이 넘었다. 또 여론의 지지를 가늠하는 한 척도로서 언론의 대대적인 보도만으로도 NGO에 대한 '아래로부터의 압력'은 매우 파격적이었다고 평가할 수 있다.

끝으로, '밖으로부터의 압력'은 국제 사회의 압력으로, 한국 NGO 활동에 대한 국제 사회의 지지, 한국 정부에 대한 압력도 매우 중요했다고 볼 수 있다. 특히 정부 대표와 NGO 대표들이 인권, 환경 등 국제 행사에 나란히 참여하는 기회가 크게 확대되면서 정부가 NGO를 대하는 태도가 크게 우호적으로 변화되고 있다는 것이 NGO 대표들의 얘기이다. 국제 사회가 NGO를 경시하지 않고 대우하는 변화가 있는 만큼, 한국 정부와 사회도 이 같은 세계화의 추세에 보조를 맞춰가고 있다고 볼 수 있다.

2 NGO의 일곱 가지 특성

NGO 단체들이 가져야 하는 공통적 특성으로서는 다음과 같이 자율성과 신뢰성 등 일곱 가지를 들 수 있다.

1) 자율성

NGO는 자율성을 확보하기 위해 정부, 후원기업, 기부기관들로부터 독립적이어야 하며, 회원이나 하부조직, 풀뿌리 단체들에 대해서는 신뢰성을 구축해야 할 것이다. 자율성은 다시 다음의 일곱 가지 요인으로 구성된다.

조직이 자율성을 갖기 위해 첫 번째로 중요한 것은 '자율성에 대한 조직의 분명한 자각과 정체성'이다. 둘째는 재정 지원의 다각화이다. 자율성을 강화하기 위해 가장 어려운 일은 재정 지원을 다각화하는 것이다. 셋째는 대중 기반이다. 대중 기반을 가진 경우 하나의 풀뿌리 단체가 단독적으로도 정책에 영향력을 행사할 수 있으며, 조직화된 네트워크의 경우 개별 단체들의 힘을 더욱 크게 모아낼 수 있다. 넷째는 기술적 전문성이다. 전문화된 NGO 네트워크의 경우, 소속된 단체들이 전문화된 기술을 개발하는 데 도움을 줄 수 있으며, 그들의 전문지식과 정보를 서로 공유함으로써 그들의 자율성과 정치적 영향력을 넓혀갈 수 있다. 다섯째는 사회적 · 경영적 지식이다. 정부에 실질적이고 효과적인 대안을 제시하기 위해 NGO들은 풀뿌리 시민들의 참여적 운영에 대한 이해를 넓히고 자신을 잘 관리해야 한다. 여섯째는 전략적 지식이다. 일반적으로 인식되고 있는 원리와 전문적인 지식의 범주 사이에는 사회 전반의 개혁을 주도하는 '학습을 통한 전략적 지식'이 존재한다. 전략적 지식은 현장에서 얻은 여러 지식과 정보를 이용해 더욱 특성화된 정책을 만드는 데 뒷받침될 수 있다. 마지막으로 일곱째는 공무원에 대한 교육 경험이다. 콜롬비아를 포함한 여러 나라에서 공무원의 교육을 NGO에 의뢰하거나 NGO들의 프로그램에 공무원들을 포함시킨다. 이렇게 함으로써 교육을 받은 관련 공무원들은 지역에서의 참여적 개발을 이뤄 나가는 데 촉매적 역할을 담당하게 되는 것이다.

2) 신뢰성

NGO의 기본 개념으로서 자율성 다음으로 고려되어야 할 사항은 NGO에 대한 신뢰성이다. 예를 들어, NGO 및 좀 더 큰 의미에서의 시민사회는 인권, 환경, 세계은행(World Bank), 기업의 잘못, 정부의 각종 정책 등에 대한 감시기구의 역할을 담당해 왔으며, 이들 단체들은 1990년대에 들어 짧은 기간 동안 비약적인 발전을 이루어 시민사회에서의 신뢰성을 구축했다. 그러나 이러한 NGO 활동 범위의 확장 중에도 문제가 있다. 사회 일반의 의식을 기초로 설립된 NGO들이 점점 비밀스럽고 권력 지향적이고, 폐쇄적으로 변한다는 점이다. 시민사회의 두려움 중의 하나는 NGO 자신들이 그들이 비판했던 정부기관을 닮아간다는 점이다. 다수의 큼직한 NGO들은 그들 자신의 행동에 대한 책임 의식은 망각한 채, 공공기관이나 기업의 책임에 대해 의문을 제기하고 있다. 1995년 그린피스(Greenpeace)가 관여한 쉘(Shell) 사의 브렌드 스파(Brend Spar) 원유 유출 사고가 이러한 경우이다.

3) 비정부성

NGO는 복잡하고 급격한 현대 사회의 변화를 정부가 정확하게 파악하지 못하고 대응하지 못하기 때문에 시민들의 자발적인 노력으로 공익을 실현하기 위해 순수한 민간단체의 성격으로 발전해 왔다. NGO는 정부조직이 아닌 순수한 민간조직이다. 즉, NGO는 정부 부문도 아니고 공공기관에 의해 통제를 받지도 않는다. 이러한 점에서 NGO는 기업과 공통적인 성격을 가지고 있으며, 공공조직과는 다른 성격을 지니고 있다.

4) 공공성

NGO는 시민들이 자발적인 노력을 통해 공익을 실현하기 위해 형성한 단체이다. NGO는 공식적인 조직으로서 공식적으로 구성원, 재정 등에 관한 규정과 조직을 갖추고 있으며, 정기적으로 활동을 수행한다. NGO는 공익에 기여하는 것을 주목적으로 하는 활동을 한다. 따라서 NGO의 규정, 조직, 활동 등은 공공선을 실현하기 위한 것이며, 특정 조직이나 집단 또는 개인을 위해 이용되어서는 안 된다. 이러한 점에서 NGO는 공공조직과 같은 성격을 가지고 있으며, 사익을 추구하는 것을 주목적으로 하는 기업조직과는 다른 성격을 가지고 있다.

5) 자발성

NGO는 시민들의 자발적 의지에 따라 만들어진 조직이다. 즉, 외부의 압력이나 영향력에 의해 형성되는 것이 아니라 구성원들이 자유 의사에 의해 자발적으로 참여해 설립하는 결사체인 것이다(주성수, 1999a: 48). 즉, NGO는 시민들의 자발적인 결사체이다. 민간조직 중에는 정부나 외부의 압력이나 영향력에 의해 설립되는 조직도 있다. 이러한 점에서 NGO는 정부 등 외부의 압력이나 영향력에 의해 형성된 민간조직들과는 다른 특성을 가지고 있다. 이러한 NGO의 자발성은 시민에 기반을 둔 독립적이고 자주적인 NGO 활동의 원동력이 된다. 따라서 NGO는 공공기관으로부터 통제를 받지 않고 자율적으로 활동한다. 결국 NGO는 시민들의 자발적인 참여로 결성되고 공익을 추구할 때에만 자기정체성을 확보할 수 있다.

6) 비영리성

NGO는 영리를 추구하는 것을 목적으로 하지 않는 비영리적인 조직이다. 이러한 점에서 공공조직들과 같은 성격을 지니고 있으며, 영리 추구를 주목적으로 하는 기업조직과는 다른 특성을 지니고 있다. 또한 비정부적 조직이긴 하지만 영리 추구를 목적으로 하는 조직들과도 구별된다. 따라서 NGO는 단체의 자체적인 영리를 추구해서는 안 된다. NGO들이 자체 수익사업을 하는 경우에도 영리를 주목적으로 해서는 안 된다. 따라서 NGO가 재정수입을 지나치게 수익사업에 의존하는 것은 자기정체성을 약화시킬 위험이 있다.[15]

15) NGO의 수익사업 활동을 통한 재정 확충의 문제점에 관해서는 샐러먼(Salamon, 1992: 241-242)을 참조할 것.

7) 비당파성

NGO는 정치적으로 중립적인 위치에 있다. 즉, NGO는 특정 정치인이나 정당 혹은 정치집단을 위해 활동하는 것이 아니다(주성수, 1999a: 48). NGO가 이러한 비당파적인 특성을 지키지 못하고 편향적인 정치적 성향을 가지게 될 경우 앞에서 살펴본 NGO의 다른 특성들이 훼손될 수밖에 없고 NGO는 그 정체성을 잃게 될 것이다. 이러한 점에서 특히 NGO의 리더들은 특정 정치인이나 정당 혹은 정치집단에 치우치는 자세를 취하지 않도록 주의해야 할 것이다.

NGO가 다른 조직들과 다른 점은 이 밖에도 여러 가지를 들 수 있지만 중요한 것은 사회경제적 발전이라는 문제와 역사 문화적으로 관련되어 있다는 점이다. 이러한 NGO의 성격으로 인해 종교단체, 기업, 노동조합 등의 조직, 문화 및 여가조직, 그리고 전문가조직 등은 NGO에 포함되지 않는다.

3 NGO의 4대 기능

1) 권익 옹호 기능

NGO의 중요한 기능 중 하나는 국가와 시장이 지닌 권력을 비판하고 감시하는 것이다. NGO는 국가 권력을 견제하는 역할을 한다. 정부는 공익의 생산자이며 공익활동에 대한 규제자일 뿐만 아니라 공익의 소비자이다. 정부의 이러한 특성이 민간이 정부활동을 감시해야 할 필요성을 야기한다. 정부활동에 대한 민간 감시의 대표적인 집합 세력이 바로 NGO이다. 따라서 NGO는 정부의 부정과 안일을 고발하고 공공정책을 비판하며 정책제안을 위해 입법을 위한 로비를 하기도 하고 캠페인과 시위를 벌이기도 한다. 또 NGO는 경제 권력을 견제한다. 즉, NGO는 경제 권력에 대해서도 고발하고 감시하는 기능을 수행하고 있다. 그뿐만 아니라 경제 권력과 각종 재화 및 서비스의 소비자인 개인 사이의 갈등을 조정하는 기능을 수행하기도 한다. 물론 이때의 조정도 대체로 경제 권력을 견제하고 사회적 약자의 권리를 보호하기 위한 활동이 주요 기능이다. 즉, NGO의 활동은 사회적 약자의 권익을 대변(advocacy)하는 기능과 밀접하게 관련되어 있다. 오늘날

인권과 복지가 강조됨에 따라 사회적 약자가 단체를 결성해 자신의 권익을 추구할 뿐만 아니라, 선도적인 지식인들도 사회적 약자의 권익을 옹호하기 위해 활발하게 활동하고 있다. 사회적 약자를 위한 활동은 단체의 집단이익을 추구하는 경향이 있으나, 전체적으로 볼 때 공공의 이익으로 연결된다.

2) 정책집행 기능

대다수의 산업국가가 후기 복지국가로 진입하게 됨에 따라 정부의 역할만 커지는 것이 아니라 민간의 역할도 점차 커지고 있다. 그러나 정부는 복지 서비스를 제공할 때, 법규에 따라야 하고 관료제를 통해 획일적인 서비스를 제공해야 한다는 단점을 지니고 있다. 반면에 NGO는 정부와의 직·간접적인 계약을 맺거나, 독자적인 인력과 재정을 가지고 정부가 제공할 수 없거나 무시하는 사회 서비스를 제공할 수 있다.

즉, NGO가 오히려 정부와 기업보다 더 잘 기능할 수 있는 분야가 있다는 의미이기도 하다. NGO는 개인에 대한 봉사와 헌신을 필요로 하고, 고객의 입장에서 신뢰를 요구하거나 직접적이고 개인적인 관심을 필요로 하며,[16] 도덕적 행동과 책임을 필요로 하는 업무에 적합하다(Osborne & Gabler, 1992: 45-46). NGO는 다양한 문화적 특성과 가치를 가진 개인의 자발적이고 집합적인 행동을 통해 정부와 기업이 수행하는 데 한계가 있는 개인과 집단의 욕구를 충족하고 공익을 실현하는 역할을 수행함으로써(O'Connell, 1983: 323-343) 공공의 이익을 추구하며, 자주적 활동을 통해 사회 전반에 걸쳐 중요한 역할을 수행하고 있다.

따라서 정부의 정책집행(service delivery) 과정에서 NGO는 공공재화와 서비스 공급에서 정부 역할을 지원하는 효율적인 파트너가 되며, 또 정부와 시장이 역할을 하기 어려운 상황에서 자율적인 역할을 수행한다는 것이다. 특히 소규모의 작은 NGO지만 지역사회에 기반을 두고 지역 주민의 문제와 욕구를 잘 파악해서 어떻게 문제 해결을 하는 것이 바람직하며 효율적인가를 잘 알고 있는 NGO들은 거대하지만 비효율적인 정부기관들의 역할을 대신하거나 보충해 준다. 또한 서비스 공급 대리점 역할을 하면서 정부정책의 비효율성, 역기능 등의 문제를 수정·보완·보충하는 역할을 수행한다. 즉, 정부가 직접 하는 것보다 NGO가 정책집행의 책임을 맡는

16) 예를 들면, 유아 보호, 장애자 보호, 병자 간호 등이 여기에 속한다.

경우 상당한 비용이 절감되며 효과도 높아진다.

3) 갈등조정 기능

현대 사회는 분화되고 전문화되면서 개인의 욕구도 다양하고 집단 간의 갈등도 빈번하다. NGO는 정부와 정부, 정부와 이익집단, 이익집단과 이익집단 간의 분쟁 발생 시에 조정자(coordinator)로 나서서 일반 시민의 피해를 줄이는 역할을 한다. 또한 시민의 권리 확보를 위해 NGO는 상호 협력과 연대를 통해 시민의 각종 생활 권리를 옹호하는 역할을 한다. NGO는 시민의 권리와 책임에 대해 시민을 교육하는 역할을 수행한다. 그리고 시민의 생활의 질을 향상시키는 데 필요한 각종 권리를 위해 투쟁할 수 있도록 모티브를 제공하기도 한다. 또 NGO는 공공의 목적에 인력을 동원하거나 사회적 약자에 대해 각종 권리의 구제 보호와 같은 서비스를 제공한다. 그뿐만 아니라 NGO는 공익과 사익 간 또는 공익 상호간의 이해를 조절하는 역할을 하기도 한다.

4) 사회교육 기능

NGO의 사회교육적인 역할로서는 대중교육 캠페인을 통해 일반 대중들을 교육시켜 여론을 형성하고 이들 대중을 동원함으로써 이들이 소속되어 있는 국가정부의 특정 국제기구에서의 정책에 영향을 미쳐 더 나은 결정을 하도록 한다. NGO의 이와 같은 사회교육(educator) 활동은 바로 시민으로 하여금 리더십을 학습하고, 공동체 의식을 배양하며, 참여 민주주의를 교육하는 실천 현장으로서의 교육 기능도 수행한다. NGO는 시민의 자발적 참여와 연대에 의해 각종 사회문제를 해결한다. 이 과정에서 공공정책과정에 참여하게 되고, 개인과 집단 사이에 활발한 의사소통이 일어나게 된다. 개인은 각종 사회문제에 대한 인식 능력과 비판적인 시각을 가지게 된다. 그뿐만 아니라 자율정신과 개인 권리를 인식하게 되고, 공공의 이익에 대한 봉사활동의 중요성을 체득한다. 민주 시민교육은 개인의 자율에 근거하여 현장에서 직접 실천하는 과정에서 효과적으로 이뤄질 수 있다.

생각해보기 공유지의 비극을 피하는 협력이 왜 필요할까

협력은 왜 필요한 것일까? 2009년 노벨 경제학상을 수상한 엘리너 오스트롬(Elinor Ostrom)은 "자본이 곧 돈만을 의미하지는 않는다. 다른 무언가를 가능하게 해주는 모든 자산이 자본이다. 따라서 협력도 매우 중요한 사회적 자본 중 하나이다"라고 말했다. 협력이 없다면 어떤 일이 일어날까. 인간의 이기심으로부터 발생하게 되는 공유지의 비극이 대표적인 사례이다. 공유지의 비극 사례 중에서 철갑상어의 도시 러시아 아스트라한의 예를 살펴보자. 카스피해산(産) 철갑상어는 비싼 가격에 거래되며 한 마리가 온전히 자라기까지는 15년에서 25년 정도의 시간이 걸린다고 한다. 철갑상어의 알 캐비어는 비싼 가격에 팔리는 고급 식재료인데 이것을 얻기 위해 사람들은 1990년대 초반까지 경쟁적으로 철갑상어를 잡았고 개체 수는 점점 줄어들게 될 수밖에 없었다. 현재 아스트라한에서는 철갑상어를 찾아보기가 힘들 정도며 이제는 함부로 잡아서도 안 되는 멸종위기종이 되어버렸다. 결국 인간의 이기심이 불러온 결말이다.

그러나 그 반대의 경우도 있다. 500여 년 동안 협력을 하며 살아온 알프스의 고산마을 퇴르벨의 사례를 보면 사람들이 협력을 하며 살았을 경우 모두가 행복하게 오래 공존할 수 있었다는 사실을 알고 있다. 매년 여름이 시작되면 집에서 키우던 소를 마을의 공동목초지로 올려 보내어 여름 내내 소를 배불리 먹이고 마을에서는 다가올 겨울에 대비할 준비를 한다. 그리고 가을이 되면 다시 내려오는 것을 규칙으로 함으로써 마을에서는 목초지에 관한 조약을 만들어 공동 목초지에 올라갈 수 있는 소의 수, 풀을 뜯을 수 있는 범위를 설정하고 목초지에서 가축을 사육한 모든 소유주들은 1년에 한 번씩 목초지 작업을 의무로 하도록 했다. 퇴르벨 마을의 사람들은 욕심을 내면 목초지가 훼손될 것이라는 것을 알고 현명하게 대처해 오래도록 같이 누릴 수 있는 방법을 선택한 것이다.

제 3장 한국의 시민사회 형성 과정과 NGO

제 1절 정부와 시민사회의 형성

1 조선의 신분제 사회와 차별 사회

"조선을 건국한 세력인 사족(士族)이 유교를 바탕으로 한 유학을 공부한 집단이기는 하나 이들을 모두 문반과 무반으로 나뉘는 양반이라 지칭하지는 않았다. 조선 초기 문반과 무반은 중앙관직의 역할을 나누는 과정에서 형성되기 시작했으므로 조상이 중앙관직에 등용된 양반이라고 하더라도 후손이 양반으로 세습되는 것은 아니었다. 그러나 조선 후기에 들어가면 조선사회를 지배하는 양반사회가 크게 변모한다. 조선 개국 이후 최초로 실시된 『신증동국여지승람』에 따르면, 고려 조정에서 관료로 재직한 619명, 새로운 왕조에 재직한 중앙관료 503명 가운데 조선 8도의 출신별로 보면 다음과 같다. 총 1,122명 가운데 경상 401명, 전라 194명, 경기 182명, 충청 127명, 황해도 99명, 강원 72명, 평안 40명, 함경 7명순이었다. 당시 인구는 경상 173,759명, 평안 105,444명, 충청 100,790명, 전라 94,248명, 황해 71,897명, 함경 66,978명, 경기 50,352명, 강원 29,009명이었다(김선주 지음/김범 옮김, 2020: 49-50 <표 1> 재인용). 고려 400여 년 간 개경을 수도로 평양을 서경으로 중시하였고, 조선조가 함경도에서 발흥한 것을 고려하면 실로 놀라운 숫자이다. 왜냐하면 당시 출신 지역 인구에 비해서 중앙관직에 많이 등용된 지역은 경기도와 전라도였으며, 절대적으로 적은 숫자는 평안과 함경지역이라는 것을 알 수 있다. 그 이유는 고려와 조선조에 이르기까지 평안과 함경지역이 호(胡), 즉 오랑캐와 가까워 이들을 믿지 못한다는 의식이 강하게 작용해 조선시대 내내 관서 차별이라는 문화적 요소를 만들고, 조선말의 수십 회에 이르는 관서지역에서의 민란의 빌미를 제공했다고도 볼 수 있다. 더군다나 관서지방에서의 민란의 주동자는 남부지방에서의 민란 주동자들이 평민이거나 노비 출신들과는 달리 고을의 현직 관원 출신이거나 과거에 급제한 자들이 대부분 차지했었다는 점 역시 관직에 있어 차별을 받았다는 점은 분명하다. 이 부분에 대한 연구에 따르면(김선주 지음/김범 옮김, 2020: 75-77). 정약용(1762~1836)이 지적한 대로 대대로 유명한 가문인 청족(淸族) 출신의 급제자들은 승문원(承文院)에 임명되고, 북부 출신은 성균관에, 양반의 서얼들은 교서관(敎書館)에 배속되었다는 것이다. 무과급제자들에게도 역시 지역 차별과 출신 가문 차별이 있었다. 청족 출신만이 선전관청(宣伝官廳)에 배치되어 더 높은 직을 바라볼 수 있었다는 것이다. 이때 가문이 명성이 떨어지거나 출신 지역이 북부지역이라면 부장청(武將廳), 수문장청(守門將廳)에 배속되었다. 이와 같이 문반과 무반 급제자들에 대한 지역과 출신 가문을 통한 분관제도는 조선 전기에는 나타나지는 않았으나 조선 중기 이후에 심하게 나타난다. 좋은 자리인 청족들이 독점하는 요직을 거쳐야만 당상관(정1품~정3품)으로 나아갈 수 있으므로 지역 차별은 관서인들을 비롯한 북부인들에게는 출세에 치명적이었으나 도성이 있는 한양, 경기 출신과 남부(경상, 전라, 충청) 출신들에게는 역으로 좋은 기회이기도 했다. 조선조 전체의 생원과 진사 급제자를 50년 단위로 조사 분석한 최진옥의 연구에 따르면(최진옥, 1998: 204), 한양이 14,338명, 경상 5,399명, 충청 5,154명, 전라 3,994명, 경기 3,768명, 평안 1,831명, 강원 1,580명, 황해 1,512명, 함경 799명 등의 순이다(김선주 지음/김범 옮김, 2020: 73 <표 3> 재인용). 이 같은 결과를 보더라도 인구 비례와는 달리 한양, 경기, 전라, 충청도 출신들이 유난히도 많다. 이는 과거 급제자들의 등용문이 되는 17~18세기 서원과 사우의 숫자를 보면 경상 257곳, 전라 142곳, 충청 101곳, 평안 56곳, 경기 53곳, 강원 43곳, 황해 39곳, 함경 33곳(김선주 지음/김범 옮김, 2020: 95 <표 4>재인용)으로서 인구 비례에 비해 전라와 충청, 그리고 경상이 압도적으로 많았다는 점과 관련이 깊다. 또한 3남 지방의 향반들이 한양과 경기로 거주지를 이전하여 경반(京班)이 되어 조선사회를 지배했던 것이라고 해석할 수도 있다. 그 이유는 향반(鄕班)은 청족이 될 수 없었으며 대대로 권세를 이어가려면 자신들의 기반을 도성이 있는 한양에 거처를 마련해야 했었어야 했다는 점은 권문세도가인 안동 김씨 사례에서 잘 보여 준다. 이들은 씨족의 출발은 경상도 안동이지만 인동 김씨라고 불리며 권문가로써 조선 후기 사회를 지배했던 곳은 한양 북부 인왕동(지금의 청운동과 옥인동)에 살았던 것이다.

따라서 조선 사회를 신분제를 바탕으로 한 양반이 지배했던 것에 더하여 차별도 심했다. 지역과 출신 가문이 중시되어 이들이 중앙관직을 독식하고 여타 지역 출신, 특히 북부지역인 평안과 함경지역 출신자들을 차별하였으며, 이들은 당상관에 오르는 청직이라고 칭하는 주요 관직을 거치고 심지어는 왕이 직접 관여토록 못하도록 하였다. 조선 후기는 특히 이러한 청직을 독점하는 상위 계급과 중하위 계급을 명확히 구분하여 신분제와 혼합이 되어 양반 사회 내에서도 경반(京班)이 있던 경기와 한양, 남부 3남 지방 출신의 양반 계층들이 나머지 지역 출신을 지배했다고 볼 수 있다. 이러한 폐해는 고스란히 조선 말기의 40여 회 이상에 달하는 민란의 발생의 동기가 되었으며, 양반 사회의 분열과 양반과 백성들의 분열은 조선의 몰락을 가져오는 촉발제가 되었음은 분명하다. 그리고 1894년의 몰락한 양반인 최제우가 창건한 동학교도에 의한 동학혁명은 조선 사회의 지배구조를 결정적으로 무너뜨린 최대의 사건이었으며, 그나마도 미약하게 버티었던 조선사회는 진공상태에 빠져 지도자층이나 피지배층이나 시급을 다툴 정도로 나라를 팔아먹는 데에 빠져든다"(임승빈, 2022a: 135-136).

한편 1945년 광복 이후 한국 시민사회의 형성 과정은 세 시기로 구분해 설명할 수 있다. 1945년 식민지 해방, 1987년 6월항쟁을 분기점으로 하여 진과 후 크게 세 시기로 구분하며, 정권별로 구분하기도 한다. 여기에서는 1987년 이전에는 해방 이전과 이후, 1987년 이후에는 정권별로 그 특색을 살펴보도록 한다(임승빈, 2012).

2 일제강점기(1910년~1945년)

조선 왕조나 일본 식민지 통치 하에서는 시민권을 보장하는 제도적 장치가 존재하지 않았다. 갑신정변(1884)이나 갑오경장(1894)에서 표방한 것처럼 조선 후기부터 신분 제도가 철폐되기 시작했으나 시민사회 형성으로 이어지지는 않았다. 일본 식민지 통치가 근대적인 법체계에 의존하기는 했지만 이것은 일본의 한국 지배를 위한 장치로서 시민의 자유와 권리 보장을 위한 목적이 아니었다. 구한말부터 외세에 의해 자본주의가 도입되고 상공업자가 늘어나기 시작했으나, 공간적 제한과 봉건적 요소의 잔존이라는 한계가 있었다. 일본 식민지 통치 하에서는 식민지 자본주의화가 진행되었으나 아직 초기 단계에 불과했고, 민족자본이 제대로 형성되지 못했다.

이 시기에 국가 권력과 시장 권력을 견제할 수 있는 시민사회의 공간과 역량은 매우 제한적이었다. 조선의 유교사회에서 국가는 가족의 외연이었기 때문에 사회라는 개념이 설 자리가 좁을 수밖에 없었다(한홍구, 2002: 91-110). 일본 식민지 통치 하에서는 공론(公論)의 장을 형성하거나 국가의 정책 과정에 참여할 수 있는 기회가 빈약했다. 더구나 지식인의 순응적 행태와 친일파 · 변절자 · 밀정 등의 존재로 인해 시민사회는 일제의 총독부와 대치한 상황에서 분열되어 있었다. 그럼에도 불구하고 구한말의 동학혁명, 독립협회 활동, 1919년의 3 · 1 운동, 1926년의 6 · 10 만세운동, 1930년대 이후의 민족해방운동 등에서 볼 수 있듯이, 협소한 공간과 제한된 자원을 가지고도 일제에 대한 저항이 간헐적으로 일어났다. 또한 1920년대 이후 노동운동에서 보여 주는 바와 같이 경제 권력에 대한 저항도 산발적으로 있었다.

시민사회 내에서 생존을 보존하기 위해 상호부조의 풍속이 존재했으나, 공동으로 자원활동을 통해 사회문제를 해결하고 복지 서비스를 제공하는 인식과 행동은 빈약했다고 볼 수 있다. 시민사회 내의 시민 규범이나 합리성 또한 제한된 교육 수준과 도시화, 그리고 시민사회 공간의 협소함으로 인해 제대로 생산, 재생산할 여지를 갖지 못했다.

1945년 이전의 한국의 시민사회의 발아를 좀 더 자세히 살펴보면 대한제국 시절의 독립협회와 독립협회의 주도 하에 이루어진 만민공동회로부터 시작했다고 할 수 있다. 이들은 1890년대 창설되었고 주요 활동의 목적은 입헌군주제 확립과 조국 근대화였다. 한일합방이 1910년이었으므로 이때의 독립협회의 독립이란 일본이 아닌 아관파천 이후 한반도에 대한 영향력이 급격히 강해진 러시아 등 외국으로 부터 독립을 의미했다. 1896년에 창설된 독립협회는 고종이 해산을 명하자 그 요구를 수용하고 해산하게 되는

데, 여기서 해산한 독립협회의 구성원들이 1900년대의 시민단체를 구성하는 계기가 된다. 대표적으로 신민회와 대한자강회가 있는데 이들은 1910년 한일합방 이전에 활동하던 단체이다. 먼저, 신민회는 일제의 신문지법, 보안법 제정에 대항하여 창설되었다. 신민회의 설립 목적은 민중계몽, 국권회복, 실력양성으로 대성학교 설립, 회사 설립, 출판물 보급 등 다양한 활동을 하였다. 회원 수 또한 800여 명으로 그 규모가 어느 정도였는지 짐작할 수 있다. 신민회는 앞선 독립협회와는 달리 입헌군주제가 아닌 공화제를 주장했으며, 국민 스스로가 국권회복을 위해 실력을 양성해야 함을 강조했다. 구체적인 신민회의 활동으로는 교육구국운동을 통한 학교 설립, 계몽 강연 및 출판 활동을 통한 민중 계몽, 민족 산업 진흥 운동을 통한 민족 자본 형성이 있다. 더군다나 1909년 한일합방이 가까워짐에 따라 일제의 감시가 심해졌고 주요 인물들이 해외로 망명하게 된다. 거기에 데라우치(寺內) 총독암살미수사건을 허위로 조작한 105인 사건으로 인해 신민회는 완전히 와해되어 버린다.

대한자강회는 민중 계몽 단체로서 국민교육을 강화하고 국력을 배양하여 독립의 기초를 다지는 데에 목표를 두었다. 이들은 서울에 본부를 두고 일반 대중을 대상으로 정기적인 연설회를 개최하고 정부에 건의안을 제출하였다. 대한자강회는 건의안을 통해 학부교과서 편집문제, 의무교육 실시, 사범학교 설립, 교육기관 증설 및 시설 확대와 같은 교육적인 부분뿐만 아니라 여러 부분에서 개선이 필요함을 알렸다. 조혼금지, 색의를 입고 단발을 할 것, 부동산 매매 시 증명서 첨부, 악질적인 봉건주의 폐습 일소 등이 대표적인 예이다. 그러나 이들은 이후 보안법 제정으로 인해 강제 해산당하게 된다.

일제 강점기에 설립된 기성단은 신민회가 설립한 학교의 학생들 주도로 이루어졌다. 그러나 1915년에 설립된지 단 1년 만에 일제의 탄압으로 인해 해산된다. 자립단은 기독교 세력과 청년 세력의 주도로 경제 진흥과 민중계몽에 힘썼지만 1917년 기성단과 마찬가지로 1년 만에 해산된다. 송죽회는 여성단체로서 토론회와 역사 강좌에 힘썼고 독립군 자금모금 활동을 했다. 이들의 활동은 3·1 운동 이후까지 이어져 후에 애국부인회의 기반이 된다. 이외에도 여러 단체들이 독립운동을 위해 노력했지만 대부분 일제의 강력한 탄압으로 인해 오래 지속되지는 못했다. 특히 집회 활동 금지로 인해 대부분의 독립운동에 관련된 시민단체들이 탄압의 대상이 되었고, 신문과 같은 언론 활동은 자유조차 주어지지 않았기 때문에 많은 시민단체들이 비밀 결사 단체의 형식으로 음지에서 활동해야만 했다. 1910년대에 이렇게 강압적인 통치가 이어지자 한반도 전체가 들고 일어나는 큰 사건이 발생하는데, 이것이 바로 1919년 3·1 운동이다. 3·1 운동은 일제 통치 방법이 변하는 큰 계기이므로 그 배경과 전개 과정을 간략하게 이야기하고자 한다. 1918년 제1차 세계대전 종전 이후 미국 대통령 윌슨(T. Woodrow Wilson)은 민족자결주의를 공표했는데, 이는 모든 국가가 스스로 자신의 운명을 결정해야 한다는 것이었다. 물론 민족 자결주의의 의도는 패전국의 식민지를 승전국이 차지하기 위한 것이었지만 결과적으로 3·1 운동에 크게 영향을 주었다. 1919년 일본에서 2·8 독립 선언을 한 것이 계기가 되었고, 각 계층의 대표 33명이 독립 선언서를 발표했다. 이후 전국적으로 확산된 것이 바로 3·1 운동이다.

그 이후 일본은 통치 노선을 바꾸게 된다. 1920년대부터 어느 정도 타협안을 제시해주는 듯이 행동하며, 이전과는 달리 언론의 자유와 교육의 권리를 보장해주는 것처럼 행동하여 식민지 조선인을 회유하는 정책을 편 것이다. 1921년 조선어학회는 일제가 조선 전통을 중요시한다는 명목 하에 이루어진 문화통치 시기에 들어서 한글에 대한 탄압이 줄어들자 창설되었다. 장지영, 김윤재, 최현배를 중심으로 국어 연구를 위해 학회를 창설한 것이다. 조선어학회의 국어 학자들은 국어에 대한 연구에 몰두하였고 주로 강연을 다녔다. 1927년에는 『한글』이라는 잡지를 간행하였으며, 1929년 『조선어 사전』을 편찬하고자 하였으나 일제의 간섭으로 인해 성공하지는 못했다. 일제의 간섭에도 불구하고 1933년 맞춤법 통일안을 제정하여 오늘날까지 기준이 되는 맞춤법을 발표하였다. 그러나 1940년 이후 학술 단체를 명목으로 한 독립운동단체라는 일제의 판단으로 인해 결국은 여러 학자들이 목숨을 잃게 되고 광복이 되는 날까지 해산되었다. 1920년대 가장 큰 독립운동은 민립대학설립운동과 물산장려운동이라고 할 수 있다.

먼저, 민립대학설립운동은 조선민립대학기성회를 주도로 이루어졌다. 1922년 일제의 제2차 조선 교육령을 계기로 대학 교육이 비교적 자유로워지자 대학설립운동을 주도한 것이다. "한민족 1천만 명이 한 사람 1원씩"이라는 구호를 필두로 계획적으로 운동이 이행되자 일제는 배일사상을 조성한다는 이유로 방해했다. 결국엔 일제가 먼저 경성제국대학을 설립함으로써 조선민립대학기성회의 대학설립운동은 실패하게 된다. 물산장려운동은 평양의 조선물산장려회의 주도로 이루어졌다. 1920년대에 제1차 세계대전 이후의 경제 공황을 극복하고자 일제는 회사령 허가제를 신고제로 바꾸었다. 이로 인해 일제의 회사들이 조선에 들어오기 쉬워졌고 조선의 사업가들은 위기를 맞게 된다. 이에 대항하기 위해 물산장려운동을 주도한 것이다. 초기에는 성공적으로 수행되는가 싶었지만 토산품에 대한 수요를 공급자가 따라가지 못해 토산품의 가격이 크게 급증하였고, 이를 사회주의자들이 유산자들의 이익을 위해 무산자를 착취하는 것이라며 비판하면서 점차 활동이 줄어들게 된다. 이 사회주의자들은 이후 좌우 합작의 노력으로 조선물산장려회와 결합하여 조선민흥회를 만들었고 정우회 선언을 통해 신간회를 이루는 하나의 기반이 된다. 1927년 설립된 신간회는 1920년대 최대의 시민단체라고 할 수 있다. 1920년대에 들어서 독립운동가 사이에 사회주의 사상이 널리 퍼지자 독립운동가 내부에서 통합을 이루기 어려워졌다. 이에 하나로 힘을 모으자는 목적으로 신간회를 창설하게 된다. 신간회의 대표적인 활동으로는 농민운동 지원, 노동운동 지원, 사회운동 지원 등이 있다. 일제 강점기에는 여전히 소작농의 비율이 상당히 높았는데 이들은 높은 소작료로 인해 고통받았다. 이에 대해 신간회가 앞장서서 소작쟁의를 주도하였고 소작농들을 돕는 것에 노력했다. 신간회는 이러한 농민운동뿐만 아니라 일본인 고용주의 악덕행위로 인해 벌여진 원산 총파업에도 적극적으로 도왔다. 부당노동행위에 대해 원산노동연합회를 구성해서 대항하는 와중에 고용주가 폭력을 행사했고, 이에 신간회에서 격려금을 보내는 등 구호활동을 한 것이다. 안타깝게도 계속된 일제의 탄압으로 파업은 실패하게 된다. 신간회는 광주 학생 항일운동에도 진상 조사 위원을 파견하는 등 적극적으로 지원한다. 그러나 1931년 일제의 압박으로 해산하게 된다.

1930년대는 민족 말살 통치 시기였다. 1931년 만주사변을 시작으로 일제는 주변국에 대한 침략 야욕을 드러낸다. 1937년 중일 전쟁부터 1941년 태평양 전쟁에 이르기까지 일제는 동남아시아 지역을 넘어 전쟁을 일으킨다. 그리고 전쟁을 유리하게 이끌기 위해 조선을 최대한 이용하는데 그 방법이 바로 민족 말살 정책이었다. 병참기지화 정책을 통해 조선을 전쟁으로 끌어들였고 한글과 같은 고유의 문화를 말살시키고자 노력하였다. 황국신민서사 암송과 내선일체로 조선민족을 없애고 일본과 동일시시키고자 한 것이다. 이러한 국내의 상황으로 인해 1930년대부터는 한반도 내에서의 독립운동과 관련된 시민단체는 이루어지기 어려웠다. 대다수의 독립운동가들이 상해와 만주로 떠나 한편으로는 무력으로 한편으로는 외교력으로 독립을 쟁취하기 위해 노력했다.

3 1945년~1980년

일본 식민지로부터 해방되자 국가 권력의 공백 상태에서 시민사회의 담론과 조직화를 통해 민족국가를 수립하기 위한 노력이 일어났다. 미군정이 실시되고 이승만 정권이 들어섬에 따라 근대적인 국가의 틀을 갖추었다.

해방 이후 시민사회는 다양한 정당과 단체가 조직됨으로써 민주주의와 시민 권리에 대한 활발한 담론이 일어났다. 해방 이후 미군정기에 많은 정당이 발생했는데, 1947년까지 신고된 정당 수가 344개에 달했다. 그리고 조선건국준비위원회(건준)와 조선노동자조합전국협의회는 전국적인 지방 조직까지 갖추었다. 이 시기 시민사회는 스스로 공동체적 연대를 통해 자원을 동원하고 사회문제를 해결하는 수준은 아니었다. 해방 이후 활발했던 좌파적이고 국가 저항적인 단체는 국가의 억압과 공포에 의해 제거되고, 우익단체만이 공개적으로 활동했다. 이러한 단체의 임무는 사회문제를 해결하고 사회적 약자를 지원하는 것이 아니라, 강압적인 국가 지배에 공헌하고 그에 따라 특권을 부여받는 것이었다. 시민사회의 자발적 결사체의 부재는 시민사회 내의 도덕성과 합리성을 스스로 생산·재생산하는 의식과 실행이 생겨나지 못하는 한계를 규정지었다. 실제로 이 시기에 민주주의에 대한 시민 의식이나 이를 주도할 계층의 존재는 매우 미약했다. 민중의 힘으로 독재 권력을 무너뜨린 4월혁명 이후에도 자기규범성을 갖지 못해 고도한 권리 요구와 미래 전망 부재로 1961년 군부 쿠데타를 유인하는 결과를 초래했다(박상필, 2004: 122-123).

1960~1970년대의 한국의 시민사회는 1965년 한일협정 반대시위, 1972년 유신헌법 반대시위, 1979년의 부마항쟁 등으로 상징되는 바와 같이 반정부활동과 시민사회 형성과 중첩되어 시민의 역량을 강화하는 시민사회 형성과는 거리가 멀었다.

4 1980년~1986년

박정희 유신정권 몰락 이후 '서울의 봄'이라고 하는 일시적인 자유가 찾아왔으나 전두환을 필두로 하는 신군부 세력이 1979년 12·12 사태와 1980년 광주항쟁에서 무자비한 살상을 자행하고 권력을 장악함에 따라, 언론·집회·결사의 자유 속에서 활발한 공론의 장이 이뤄지는 민주주의에 대한 기대는 꺼지고 말았다. 이 시기 시민사회도 마찬가지로 침체로 돌아서게 되었다. 물론 박정희 유신정권 하에서 한일회담 반대투쟁(1964), 3선개헌 반대투쟁(1969), 전태일의 분신(1979), YH무역노조의 투쟁(1979), 부마항쟁(1979) 등의 저항이 있었고, 전두환 정권 하에서 광주항쟁(1980), 반미자주화투쟁(1984년 이후), 6월항쟁(1987) 등의 투쟁이 있었다. 1960년대 이후 경제 개발은 시민사회의 발전에 필요한 중산층의 증가와 교육 확대에 기여함으로써 시민사회의 저항은 계속 강화되었다. 이러한 조건 하에서 시민사회의 저항은 1987년 6월항쟁에서 극점에 도달했다. 그러나 권위주의 체제 하에서 시민사회의 자율성이 제한되었기 때문에 국가에 대한 시민사회의 견제는 일정한 한계를 가졌다. 그리고 자본주의의 발전과 함께 재벌을 중심으로 한 자본 권력도 확대되었다. 그러나 국가 자본주의적 성격으로 인해 시민사회가 국가와 자본을 동시에 견제한 것은 사실이지만, 상대적으로 시장에 대한 계급적 의식과 저항은 미미했다.

시민사회의 물적 토대가 구축되어 감에 따라 시민사회 스스로 자원활동을 통해 사회경제를 형성하는 공간이 생겨나기 시작했다. 1980년대에는 국가에 저항적인 단체만큼이나 사회적 약자를 위한 각종 서비스단체가 활동하기 시작했으나 시민사회의 정당성은 여전히 제한적이었다. 중산층은 국가의 반공 이데올로기에 포섭되어 보수화되었고, 연고주의와 지역주의에 편승해 특권을 누리거나 분열되었다. 국가와 시장으로부터의 비합리적 중압을 견뎌내지 못하고 스스로 부패에 동참하거나 물질주의와 이기주의에 치우쳤다. 한편, 교육의 증대, 매스컴의 역할 강화 등의 영향에 따라 민주시민 의식이 늘어나고 초보적인 자기규범성을 확보해 가는 수준이었다고 볼 수 있다.

5 1987년~문민정부

1987년 6월항쟁은 한국의 정치민주화를 위한 일대 도약이었다. 정치적 민주주의가 확보됨에 따라 시민사회의 공론의 장과 조직화를 위한 시민권이 제도적으로 보장되었다. 시민적 자유는 김영삼 정권의 문민정부의 등장과 김대중 정권에 의한 정권 교체가 이뤄짐에 따라 더욱 확대되었다(박상필, 2004). 사회복지정책의 경우, 노태우 정권 하에서 각종 복지 관련법이 제정되었다. 노태우 정권 기간 동안에 산업보험법의 개정, 장애인고용촉진법, 사내복지기금법, 노동은행의 설립, 전국민 의료보장 제도 등이 이뤄졌다. 노태우 정권은 복지 증진을 위한 개혁 지향적 정책을 시도한 첫 번째 정권이라고 볼 수 있다(김태성 · 성경륭, 2000: 400-413; 최장집, 1993: 194). 이후 김대중 정권에서 4대 사회보장 제도인 의료보험, 실업보험, 산업재해보험, 국민연금이 완료되었다. 1990년대에는 자본주의 발전이 고도화됨에 따라 시민 의식도 확대되었다. 그러나 문민정부에 들어와서는 IMF 경제 위기와 신자유주의 정책의 강화로 중산층이 몰락하고, 신자유주의가 민주주의와 공동체 정신을 침해하는 폐해를 가져왔다. 민주화의 진행은 국가에 대한 시민사회적 견제 능력을 증진시켰고, 자본주의의 발전은 시민사회의 조직화에 필요한 물적 토대를 강화했다. 이 시기에 대한 평가는 무엇보다 양

1987년 6월항쟁
자료: http://imagesearch.naver.com/search.naver

적으로 많은 NGO가 나타나고 시민참여와 연대가 활성화됨에 따라 시민 권리 옹호, 정책참여, 부패 감시 등과 관련된 활동이 활발했다는 긍정적인 측면과 권위주의 정권의 그림자가 여전히 남아 있어 시민사회 발전에는 한계가 있었다는 점이다.

6 김대중 정부(1998~2003)

한국 NGO의 성장에 대해 시대적인 흐름과 변화의 요인으로 크게 두 가지를 들 수 있다. 하나는 국민의 정부의 등장이고, 다른 하나는 국난이라고 할 수 있는 1997년 12월 IMF 시대의 도래이다. 김대중 정부의 등장은 NGO의 양적 확산에 큰 기여를 한다. 이는 과거 어느 정권보다 김대중 정부가 시민단체의 지도자들과 심리적·경험적으로 유대를 맺고 있고 통치철학 역시 대중 민주주의를 지향하고 있기 때문이다. 김대중 정부의 이런 시민사회에서의 접근은 단지 심리적·정치적 친근 관계 때문이 아니라 기득권 세력에 둘러싸인 정치적 취약성을 시민단체들과의 연대로 해결책을 모색한 것이기도 하다. 결국은 김대중 정부의 이런 친(親)시민사회 지향성은 시민단체, 즉 NGO들이 폭발적으로 늘어나는 데 크게 기여했다. IMF 사태는 경기 침체와 기업활동의 위축으로 주요 수입원인 기부금이 줄어들거나 끊기면서 처음에는 시민단체들에게 큰 고통을 안겨주었다. 그러나 시민단체들이 나서서 나라 살리기 운동, 대대적인 모금운동을 전개하면서, 정부와 시민단체의 관계에도 질적인 변화를 초래하게 되었다. 시민단체들은 이 위기 상황에서도 성장의 호재로 정부로부터의 인력 지원, 정부의 국고보조금 형태로 재정 지원을 받음으로써 성장할 수 있게 된다.

2000년대 들어서는 김대중 정권의 특성과도 맞물려 설명할 수 있지만 한국의 정치 체계의 변화와 시민사회 운동은 매우 밀접한 역학 관계를 맺게 된다. 2000년 제16대 국회의원 선거 시에 총선시민연대의 낙천·낙선 운동은 전 세계의 주요 언론매체인 CNN, BBC, 일본 NHK 등에서도 다뤄졌을 정도로 정계에 미치는 시민사회단체의 강력한 영향력이 주목받았다. 당시 2000년 NGO 활동의 주목할 만한 부분은 이전과 달리 연대활동을 통해 사회운동화시켰다는 점이다. 물론 이 모든 NGO 연대활동이 성공적이었던 것만은 아니었다. 연대활동 과정에 나타나는 문제점이 있었는데, 즉 거대 NGO만 부각되고 군소 단체가 소외되는 운동 양식, NGO 사이의 주도권과 관련된 갈등, 참여 강도의 차이, 연대활동의 지속성 등이 그것이다. 그럼에도 여기에서 거론되는 총선시민연대, ASEM 2000 민간포럼, SOFA 개정 운동 등은 모두 연대활동의 성과였다.

7 노무현 정부(2003~2008)

2000년 이후 NGO의 활동이 비약적으로 발전하는 과정에서 시민들의 참여가 활발하게 이루어졌고, 조직들도 전문적으로 변화해 갔다. 또한 시민단체 조직 내부에서의 세대 교체로 인해 다양한 시민운동이 전개되기 시작했다. 이 과정에서 조직 간의 이념적 분쟁이 나타나기도 하면서 시민운동의 전환기를 맞이하게 된다. 노무현 정권이 탄생한 2003년의 한국 시민운동의 특징을 살펴보면 신사회운동과 구사회운동의 분출, NGO 간의 이념적 갈등, 참여 주체의 확대 등으로 표현될 수 있다(임승빈, 2009: 117-119).

2003년 NGO의 활동은 크게 세 가지로 정리될 수 있다.

첫째, 구사회운동을 대표하는 노동운동, 농민운동, 반미운동의 폭발적 확대이다. 노동자에 대한 손해 배상 소송과 가압류 등 신종 노동 탄압에 대한 불만과 노동자의 분신으로 시작된 두산중공업 파업(3월), 민영화 방침을 둘러싼 철도노조의 파업 선언(4월), 운송료 인상을 둘러싼 화물연대 파업(5, 6, 7월), 부적격 인사에 대한 거부로 시작된 방송위 노조의 출근 저지 실력 행사(5월), 노동3권 완전 보장을 요구하며 쟁의 찬반 투표를 실시한 공무원노조의 활동(6월), 7,000여 명의 집단 사표를 청와대에 제출하고 파업을 실시한 조흥은행 노조(6월), 현대차를 비롯한 6만여 명이 참여한 민노총 시한부 파업(6월), 택시와 레미콘을 동원한 한국노총의 총파업(6월), 공공성 강화를 요구한 병원노조의 파업(7월), 주5일제 즉각 실시를 요구한 기아차 노조의 부분 파업(8월), 멕시코 칸쿤에서 WTO 농산물 시장개방 협상에 반대하며 스스로 목숨을 끊은 농민과 전남·광주지역 전농회원 중심의 농민대회 등 굵직굵직한 파업들이 있다.

둘째, 그동안 소외되어 왔던 평화, 여성, 환경문제 등의 사회적 이슈에 사회운동체로서 시민사회가 적극적으로 영향력을 행사하기 시작한 것이다. 즉, 이라크 파병 반대운동, 호주제 폐지를 둘러싼 여성운동, 청계천 복원사업, 새만금사업, 서울외곽순환도로, 고속철도 금정산 통과, 경인 운하, 부안 위도 핵폐기장을 둘러싼 갈등 등이 드러난 환경운동이 급속하게 성장했다. 특히 2003년 노무현 정부 초기에는 이라크전 파병을 둘러싸고 어느 해보다 반전평화운동이 활기를 띠고 진행되었다. 노동운동단체, 각종 NGO 단체, 종교계, 문인, 법조인, 교수, 의료계 다양한 분야의 연예인, 여성단체, 일반 시민, 법조인, 예비군, 중고등학생까지 광범위한 단체 또는 개인들이 반전평화운동을 참여했다. 또한 국가의 공식기구인 국민인권위원회가 '전쟁 반대'를 공식적으로 표명하기도 했다. 반전평화운동을 펼치는 방식도 또한 아주 다양해서, 사회운동 일반이 의사를 관철시키기 위해 행하는 모든 운동 방식이 모두 나타났다 해도 과언이 아니었다. 여성운동도 활발하게 진행되어 호주제 폐지에까지 이르게 된다.

셋째, 한국의 정치행정 체계와 시민사회 운동의 역학 관계 변화로서 진보와 보수의 이념적 대립이 싹트기 시작한 것이다. 사회운동의 폭발적 성장 이면에 보수를 자처하는 NGO와 상대적으로 진보를 표방하는 NGO 간의 갈등이 두드러지게 나타났다. 그 예로서 2003년 부안 핵폐기장 유치 반대운동,[1] 2006년 평택 미군기지 이전 문제, 그리고 2003년 교육행정정보시스템(National Education Information System: NEIS)을 둘러싼 전교조와 교총·한교조의 대립, 전교조 반미교육을 둘러싼 보수단체의 '국민기도회', 침묵을 깨고 등장한 '청년보수' 온라인단체, 파병을 둘러싸고 진보 NGO와 보수 NGO의 대립, 3·1절, 4·19, 8·15, 5·18 집회를 둘러싼 진보와 보수 충돌 문제는 진보와 보수 간의 갈등을 잘 보여 준다. 이런 현상을 다른 말로 하면 보수 NGO 단체들이 세력화하고, 그 세력화를 바탕으로 중요한 현안을 둘러싸고 여론 확산과 의사결정에 적극적으로 개입한다고 할 수 있다. 이런 현상은 전에 볼 수 없었던 것으로 진보적 NGO 활성화에 따른 보수단체의 직극적인 내응이라고 볼 수 있다. 즉, 청년우파 연대와 대학생 중심의 미래한국연구회 결성 등의 예를 통해 상대적으로 진보 진영의

1) 정부가 2003년 2월 울진·영광 등 4개 지역을 방사성폐기물 영구 처분장 후보지로 발표했으나 각 지역별 대규모 반대운동과 서울에서의 4개 지역연대 집회 등으로 사업 추진이 어려워지자 산자부가 6월 말부터 유치 신청 공모를 시작했다. 이 과정에서 방사성폐기물 처분장 유치에 반대 입장을 밝혀온 부안군수가 군의회의 유치 청원 부결에도 불구하고 7월 14일 유치 신청을 했다. 이에 산자부는 부안을 후보지로 확정함으로써 격렬한 주민 저항이 시작되었다. 주요 활동으로서는 핵폐기장 중단·핵정책 재검토 사회단체 인사 100인 선언, '핵반대·군수 퇴진 부안군민 1만 인 대회' 등 시위활동을 전개했으며, 군수에 대한 주민소환 등을 추진했다.

목소리가 높았던 인터넷에서 보수 성향의 청년들이 보수의 목소리를 낼 수 있는 독자적인 조직을 결성하기 시작한 것이다(임승빈, 2009: 116).

8 이명박 정부(2008~2013)

노무현 정부의 탄생이 효순·미선이 추모 및 SOFA 개정운동에 크게 힘을 얻었다고 본다면, 이명박 정부는 이에 대한 반작용으로서 보수 세력의 집결로 평가할 수 있다. 그러나 노무현 정권 초기 때와 마찬가지로 진보적 시민사회단체의 격렬한 저항에 마주하게 된다. 정부의 대운하 건설 추진에 반대하는 '경부운하저지국민행동'이 전국 단위의 단체들과 연대하며 2008년 2월 19일 '운하백지화국민행동'을 발족했다. 이는 이명박 정권의 취임식이 거행되는 2008년 2월 28일 이전에 결성된 것이다. 이들의 주요 활동은 운하백지화 서명운동, 대운하 건설 반대 촛불집회 등의 활동을 벌였다. 반면에 허남식(許南植) 부산시장, 김범일(金範鎰) 대구시장, 박맹우(朴孟雨) 울산시장, 김관용(金寬容) 경북도지사, 김태호(金台鎬) 경남도지사 등 영남권 5개 시·도지사들은 2008년 2월 23일 오후 '2008 전국 국민생활 체육대축전'이 열린 대구 스타디움 상황실에서 회의를 열고 낙동강 운하 조기 건설을 촉구하는 대정부 건의문을 채택했으며, 이들은 건의문에서 "반복되는 홍수 피해, 만성적인 수량 부족, 침전물의 누적으로 오염된 낙동강의 치수 기능을 강화하고 훼손된 생태계 복원과 뱃길 정비를 위해서는 낙동강 운하 건설이 필요하다"고 말했다. 이어 "낙동강 운하는 낙동강의 하상 경사가 완만해 건설이 용이하고 경제적·문화적으로 타당성이 높다고 판단되므로 지속가능한 지역 발전을 위해 조기 건설해 줄 것"을 촉구했다. 한편, 운하백지화국민행동 대구본부와 부산본부 영남지역 6개 시민단체들은 이날 오전 대구시청에서 공동 기자회견을 열고 낙동강 운하의 조기 추진 백지화를 촉구했으며, 기자회견에서 "낙동강은 영남 주민 전체의 식수원인데 낙동강 운하를 건설하려는 것은 영남지역 주민에게 안정적인 식수를 제공받을 수 있는 권리를 빼앗고 식수대란을 불러올 것"이라며, "영남권 시·도지사들은 낙동강 운하 조기 추진 요구를 철회해야 한다"고 주장했다(조선일보, 2008.5.24, 박원수 기자). 그 밖에도 '한반도 대운하를 반대하는 전국교수모임(이하 교수모임)'은 5월 30일 오후 성명서를 통해 "정부

표 3-1 광우병 파동 관련 주요 내역 및 활동 단체

연도	설립 단체	주요 활동	연대 단체
2008	광우병 국민대책회의	소고기 수입 협상 반대 촛불집회 협상 무효화 촉구	경실련, 광우병국민감시단, 녹색소비자연대, 녹색연합, 진보연대, 참여연대, 문화연대, 다산인권센터, 미친소닷넷, 시민참여네트워크 국민의 힘, 전국농민연대, 전국예수살기, 전국학생연대회의, 평화와 통일을 여는 사람들, 한국여성민우회, 한국참교육학부모회, 환경운동연합, 환경 정의, YMCA 등 1,842여 개 단체

가 운하 건설에 반대하는 여론을 차단하기 위해 1980년대식의 학원 사찰을 진행하고 있다"며, "경찰과 국정원은 교수들에 대한 성향 조사를 즉각 중단하고 정부는 지시한 주체를 밝혀야 한다"고 촉구했으며, 교수모임은 특히 "우리가 확인한 바에 따르면, 이미 서울대, 충남대, 가톨릭대, 한남대, 목원대, 안동대, 한국해양대 등 많은 대학에서 모임에 참여하고 있는 교수들에 대한 경찰과 국정원의 성향 조사가 광범위하게 이뤄졌다"며, "'일상적 정보' 활동 차원이 아닌 상부의 지시와 결정에 따른 것으로 보인다"고 주장했다.

이명박 정권과 진보적 시민사회와의 갈등 가운데 가장 큰 것은 광우병 파동일 것이다. 2008년 5월 2일, 참여연대, 한국진보연대 등 12개 시민사회단체들은 긴급하게 대책을 마련하기 위해 전국의 정당, 사회단체, 인터넷모임 등에 '범국민대책회의'를 개최하자는 제안을 했다. 제안이 이뤄진지 4일 만에 통합민주당, 민주노동당, 창조한국당, 진보신당 등의 정당 대표들과 1,000여 개의 시민사회단체 대표들, 여러 인터넷 모임의 대표가 참여를 알려 왔으며, 2008년 5월 6일 '광우병 위험 미국산 소고기 전면 수입을 반대하는 국민대책회의'를 개최했다. 이들 진보적 시민사회단체는 미국산 소고기 수입 협상 반대 촛불집회, 국민대책회의 전국회의 및 협상 무효화 촉구, 광우병 안전법 입법화 추진 등의 활동을 펼쳤다. '광우병 위험 미국산 소고기 전면 수입을 반대하는 국민대책회의(이하 국민대책회의)'는 5월 16일부터 촛불집회에서 정치적인 사안들을 집중적으로 다뤘다. 국민대책회의는 5월 16일 오후 서울 종로구 참여연대 사무실에서 기자회견을 열어 "앞으로 열릴 촛불집회에선 미국산 소고기 수입 반대를 포함해 한반도 대운하, 건강보험 민영화 등 다른 정치적 사안들까지 다룰 방침"이라고 밝혔다. 박석운 한국진보연대 상임운영위원장은 "국민대책회의는 광우병 위험을 지닌 미국산 소고기 문제가 중요하다고 보지만 국민이 외치고 있는 다른 사안들도 수렴하기로 했다"고 말했다. 국민대책회의는 "광우병 위험 미국산 소고기 수입을 반대한다는 기존의 의제를 유지하면서 다른 의제로 촛불집회 의제를 확장한다는 개념의 '1(미국산 소고기)+5(다른 정치적 사안) 방식'으로 촛불집회를 진행할 계획"이라고 밝혔다. 이에 따라 국민대책회의는 16일 서울시청 앞 서울광장에서 '광우병 미국산 소고기 수입 반대와 공영방송 지키기'란 주제로 집회를 마친 데 이어, 17, 19일엔 각각 '한반도 대운하 반대'와 '건강보험 민영화 반대'를 주제로 한 촛불집회를 열었다. 23, 24일에도 각각 '미친 소, 미친 교육'과 '미친 소, 미친 민영화'를 주제로 집회를 열었던 것이다.

당시 정부의 대책은 실제적으로 속수무책에 가까웠다고 볼 수 있다. 정부가 고시를 강행하면서 시민들의 분노 표출도 거세지고, 이에 따라 집회 현장에서의 폭력은 경찰과 시위집단 간에 발생했으며, 광우병 국민대책회

표 3-2 2000년 이후 주요한 사회적 이슈와 시민사회 활동

2000년	2001년	2002년
총선시민연대 활동 의약분업문제 미군문제와 SOFA 개정 수도권 난개발 저지운동 정치개혁 입법활동	정치개혁 입법활동 언론개혁운동 인터넷 미군부대와 환경오염 새만금사업 중단활동	대선 시민정치 참여운동 대선유권자연대 활동 지방선거 참여활동 여중생 사망과 SOFA 개정 정치개혁 입법활동
2003년	**2004년**	**2005년**
새만금사업 반대운동 부안핵폐기장 반대운동 NEIS 반대운동 이라크파병 반대운동 호주제 폐지활동	대통령탄핵 반대운동 총선시민연대 활동 이라크파병 반대운동 국가보안법 폐지운동	기생충알 김치파동 한반도 대운하 반대운동 핵폐기장 반대운동 독도수호운동
2006년	**2007년~2008년**	**2009년~2014년**
미군기지 이전 반대운동 한미 FTA 반대운동 지방선거 참여활동	대선 시민참여운동 태안기름 유출사건 광우병 파동에 따른 광우병 국민대책회의	밀양송전탑 건립 반대운동 제주해군기지 건설 반대활동 국정원 등 정부기관 선거 개입 반대운동 세월호대책범국민운동
2016년~2017년	**2018년~2020년**	**2020년~2022년**
최순실사태 시위 박근혜 대통령 탄핵 시위 광화문 시민혁명	미투운동 페미니즘운동 한일무역갈등 · 일본상품 불매운동	보수 · 진보 진영 간 정권퇴진운동

의마저도 5월 27일 "비폭력 평화집회 기조를 지킬 수 있도록 시민들의 자제를 보이자"고 호소에 나섰다. 국가인권위도 이날 "경찰은 필요 이상의 진압으로 시민들의 인권을 침해해서는 안 되고 시민들도 평화의 원칙을 깨는 폭력 행위는 삼가야 한다"고 호소했다. 인권위는 대규모 집회가 예고된 28일 현장 인권지킴이단을 긴급 편성하기로 했다. 특히 5월 26일 밤 촛불 집회에 참가한 일부 시민들은 조선일보·동아일보의 사옥 문을 부수고 쓰레기를 던지는 등 이들 보수 언론사의 보도 행태에 대한 불만을 직접적으로 표출했을 정도였다. 즉, 한국의 시민사회가 진보냐 보수냐 이념적 논란의 정점에 달했던 시기라고 평가할 수 있다. <표 3-2>는 2000년 이후 주요한 정치행정과 시민사회와의 역학 관계 변화를 보여 주는 주요한 이슈들을 정리한 것이다.

9 박근혜 정부(2013~2017)

박근혜 정부는 '준비된 여성 대통령'을 슬로건으로, 경제민주화와 생애주기별 맞춤형 복지 등을 주요 공약으로 내세워 선거운동을 전개해 2012년 12월 19일 치러진 대통령선거에서 1,577만 3,128표(득표율 51.55%)를 얻어 대한민국 헌정 사상 첫 여성 대통령으로 당선되었다. 4대강 사업을 중점으로 국책사업을 크게 일으킨 이명박 정부와 비교해 정권 초기에는 시민사회와의 커다란 갈등을 일으키는 국정과제 내지 중점시책은 없는 편이다. 오히려 주민자치회의 적극적 도입으로 근린자치 활성화 등을 강조한 점은 풀뿌리 NGO의 활동 영역이 넓어질 수 있다는 관점에서 긍정적으로 평가해볼 수도 있다.

그러나 대한민국 정부 수립 이후 처음으로 탄핵에 의한 4년 단명정부로 끝나고 극심한 국정혼란기를 맞이하게 된다. 시민사회를 대변하는 NGO들도 친박근혜 정부 NGO와 탄핵주도 NGO들뿐만 아니라 일반 시민과 정당까지 합세하여 진보와 보수의 극한 대결이 극도로 표출되는 시기이기도 하다. 일반 국민의 참여는 확대(many talks)되었으나, 대의제의 근간인 정당뿐만 아니라 거버넌스적 관계의 중요한 축을 담당하는 시민단체가 정치적 대의성을 발휘하지 못한 가운데 소셜 네트워크 서비스(social network service: SNS) 등을 통해 소규모·자발적인 다중(multitude)이 급격히 등장한 것도 이 시기의 특징이다. 인터넷은 이들의 정책 과정 참여를 저비용으로 가능하게 한 다중 민주주의는 시민참여 제도화를 통해 거버넌스 체제로 발전되어야 한다는 과제를 우리가 해결해야 하는 것이다.

그러나 박근혜 정부와 시민사회 간의 관계가 이명박 정권의 초기에 발생한 광우병 사태처럼 초반에는 없었으나, 정권 초기인 2014년 4월 16일 발생한 세월호 참사 대책에 대한 시민들과 소통 미비가 결국은 박근혜 정부의 몰락을 가져왔다고 볼 수 있다.

10 문재인 정부(2017~2022)

박근혜 대통령에 대한 탄핵 이후 등장한 문재인 정부는 소위 광화문 촛불혁명에 의해 탄생이 되었다고 해도 과언은 아니다. 문재인 정부는 핵심적인 과제로서 문재인 대통령 스스로가 언급했지만 연방수준의 강력한 지방분권을 강조하였다. 문재인 정부는 과거 노무현 전 대통령의 참여정부와 비교되는데, 참여정부에서는 지방분권을 통해 수도권 과밀화를 비롯한 여러 문제들을 해결하려 했던 지방분권과 국토균형발전을 위하여 대통령 직속으로 '자치분권위원회(2009년부터 이명박·박근혜 정부에서 지방자치발전위원회)'와 '국가균형발전위원회(2009년부터 이명박·박근혜 정부에서는 지역발전위원회)'를 2018년 4월에 발족시켰다. 이는 노무현 정부에서의 2003년 4월 '정부혁신지방분권위원회'라는 대통령자문기구와 '국가균형발전위원회'의 부활이라고 볼 수 있으며, 이전의 진보적 민주정부를 계승한다는 차원과 분권과 균형을 강조했다는 측면에서 의미가 있다고 본다. 또

인물 탐구 **문재인(1953.1.24~) 대한민국의 제19대 대통령(2017~2022)**

대한민국의 법조인이자 정치인. 부산광역시에서 노동 및 인권 분야 변호사로 제16대 대통령이었던 고(故) 노무현과 함께 왕성히 활동했고, 그를 도와 참여정부 탄생에 일조했다. 고(故) 노무현 대통령이 청와대에 입성한 뒤로는 청와대 민정수석 두 번과 시민사회수석을 거쳐서 대통령 비서실장을 지내기도 했다. 2012년 12월 19일에 열린 제18대 대통령 선거에서 후보로 나서기는 했으나 48.02%의 득표율에 그쳐 새누리당 박근혜 후보에게 3.53%p의 차이로 대권을 내주었다. 박근혜 대통령 탄핵 심판이 인용되면서 조기 대선이 현실화되자 더불어민주당의 대선 후보 경선에 출마하여 57%의 득표율을 얻어 더불어민주당의 대통령 후보로 선출되어 대선 재도전에 나섰다. 그리고 2017년 5월 9일 치러진 제19대 대통령 선거에서 41.1%의 득표율로 제19대 대통령에 당선되었다.

한 시민사회와의 관계는 이전의 이명박·박근혜 정부에서보다는 진보적 NGO라고 볼 수 있는 참여연대 출신과 예산감시활동 등을 해왔던 전문가 및 단체의 출신 인사들이 정부 요직에 들어가는 현상도 보였다.

11 윤석열 정부(2022~2027)

윤석열 정부에서의 시민사회단체와의 관계는 보수정권의 회귀와 더불어 보수 진영의 시민사회단체 출신 인사들이 대통령직인수위원회 및 정권 초기부터 대통령실에 임명된다. 특히 보수단체 출신의 인사들 가운데서도 극우 성향의 유투버들이 포함되어 야당과 진보 진영으로부터 비판을 받기도 한다. 기본적으로 윤석열 정부는 보수 성향을 갖고 있기 때문에 이러한 한계점은 드러낼 수밖에 없으며 편향적인 시민사회단체를 중용하고 있다는 비판에 자유로울 수는 없다. 이러한 비판에도 불구하고 이들 보수적인 시민사회단체들과의 협력관계를 지속적으로 유지하게 되는 이유는 대통령 스스로가 여의도 국회의원 출신이 아니며 더구나 정당활동을 한 경험이 전혀 없어서 당내 지지기반이 취약한 점에서도 기인한다고 볼 수 있다.

인물 탐구 **윤석열(1960.12.18~) 대한민국의 제20대 대통령(2022~2027)**

2022년 5월 10일 대한민국의 제20대 대통령으로 취임하였고, 2027년 5월 9일까지 대통령으로서 직무를 수행할 예정이다. 1983년 서울대학교 법과대학을 졸업하고 9수 끝에 1991년 제33회 사법시험에 합격하여 1994년 검사로 임용되었다. 2016년 12월 박근혜-최순실 게이트 규명을 위한 특별수사를 맡게 된 박영수 특검팀에 합류하게 되면서 재기하는 데 성공하였다. 해당 사건으로 인하여 2017년 3월 10일 박근혜 전 대통령이 파면되었고, 동년 5월 10일 문재인 정부가 출범하자 문재인 전 대통령에게 서울중앙지방검찰청 검사장으로 등용되어 이명박 정부 및 박근혜 정부에 대한 이른바 '적폐청산' 수사를 진행하며 승승장구하였다. 이러한 성과를 인정받아 2019년 제43대 검찰총장으로 임명되었으나, 검찰총장 취임 직후 발생한 조국 사태를 기점으로 문재인 정부를 겨냥한 수사를 진행하기 시작하였다. 이로 인해 문재인 정부와 갈등을 빚어 2020년 말 추미애 전 법무부 장관에 의해 헌정 사상 최초로 검찰총장 정직 사건을 겪었다. 이와 같은 과정에서 대통령이 임명한 현직 검찰총장임에도 불구하고 보수 대선주자로서 지지율이 폭등하였다. 이후 3월 4일에 검찰총장직에서 자진 사퇴하였다. 2021년 6월에 제20대 대통령 선거 출마를 공식적으로 선언하였고, 동년 7월 국민의힘에 입당하며 정계에 발을 내디뎠다. 2022년 3월 8일 실시된 제20대 대선에서 역대 대선 최다 득표인 16,394,815표를 받아 더불어민주당 이재명 후보를 단 0.73%p 차이라는 역대 대선 최소 득표율 차로 꺾고 첫 공직선거 출마에 바로 대통령으로 당선되는 기록을 세우게 되었다(나무위키, 2022년 6월 6일 참조).

제2절

시민단체의 연혁과 NGO의 급성장

1 주요 시민단체의 연혁

<표 3-3>은 1945년 광복 이전부터 2000년 초기까지의 우리나라 NGO들의 설립 연도별 구분이다. 1980년대 이전에는 1913년 흥사단이 설립된 이후 1980년 새마을운동중앙협의회까지 11개 단체가 만들어졌으며, 1980년대에는 26개의 단체가 설립되었고, 1990년대에는 폭발적으로 설립되었음을 알 수 있다. 각 시기별로 특징적인 단체들을 살펴보면 다음과 같다.

표 3-3 2000년대 전후에 설립된 주요 NGO 단체

연도 구분	설립 연도	NGO 단체
1980년대 이전	1913년	흥사단
	1914년	한국YMCA전국연맹
	1922년	대한YWCA연합회
	1950년	월드비전
	1958년	(사)대한어머니회중앙연합회
	1959년	(사)한국여성단체협의회
	1963년	(사)한국부인회총본부
	1966년	(사)대한주부클럽연합회
	1969년	한국지역사회교육협의회
	1970년	한국소비자연맹
	1971년	(사)전국주부교실중앙회
	1976년	가톨릭여성회관(마산)
	1978년	(사)낙동강보존회
	1980년	바르게살기운동중앙협의회, 새마을운동중앙협의회
1981년~1990년	1981년	청주시민회
	1982년	기독교환경운동연대
	1983년	소비자문제를 연구하는 시민의 모임, 한국여성의 전화연합
	1984년	우리마당
	1985년	서울민주시민연합

	1986년	새날을 여는 사람들, 한국CLC, 한국장애인연맹
	1987년	건강사회를 위한 약사회, 기독교윤리실천운동, 민주화를 위한 전국교수협의회, (사)장애우권익문제연구소, 서울여성노동자회, 한국보육교사회, 한국여성단체연합, 한국여성민우회
	1988년	대구여성회, 민주사회를 위한 변호사모임, 서울겨레사랑지역운동연합, 수원여성회, 학술단체협의회, 한국금연운동협의회, 한국불교환경교육원, 함께하는 주부모임
	1989년	경제정의실천시민연합, 다일공동체, 무등산보호단체협의회, 인간성회복운동추진협의회, 참교육을 위한 전국학부모회, 한국국제기아대책기구
	1990년	부산여성회, 목포민주시민운동협의회, 교통문화운동본부, 동두천민주시민회, 인간교육실현학부모연대, 한국서민연합회
1991년~ 2000년	1991년	녹색연합, 사랑의 장기기증운동본부, 아시아 사회과학연구원, 전국지방의정연구회, 참여자치시민연합, 한국교통시민협회, 한국성폭력상담소
	1992년	공동체의식개혁 국민운동협의회, 공해추방운동불교인모임, 서울동북여성민우회, 여성정책연구소, 조국평화통일불교협회, 하이패밀리 사랑의가정연구소, 한국여성노동자회협의회, 환경 정의
	1993년	가톨릭환경연대(인천), 녹색교통운동, 환경운동연합, 국민의식선진화운동, 전북여성운동연합, 정신개혁시민협의회, 사회개혁운동연합, 건강사회실천운동협의회, 신시민운동연합
	1994년	참여민주화시민연대, 시민연대모임, 함께하는 여성회, 한국시민단체협의회, 한국지하수자원보전협의회, 민주와 진보를 위한 지식인연대, 그린훼밀리운동연합, 생명나눔실천본부, 신사회공동선운동연합, 우리복지시민연합, 정의교육시민연합, 참여연대, 한국불교환경교육원
	1995년	성남시민모임, 한국환경경영연합, 부평시민의모임, 초록빛깔사람들, 국제도덕질서회복범죄추방운동본부, 부정부패추방시민연합
	1996년	교통문화운동본부, 녹색소비자연대, 누리문화재단, 목포포럼, 우리민족서로돕기운동, 장애인편의시설촉진시민연대, 전국귀농운동본부, 좋은 벗들
	1997년	녹색미래녹색세상녹색지구, 바른선거시민모임전국연합회, 볼런티어21, 쓰레기문제 해결을 위한 시민운동협의회, 행정개혁시민연합
	1998년	경기여성단체연합
	1998년	나와 우리, 녹색환경중앙협의회, 민족화합운동연합, 민족화해협력범국민협의회, 복지세상을 열어가는 시민모임, 생태보전시민모임, 성동희망나눔, 언론개혁시민연대, 열린사회시민연합, 의회를 사랑하는 사람들, 지구촌나눔운동, 참여자치21
	1999년	농아여성회, 문화연대, 여성정치세력민주연대, 여성환경연대, 열린사회희망연대, 한국여성장애인연합, 함께하는 시민행동, 늘푸른예산21추진협의회
	2000년	독도수호대, 세움공동체, 에너지시민연대, 여성문화인권센터, 통일교육협의회, 한국내셔널트러스트
2001년~	2001년	보험소비자연맹, 시민행동21, 한국이주노동자인권센터
	2002년	학교급식 전국네트워크

자료: 시민사회단체연대회(2006).

한국의 시민사회의 형성은 19세기 말의 독립협회 등 애국계몽운동단체들로부터 시작되었기는 하나 앞서 언급했듯이 1896년 7월에 창립된 독립협회는 자주 독립과 내정개혁을 표방하는 지식인과 각 계층이 동원된 시민운동이었다고 말할 수 있겠다.

이에 비해 흥사단의 경우 19세기 말 20세기 초 세계 열강의 식민주의 정책에 희생되어 일제에 주권을 빼앗긴 상황에서 안창호 선생이 무실·역행·충의·용감의 정신으로 민족사회의 부흥과 발전을 위해 봉사할 지도자적인 일꾼을 양성함을 목적으로 1913년 5월 13일 미국 샌프란시스코에서 자발적으로 창립했다. 해방 이후 국내로 이전해 민족의 부흥과 발전을 위한 운동을 지속적으로 전개해 왔으며, 1969년 사단법인 설립 승인을 받아 청소년 지도 육성과 사회교육을 위한 국민의 자질 향상과 인재 육성, 그리고 시민사회 활성화를 위한 다양한 사업을 추진하고 있다. 흥사단은 회원 훈련활동과 병행해서 청소년 지도 육성, 사회교육과 지역사회운동, 연구, 출판, 장학 등 다양한 공익사업을 전개하고 있다(흥사단 내부자료).

새마을운동중앙협의회[2]는 국민경제 개혁의 기초가 되었던 새마을운동을 전개해 나갔던 중심 단체였다. 새마을운동은 근면·자조·협동의 기치 아래 지붕 개량과 마을 안 길 넓히기 사업에서 취락구조 개선과 소득 증대 사업에 이르기까지 공간적으로는 농촌에서 도시로, 마을에서 직장으로 확대되어 왔다. 또한 물질적 개선뿐만 아니라 정신운동으로 발전되어 왔다. 범정부적인 추진력으로 새마을운동의 목표와 활동 방향은 그 당시 사회적인 여건에 비추어볼 때 국민들의 공감을 얻은 면도 있었으나, 행정의 대리인(agent)적인 요소가 강해 관변단체의 대명사와 같은 역할을 해와 NGO의 발달을 저해해 왔던 부정적인 측면도 있었다.

1980년대 이전에 설립된 주요한 단체들을 정리해 보면 흥사단, YMCA, YWCA와 같이 일제 강점기에 설립된 몇 개의 단체를 제외하고는 바르게살기운동이나 새마을운동처럼 정부의 필요에 따라 관 주도로 설립되거나 관에 의지해 운영되는 관변단체들이 주류를 이루었다. 이들 행정의 대리인과 관변단체들은 설립 초기부터 정부와의 강한 연결고리를 갖고 있었기에 정부에 예속적이거나 협조자적 성격을 강하게 띠거나 준권력형 기관으로 활동하는 경우가 많았다. 그리고 이러한 정치적 속성으로 인해 단체의 규모도 전국적인 조직망을 갖춘 거대화를 지향했다.

---

2) 새마을운동단체의 경우 종전까지는 행정의 대리인(agent)과 같은 행위를 하여 NGO로 취급하기는 어려우나 이 단체의 성격을 보면 더 이상 행정의 대리인으로만 보기는 어렵다. 따라서 이 연구에서는 광범위한 의미에서의 NGO로 취급하기로 한다.

1987년까지 NGO는 관변단체와 민주항쟁을 위해 투쟁하는 반정부·반체제운동의 정치적 지향성이 매우 강한 단체들로 양극화되어 있었으며, 군사정권 기간까지 설립된 단체가 불과 24.2%에 지나지 않은 것으로 나타나 군사정권 하에서 자발적인 시민사회 운동이 억압받았음을 알 수 있다. 그러나 1987년 6·10 민주화항쟁 및 6·29 선언 이후, 시민들의 욕구를 충족시키기 위해 수많은 단체가 설립되고 그 활동 영역이 다양화되는 등의 급격한 성장을 이루게 되었다.

『한국민간단체총람』(1997)에 수록된 3,899개 단체들 중 730개 NGO들의 설립 연도를 살펴보면, 74.2%가 1987년 민주화 투쟁 이후에 설립되었음을 알 수 있다(김혁래, 1997: 60). 이 시기에 설립된 NGO들은 정부로부터의 독립성을 갖고, 민주화·인권·환경·여성·생활·소비·교통 등의 다양하면서도 직접적인 주제를 가지고 활동하기 시작했다. 그 중에서도 특히 시민운동(62%)이나 환경 관련 단체(51.4%)는 1993년 이후에 설립된 비율이 50%를 넘는다(김수현, 1997: 10).

1987년 7월에 창립한 경제정의실천시민연합(경실련)은 시민운동의 본격적인 발전을 위한 신호탄이었고, 경실련은 '합리적 대안을 제시하는 합법적·평화적 운동'이라는 새로운 사회운동의 모형을 제시했다. 경실련은 '합리적 대안제시 운동모형'이 커다란 호응을 얻고 사회적 영향력을 확대하게 되면서 NGO들이 새로이 창립되거나 기존의 관변단체 성격의 NGO 또는 운동성이 약했던 NGO들도 자율적인 시민운동으로서 자기정체성을 확립하고, 또 과거의 민중운동 내지 민족민주운동 진영에서도 점차 시민운동의 운동 방식을 도입하게 되었다.

이후 1991년 공명선거실천시민운동협의회가 창립되고, 1993년 환경운동연합(전신: 공해추방운동연합)이 창립되었으며, 1994년 참여민주사회시민연대 창립, 한국시민단체협의회 등이 이어서 창립되었다.

1994년에 창립한 참여민주사회시민연대의 경우 문민정부 초기의 금융실명제 실시와 같은 의욕적 개혁 추진이 기득권층의 반발로 주춤하던 시기에 좌초해 가는 개혁의 현실에 대한 원인을 개혁 주도 세력의 부재, 사회 규범의 위기, 장기적 비전의 부재 등으로 보고 권력 감시 시민운동의 필요성, 참신하면서도 정치 지향적이지 않은 운동체의 필요성, 사법 감시·행정 감시와 같은 전문적 개혁운동의 필요성을 제기했다. 국가의 횡포와 재벌에 대한 시민의 개입과 실천의 뜻으로 '참여', 그리고 학연과 지연 등 문제점을 극복하고 사익이 아닌 공익을 위해 뭉치자는 뜻을 '연대'라는 말로 표현했다(참여연대 내부자료).

1980년대 이전의 단체들이 거대화, 추상화, 권력화되는 특성을 갖고 있다면, 1980년대 후반 이후의 NGO들은 전문화, 세분화, 권력에 대한 정책 대안적 성격을 갖는다고 볼 수 있다. 그렇기 때문에 이 시기의 NGO와 행정 간의 네트워크는 과거와는 행정의 대리인 모형이 아닌 협조자적 혹은 적극적 반대자와 같은 파트너십 모형이 점차적으로 형성되어 가던 시기라고 볼 수 있다. 시민의 신문사(1999)가 발간한 『한국시민단체총람』에 따르면, 한국 사회에서 가장 오래된 시민단체는 성균관(1398년), 한국YMCA서울(1903년), 대한적십자사자(1905년), 대한변호사협회(1905년), 한국불교청년회(1911년), 흥사단(1913년), 한국YMCA전국연맹(1914년), 한국YMCA대구(1918년), 대한광업회(1918년), 대한상공회의소 청주(1919년)인 것으로 되어 있다.[3] 논란의 여지가 있는 성균관을 제외한다면 실질적으로 근대적 의미에서 최초의 시민단체는 한국YMCA서울(1903년)이며, YMCA가 상위 10개 단체 중 3개를 차지하고 있다.

<표 3-4>에서 시민단체의 수가 1960~1970년대까지는 크게 증가하지 않았으나 1980년대부터 급격히 증가하기 시작해 1990년대에는 폭발적으로 증가했음을 알 수 있다. 설립 연도가 확인된 3,643개 단체 중 1980년대 설립 단체는 17.5%, 1990년대 설립 단체는 49.4%이며, 이들을 합하면 시민

표 3-4 설립 연도별 시민단체 비율

설립 연도별	시민사회	지역자치/빈민	사회서비스	환경	문화	교육/학술	종교	노동	경제	국제	전체
1940~1949	2.02	0	1.83	0.56	0.77	8	2.5	2.43	0	0	1.75
1950~1959	1.79	0	13.3	0	2.81	0.8	0	3.64	0	5.13	5.59
1960~1969	4.26	0.48	7.42	0.56	7.93	4.8	12.5	8.5	16.7	10.3	5.73
1970~1979	6.61	0.48	4.83	2.53	5.88	3.2	16.3	12.2	0	15.4	5.73
1980~1989	15.1	7.69	22.1	5.62	18.16	25.6	25	21.5	0	20.5	17.5
1990~1999	53	69.7	43.7	66	51.15	47.2	37.5	40.9	66.7	43.6	49.4
2000	7.06	8.65	5.83	11.8	4.86	1.6	2.5	3.24	0	2.56	6.35

자료: 김선혁 외(2006).

3) 시민의 신문사의 조사에는 변호사협회, 광업회, 상공회의소 등 일부 직능단체도 포함되어 있는데, 이 문제는 추후에 다시 한 번 거론하기로 한다. http://www.kngo.net 참조.

단체의 66.9%가 1980~1990년대에 설립되어 한국에서 NGO 운동은 1980년대에 본격적으로 시작되었다고 볼 수 있다. 법인격으로 조사된 3,790개 단체 중 사단법인 36.0%, 재단법인 6.6%, 특수법인 3.0%이며, 과반수가 넘는 54.4%는 미등록 상태로 활동하고 있다. 시민단체의 규모를 추정할 수 있는 지표를 보면 평균 회원 수 6,284명(n=2,910개 단체), 상근자 수 7.76명(n=2,473개 단체), 예산액 평균 4억 8,843만 원(n=2,276개 단체)인 것으로 조사되었다. 그런데 이러한 지표는 직능단체가 포함된 비교적 규모가 큰 단체를 중심으로 작성된 것이므로, 실제로는 이보다 규모가 영세하다. 시민단체의 대표자로 활동하는 사람의 경력은 시민운동단체 활동가 출신(34.0%), 대학교수 · 학회장(15.7%), 회사 사장(15.6%), 종교인(7.6%) 등이었다. 시민단체 실무책임자들의 경력은 시민단체 활동가(40.3%), 회사원(13.9%), 교수 · 학회장(12.7%), 회사 사장(6.7%), 종교인(4.1%) 등으로 나타났다. 상당수의 대표자와 실무 책임자들은 스스로 시민단체 활동가 출신이라고 응답해, 이들이 1970년대와 1980년대 초까지 반독재 민주화운동을 주도해 온 인사임을 간접적으로 알 수 있다.

2 한국에서 NGO의 급성장에 대한 여덟 가지 요인

1) 민주화

"중산층 없는 민주주의는 없다(No middle class, no democracy)"는 무어(Barrington Moore)의 상징적 표현을 인용하면서, 샐러먼과 앤하이어(Salamon & Anheier, 1995)는 "중산층 없는 제3섹터는 없다(No middle class, no third sector)"고 강조한다. 이들은 결국 "제3섹터 없는 민주주의는 없다"는 논리를 강조한 것이다. 이들은 "대부분의 개발도상국에서 제3섹터 조직들이 등장하는 데는 가장 최소한의 기준에서 중산층 전문직들이 중요한 역할을 해냈다는 사실이며, 중산층이 강하면 강할수록 비영리 섹터 또한 그만큼 강력해지는 경향이 있다"고 지적한다.

한편, 한국의 민주화는 1987년 6월항쟁에서 보여 주었듯이 일반 시민의 힘으로 쟁취해 낸 결실이었다. 사실 이때부터 권위주의 정권은 권위의 위기를 맞게 되며, 이와는 대조적으로 시민의 힘을 동원하고 조직화하는 경실련 등의 시민단체들의 등장과 역할이 정치 · 경제 · 사회 전반에 걸쳐 적지 않은 영향력을 발휘해 갔다.

따라서 한국 시민사회의 급성장에 대해서는 무엇보다도 먼저 1980년대 말의 민주화운동의 맥락에서 이해되어야 하며, 지금도 많은 시민사회단체가 정부와 기업과 같은 거대 조직의 횡포를 견제하며 비판하고, '제도권 투쟁'을 중시하고 있다는 것은 한국의 민주화가 완료형이 아니라 진행형이라는 측면을 부각시켜 주고 있다. 그렇기에 정부가 정치개혁, 제도개혁 등의 민주화를 지속하지 않는 한, 시민사회단체와의 실질적인 관계 개선을 이뤄내기가 쉽지는 않을 것이다(정수복, 1996).

2) 국제화

지구촌 곳곳에서의 시민사회의 급성장을 관찰했던 샐러먼(Salamon, 1999)은 이에 대한 유력한 해석으로 위로부터의 변화, 아래로부터의 압력, 그리고 밖으로부터의 영향 등 '삼박자 변화'를 지적했다. 위로부터의 변화는 지도층 스스로가 시민사회의 필요성을 인정하고 시민사회의 활성화를 위해 지원하고 공조하는 변화를 하는 경우이다. 이것은 아래로부터 위로의 변화가 아니라 위에서 아래로의 변화를 의미한다. 그리고 밖으로부터의 영향은 UN 등의 국제기구와 국제 사회, 인접 국가들로부터 받는 영향이다. 특히 UN, OECD, 세계은행(World Bank) 등 국제조직들이 적지 않은 영향력을 행사해 왔다. UN(1998)의 경우, 1996년 경제사회이사회가 UN의 모든 영역에서 NGO들이 참여하는 문제를 총회가 결의해 줄 것을 요청했고, 1997년 총회는 사무총장으로 하여금 UN의 모든 활동에서 NGO의 참여를 준비하도록 하는 결의를 했다. OECD는 개발도상국의 NGO들이 참여하는 무수한 '참여 개발' 프로젝트를 지원해 왔고, 세계은행(World Bank, 1997)과 미국의 해외원조기구(USAID, 1995) 또한 개발 프로젝트 지원에 NGO의 참여 혹은 정부와 파트너십을 필수 요건으로 요청해 왔다(Clark, 1998: 36-52).

3) 정보화

"생각은 세계화, 행동은 지역화!(Think globally, Act locally!)"라는 말이 점차 세계어로 확산되고 있다. 글로벌 정보화가 가속되면서 세계인들이 점차 같은 생각을 갖고 지구촌 구석구석에서 행동으로 실천하는 국제시민운동이 전개되고 있다. 그린피스(Greenpeace)가 동해안의 발전소 건설을 반대하는 지역환경 운동가들을 돕기 위해 동해안으로 달려왔고, '국경 없는 의사회(MSF)'는 굶주림으로 고통받는 북한 주민들을 보살펴 주기 위해 현장으로 달려갔다. '한국이웃사랑회' 등 한국의 글로벌 NGO들도 그들과 같은 생각에서 코소보와 터키 난민촌으로 달려갔던 것이다. 이런 글로벌한 생각은 정보화 덕택으로 리우 환경회담 현장에 가지 않아도 TV나 인터넷을 통해 즉각 세계인들이 공유하며 합의하는 가공할 만한 위력을 발휘하고 있다.

시민사회단체들은 조직의 특성상 커뮤니케이션과 네트워킹을 생명력으로 삼고 있기 때문에, 글로벌 차원에서 진행 중인 정보화가 시민사회의 발전에 막대한 영향력을 미치고 있다. 정보화 덕분에 열악한 농촌지역에서 활동하는 비영리단체(NPO)들도 점차 도시지역 단체들에 못지않은 정보와 네트워킹을 갖추고 조직력을 배양해서 전문활동을 할 수 있게 되었다.

나아가 지구촌 전체에서 NGO들 간의 국제적 사이버 교류가 일반화되고 있으며, 사이버 공간에서만 활동하는 사이버 NGO들이 하나둘 창설되면서 모금활동과 자원봉사도 사이버로 하는 시대로 진입하고 있다. 따라서 앞으로 수년 내에 사이버 NGO들이 대거 등장할 것으로 보인다.

4) 시민사회 운동가들의 리더십

앞에서 지적했듯이 '위로부터의 변화' 또한 시민사회의 급성장에 막강한 영향력을 미치고 있다. 예컨대, 레이건(Ronald Reagon)의 신연방주의(new federalism)와 대처(Margaret Thatcher)의 신보수주의(neo-cnservatism)는 작은 정부를 기초로 시민사회의 육성과 정부와 민간단체의 파트너십이 확대 발전을 유도하기도 했다.

시민사회의 성장이 특정 정치 이데올로기 혹은 정파의 산물로 결과되는 것은 아니다. 좌파, 우파, 중도파 할 것 없이 시민사회의 성장을 지지하고 있을 뿐 방해하고 있지는 않기 때문이다. 자유 민주주의자(liberal democrats)는 건강한 시민사회를 국가 권력에 맞서는 균형 세력으로 보면서 시민사회의 존재 이유를 국가 권력에 대한 견제와 비판으로 꼽고 있으며, 이와는 대조적으로 신보수주의자나 공화주의자들은 시민들이 민주적 참여와 관용을 배우는 학습장으로 중시하고 있다. 또한 시장 자유주의자는 시민들이 복지 의존에 사로잡히지 않도록 하는 사회 서비스의 공급 메커니즘을 환영하지만, 좌파는 좀 더 폭넓고 깊이 있는 민주주의를 지향하는 개혁으로서

의미를 부여한다.

이러한 과정에서 한국 사회에서 시민사회 운동가(활동가)들은 좌우를 막론하고 정치와 깊은 관계를 가지며, 수많은 NGO를 탄생·소멸시키는 과정에서 주도적 역할을 수행했다.

5) 부정부패

미국 워싱턴에 소재하는 비영리 섹터(Independent Sector)의 초대 총재를 지낸 오코넬(Brian O'Connell, 1994)은 시민사회의 주요 역할은 무엇보다도 정부가 정직하고 책임 있는 역할을 하도록 감시하는 데 있다고 강조했다. 그러기에 시민사회단체의 일차적인 감시 대상은 공직자의 부정부패가 된다. 실제로 개발도상국의 NGO들은 공직자의 부정부패를 고발하고 정부를 견제하는 역할을 크게 중시하고 있다.

한국 사회에서도 부정부패는 사회 발전을 저해하는 병리 요인으로 꼽히며, 여기에 많은 시민사회단체의 감시의 눈이 모아져 왔다. 아이러니 같지만, 한국 사회의 과도기적 현상으로 부정부패가 심화되면서 시민사회가 급성장해 온 것이다. 사회 전반에 만연되어 있는 부정부패에 대한 국민적 좌절감이 극도에 이르면서 이에 대한 강한 반작용으로 부정부패 추방에 앞장서는 건전한 시민사회단체에 대한 국민적 지지가 몰려 왔다.

최근 수년 간 여러 형태의 국민 여론조사를 보면 시민사회단체들이 가장 신뢰할 만한 사회기관으로 손꼽혀 왔다. 한국형 부정부패는 무엇보다도 역대 대통령들의 부정부패에서부터 말단 공직자의 부패에 이르는 총체적인 현상이며, 그 대상도 고위층에 그치지 않고 중·하위 공직자, 그리고 정경유착의 파트너인 기업인과 일반인에 이르기까지 전면적이라는 것이 특징이다.

6) IMF 경제 위기

1970년대 말 미국에서는 지방정부들이 심각한 재정 위기를 맞아 지출을 크게 삭감하면서 일부 공공 서비스의 공급을 중단하는 지경에 이르렀다. 이때 지역사회의 비영리단체들이 자발적으로 나서서 정부를 대신해 서비스를 공급하게 되었고, 이런 경험이 장기간 축적되면서 지방정부로서도 주민 참여라는 긍정적인 측면뿐 아니라 비용 절감, 그리고 창의적인 프로그램 개발과 효율적인 운영 등 여러 장점들 때문에 지속적으로 주요 정책으로 추진하고 있다. 따라서 샐러먼(Salamon, 1995)의 이론에 따르면, 이들 정부는 이제 '제3자 정부(third-party government)'가 된 것이다. 또한 1970년대부터 행정학에서 집중적으로 다뤄 왔던 정부와 시민의 '공동 생산(coproduction)' 모형은 지역사회의 쓰레기 수거, 환경 보호, 범죄 예방 등 매우 다양한 영역으로 확대되어 왔다(주성수, 1999).

한국의 경우 1997년 말 외환 위기로, 1999년 초에는 실업률과 빈곤율이 사상 최악의 경제 위기를 맞았다. 이 같은 상황에서 정부는 민간단체들과 파트너십으로 실업자를 위한 대규모 고용교육 훈련, 창업교육, 공공근로사업 등을 추진해 갈 수 있었다. 최근에는 시민운동단체, 관변단체 구분 없이 거의 모든 시민사회단체가 정부기관들과 파트너가 되어 경제 위기 극복에 동참해 왔다. '금모으기운동', '경제살리기범국민운동', '생명의숲가꾸기운동', '도덕성회복국민운동', '실업극복국민운동', '부정부패추방운동' 등이 그것들이다. 한편, 2000년 이후에는 권익 옹호사업보다 서비스 사업이 부쩍 늘었다.

7) 정부의 비영리 민간단체 활동 지원사업

서구에서 제3섹터 영역이 꾸준히 발전되어 온 바탕에는 정부 등 공공 영역의 재정 지원과 기업 후원이 있기 마련이다. 시민사회단체들의 정부와 기업 등 외부에 대한 재정의존도가 적게는 39.6%(일본)에서 많게는 72.1%(독일)에 이른다. 특히 정부에 대한 의존도가 29.6%에서 68.2% 사이의 범주로 나타나고 있어, 결코 적지 않은 비중임을 알 수 있다(Salamon & Anheier, 1996). 홍콩의 시민사회단체들은 수입의 70~80%를 정부의 직접적인 재정 지원에 의존하는 것으로 알려지고 있다.

우리나라의 경우에도 2000년부터 현재까지 행정안전부의 연간 100억여 원 정도의 예산을 비롯해, 각 중앙부처 및 자치단체에서 비영리민간단체활동 지원법에 근거해 NGO들을 지원하고 있다. 물론 이러한 정부의 지원사업은 NGO 활동의 자율성과 정치적 중립성을 훼손시키고 있다는 비판이 있으나, 우리나라의 NGO의 급성장에 상당히 기여하고 있음은 명백하다.

8) 자원봉사 활성화

자원봉사운동의 활성화 요인도 결코 경시될 수 없는 주요 요인이다. 사실 시민운동의 원동력은 자발적인 시민들의 참여를 기초로 하기 때문에 "자원봉사 없는 시민사회운동은 무의미하다"고 말할 수 있다. 토크빌(Alexis de Tocqueville)의 민주주의 이론에서도 자원봉사는 민주주의 기초 이념이 된다. 리프킨(Jeremy Rifkin)은 "시장 섹터에서 노동자는 물질적 이득에 동기가 부여되어 개인적 안정을 소비의 증대로 간주하지만, 제3섹터에 동참하는 사람들은 타인을 위한 봉사에 의해 동기를 부여받아, 안정을 개인 간의 관계의 강화와 공동체의 소속감 차원에서 생각하게 된다"(Rifkin, 1996)고 지적한다.

한국의 자원봉사운동은 '88올림픽 때부터 시작되었다고 볼 수 있지만 범국민운동으로 발전되기 시작한 것은 IMF 이후인 1990년대 말 이후부터라고 볼 수 있다. 이때부터 각계각층이 조직적으로 참여하는 범사회적 운동으로 확대되어 나갔다. 이러한 결과로 각 군, 시 · 도 단위까지 자원봉사가 확산되었으며, 기업 안에서의 자원봉사의 활성화로 인해 봉사문화가 구축되고 정착되어 가는 과정에 이르렀다.

생각해보기 **진보와 보수 시민사회단체의 갈등**

한국의 시민사회단체는 1987년 6월 민주화의 영향으로 탄생했다고 해도 과언이 아니다. 민주화를 위해 노력했던 시민사회단체의 활동가들은 주로 학생운동이나 노동운동, 빈민운동 등 각종 사회운동 출신들로 민주화 이후 구체적인 사회적 이슈들을 해결하기 위해 모였고, 그에 학자들과 변호사들이 자문 역할을 담당했다. 사회적 중대 사안들에 대해 활동가와 이들 자문가 그룹들이 대안을 마련해 언론을 통해 주장했고 그 주장은 사회적으로 커다란 반향을 불러일으켰다. 1989년 경제정의실천시민연합(경실련)의 출범이 본격적이고 그 뒤를 이어서 많은 시민사회단체가 출범했다. 사회 각 분야, 정치, 환경, 여성, 교육, 언론, 행정 등의 분야에 시민사회단체들이 결성되었고 매우 활발한 활동을 전개했다. 1990년대 중반과 말기에는 한국 시민운동의 전성기를 이룩했다 해도 과언이 아니다. 매스컴과 언론에서 시민사회단체의 주장이 중요하게 취급되며 중요한 주장으로 보도되었다. 이때까지는 시민사회단체에 대한 시민들의 지지도와 신뢰도가 매우 높았다. 그러나 지금의 상황을 보면 진보와 보수시민단체의 갈등이 2008년 광우병 시위사건 이후, 그리고 2014년 세월호 참사 이후 예상외로 심화되어 가고 보수 언론이 주도는 하고 있으나 시민사회단체에 대한 인식도 부정적으로 바뀌었다. 극심했던 양 진영의 대립은 2016년 말부터 시작된 진보 진영의 촛불항쟁, 2022년 대통령 선거가 그 사례들이 될 것이다. 이에 대한 반성도 필요하지만 우리 사회가 어떻게 이러한 갈등의 문제를 풀어나가야 할지에 대한 사회적 합의가 필요한 시점이며, 다시금 시민사회단체가 한국 사회 발전의 주요한 동력으로 다시 태어나도록 노력을 기울여야 할 것이다.

제 4 장 한국의 사회운동과 정책 과정에서의 제도화

제 1 절 노동운동

1 개념과 태생

노동운동의 특징은 대표적인 계급운동이라고 볼 수 있다. 이러한 노동운동의 한국에서의 시작은 1960년대를 첫 시작으로 보는 것이 정설이지만 1920년대 노동자를 위해 조직된 조선노동자조합을 처음 시작으로 보는 시각 또한 존재한다. 1920년대에 만들어진 조선노동자조합은 조합원의 경제적 복지 향상을 위해 불매운동과 절약운동을 주도한 조합이다. 그러나 사실 조선노동자조합은 일본의 제국주의로부터 독립운동에 참여하기 위해 조직된 조합이었다. 대한민국의 노동운동은 전태일 사건 이전과 이후로 나뉜다는 견해가 있을 정도로 1970년대에 폭발적으로 일어난 노동운동의 방아쇠가 된 사건이라고 할 수 있다. 전태일은 19세부터 정식 재단사가 되어 일했는데 자신보다 어린 동료들의 비참한 현실을 매우 안타까워했다. 그래서 한자투성이인 어려운 근로기준법을 공부하고, 노동자의 인권을 위해 '바보회'를 조직하는 등 여러 노력을 했지만 현실은 전혀 달라지지 않았고 번번이 해고만 당할 뿐이었다. 그러다 마침내 1970년 11월 13일 그는 자신의 몸에 불을 붙인 채로 "근로기준법을 준수하라, 우리는 기계가 아니다, 일요일은 쉬게 하라, 노동자들을 혹사하지 말라, 내 죽음을 헛되게 하지 말라"는 외침을 남기고 그날 밤 10시쯤 숨을 거두었다. 이때 전태일의 나이가 22세였다. 22살 청년의 죽음은 사회에 커다란 변화를 불러 일으켰다. 노동자들 따위는 관심 밖이었던 신문사들이 '전태일(1948~1970)'이라는 사람이 왜 분신자살이라는 방법을 선택했는지에 대한 배경, 사연, 정부의 만행 등을 앞다투어 보도하기 시작했다. 야당도 정부의 노동정책을 강력히 비판했으며, 대학생 등의 지식인들과 노동자들도 활발한 시위활동을 이어가게 되었다.

2 정부의 정책 과정에서의 노동운동단체(NGO)들의 역할

대한민국 정부 수립 이후 합법화된 노조가 되기 위한 활동의 시작은 교원노조라고 볼 수 있다. 그들은 1960년 7월 17일, 한국교원노동조합연합회로 전국적으로 결집하여, 합법화 투쟁을 벌이고 있었다. 이때 합법화 투쟁과 같이 문제 제기를 했는데, 「교육공무원법」에 이미 규정되어 있는 각종 수당 등을 법 규정대로 지급하라는 내용이다. 이에 대한 문제 제기가 나오게 된 이유는 정부가 예산편성 과정에서 교원에게 지급하기로 되어 있던 90억 환 가량의 금액을 국가재정의 부족을 이야기하며, 완전 삭감해버린 것이 직접적인 사유가 되었다. 경북교원노조에서 시작한 법정수당 지급문제는 전국적으로 확대되어, 결국 문교부는 1961년 1월 26일, 교원들에게 보건수당 2천 환, 교재연구비 2천 환, 벽지수당 6천 환을 1961년 추경예산안에 책정하기로 하고, 초·중·고 교원의 봉급을 인상하기로 하였다. 하지만 미미한 수준에 불과해 교원노조는 뒤이어 전국적으로 투쟁을 벌였지만 문교부의 방안 그대로 시행되었다.

'반공임시특별법안' 제7조 폐지운동은 1961년, 점차 고조되는 반정부적 분위기와 한·미 경제원조협정 반대운동 시위를 보며 위기감을 느낀 정부는 「데모규제법」과 「반공임시특별법」의 제정을 시도했다. 이는 시위를 억압하고 정치적 요구를 축소하려는 의도였다. 그 중 「반공임시특별법」의 제7조는 근로자의 단결권, 교섭권 및 행동권을 보장하는 민주노조운동을 무너뜨리려는 의도로 해석되어, 이러한 정부의 행동에 대해 전국의 언론, 일부 정당, 사회단체, 노조 등이 반대하는 움직임을 보였다. 한국노련에서는 전국의 모든 노조를 집결시켜 투쟁위원회를 구성하고, 대정부 투쟁을 벌이자 1961년 4월, '반공법 제7조'를 폐지하는 데 성공하였다.

1966년, 정부는 연료근대화를 통해 석탄 대신 유류를 모든 기관에 사용하게 하여, 석탄산업은 파탄이 나고 탄광의 폐광 등을 통해 8천 명 이상의 실직자와 18억 원 이상의 임금 체불이 생겨났다. 이에 따라 전국의 광산노조연합은 투쟁위원회를 구성하고 조직적으로 항의를 벌였으나, 아무런 반응도 얻지 못했다. 1967년에는 노조간부 200명 이상이 상경하여 상공부 앞, 국회의사당을 향해 농성시위를 벌이고, 1968년에는 각지에서 시위를 벌였으며, 정선지방의 시위는 화형식까지 올리기에 이른다. 정부는 정책의 오점을 인정하고 체불 임금 지원과 석탄산업에 대한 국가보호산업으로 향후 입법화한다는 대책을 발표하기에 이른다.

전태일의 분신 투쟁은 한국의 노동운동의 역사의 한 획을 그었다 해도 과언이 아니다. 1970년 11월 13일, 서울 평화시장 앞에서 전태일은 근로기준법 준수, 일요일 휴일 지정, 노동자 혹사 반대를 외치며 분신 자살을 기도했다. 그 후 명동 성모병원에서 숨을 거두었다. 이 사건으로 인해 사람들은 엄청난 충격에 휩싸였고, 그 배경에 대해 언론들이 보도했다. 그 후 지식인들의 노동문제에 대한 항의와 학생들은 추도 집회와 농성을 벌이기 시작했고 야당인 신민당은 성명을 발표하고, 대통령은 언급도 하지 않은 노동문제를 연두기자회견에서 7번째 조항으로 언급하였다.

1963년, 「정부 관리기업체 직원보수통제에 관한 특별조치법」에 대하여 정부 관리기업체 노조는 임금 인상의 길이 막힌 것 대해 파업할 것을 결의했으나 정부가 그 전에 이 법을 폐지하여 파업 직전에 마무리가 되었다. 1968년, '전국경제인연합회'는 '자본시장육성법안'을 마련하여 정부 여당에 입법화를 요구하였다. 이에 따라 정부 여당은 국회에 상정하고 통과시킬 계획이었으나 이러한 사실에 한국노총은 반대의견을 발표하고 투쟁전략을 세웠다. 그 후 성명서를 발표하고 언세든지 시위를 전개한다는 등의 반대의사를 보이자 국회에서는 국회통과를 보류하기로 하였다. 1988년 6월에 '정부출연연구기관 노조 임금인상 공동대책위원회'가 구성되고, 6월 말에는 '1989년 정부출연 연구기관 임금인상요구서'를 작성하여 배포하였다. 주요 내용은 임금격차 해소, 소득수준 향상 등이다. 정부의 반응은 싸늘했고 오히려 억압하려는 법을 제정하려고 했다. 그 후 12월에는 현대사회연구소, 서울상공회의소는 이미 파업을 진행하고 있었고, 인삼연초연구소, 농촌경제연구원 노조가 쟁의발생 신고를 냈으며, 그 외 11개의 노조가 쟁의발생 신고를 준비 중이었고, 결국 '연전노협 공공쟁의대책위원회'를 결성하였다. 철야농성을 벌였고, 기자회견을 통해 문제점 개선 방안과 요구를 제시했으며, 국회에서는 통일민주당의 주도로 '정부출연 연구기관의 연구자율과 공정연구 확보를 위한 법률안'이 발의되기도 하였다. 그러나 정부의 입장을 바꾸지는 못했다.

1995년, '조선업종노동조합협의회'는 조선산업에서 제기된 산업재해가 사회문제로 확대되자 주요 사업계획의 하나로 산업재해, 직업병 추방 투쟁을 정한다. 이에 따라 1994년 조선업 산업재해, 직업병 관련 국정감사 자료를 수집하고 직업병 정밀검진을 직업병연구소에 의뢰하여 실시했다. 그 후 '조선소 산업재해, 직업병 추방을 위한 공청회'를 개최하여 노동부 항의 방문을 벌였다. 그 후에는 조선소 산업재해, 직업병 추방 대책 요구 성명서를 발표하였다. 노동부 관계자와 면담을 실시하기도 하고 이러한 투쟁을 걸쳐 조선소 산업안전보건 관련 제도 및 정책에서 많은 개선이 이루어졌다.

3 정부의 정책 과정에서 제도화로의 정착 과정

1996년 5월에 출범한 '노사관계개혁위원회'는 정부의 정책 과정에서 합법적인 제도화로의 정착 과정의 첫 단추라고 해도 과언이 아니었으나 미완성이었다. 1996년 11월까지 노동법 개정 방향과 원칙에 대한 논의를 집중적으로 진행하여, '노개위(안)'을 정부에 제출하게 된다. 정부와 여당은 11월 10일 당·정회의를 열어 노동법 개정을 추진한다는 결정을 내린다. 12월 10일 국무회의 의결과 대통령의 재기를 거쳐 노동법 개정안은 국회에 제출되었다. 변질된 노동법 개정안에 대해 한국노총과 민주노총은 맹렬하게 반발한다. 하지만 정부와 여당은 날치기 통과시켜 버리고 민주노총의 주도와 한국노총의 동참으로 총파업 투쟁이 시작된다. 총파업 투쟁은 1996년 12월 26일부터 1997년 2월 말까지 진행되었으며, 결과는 날치기로 통과된 개정된 노동법을 저지하고 재개정을 이끌어냈으며, 파업 지도부에 대한 구속방침 철회, 정권의 후퇴를 이끌어내게 되었다.

2003년 5월 2일, 화물연대에서 화물 노동자들의 생존권을 보장해달라며 '물류를 멈춰 세상을 바꾸자'라는 슬로건을 내세우고 파업에 돌입했다. 우리나라의 첫 '물류대란'으로 혼란스러웠으나 운송이 물류에서 얼마나 중요한 역할을 해왔는지 전국에 각인을 시켜 줬다. 11개의 요구안을 내세운 화물연대의 첫 파업은 5월 15일 정부가 노정합의서를 작성함으로써 끝이 났다. 하지만 2004년까지 정부의 움직임을 지켜보면 화물 노동자들은 2005년, 국세청의 유가보조금 압류로 고통받던 고(故) 김동윤의 죽음으로 다시 파업에 돌입하였지만 정부의 '유가보조금 압류제한' 입법을 즉각 시행하겠다고 하는 것으로 종결되었다. 그 후 화물 노동자들의 삶은 더 어려워졌으며 민주노동당 이영순 국회의원의 화물자동차운수노동법 개정안 발의에 화물연대는 2006년 12월에 법안 통과 촉구를 위한 파업을 또다시 벌였다. 여기에 대해 정부는 2007년 2월, 임시국회까지 유예기간을 제안하여 파업은 일단락되었다. 그러나 개정안은 임시국회에서 심의하지 않기로 하였다. 그 후 2008년엔 정부가 제도개선을 제대로 해주지 않자 또다시 파업에 돌입한다. 정부는 이에 표준운임제를 법제화하기로 약속하고, 또한 화물차 감차와 LNG 화물차 보급 등의 타협안을 제시하고 협상 타결 직후 유가연동보조금 지급과 고속도로 통행료도 1년 동안 인하하는 조치를 취했다. 하지만 시범실시만 이루어지고 법제화가 되지 않아 2012년 다시 파업에 돌입하였다. 컨테이너운송사업자협의회와 운송료 9.9% 인상에 합의했지만 표준운임제의 법제화는 아직 갈 길이 멀어졌다. 2016년에도 화물연대는 표준운임제 쟁취를 위해 파업에 돌입했고, 정부의 국토부는 화물연대의 요구를 일부 수용하여 과적 단속과 지입차주의 권리보호, 제도개선, 관련 법률 개정안을 발의해주기로 협의하여 파업은 마무리되었다.

2017년, 민주노총은 6월 30일에 총파업을 예고했었고, 주 내용으로 최저임금 1만 원, 비정규직 철폐, 노조활동 보장, 재벌개혁 등을 담고 있었다. 총파업 당시에는 주최 추산 4만여 명이 모였으며, 비정규직이 주인공인 노동 집회로는 역대 최고 규모였다. 보수 정권이었던 이명박, 박근혜 전 대통령 정부 때는 노동계가 철저하게 배제되었고, 문재인 정부는 국정의 주요 파트너로 삼겠다는 이야기와, 노사정이 상생하여 정부의 정책 과정에 충실히 노동계의 의견을 반영하겠다고 하는 것이라고 한 바 있다.

그러나 이명박, 박근혜 정권에서뿐만 아니라 정부, 특히 윤석열 정부(2022~)에서는 노동운동단체들에 대한 비판은 보수 진영에서 강했다. 물론 진보 진영에서도 이전보다는 귀족노조에 대한 비판적 시점이 커졌다. 후기 근대성을 대표하는 정치철학자인 마르쿠제(H. Marcuse)의 통찰을 상기할 필요가 있다. 그가 언급한 초기 자본주의의 가치는 근면과 금욕이었으나 후기 자본주의인 지금은 경쟁과 성과라는 지적은 적절하다. 인간은 그 사람이 소유하고 있는 상품(자동차, 주택 등)을 통해서 보여지게끔 만든다고 마르쿠제가 말한 바와 같이 후기 자본주의 사회로 들어오면 모든 이들은 기업이 만든 과다한 광고 등에 의하여 상품의 소유를 위한 경쟁과 성과를 취하는 데에 누구도 이의를 달지 않는다. 마르쿠제는 바로 일차원적 인간, 변증법이 정지된 사회의 현대인의 모습이라는 말한다. 변증법의 원칙인 현실(경쟁과 성과)을 부정할 이상향에 대하여 아무도 얘기하지 않는다는 것이다. 심지어는 계급주의적인 노동자들마저도 풍요로움 삶 속에 계급의식은 사라지고 현실에 안주하며 다른 대안을 찾지 못하는 1차원적 인간(*One Dimensional Man*, 1964년)이라는 사고 방식에 젖어 들었다고 그는 개탄한다. 후기 자본주의의 현대인들은 삶의 실천적 문제들까지 과학기술이 전적으로 해결해준다는 환상을 갖고 있다. 이러한 인간의 소외(비인간화)를 극복하기 위해서는 이상향인 유토피아를 회복하여야 하고, 비판적 사유의 토대를 갖춘 지식인의 역할이 무엇보다도 중요하다고 강조한다. 바로 '지식인의 위대한 거부'를 대안적 변증법으로서 마르쿠제는 강조한다. 물론 마르쿠제에 대한 비판도 있다. 대중은 그가 말한 것처럼 조종당하기만 한다거나 수동적이지만은 않다. 정보사회로 넘어오면서 기업뿐만 아니라 개체인 대중 스스로가 유튜브에서 또는 다른 SNS와 같은 공간에서 생산 활동을 할 수 있게 되었으며, 페이스북같은 공간에서 팔로워들의 동의에 의하여 해당 분야의 '헤게모니'도 장악할 수 있으며, 과거 히피문화나 록음악과 같이 대항(저항)문화가 국가와 시장이 만든 것에 대체하여 주류문화로 될 수도 있다. 그러나 이러한 모든 것이 현실 순응(경쟁과 성과를 위한 효율성의 추구=합리성)하는 1차원적 사고 내지 1차원적 인간은 생각할 수 없으므로, 현실을 타개하는 새로운 변증법적 사고가 필요하다. 바로 이것이 지식인의 숙명이라고 마르쿠제는 말하고 있다.

제 2 절

환경운동

1 개념과 태생

환경운동의 뿌리를 설명하자면 우리는 19세기로 돌아가야 한다. 이 시기에 발생한 환경 보호 운동과 환경 보존 운동이 바로 현대 환경운동의 뿌리이기 때문이다. 먼저, 보호주의(conservationism)는 자연과 자원을 현명하게 관리하고 효율적으로 사용하는 것[1]을 의미한다. 천연자원의 고갈을 우려하여 삼림을 관리하기 시작했지만 이는 결국 자연을 도구로 보는 기존의 시각에서 크게 벗어나지 않고 효율적인 소비를 행하기 위함이었다는 한계점을 가지고 있었다. 이와 다르게 보존주의자(preservationist)는 자연을 인류가 소비해야 할 하나의 자원이나 도구로 보지 않고, 자연 그 자체를 인류의 착취로부터 막아 보존해야 한다고 주장했다.[2] 같은 시기에 발전하였던 생물 간의 상호작용을 연구하는 생태학은 포식자들 간의 관계를 선형적으로 정리한 먹이사슬 등의 개념으로 자연의 중요성에 관해 설득력있는 설명을 제공하는 한편, 이러한 보존주의의 여러 원리들을 과학적으로 뒷받침하였다.[3] 이러한 보존주의를 제창했던 시민단체 중에서, 특히 유명한 단체로 1892년 존 뮤어(John Muir) 등의 보존주의자들이 시에라 네바다 산맥의 황야를 보존하기 위해 설립했던 시에라 클럽이 있는데, 이 단체는 오늘날까지도 그 활동의 맥을 이어가고 있다.

환경문제에 대한 논의가 자연을 벗어나기 시작한 것은 제2차 세계대전을 계기로 폭발적으로 성장한 화학 공업의 부산물인 갖가지 유독물질 때문이었다. 눈부신 발전을 이룬 화학기술은 농약, 비료, 나일론, 플라스틱, 비닐과 같은 현대 문명의 이기를 가져다주었지만 그와 동시에 이를 생산하는 도중 함께 만들어진 유독성 화학폐기물도 끌고 왔으며, 화학 공업의 팽창과 함께 수많은 사람들이 농약을 비롯한 각종 유해물질에 노출되는 결과를

1) 캐서린 아이작 지음, 조희연 옮김(1999). 『우리는 참여와 행동을 통해 민주주의로 간다』 (서울: 도서출판 아르케). p.259.
2) 위의 책, p.260.
3) 위의 책, p.261.

가져왔지만, 이것이 인간의 건강과 환경에 미치는 영향을 제조업자들이 조사 연구하도록 요구하는 법률은 거의 존재하지 않았다.[4] 심지어는 이러한 화학 공업이 불러일으킨 환경문제들이 경제 성장이라는 희망적인 미래가 내뿜는 찬란한 빛에 가려 은폐, 축소되기도 하였다.

때문에 유독물질에 대한 대중적인 인식의 발달은 뒤쳐질 수밖에 없었다. 과거 1700년대 초 이탈리아 의사인 베르나르디노 라마치니(Bernardino Ramazzini)에 의해 노동환경에서 유해물질에 노출된 노동자들과 그들의 건강 사이의 연관성을 밝혀내는 노동위생학(occupational health)이 개척된 이래 이와 관련된 몇 차례의 연구와 저서가 생산되었지만, 이것이 인류 건강에 어떠한 결과를 낳는가를 대중들에게 일깨워준 것은 레이첼 카슨(Rachel Carson)의 저서 『침묵의 봄(*Slient Spring*)』이라고 알려져 있다.[5]

이 책의 제목이 의미하는 '침묵의 봄'은 갖가지 농약의 사용을 멈추지 않으면 미국 내의 조류군이 감소하여 머지 않아 찾아올 새가 지저귀지 않는 봄을 의미한다. 저자 레이첼 카슨은 이러한 자신의 연구 결과를 "교육받은 대중들이 이해하기 쉬운 언어로" 전달하였는데,[6] 이로서 '침묵의 봄'은 기술의 발전이 반드시 좋은 결과를 이끌어내지 않는다는 교훈과 함께 효과적인 살충제였던 DDT와 같은 당시의 첨단과학의 산물이 자신들이 전혀 의도치 않았던 부작용을 가져올 수도 있다는 인식을 대중들에게 확산시켰고, 몇 가지 농약이 연방정부에서 금지시키고 세계적인 사용량까지 크게 줄이는 결과를 냈다.

2 정부의 정책 과정에서의 환경운동단체(NGO)들의 역할

환경운동이 전개는 크게 네 가지 부분으로 구분할 수 있다. 그 첫 번째로는 19세기 말 무렵 환경의 보존과 보호에 기초해서 일어난 최초의 환경운동이 있었고, 이것이 생태학과 결부되어 보완되었다. 다음으로, 20세기 중반 제2차 세계대전을 통해 아주 폭발적으로 발전된 화학 공업으로 만들어진 유독물질에 반대하여 일어난 환경운동들이 있었다. 현대에 들어서 대중들에게 널리 알려진 환경운동은 입법부와 행정부, 사법부로 나아갔고,

4) 위의 책, p.262.
5) 위의 책, p.263.
6) 같은 쪽.

최근 들어 조명된 원전의 위험성에 대하여 탈원전 운동을 일으키기도 했다.

베트남 전쟁 이후에 들어서서는 대중들이 환경문제를 심각하게 받아들이기 시작함에 따라 많은 것이 변하였다. 수천 명의 사람들이 환경 보존 및 보호단체에 가입하는가 하면, 수백 개의 새로운 생태주의단체와 환경단체들이 1960년대와 1970년대에 등장하였다.[7] 많은 사람들이 환경운동을 지지함에 따라 민의와 직결된 국회도 그 영향을 받았는데, 그 영향으로 1970년 4월 22일 미국의 상원의원 게이로 닐슨(Gaylord A. Nelson)이 하버드 대학생 데니스 헤이즈(Denis Hayes)와 함께 인간이 환경파괴와 자원 낭비로 인해 자연과 조화롭게 살던 전통적 가치가 파괴되고 있음을 경고하고, 기업의 사회적 책임과 시민의 생활문화 개선을 촉구하는 선언물을 낭독하며 '지구의 날' 기념식을 개최하였다.[8] 이 날은 지금도 환경단체들에 있어서 큰 기념일로 매년 수만여 개의 환경단체에 소속된 수백, 수천만 명의 사람들이 '지구의 날' 행사에 참여하고 있다.

이 날이 제정된 이후, 미국의 환경단체들은 그들의 활동을 로비나 소송에까지도 확대하여 보다 다양한 방법으로 환경문제에 대한 해결 방안을 촉진시켰다.[9] 그 대표적인 예로 1970년대 초 미국 대학 캠퍼스에서 모습을 드러내기 시작한 시작한 NPO 단체인 공익조사단(Public Interest Research Group)들의 병과 깡통에 대한 재활용 운동을 들 수 있다. 이 중 매사추세츠 공익조사단(MASSPIRG)은 재활용 법안을 투표에 부치기 위해 10만 명의 서명을 받고, 지역모임이나 라디오 프로그램 참가 등 다양한 홍보활동을 펼쳤다.[10]

한편, 미국의 연방정부는 이러한 대중들의 요구에 부응하여 1970년도 초 환경보호국과 노동안전위생국 등의 환경관리 시스템을 만들고 공해 통제와 오염 정화에 관한 정책을 세웠다.[11] 이에 따라 환경운동의 무대 또한 넓어져 앞서 언급하였던 의회에 대한 입법 과정의 로비는 물론 법정에서의 벌이는 소송 등의 수단 또한 이용할 수 있게 되었다. 1960년대 초 허드슨강 환경보존회의가 발전소를 건설하려는 뉴욕 에디슨 합병회사에 제기한 소송이 환경단체가 발전소가 건립되는 산에 대해 "심미적 · 자연 보호적 ·

7) 같은 쪽.
8) 위의 책, p.266.
9) 같은 쪽.
10) 위의 책, pp.266-267.
11) 위의 책, p.267.

휴양지적" 이해관계를 가지고 있다며 허용된 판결 이후, 비단 환경단체뿐 아니라 일반 시민들 또한 환경과 관련된 법률에 따라 자신의 권익이 침해 받았을 때 법원에 이의를 제기할 수 있게 되었다.[12)]

이후 1969년 「국가환경정책법(National Enviromental Policy Act: NEPA)」이 통과됨에 따라 연방 소속의 모든 기관들에 환경 영향평가를 실시하고 보고하는 것이 의무화되었고, 1970년 통과된 「청정대기법」과 1972년의 「청정수질법」으로 대기오염과 수질오염에 대한 규제를 마련하였으며, 1972년 기존의 「연방 살충제, 살균제, 쥐약 관련법」을 강화한 「연방환경 농약관리법」을 제정하였다.

그리고 현재, 대한민국을 비롯한 전 세계에서 논의되고 있는 환경문제의 가장 큰 화두는 원전문제일 것이다. 원자력 발전은 예로부터 발전의 효율성과 발전 과정에서의 오염이라는 측면에 있어 다른 발전 방식에 비해 압도적인 우위를 보여 세계의 전력생산에 크게 기여하였지만, 강력한 내진설계와 철저한 안전장치에도 불구하고 매우 위험한 에너지를 다루기에 원자력 사고가 크게 일어나면 손익적으로 돌이킬 수 없는 지경에 이른다는 특성 때문에 이를 문제시하는 목소리가 꾸준히 제시되어 왔다.

원자력 사고의 위험성 문제가 크게 표면화되어 현재 많은 나라가 시행하고 있는 탈원전 정책에 이르기까지 사람들의 인식을 전환하는 세 번의 원자력 발전소 사고가 발생했다. 그 첫 번째는 1979년 3월 28일 일어났던 미국의 스리마일 섬 원자력 발전소 2호기에서 일어난 노심용융 사고였는데, 이 사건의 가시적인 피해는 없었음에도 불구하고 원전에 대한 대중들의 공포나 불신이 증대되었으며, 정부는 당시 승인되었던 129개의 원전 건설 계획을 53개로 축소하였다.[13)]

두 번째는 이후 7년 뒤인 1986년 4월 26일 일어난 원자력 사고가 오늘날에는 모르는 사람이 없는 비극인 체르노빌 참사이다. 현장에 있었던 수백 명의 근무자나 사후에 투입된 수십만 명의 해체작업자들은 물론, 주변 지역이었던 러시아, 벨라루스, 우크라이나는 물론 유럽에까지 죽음의 낙진을 흩뿌려 사상 최고의 방사능 피해를 만들었던 이 참사는 원자력 발전의

12) 위의 책, p.268.

13) "스리마일 섬 원자력 발전소 사고", 위키피디아. 2018년 5월 23일 수정, 2018년 6월 2일 접속. https://ko.wikipedia.org/wiki/%EC%8A%A4%EB%A6%AC%EB%A7%88%EC%9D%BC_%EC%84%AC_%EC%9B%90%EC%9E%90%EB%A0%A5_%EB%B0%9C%EC%A0%84%EC%86%8C_%EC%82%AC%EA%B3%A0

위험성에 대한 대중의 인식을 비극적인 형태로 각인시켰다. 체르노빌 사고 이후 독일에서 실시된 설문조사에 따르면, 원자력 발전에 찬성한다는 의견은 10%를 넘지 못한 데 비해, 반대 의견은 70% 이상을 넘어갔을 정도였다.[14)]

세 번째는 불과 7년 전인 2011년 3월 11일 엄청난 지진해일에 인재가 겹쳐서 발생했던 후쿠시마 제1원자력 발전소 사고가 있었다. 이 사고로 인해 유출된 방사능 오염수는 일본과 태평양의 인접한 국가들에 영향을 끼쳤지만, 일본은 대외적으로 문제가 없었다는 태도로 일관하며 사건의 정보를 은폐, 축소시킨다는 의혹을 받았는데, 이러한 일본 정부의 태도에서 생겨난 의구심과 불안이 개개인의 일시적인 감정이나 의식 차원에서 머무르지 않고 실천으로 옮겨지는 과정에서 일본에서는 이례적일 정도의 전국적 탈원전 운동이 결성되었고, 이 과정에서 신세대의 정보매체인 인터넷과 SNS 등이 정보와 의견의 신속한 전달과 확산이라는 역할을 도맡았다.[15)] 그리고 2009년부터 탈원전 정책 폐기를 추진하였던 독일의 메르켈(Angela Merkel) 정부 또한 후쿠시마 사고가 발생하며 원전 옹호의 입장으로 돌아서야만 했다.[16)]

그러나 2020년부터 코로나19 팬데믹이 전지구 사회에 영향을 미치며 경제의 위축, 2022년 발발한 우크라이나－러시아 전쟁의 에너지위기는 원전에 대한 견해를 새롭게 하기 시작한다. 유럽의 경제위기, 에너지위기는 각국에서 원전사업이 재개됨과 동시에 반대하는 환경단체들의 목소리도 커지고 있다. 특히 기후변화 대응을 위한 탄소제로 사회의 추구를 위한 신재생에너지 정책은 이러한 경제위기, 에너지위기로 인하여 기로에 서 있다고 볼 수 있다.

---

14) 박성하(2018). 일본과 독일의 탈원전 정책 비교: 후쿠시마 원전 사고 이후를 중심으로. 『일본근대학연구』, 59(0), p.374.
15) 위의 논문, pp.376-377.
16) 위의 논문, p.376.

제 3절

소비자운동

1 개념과 태생

소비자운동이란 소비자의 권리를 수호하고 확장시켜 나가며 부정, 불량 상품문제, 상품의 안정성과 서비스, 환경, 독과점 등의 문제를 해결하기 위한 시민운동을 말한다.[17] 역사적으로 소비자운동은 1844년 영국을 중심으로 발전한 '생활협동조합'의 활동이 시초이며, 전세계적으로 활동을 찾아볼 수 있다.[18] 한국에서는 일제시대 하의 조선물한 장려운동에서 기원을 찾아볼 수 있으며, 점차 활성화되어 오고 있다.[19] 현재 한국에서는 한국소비자보호원, 한국소비자연맹 및 소비자시민모임, YWCA, YMCA에 설치된 소비자보호 관련단체 등이 소비자보호운동에 앞장서고 있으며, 1980년 「소비자보호법」을 제정해 소비생활의 향상과 합리화에 힘쓰고 있다.[20] 특히 이전의 상품고발이나 피해보상의 차원을 뛰어넘어 소비자의식 개발을 위한 교육, 정부에 대한 정책건의, 소비자권리보호를 위한 법, 제도개선운동 등으로 적극화되고 있다.[21]

소비자운동은 기본적으로 시장의 공정성과 투명성을 확보하는 노력을 통해 경제정의를 추구하며 사회의 정의로운 발전을 지향하고, 인간 삶의 질을 향상하고 자원과 환경의 지속가능성을 확보하려는 노력이다. 또한 소비자권익을 성취하고자 조직된 소비자들의 집단적 노력이며, 소비자권익 향상과 소비자주권 확립을 목표로 시장과 사회의 경제적 효율성, 공정성, 지속가능성의 가치를 추구한다. 시장의 공정성과 투명성 확보를 통한 경제정의와 인간의 기본권, 형평성 확보를 통한 사회정의를 추구하는 것이 소비자운동의 목적이라고 볼 수 있다. 다시 말해, 실천적인 측면이라고 볼 수 있는 소비자운동은 사회운동으로서 단순한 경제적 이익만을 추구하는 행동이 아니라 사회적으로 인간의 기본권을 보호하고 신장시키려는 인권보

17) 사회복지학사전.
18) 두산백과사전.
19) 사회복지학사전.
20) 두산백과사전.
21) 사회복지학사전.

호운동, 정치적으로 사회적 부정부패를 제거하려는 사회개혁운동, 문화적으로 소비자의 생활의 질을 높이기 위한 생활개혁운동이라고 볼 수 있다(이기춘 외, 1994; 홍은균, 1992).[22]

2 정부의 정책 과정에서의 소비자운동단체(NGO)들의 역할

우리나라의 소비자운동은 1968년 서울 YWCA에 의해 시작되었다. 「소비자보호법」이 국회에 의원 입법으로 제안된 시점이 1979년 12월 3일이므로, 「소비자보호법」의 탄생은 10여 년 간 지속된 소비자운동의 결과물이라고 볼 수 있다. 1987년 한국소비자보호원이 설립된 이후 정부기관 중심의 소비자정책이 이루어져 민간 소비자운동이 다소 위축되는 경향을 보였으나, 우리나라 소비자정책의 시초는 법 제도가 아닌 소비자단체의 자발적 노력에 기반한다.

1960년대에 들어서면서 한국은 빠르게 산업화 과정에 들어가고, 이후 35년 간 한국은 수출주도형 산업화의 성공으로 근대화된 산업국가에 들어서게 된다. 한국의 초기 소비자운동은 여성단체에 의해서 시작되고 주도되었는데, 1960년대 중반부터 여성단체에서 소비자문제에 관심을 가지면서 여성단체의 부분적인 활동으로 소비자운동이 시작되었다. 1964년 대한 YMCA 연합회가 사회문제 부서에 한국 최초로 소비자보호위원회를 구성했고, 부정·불량식품 개선을 위한 소비자 고발 상담 활동을 시작했다. 이어서 대한 YMCA연합회는 1968년 소비자보호위원회를 독립적으로 조직하고, 소비자고발센터를 개설하면서 본격적인 소비자보호운동을 전개하였다. 따라서 1968년 대한 YMCA연합회의 소비자보호위원회를 한국 소비자운동의 시작으로 보는 견해 또한 존재한다. 또한 한국부인회도 1965년 소비자 고발센터를 개설하고, 1967년부터 격월간 『소비자보호』를 발간하기 시작했다. 이어서 대한주부클럽연합회가 1969년에 소비자운동을 시작했고, 1970년 한국여성단체연합회가 소비자보호연구위원회를 발족했고, 이어서 1972년 전국주부교실중앙회가 소비자보호센터를 개설 운영하기 시작했다. 이러한 여성단체의 부분적 소비자보호활동은 근대소비자운동의 본격적인 시작

22) 문은숙(2004). 소비자운동의 이해와 한국소비자운동의 발전 과정, 『시민사회와 NGO』, 2(2), pp.189-224. 한양대학교 제3섹터연구소.

보다 소비자운동이 탄생하는 과정으로 이해할 수 있다. 급속한 산업화 진행과 시장실패로 심각한 소비자문제가 발생했다. 이에 대응하기 위해서 전문 소비자단체의 탄생이 근대 소비자운동의 조건이다. 따라서 1968년 한국소비자보호협회와 1970년 소비자연맹의 탄생을 근대 소비자운동의 시작으로 볼 수있다. 단일 목적의 전문 소비자단체로서는 한국 최초로 1968년 한국소비자보호협회가 조직되어 당시 상공부에 소비자단체로 등록하였고, 이어 1970년 소비자연맹이 조직되었다. 그러나 두 조직 모두 활동을 지속하지 못하였고, 한국소비자연맹은 1978년부터 활동을 재개한다. 한편, 전문 소비자운동단체는 아니지만 한국 최초로 소비자운동을 시작했던 여성단체들은 출판, 테스트, 교육, 캠페인 등 소비자를 위한 다양한 활동을 전개하였다. 특히 한국부인회와 대한 YMCA연합회는 1970년대까지의 소비자운동을 주도하였다. 1976년 한국여성단체협의회를 포함한 4개의 단체는 정부의 재정적 지원을 효율화하고 소비자운동을 효과적으로 전개하기 위해 서울특별시소비자보호협의회를 설립하였다. 이후 협의회는 1977년 명칭을 소비자보호단체협의회로 변경했다. 1970년대 일어난 소비자문제로는 비소가 든 소다를 먹고 발생한 연쇄참사 사건과, 어린이를 포함한 37명의 환자가 발생하고, 여러 명이 사망한 번데기 식중독 사건이 있다. 이렇듯 우리가 직접 먹는 제품에 대한 다양한 사고가 발생하다 보니 사회적으로 불량식품에 관심이 많아지기 시작했고, 이 때문에 1970년대 소비자보호단체에서는 불량상품 전시회나 우수 공산품 전시회 등과 같은 소비자보호운동을 전개하며, 소비자들에게 어떤 기준으로 제품을 선택해야 하는지 알리는 데 주력했다. 이후 1980년대에는 빠른 산업화 과정으로 부작용이 생기는 시대였다. 한국은 정부주도의 산업화 과정과, 경제 성장 위주의 경제정책, 대기업 중심의 공업화로 수출을 극대화해서 산업화에 성공했지만, 이러한 경제 성장은 시장의 독과점 심화와 소비자의 극심한 불이익을 초래한다는 부작용이 있었다. 정부 또한 이러한 점을 알고 부작용을 최소화하기 위한 정책을 내기 시작한다. 이러한 경제 정치적 변화를 배경으로 한국 소비자운동도 전환기를 맞이하게 된다. 소비자단체의 적극적인 소비자운동은 정부의 소비자보호정책을 촉진시키는 데 한몫을 했고, 소비자와 관련된 최초의 단독법인 「소비자보호법」이 1980년 1월 4일 공포되고, 1980년 10월 헌법상의 보장 등은 소비자운동의 질적 전환기를 초래했다. 한마디로 내적으로는 소비자운동 주체와 방향이 변화하고, 외적으로는 법으로 명시되면서 제도적으로 보장되었다.

2016년부터 우리 사회를 떠들썩하게 한 옥시 회사의 가습기 살균제 제품에 대한 소비자운동은 현재 한국 소비자운동을 잘 보여 줄 수 있는 사례라고 생각한다. 이 사건은 2011년 4월, 서울의 한 대학병원 중환자실에서 급성호흡부전을 주증상으로 하는 중증폐렴 임산부 환자의 입원이 증가하고 있다는 신고와 조사 요청이 질병관리본부에 접수되면서 역학조사가 실시되며 잘 알려지기 시작했다. 이후 그해 8월, 보건복지부와 질병관리본부는 폐손상 원인이 가습기살균제(세정제)로 추정된다는 내용의 중간조사 결과를 발표했고, 그해 11월에 옥시레킷벤키저와 마트에서 파는 여섯 가지 제품에 대해 위해성이 확인되었다며 수거에 나섰다. 다음 해 2월에는 가습기살균제에 사용된 화학물들의 독성이 확인되었다고 밝혔다. 하지만 이렇게 위해성이 밝혀졌는데도 불구하고 기업을 상대로 한 제재는 적은 금액의 과징금 부과에 그쳤고, 피해자에 대한 구제 대책이 마련되지 않자 '가습기 살균제 피해자와 가족 모임'과 환경보건시민센터는 제품 업체를 대상으로 민형사 소송을 제기했고, 같은 해에 유족이 옥시 등 가습기 살균제 제조 및 판매사 10곳을 과실치사 등의 혐의로 검찰에 고발하였다. 더불어 정부 차원의 피해자 조사는 2013년이 되어서야 시작하였고, 검찰 수사도 2016년에서야 전담수사팀이 구성되어 본격적인 진행에 들어갔다. 수사가 본격화되기 시작해서야 최대 가해업체인 옥시는 뒤늦은 공식 사과를 했고, 회사 대표들은 구속되었다. 하지만 이마저도 형벌이 감형되는 등 솜방망이 처벌이 되어 논란이 일었다.[23)]

이러한 과정 속에서 정부보다는 시민단체들이 모여 영향력을 발휘한 것을 찾아볼 수 있다. 가습기 살균제가 가장 유력한 원인으로 밝혀지자 기업들은 생산을 중단하기 시작했고, 소비자단체들을 중심으로 살균제를 생산해 온 업체들을 상대로 소송이나 불매운동을 벌이려는 움직임이 보였고, 약사 단체인 대한약사회 산하 16개 시도약사협의회도 성명을 내어 약사회 차원에서 옥시 계열 제품의 의약품들을 취급하지 않는 불매운동에 동참하는 움직임을 보였다.[24)]

또한 인천소비자연맹, 인천 YMCA, 인천 YWCA, 녹색소비자연대 등 인천지역 7개 소비자단체로 구성된 인천소비자단체협의회는 인천지역 주요

23) 시사상식사전.

24) http://dabrose32.blog.me/220710955858

대형마트를 대상으로 '옥시제춤 판매 여부 실태조사'를 실시하였다. 그 결과 모든 매장에서 옥시 제품을 판매하고 있을 뿐 아니라, 옥시 사태 이후에도 여전히 옥시 제품들이 판매되고 있는 것으로 확인되었다. 이러한 결과에 인천소비자단체협의회에서는 국내 기업에 국민의 안전을 위협하는 그 어떠한 제품도 판매해서는 안 된다고 주장하며, 앞으로 옥시가 진정성 있는 대국민 사과와 근본적인 대책 마련, 보상 계획 등을 내놓을 때까지 옥시제품 불매운동에 나설 것이라고 했다.[25]

한동안 방송과 언론에서 많이 보도되어 관심을 많이 받고 시끄러웠던 옥시 사태가 현재는 관심이 많이 사그라든 상태라고 생각된다. 하지만 현재까지 합의와 배상이 종결되지 않은 상태이며, 가습기 살균제 피해자들과 전국 시민사회단체들이 모인 가습기살균제참사전국네트워크(가습기넷)는 2022년 현재에도 불매운동을 전개하고 있다.

일본 정부의 우리나라에 대한 수출규제는 한국 사회에 새로운 소비자운동을 불러왔다. 일본 정부가 2019년 7월 4일부터 반도체·디스플레이 등의 생산에 필수적인 품목의 한국 수출규제를 강화하는 조치를 시행한 데 이어, 8월 2일에는 한국을 일본의 백색국가 명단(화이트리스트)에서 제외시켰다.[26] 일본은 한국에 대한 수출규제 및 백색국가 제외 방침에 대해 여러 이유를 내세웠다. 처음에는 2018년 10월, 우리 대법원의 강제징용에 대한 배상 판결을 이유로 주장하였으나, 그 후 한국의 전략물자 밀반출과 대북제재 위반 의혹 등 계속해서 다른 이유를 내세우며 말을 바꿨다. 이에 대해 국내 여론은 일본 정부의 결정을 납득할 수 없다는 주장과 함께 일본 제품에 대한 대규모 불매운동이 확산하였다.

일본에 대한 불매운동은 'NO, BOYCOTT JAPAN'이라는 로고까지 만들며 큰 성행을 하게 되었다. 유니클로 최고재무책임자(CFO)인 오카자키 다케시가 "한국에서 불매운동이 오래가지 못할 것"이라고 발언한 것이 문제가 되었기 때문이다. 이러한 발언은 한국 소비자들의 여론을 격화시켰고, 이 발언 이후 유니클로의 매출이 줄어드는 등의 반일 감정이 고조되었다. 유니클로에 대한 소비자들의 불매운동은 그 파급력이 대단하다. 지난 2005년에 국내에 처음으로 개점했던 유니클로 서울 잠실 롯데마트점이 결국

25) http://www.incheonin.com/2014/news/news_view.php?m_no=2&sq=32664&thread=002001014&sec=2

26) 시사상식사전.

2021년 10월 17일에 영업을 종료하게 되었기 때문이다. 소비자들의 일본 불매운동은 이뿐만이 아니었다. 일본 자동차 회사인 닛산이 한국 시장에서 철수하게 되었고, 우리나라의 일본 맥주 제품들의 소비가 급격히 감소하게 되었다. 또한 민주노총과 한국진보연대, 한국 YMCA 등 전국 680여 개 시민사회단체가 모인 '아베 규탄 시민 행동'은 2019년 8월 종로구 옛 일본대사관 앞에서 '역사 왜곡, 경제 침탈, 평화 위협 아베 규탄 7차 촛불 문화제'를 열고 일본 아베 정부에 대한 규탄을 이어갔으며,[27] 전국택배연대노동조합 등 소속 택배 노동자들은 일본의 경제 보복에 의한 국민적 일본 제품 불매운동에 동참하겠다며, 유니클로 제품 배달을 중단할 것을 결의했다. 시민들은 소상공인들이 선의의 피해자가 되는 것을 막기 위해 일식당에 가지 않기보다는 국산 주류를 소비하고, 소상공인은 일본산이 아닌 국산 재료를 사용하는 등의 모습도 보여 주었다.

일본 불매운동은 오프라인에서도 활발히 이루어졌다. 대표적인 일본 불매운동의 사례로, 일본의 의류업체인 유니클로에 대한 불매운동이 있다. 유니클로의 지분을 소유한 온라인에서는 앞서 말한 'NO, BOYCOTT JAPAN'이라는 로고가 만들어져 배포되었다. 또한 일본 제품을 소개하고 일본 제품이라고 잘못 알려진 한국 제품을 소개해주는 '노노재팬'이라는 웹사이트가 생겼다. SNS 계정 이름에 일본어가 포함된 유명인들은 일부가 계정 이름을 변경하기도 했다.

일본 불매운동은 한국의 내수시장에 다양한 영향을 미쳤다. 일본 맥주업계의 최대 해외시장이었던 한국에서 일본 맥주 판매량이 일본 불매운동이 일어나기 이전보다 큰 폭으로 감소하였다. 더불어 국산 맥주의 판매량이 늘면서 긍정적인 모습이 보였다. 또한 유니클로의 매출이 감소하고 한국 기업인 탑텐의 2019년 7월 한 달 간의 실적이 2018년 7월의 매출보다 20%가 증가하였다.

이러한 한국 사회의 일본 불매운동은 한국 정부의 한일위안부 합의를 사실상 파기하는 결정과 그에 대한 일본의 수출규제에 대해서 한국 소비자의 역할을 분명하게 보여줬다. 한국 정부의 일본과의 외교・무역에 관해 정책을 집행하는 과정에서 소비자가 수동적으로 물건을 구매하는 것이 아니라 자결권을 가지고 소비를 결정하며, 이들이 단합하여 우리 사회의 소비패턴

---

27) https://www.yna.co.kr/view/AKR20190831046100004

및 방향에 대해 강력한 목소리를 내는 것은, 정부가 집행한 정책에 관한 영향력 있는 반응을 행사하고, 그러한 반응이 다시금 정부정책 과정에 환류될 수 있음을 보여 준 것이다. 또한 민주노총과 한국진보연대, 한국 YMCA 등의 소비자운동단체가 단체에 직접 가입하지 않은 사람들의 목소리까지도 포괄적으로 수용하고 대변하여 정부정책에 그 목소리가 담길 수 있도록 하는 역할을 수행하고 있음을 보여 주었다.

2019년 전례 없는 질병이 세계를 강타하면서 세계를 뒤흔들었다. 바로 코로나바이러스 감염증-19(COVID-19, 이하 코로나19)이다. 코로나19는 2019년 12월 중국 우한에서 처음 발생한 이후 중국 전역과 전 세계로 퍼진, 새로운 유형의 코로나비이러스(SARS-CoV-2)에 의한 호흡기 감염질환이다.[28] 코로나19가 세계적인 유행하게 되면서 한국도 그 영향을 피할 수 없었다. 코로나19의 창궐은 우리 사회의 그 피해는 사회・경제・문화 등 여러 분야에서 다양한 계층에게 큰 피해를 가져오게 했다. 코로나19로 인한 최대 피해자로 꼽히는 집단 중 하나로 소상공인이 있다.

소상공인연합회는 2021년 1월 21일 여론조사기관인 이노베이션리서치에 의뢰해 지난 2020년 10월 13일부터 같은 해 2020년 11월 3일까지 소상공인 1,000명(일반 소상공인, 폐업 소상공인 300명)을 대상으로 실태조사를 한 결과 코로나19로 매출이 줄었다는 응답이 80.2%를 기록했다고 밝혔다.[29] 생계를 위협받는 소상공인들이 어려움을 느끼게 하는 것은 코로나19만이 아니었다. 코로나19로 인해 소상공인은 벼랑 끝에 서게 되었지만 대형 플랫폼 기업들이 골목상권에 잇따라 진출하게 되면서 그들이 겪는 어려움은 더 커지게 되었다. 미용업, 대리운전, 퀵서비스, 온라인 식자재 납품, 셀프 빨래방, 배달중개 등에 관한 중소기업적합업종으로 지정해 대기업의 시장 잠식을 막아달라는 신청이 잇따르고 있다. 이것은 온라인 플랫폼 대기업들의 골목상권 위협이 심각해지고 있다는 것을 반증하는 사례란 분석이다.[30] 이렇듯 소상공인의 어려움이 나날로 극심해지는 가운데, 코로나19와 대기업들로 인해 피해를 보는 소상공인에 대한 해결책이 필요하다는 목소리가 커지면서 문제를 해결하기 위한 시민단체 노력이 커지고 있다. 전

28) 시사상식사전.

29) https://post.naver.com/viewer/postView.naver?volumeNo=30532701&memberNo=6132524&vType=VERTICAL

30) https://www.hani.co.kr/arti/economy/startup/1016811.html#csidx556667567c2e8c3b23ac3d920570c2a

국중소유통상인협회는 식자재 납품업을 중소기업적합업종으로 지정해 달라는 신청서를 접수했다. 한국자원순환단체총연맹과 한국플라스틱단일재질협회, 전국고물상연합회도, 한국중소상인자영업자총연합회는 2021년 10월 26일에 기자회견을 열어, 대기업의 폐플라스틱 재활용 시장 철수를 촉구하며 폐플라스틱 재활용업의 중소기업적합업종 지정 신청 계획을 밝혔다. 쿠팡 시장침탈저지 전국자영업비상대책위원회는 향휴 비마트, 요마트, 쿠팡이츠마트 같은 퀵커머스 서비스에 대해서도 중소기업적합업종 지정을 신청할 예정이라며, 국회는 온라인 플랫폼 대기업들의 무분별한 사업 확장을 규제하는 법을 조속히 마련할 것을 강력히 요구했다.[31) 이러한 소상공인을 위한 여러 주장들은 현재까지도 꾸준히 이어져오고 있으며, 정부가 정책과정에 있어서 정책을 만드는 데 상당한 공헌을 했다.

일본 불매운동이나 소상공인의 대형 플랫폼 기업들과의 갈등은 온라인과 오프라인을 넘어 이루어진 것이다. 이 두 가지 소비자운동은 공통점은 소비자들의 자의적인 단합과 시민단체가 소비자들의 목소리를 대변해주고 있다는 것이다. 그러나 이것 외에도 한 가지 공통점이 더 있다. 바로 단순히 오프라인에서만 이루어지는 것이 아니라 온라인에서도 이루어진다는 점이다.

현대 사회는 교통 · 통신에 발달로 인해 인간의 삶이 나날이 편리해지고 있다. 온라인을 통해 오프라인에서처럼 물건을 구매하고 대화도 나누며 필요한 정보를 얻을 수 있기 때문이다. 특히 휴대폰에 컴퓨터의 기능을 추가한 스마트폰의 보급으로 인해 삶의 질이 더욱 높아졌다. 그에 따라 스마트폰의 가치는 매우 높고 스마트폰을 통해 온라인에서 활동할 수 있도록 해주는 와이파이 및 데이터 서비스가 원활하게 이루어지는 것이 매우 중요하다. 그러나 최근 차세대 이동통신 기술인 5G에 대한 많은 논란이 있었다. 5G란 5세대 이동통신의 약자로 4G(LTE) 이후 차세대 통신기술 규격이다. 5G는 기존 4G보다 빠르고 지연 시간은 줄어 초고속 · 초고용량 서비스 구현을 가능하게 한다.[32) 그럼에도 불구하고 5G가 높은 요금제 가격에 비해 기존의 4G보다 체감할 정도로 더 빠르지도 않으며, 데이터 끊김현상이 많이 일어나고 있다는 사실이 공개된 것이다. 그 이유를 알기 위해서는 국내

31) https://www.hani.co.kr/arti/economy/startup/1016811.html#csidx556667567c2e8c3b23ac3d920570c2a

32) 매일경제용어사전.

5G 주파수의 실태에 관해 알아야 한다. 국내 5G 주파수 대역은 3.5GHz 대역과 28GHz 대역으로 나뉘는데, 2019년 4월에 상용화된 것은 3.5GHz 대역이다. 이 대역은 28GHz에 비해 전파 도달 범위는 넓지만 속도가 롱텀에볼루션(LTE)의 4~5배 수준으로 28GHz에 비해 느리다. 28GHz의 경우 LTE보다 20배가량 빠르지만 전파가 벽을 통과할 때 손실률이 높아 이용 범위가 제한적이다.[33] 국내 이동통신 3사가 강조했던 "20배 빠른 속도"를 위해서는 28GHz 기지국 구축이 필수인데, 연말까지 약속했던 기지국 수 4만 5,000개 구축이 지켜지지 않고 있다. 4만 5,000개 중 아직 120개만이 구축되었다. 이것은 0%대의 이행률인 것이다. 물론 현재까지 설치된 28GHz 기지국의 수는 올해 8월 말 기준으로 200개가 채 되지 않는다. 이러한 이유로 5g에 관한 사회적 논란이 일어났던 것이다. 이러한 논란은 소비자들이 다시금 단결하게 만들어주었다. 5G와 관련하여 책임을 묻는 국민청원도 등장하였으며, 5G 손해 배상 청구를 위한 집단 소송이 2021년 10월 1일부터 3차 모집 중에 있다. 국민청원의 경우 30일 동안 20만 명이라는 조건을 충분히 채우지 못해 답변을 얻지 못했다. 그러나 5G 문제의 이슈화는 시민단체의 참여를 이끌었다. 민생경제연구소 · 소비자시민모임 · 참여연대 민생희망본부 · 한국소비자연맹 등 4개 시민단체는 올해 4월, SKT 본사 앞에서 기자회견을 열고 정부와 이동통신 3사를 상대로 '5G 통신 불통 문제' 해결을 촉구했다.[34] 국민청원의 등장, 시민단체의 압력, 집단 소송 등은 정부가 그에 대한 정책을 숙고해 볼 수 있도록 하는 역할을 충실히 해냈으며, 그렇기 때문에 5G 이용고객에 대한 보상과 같은 해결책에 대해서 이동통신 3사에 대한 정부의 규제와 소비자들의 문제 해결을 위한 적극적인 행정을 기대해 볼 수 있을 것이다.

3 정부의 정책 과정에서 제도화로의 정착 과정

1980년 1월 소비자의 권리, 사업자와 정부의 의무 등을 규정한 「소비자보호법」이 시행되었다. 같은 해인 1980년 10월 제5공화국 헌법 제125조에 "국가는 건전한 소비행위를 계도하고, 생산품의 품질향상을 추구하기 위한

33) 시사상식사전.
34) http://www.todaykorea.co.kr/news/articleView.html?idxno=285728

소비자보호운동을 법률이 정하는 바에 의하여 보장한다"고 규정하여 헌정 사상 최초로 헌법조문에서 소비자운동을 국민의 적극적 권리로서 보장하게 되었다. 이후 1986년 12월에 소비자의 7대 권리를 포함한 구체적 권리의 확대와 실현 내용을 바탕으로 개정되었다. 또한 1987년 정부는 개정된 「소비자보호법」을 바탕으로 한국소비자보호원을 설립하였다. 이와 더불어 국제적으로도 한국소비자운동은 성장기를 맞이했었다. 1983년 소비자문제를 연구하는 시민의 모임이 국제소비자기구에 정식회원으로 가입하고, 한국소비자연맹, 한국부인회가 회원으로 했다. 이후 1987년에 제12차 국제소비자기구 총회에서 소비자문제를 연구하는 시민의 모임이 이사단체로 선출되면서 국제적으로 이름을 알리기 시작하였다. 1985년 유엔(UN)이 '소비자보호지침'을 마련한 것도 한국 소비자운동의 국제화의 한 계기가 되었다. 1980년대 한국 소비자운동단체의 주된 활동은 소비자 상담, 서비스의 강화, 지방 소비자단체의 증가, 국제적 협력 강화, 소비자 쟁점의 패러다임 전환 등이 있다. 이후 한국의 소비자단체는 1990년대 초에 들어 전국 규모의 10개 단체와 지역 단위의 150개 단체로 증가하게 되었고, 미국, 일본 등 국외 소비자단체들과의 밀접한 협력 관계를 갖게 되었다. 1990년대에는 소비자들의 삶의 질과 생활수준의 급격한 향상, 경제적 정치적 개혁의 진행, 정보화사회로 접어들면서 한국의 소비자운동도 함께 질적 도약을 하게 되었다. 1980년대의 소비자운동이 소비자의 권리와 주권 확보에 주력하였다면, 1990년대 소비자운동은 지속가능한 사회 발전과 자원과 환경의 지속가능성에 대한 소비자의 책임을 강조하고, 정치적 의사결정 과정에서 소비자 대표권 확대에 주력을 하게 되었다. 그러면서 정부는 1994년 소비자전담행정기구인 경제기획원 국민생활국 소비자정책과를 설립한다. 소비자운동단체의 꾸준한 요구로 1996년 「소비자보호법」이 개정되었고, 다시 1999년과 2001년에 소비지의 정보를 제공받은 권리를 신설하고 지방자치제의 실시와 더불어 지방 소비자보호를 강화하는 내용으로 개정된다. 또한 정부는 1999년에 소비자피해보상규정을 강화하고 자동차 수리, 세탁업 등에 대한 피해보상규정을 신설하였다. 1990년대의 한국에서는 1997년 미국 수입산 쇠고기에서 O157병원균 검출, 수입 아이스크림에 유해물질이 검출되는 사례가 있다.

한국의 소비자운동과 시민단체는 시작부터 떨어지기 힘든 관계이다. 소비자운동은 시민단체 중에서 개별 단체로부터 시작되었고, 앞서 언급한 것과 같이 주로 여성단체로부터 시작되었다. 그 중 소비자운동을 처음 시작한 단체인 서울 YWCA의 경우, 당시 기자이자 사회문제부에서 활동하고 있던 정광모 당시 위원장이 일본 소비자문제의 현장을 보고 느낀 결과 한국에서의 소비자운동의 필요성을 인식하여 서울 YWCA를 통해 소비자위원회를 설치하고 소비자운동을 시작하게 되었다. 서울 YWCA는 불량상품고발운동을 중점적으로 소비자운동을 시작하였지만, 당시 한국의 도덕 윤리와 반소비자행위가 서로 맞지 않았기 때문에 기업에 별 영향을 주지 못했다. 이후 법 제도의 필요성을 인식하고 소비자보호법을 마련하기 위해 노력하여 1979년에 소비자보호법이 국회를 통과하게 되었다.[35)]

개별 단체 수준에서 활동을 하는 중에 소비자운동의 더 큰 조직화의 필요성을 인식하였고, 사울시의 예산 지원을 받아 여성단체협의회, 대한 YWCA 연합회, 대한주부클럽연합회, 전국주부교실중앙회의 네 개 단체가 서울소비자보호단체협의회를 형성하였다. 이후 전국 규모의 소비자운동을 하는 단체인 소비자보호단체협의회로 이름을 바꾸고, 1978년부터 본격적인 활동을 시작하였다. 이 협의회는 개별 수준의 소비자를 직접적으로 대상으로 하기보다는 소비자운동을 하는 단체들이 소비자를 위한 활동을 효과적으로 전개할 수 있도록 활동하는 단체라고 할 수 있다.[36)]

소비자단체들이 수행하는 역할은 여러 가지가 있다. 그 중 하나로는 기업과 정부가 해결해야 하는 소비자불만처리를 정부를 대신하여 서비스를 제공하는 일이라고 할 수 있다. 또한 다른 역할인 정보제공의 기능도 있다. 한국소비자단체협의회의 경우 잡지를 출간하여 공공기관과 소비자단체 회원에게 무료로 배포하고 있다. 다른 중요한 활동으로는 정책참여를 말할 수 있다. 이들은 다양한 행정기관과 각종 위원회에 참여하여 활동할 수 있는 권리를 가지고 있고, 실제 참여하고 있다. 이외에도 소비자운동 성과를 위해 자원봉사자 교육을 위한 지도, 정부와의 파트너십을 위한 여러 부서와의 협력 등이 소비자단체들이 하고 있는 활동이라고 볼 수 있다.[37)]

2016년부터 우리 사회를 떠들썩하게 한 옥시 사태를 전체적으로 살펴보면 정부나 국회, 검찰에서의 행동에 의한 결과보다는 시민단체들을 주축으로 하여 전개된 움직임들이 훨씬 큰 영향력을 발휘하고 있고, 사람들을 움

35) 박인례(2005). 소비자운동 성과의 영향요인, 숙명여자대학교 일반대학원.
36) 위의 논문.
37) 위의 논문.

직이고 있다고 볼 수 있다. 소비자들의 분노가 불매운동과 고발, 시위 등으로 이어져 전 국민들의 분노로 번졌고, 그 결과로 행정부, 사법부, 입법부가 나설 수 있었다. 이로 인해 가해자인 기업들이 자신의 이익이 줄어들게 되자 형식상으로나마 책임을 지는 모습과 피해자들에 대한 사과와 보상을 하게 되었다. 점점 관심이 줄어든 지금 가해 기업들의 말이 바뀌고 보상을 미루는 등 책임 회피를 하려고 하는 모습들이 등장하고 있다. 그 밖에도 자동차 불매운동이나 리콜, 이동통신사 유통망 개선을 위한 시민단체들의 운동, 어린이용품, 생활화학제품, 식품의 제품별 원료성분, 항공사 마일리지, 여행상품[38] 등과 관련된 한국에서 일어난 많은 소비자운동들이 있다. 이러한 운동들은 보통 이와 관련된 소비자들이 지역사회의 시민단체와 협동해 만든 해당 제품 소비자단체에서 문제를 제기하고, 조사하여 많은 국민들이 문제점을 인식할 수 있게 해주고 국민들의 의견이 모여 정부나 기업으로부터 얻어낸 결과물들이 많다.

코로나19와 대형 플랫폼 기업들로 인해 소상공인에게 많은 피해가 생기면서 여러 단체에서는 소상공인을 위한 제도적 장치가 필요하다는 의견을 끊임없이 이어오고 있다. 이러한 목소리는 정부가 그들을 보호할 수 있는 장치를 마련할 수 있도록 이끌어주는 데 큰 역할을 했다. 코로나19와 그에 따른 사회적 거리두기로 인해 전통시장을 비롯한 지역상권들이 큰 타격을 입어온 것을 고려하여 정부는 카드 수수료 인하와 세액공제 등 소상공인을 위한 재난지원금을 지급했다. 또한 일정 조건의 국민에게 코로나 상생 국민지원금을 지급하고 대형마트나 백화점 등에서는 사용하지 못하고 전통시장이나 지역상권 등에서 사용할 수 있게 함으로써 지역 경제 살리기에 최선을 다하고 있다. 나아가 코로나 상생 국민지원금 외에도 상생 소비지원금을 운영하여 대형마트, 대형전자판매점, 대형백화점, 대형면제섬, 홈쇼핑, 명품전문매장 등 일부 가맹점을 제외하고, 소비자가 2021년 2분기 실적보다 일정 금액 이상의 카드 실적을 내면 그에 따라 지급액을 산정하여 소비를 유도하고 있다.

국민지원금과 소비지원금처럼 소비를 유도하는 방식 외에도, 지속되는 플랫폼 기업과 소상공인과의 갈등을 해결하기 위해 정부는 온라인 플랫폼 중개거래의 공정화에 관한 법률(이하 온라인 플랫폼 공정화법)을 준비하고

---

38) http://www.ionestop.kr

있다. 온라인 플랫폼 공정화법은 온라인 플랫폼을 통해 입점 업체와 소비자의 거래를 알선하는 기업을 대상으로, 온라인 플랫폼이 입점 업체에 갑질을 하면 법 위반액의 2배(최대 10억 원)에 달하는 과징금을 내야 한다는 내용이 골자이다.[39] 쉽게 말해서, 네이버 · 카카오 · 쿠팡 · 배달의 민족과 같은 거대한 온라인 플랫폼에 대한 규제안이다. 온라인 플랫폼 공정화법을 추진하는 이유는, 코로나19로 인해 비대면 온라인 거래가 급증하면서 그와 관련된 대형 플랫폼 기업들의 영향력이 상당한 수준에 이르렀고, 그로 인해 발생하는 소상공인에 대한 불공정 거래와 같은 갑질을 막겠다는 의도이다. 이와 관련한 한 사례로써, 많은 사람이 사용하는 음식 배달앱에 대한 것이 있다. 과거와는 달리, 이제는 음식을 배달할 때 배달비를 내는 것이 당연하다는 듯 받아들여지고 있다. 또한 음식을 주문하면 배달앱에서 일정 금액의 수수료를 가게에 부담한다. 배달비를 받는 것 자체를 문제삼는 사람들도 있으나 우리가 주목해야 하는 것은 배달비 인상과 수수료이다. 대형 플랫폼들이 앱에 등록되어 있는 가게에 중개수수료를 높이고 배달 대행회사에서는 배달수수료를 인상하고 있어 식당 등을 운영하는 소상공인은 울며 겨자 먹기로 판매가격을 높이거나 최소주문금액을 높게 설정하는 등의 방법을 선택하고 있다. 이러한 행보는 결국 소비자들에게 있어서 배달을 시키는 빈도를 줄이게 만들었고, 결국 높은 수수료와 줄어든 소비자들로 인해 소상공인들이 피해를 보고 있는 것이다. 이 부분에 관하여 일반 소비자들은 한국에 오랜 전통처럼 자리잡아 있던 배달문화가 이제는 부담스러워지고 있다는 걱정을 하고 있으며, 소상공인들도 뚜렷한 대책없이 힘들게 버티고 있다. 배달수수료 및 중개수수료의 과한 인상은 소상공인과의 충분한 협의 없이 이루어지는 경우가 많아 일종의 갑질이라고 할 수 있는 것이다. 이러한 다양한 단체들과 시민들의 노력은 이들의 목소리가 정부의 정책 과정에 있어서 제도화될 수 있도록 하는 성과이자, 이들의 힘을 보여주는 좋은 사례라고 할 수 있다.

39) 시사상식사전.

제4절

여성운동

1 개념과 태생

여성운동이란 사전적 정의로 여성주의를 기반으로 여성들이 주체가 되어 성평등 사회를 실현하기 위해 벌이는 조직적이고 지속적인 실천활동이라 명시되어 있다. 국내 여성 연구자들 또한 여성운동에 대한 정의를 시도했는데 그 중 몇 개를 살펴보면 다음과 같다. "성별 주체를 떠나 가부장제 의타파를 통해 남녀평등사회 구현이라는 '여성주의' 이념을 가지고 여성문제를 해결하여 성평등 사회를 이룩할 목적을 가진 민간차원의 이론적실천적 노력"(강남식, 2004: 223), "한 성에 의해 다른 한 성이 일방적으로 억압되어 온 것에 대한 저항과 해방을 지향하는 운동"(장미경, 1996: 15), "사회・문화적으로 여성이 남성에 비해 차별과 불이익을 당하고 있다는 '성불평등' 문제를 인식하는 데서 출발해 여성들이 자신의 권리를 위하여 문제를 제기하고 목표를 설정하여 집단적 노력이나 정치적 행동으로 표출하는 것"(김화・손지아, 2004: 84) 따라서 사회의 모든 분야에서 성평등성(모든 생활 영역에서 여성과 남성이 동등한 참여를 보장받고 같은 대우를 받는 것)을 이루기 위함인데, 성평등은 여성과 남성의 같은 점과 다른 점, 그리고 남녀의 다양한 역할에 대하여 사회가 평등하게 가치를 부여하는 것을 의미한다.

최근에는 여성학자들을 중심으로 여성복지정책을 젠더인지적 관점(gender perspective)에서 보고 있으며, 젠더 관계를 중심으로 여러 유형으로 분류하기도 한다. 그리고 이러한 유형을 중심으로 서구 각 나라의 여성정책을 비교하거나, 특정 국가에서 20년 동안 진행된 여성정책을 유형으로 분류하기도 한다(Chamberlayne, 1993; Sainbury, 1997). 또한 평등의 개념을 기회의 평등에서 시작하여 보호, 우선 처우로 나누고 세 가지 평등논리를 담고 있는 여성 관련법을 사례별로 분석하고 있다(조형, 1996: 263).

여성운동은 여성문제를 국가 차원에서 정책으로 결정될 수 있도록 지속적인 노력을 해왔다. 그런데 실제 여성복지정책 형성 과정을 보면 여성운동에서 요구하는 것이 한번에 수용되지는 않는다. 국회, 정당, 지도자 등 정책결정자들 대부분이 남성으로 여성단체의 요구가 정책의제로 수렴조차 되지 않거나 부분적으로 반영되기에 제 · 개정을 반복하게 된다. 이러한 과정에서 여성복지정책은 특정 법에 서도 여러 차례 변화하는 과정을 거치게 된다. 특히 모성보호, 육아문제, 폭력문제 등은 평등의 개념, 성역할문제, 공 · 사 영역분리 등과 관련된 것으로 정책형성 및 입법화 과정에서 다양한 변화를 보이고 있다.

페미니즘(feminism, 이하 페미니즘)이란 여성의 권리 및 기회의 평등을 핵심으로 하는 여러 형태의 사회적 · 정치적 사상, 이론, 운동들을 아우르는 용어라는 뜻으로 사전에 명시되어있다. 페미니스트(feminist)는 그 운동을 하는 사람들을 뜻하는 말이다. 페미니즘은 흔히 여성운동이라고 번역되고 표현되는데, 여성운동이라 표현하는 것보다 성평등과 성형평성을 위한 운동이라고 표현하는 것이 아마 더 정확하게 나타낼 수 있다. 페미니즘의 기본 개념은 기본적으로 모든 성차별과 억압에 반대하고 성평등을 지향한다는 것이다. 오랜 세월 여성은 사회적 약자로 분류되어 왔다. 페미니즘은 여성이 왜, 어떻게 억압받는가에 따라 여섯 가지의 갈래로 나뉘어 발전해 왔다. 이 갈래들을 살펴보면 자유주의적 페미니즘, 래디컬 페미니즘, 사회주의 페미니즘, 포스트모던 페미니즘, 상호교차성 페미니즘, 그리고 마르크스주의 페미니즘이다.

페미니즘은 여러 사상과 여러 갈래로 나뉘어 있기 때문에 여성의 인권을 신장하는 것만을 위한 것은 아니다. 물론 다른 운동들에 비해 여성의 인권을 중점으로 다루지만 페미니즘이 목표로 하는 것은 위에서 언급했듯이 성평등이다. 여성성과 남성성, 여성스러운 것, 남성스러운 것이라는 굴레에서 벗어나 사회구성원 모두가 자신만의 개성을 가질 수 있다. 그로 인해 현대사회가 개체주의적이고 비공동체주의적인 특질을 가지고 있으므로 여성운동을 여권신장으로만 보지 않고 개개인의 인권존중의 시각으로 보는 것이 타당하다.

2 정부의 정책 과정에서의 여성운동단체(NGO)들의 역할

여성 관련 시민단체들 가운데 대표적인 YWCA협회는 1877년 설립된 여성들을 향상시키고 사회를 발전시키는 것을 설립 목적으로 한 세계적인 기독교 여성운동단체에서 시작되었다. 1855년 영국 런던에서 여성들을 위해 기도하는 프레이어 유니언(Prayer Union)이 조직된 것이 시초이다. 아서 킨나드(Arthur Kinnarrd) 여사를 중심으로 젊은 여성들을 위해 기숙사를 마련하고 직업교육을 시작한 모임과 에마 로버츠(Emma Roberts) 여사를 중심으로 여성들을 위해 기도하는 모임이 연합하여 1877년 영국에서 최초로 YWCA가 설립된 것이다. 한국은 1922년 조선여자기독교청년회 연합회로 창설되었고, 1924년 세계 YWCA에 가입하였다. 1938년 일본의 탄압으로 일본 YWCA에 강제로 통합당했다가 1941~1946년 활동을 중단하였다. 1945년 8·15 광복과 함께 도약적인 발전이 있었고, 6·25 전쟁 뒤에는 Y-Teen을 분리시켜 학생운동을 활성화시켰다. 1995년 세계 YWCA 100주년대회를 서울특별시에서 치르는 등 국제적으로도 위상을 높였다. 그동안 전쟁과부돕기, 여성노동자인권 향상, 가족법 개정, 장애자복지 향상, 아나바다운동, 환경운동, 통일운동 등을 전개해 왔다. 2013년 서울미래유산으로 등재되었다.[40] 주요 활동으로는 청년운동, 여성운동, 기독교 운동, 회원운동의 국제적 기독교운동체로 성부, 성자, 성신을 기본 신조로 여성들로 하여금 책임 있는 행동으로 사랑을 실천하게 하는 활동을 하고 있다. 한국 YWCA협회의 최근 활동으로는 여성평화걷기, 남녀임금 차별은 불법이라는 페이 미투(pay me-too)운동 전개, 2018 국제여성평화 심포지엄, 국제여성평화걷기대회를 개최하였다.

한국여성민우회는 1987년 9월 12일 성평등과 여성의 인권이 보장되는 민주사회, 인간과 자연이 조화로운 생태적 사회의 실현을 목적으로 창립된 단체로 초대 회장은 이효재다. 여성이라는 이유로 차별받지 않는 사회, 여성의 인권이 존중되는 사회, 여성이 사회 모든 영역에서 동등하게 참여하는 사회를 만들어 가기 위한 여성대중운동을 지향한다. 더불어 생명과 여성의 관점에서 작게, 적게, 천천히 대안적 생활 양식을 전개해 환경과 생명을 지키는 생활협동조합운동을 전개하고 있다.[41] 주요 활동으로는 ① 성평등한 노동권, 일과 생활의 균형을 위한 활동, ② 여성이 자신의 몸과 건강의 주체가 되는 활동, ③ 성인지적 관점으로 미디어 감시 활동, ④ 성평등 관점으로 복지국가를 기획하는 활동, ⑤ 성폭력 없는 세상을 만드는 반성

40) YWCA(Young Women's Christian Association), 두산백과.
41) 한국여성민우회, 『시사상식사전』, 박문각.

폭력 활동, ⑥ 더불어 사는 민주사회를 위한 사회개혁 활동 등이 있다. 2017년 활동으로는 강남역 여성 살해사건 2주기 추모 퍼포먼스 캠페인을 광주여성민우회, 구포여성민우회, 인천여성민우회 등 지역별 많은 여성민우회들이 캠페인을 진행하였고, 미투운동과 함께하는 1만 인 선언, 대기업의 채용 성차별 규탄 시위 등을 실시하였다. 그 밖에도 한국여성노동자회, 평화를 만드는 여성회, 여성단체들이 연대한 한국여성단체연합 등이 있다.

3 정부의 정책 과정에서 제도화로의 정착 과정

여성정책은 흔히 여성복지정책과 성정책 등과 혼용되어 사용함으로써 혼란이 가중된다. 여성정책은 여성의 지위와 권익의 향상이나 남녀평등사회의 구현을 의도적으로 꾀하는 정책으로 남녀 차이나 차별을 핵심적인 문제로 인지하는 정책(장필화, 1990)이라고 말하며, 다르게는 가부장제와 남녀평등 사이 현실에 국가가 정책적으로 개입하는 것을 의미하는 말로 성차별의 해소와 남녀평등의 실현이란 이상적인 목표를 실현하기 위해 정책이란 현실에 기반하는 것(장하진, 1998; 김영미, 2008) 등으로 정의된다. 그러므로 이 안에 여성복지정책과 성정책이 포함된다고 말할 수 있다. 또한 여성정책은 남녀 간 불평등한 관계를 평등한 관계로 변화시키는 것을 핵심으로 하는 정책이다.

역대 정부별로 여성정책의 변화를 보면 김영삼 정부(1993년)는 보수적이었다. 출범한지 1년 만에 「근로파견법」의 제정과 생리휴가제 폐지 등이 있었다. 대신에 국회에서 '성폭력 범죄의 처벌 및 피해자보호 등에 관한 법률안'은 1993년 12월 17일에 국회 본회의에서 통과되어 미흡하나마 여성인권문제가 국가적 어젠다로 되기 시작했다고 볼 수 있다. 김대중 정부는 진보적인 여성운동 그룹이 진보정권의 등장으로 정책참여에 힘입게 되는 시기였다. 그 결과 2000년 12월 27일에 여성부가 신설되었다. 노무현 정부는 초기부터 여성정책, 여성운동에 호의적인 면을 내비쳤고, 역대 정권 중 최다의 여성 장관(4명)을 임명했다. 정부의 호의적 태도로 여성정책이 확대되고 활성화될 수 있다는 구조가 마련되었다. 이러한 향상은 국회의원 선거에서도 나타났다. 여성의원의 비율이 처음으로 10%가 넘었으며, 당선된 여성의원 중에 진보적 정당 소속 여성의원이 60.5%를 차지함으로써 여성이슈를 여성정책으로 전환하기 위한 환경이 마련되었다. 노무현 정부와 여성운동 간의 상호작용은 이전 정부보다 활발하게 전개되었으며, 정부는 여성정책에 적극적인 태도를 보였다. 노무현 정부의 여성정책의 가장 큰 성과는 호주제 폐지라고 볼 수 있다. 호주제 폐지는 여성운동의 숙원사업이었다. 지난 50년 동안 호주제의 규정은 삭제되지 않았고, 범여성운동을 중심으로 한 사민사회의 호주제 폐지활동이 활발해지는 속에서 정부의 대응 또한 적극적이었다. 호주제 폐지운동은 보수단체의 반발에도 불과하고 정당성을 얻게 되어 결국 2005년 3월 2일에 호주제가 폐지되었다. 노무현 정부는 김대중 정부를 이어 받아 2002년에 여성발전기본법을 개정하면서 도입되었고, 2004년 제도 시행을 위한 시범사업을 실시했다. 이명박 정부는 여성운동이 언론이나 대중의 주목을 받지 못했으며, 영향력도 미미했다. 여성운동과 여성의원들의 강력한 반발로 여성부의 존치로 입장을 바꾸긴 했지만 이전 정부에 비해 규모, 예산, 위상 등이 크게 축소되었으며 정부 내 가장 작은 부서가 되었다. 이명박 정부와 박근혜 정부의 여성정책이 후퇴한 이유는 외부로부터 이를 제재할 영향력이 미약하기 때문이다. 여성운동의 영향력이 없고, 역량이 약화된다.

그러나 문재인 정부 등장 이후 여성운동은 변하기 시작한다. 첫 번째, 2018년에는 미투운동을 시작으로 많은 여성의 사회적 이슈와 사회운동을 펼쳐 여성과 페미니즘 운동에 대해서 많은 관심을 가지는 계기가 된다. 페미니즘이란 '여성의 특질을 갖추고 있는 것'이라는 뜻을 지닌 라틴어 '페미나(femina)'에서 파생한 말로서, 성차별적이고 남성 중심적인 시각 때문에 여성이 억압받는 현실에 저항하는 여성해방 이데올로기를 말한다. 여성을 여성 자체가 아니라 남성이 아닌 성 혹은 결함 있는 남성으로 간주함으로써 야기되는 여성문제에 주목하면서 올바른 전망을 제시하려는 일련의 움직임을 포함한다. 즉, 여성을 억압하는 객관직 현실을 올바르게 파악하고 그 해결을 모색하는 것, 남성 특유의 사회적 경험과 지각 방식을 보편적인 것으로 표준화하려는 태도를 근절시키는 것, 스스로 억압받는다고 느끼는 여성들의 관심사를 체계적으로 이해하려는 것, 여성적인 것의 특수성이나 정당한 차이를 정립하고자 하는 것 등이 페미니즘의 목적이다. 때문에 페미니즘에서 문제삼는 것은 생물학적인 성(sex)이 아니라 사회적인 성(gender)이다.[42] 이러한 페미니즘을 지향하는 사람들을 페미니스트라고 한다.

두 번째, 여성 관련 사회적 이슈로는 불꽃페미액션이라는 한 여성단체의 시위이다. 이 여성단체는 페이스북 한국 본사 앞에서 윗옷을 벗고, 페이스북이라는 SNS상에서 남성의 반라 사진은 삭제하지 않고 여성의 사진만 삭제하는 건 납득할 수 없는 차별적 조치라며 시위하였다. 상의탈의를 하는 토플리스(topless) 시위는 한국에서는 낯선 문화이지만, 유럽에서는 '68혁명'과 맞물려 여성 해방, 성 해방의 한 상징으로 받아들여질 만큼 역사가 깊다고 한다. 2008년 국제여성인권단체에서 '나의 몸이 나의 무기'라는 모토 아래 반독재 투쟁부터 여성인권 문제까지 다양한 문제에 반라 시위를 벌였었다. 그리고 또 다른 여성 관련 사회적 이슈와 운동으로는 2016년 강남역 살인사건에 대한 시위, 미투운동과 디지털 성폭력 반대, 낙태죄 폐지 운동에 이어 사회가 강요하는 여성성에 대해 반발하는 탈코르셋 운동까지, 이와 같이 여성과 페미니스트에 관한 이슈와 운동은 이제 사회 곳곳에서 생겨나고 있다. 여성 시민단체들도 위와 같은 여러 이슈들에 집회와 서명 운동 등을 통해 많은 활동을 하고 있다.

미투운동을 비롯한 사회 각계각층의 여성 인권 신장을 위한 노력은 끊임없이 이어져 오고 있다. 현재 우리나라에서 일어나고 있는 페미니즘과 페미니스트에 관하여 이것을 바라보는 사회적인 시선은 크게 두 가지로 구분된다. 페미니즘과 페미니스트를 부정적인 시선으로 바라보는 관점과 긍정적인 시선으로 바라보는 관점이다. 페미니즘과 관련하여 이것을 부정적으로 바라보는 사람들은 나름의 근거가 있다. 여러 근거 가운데 가장 이슈가 되는 것 중 하나가 바로 지나친 혐오 표현이다. 따라서 혐오 표현이 무엇인지에 대해 선행될 필요가 있다. 혐오 표현은 두 가지로 정의를 내릴 수 있다. 혐오 표현의 넓은 정의는, 혐오 표현이란 인종, 성, 국적, 성적 지향, 종교 등 개인의 정체성에 핵심적인 요소들을 근거로 개인 혹은 집단에 대한 혐오를 표현하거나 폭력을 선동하는 말, 글 또는 행동이다. 또 다른 정의는 좁은 정의로서, 종, 성, 국적, 성적 지향, 종교 등 개인의 정체성에 핵심적인 요소들을 근거로 소수자 집단 혹은 그 집단에 속한 개인에 대한 혐오를 표현함으로써 어떤 특정한 효과(예: 소수자에 대한 폭력 유발, 소수자들에 대한 차별 고착화 등)를 가지는 말, 글 또는 행동[43]을 의미한다. 두 가지 정의 모두 혐오 표현의 대상에 대한 범위만 다를 뿐 결과적으로 개인 혹은 집단에 대해 혐오를 표현하는 것을 의미한다.

42) 페미니즘, 『문화비평용어사전』, 2006.1.30, 국학자료원.
43) 이준효(2021). 『페미니즘과 테러리즘』, 한국분석철학회.

성별을 떠나 페미니즘을 외치는 일부 개인 혹은 집단에서는 인권 신장을 위한 운동이 아닌 자신의 성이 아닌 다른 성에 대해 적대감을 표하고 폭력적인 상황을 만들며, 이러한 감정과 상황을 만드는 데 혐오 표현이 사용된다. 대표적인 여성 우월, 남성 혐오를 주장하는 커뮤니티로 '워마드'라는 인터넷 사이트가 있다. 워마드는 세간에도 많이 알려져 있을 정도로 그들의 행동은 다소 과격한 행태를 보인다. 워마드 이전에도 지금은 폐쇄된 '메갈리아'라는 사이트에서 다수의 사람이 페미니즘을 주장하며 남성 혐오를 조장해 왔었다. 이러한 메갈리아 사이트가 폐쇄되면서 메갈리아 회원들이 워마드로 대거 유입되었다. 워마드는 스스로 페미니즘을 주장하는 것이 아니라, 여성 우월을 위하는 것이라 주장해왔었다. 이 속에 공격적인 모습의 페미니즘을 주장하는 메갈리아 회원들이 유입되면서 내부적으로는 남성 혐오를 표방하고, 외부적으로는 일반적인 래디컬 페미니즘의 모습을 보인다. 그러나 내부적으로는 다양한 형태의 페미니즘 성향이 혼합되어 있다. 이 두 사이트의 회원들이 사용한 남성 혐오 표현 중 가장 널리 사용되고 많은 인터넷 사용자들이 접해봤을 법한 것들은 몇 가지 추려보면 다음과 같은 것들이 있다. '김치남', '한남충', '한남유충', '그남' 등이다. 이외에도 극에 달하는 혐오 표현들이 다수 존재한다. 남성 혐오 표현은 온라인 매체의 특성상 빠른 속도로 광범위하게 전파되어 앞서 기술한 혐오 표현들은 인터넷 기사 등에서도 그것을 언급 및 지적하거나 문제삼는 내용을 쉽게 찾아볼 수 있다. 이러한 남성 혐오적 표현들을 사용하는 사이트의 회원 중 다수가 스스로를 페미니스트라고 주장하며 남성 혐오적 표현들을 사용하기 때문에 그들을 바라보는 이들의 시선이 부정적인 것이다. 더불어 이들은 단순히 남성을 넘어 남성 동성애자들도 비하하는 모습을 보인다. 또한 이들은 자신들의 혐오 표현에 대한 나름의 정당성을 주장한다. 그 정당성을 부여하는 그들의 몇 가지 논증 중 하나는, "남성의 여성에 대한 혐오 표현은 여성에 대한 직접적이고 구체적인 차별, 폭력으로 이어질 위험이 있지만 여성의 남성에 대한 혐오 표현은 그러한 가능성이 없다"는 것이고, 그와 관련하여 "혐오 표현은 직접적이고 구체적인 차별, 폭력으로 이어질 위험이 있을 때, 그리고 오직 그때에만 도덕적으로 정당화되지 않고 나아가 법적으로 금지되어야 한다"는 것이 그들의 논증이다(이준효, 2021: 70). 이러한 이들의 주장은 현재 우리 사회에서 아직 여성 인권 신장을 비롯한 평등한 인권에 대한 범국민적 의식이 온전히 자리잡지 않은 시점에서, 오히려 페미니즘에 대해 부정적인 인상을 심어주는 악영향을 미치고 있다. 그래서 페미니즘 혹은 페미니스트를 줄여 부르는 단어인 '페미'는 그것의 긍정적인 측면보다, 페미라는 단어 자체를 나쁘게 바라보는 사람들도 어렵지 않게 찾아볼 수 있다.

일부 인터넷 사이트의 다소 과격한 행동들은 이러한 행동에 대해 지적하기 전에 왜 그들이 이러한 태도를 가지게 되었는지를 먼저 생각해봐야 한다. 자신의 성이 아닌 다른 성에 대해 공격적인 모습을 보이는 이유는 오랫동안 우리 사회에 자리잡아온 사회적 분위기와 문화 때문일 것이다. 과거부터 한국 사회는 남성의 지위가 더 높은 사회였다. 가부장적인 사회였으며, 여성보다는 남성을 더 중요한 인적자원으로 여겼다. 그렇기 때문에 남아선호사상과 같은 이념들이 생겨나기도 자리잡은 것이며, 지금 사회에서도 그 정도는 많이 완화되었으나 여전히 고착화된 문제로써 우리 사회에 자리잡고 있다. 또한 앞에서 말한 극단적인 성향을 보이는 인터넷 사이트 외에도 반대로 여성을 향한 혐오와 남성 우월주의를 주장하는 사이트들도 많이 존재한다. 그 대표적인 사례가 일간베스트라는 인터넷 사이트이다. 일간베스트의 여성 혐오 및 비하는 오래전부터 많이 알려져 왔다. 언론에도 보도될 정도의 사례들도 상당수 존재한다.

2020년에는 여성의 성희롱하고 장애인을 비하하는 글을 올렸던 경기도 7급 공무원 합격자에 대하여 임용을 막아달라는 국민청원까지 등장하며, 결국 임용이 취소된 사건이 있었다. 또한 지난 8월 온라인에 패륜적인 글과 성희롱 발언 등의 게시물을 작성한 사람의 대해서 화제가 되었다. 그 이유는 이 사람이 초등교사 임용시험에 합격자였기 때문이다. 특히 더 화제가 되었던 것은 앞의 공무원 임용이 취소된 사례와는 「국가공무원법」과 「지방공무원법」에서는 채용후보자의 자격을 취소할 수 있는 규정이 있지만 「교육공무원법」에는 성폭력 범죄 등에 대해서만 교육공무원의 결격 사유로 규정하고 있어 임용을 취소할 수 없다는 사실이다. 이렇듯 사회 곳곳에서 여성에 대한 성희롱과 같은 일들이 많이 발생하고 있다. 이러한 사실은 여성들의 한국 남성에 대한 신뢰를 낮추고 반감을 사게 할 우려가 있다. 따라서 위에서 말한 바와 같이 단순히 극단적인 남성 혐오를 하는 여성들에 대해 문제를 묻기 전에 그들이, 그리고 넓게는 많은 여성들이 왜 여성의 인권을 높이고 지위를 높이려 하는지에 대해 깊은 고민을 해봐야 한다.

페미니즘, 그리고 남녀 갈등이 고조되는 현상은 우리 정부가 그것을 인지하지 못하거나 외면할 수 없는 지경에 이르렀다. 이와 관련한 사례로, 변희수 하사에 대한 전역 처분이 있다. 변희수 하사는 대한민국의 군인이었다. 변 전 하사는 2017년 3월 남군 부사관으로 선발되어 경기 북부 모 육군부대에서 복무하다, 2019년 휴가 중 외국에서 성전환수술을 받고 왔다가 심신장애 3급 판정 결정으로 2020년 1월 전역 처분되었다.[44] 변 전 하사는 군 복무 중에 성전환 수술을 위한 국외 휴가 승인을 얻어 태국에서 여성으로 성전환 수술을 받았음에도 불구하고 전역 처분을 받은 것이다. 그 후 변희수 하사는 여군으로서 군복무를 계속할 수 있을 수 있도록 기자회견을 열어 입장을 밝혔으나 끝내 받아들여지지 않았다.[45] 심지어 전역 처분 결정 이틀 전에 변 전 하사가 국가인권위원회에 제기한 진정 사건에 대해 국가인권위원회는 2019년 12월 "트랜스젠더 군인에 대한 강제 전역 처분은 인권 침해에 해당한다"며 육군참모총장에게 전역 처분을 취소하라고 권고[46]했었다. 2019년 2월 육군본부에 전역 처분에 대한 인사소청을 제기하였으나 받아들여지지 않았고, 변 전 하사는 '트렌스젠더 군인 변희수의 복직을 위한 공동대책위원회' 도움으로 지난해 8월 11일 계룡대 관할 법원인 대전지법에 육군참모총장을 상대로 전역 처분 취소 청구 소송을 냈다.[47] 그러나 소송 첫 변론이 있기도 전에 변 전 하사는 자택에서 극단적인 선택을 하게 되었다. 시간이 흘러, 군 복무 중 성전환 수술을 받은 최초의 현역 군인이었던 변 전 하사에 대해 전역 처분이 위법하다고 올해 지난 27일 확정되었다. 또한 대전지법 행정2부는 지난 7일 변 전 하사가 생전에 육군참모총장을 상대로 낸 전역 처분 취소 청구 소송에서 원고 승소 판결을 내렸다.

변 전 하사의 전역 처분은 사회적으로 매우 큰 파장을 일으켰다. 변 전

44) http://www.busan.com/view/busan/view.php?code=20211028151351117569

45) "저는 인권친화적으로 변모하고 있는 군에서 저를 포함해 모든 성소수자 군인들이 차별받지 않는 환경에서 각자 임무와 사명을 수행할 수 있었으면 합니다. 제가 그 훌륭한 선례로 남고 싶습니다. 저는 미약한 한 개인이겠으나 힘을 보태어 이 변화에 보탬이 되었으면 합니다. 저의 성별 정체성을 떠나 제가 이 나라를 지키는 훌륭한 군인 중 하나가 될 수 있다는 것을 모두에게 보여 주고 싶습니다. 제게 그 기회를 주십시오. 저는 대한민국 군인입니다. 감사합니다"(2020년 1월 22일 기자회견문 중).

46) https://www.chosun.com/national/national_general/2021/03/03/WVWAVPLLJBAV7NIGEIT5N5GXQA/

47) https://www.yna.co.kr/view/AKR20210303174051064

하사의 전역 처분에 대해 한 20대 여성이 지하철역에서 부당함을 주장하는 일이 있었다. 2020년 10월에 서울의 합정역 승강장에서 나체 상태로 "변희수 하사의 자유를 보장하라"[48]고 외치는 일이 일어난 것이다. 이 사건은 사회적으로 자유롭고 평등한 성을 보장받기 위한 하나의 작은 운동이라고 할 수 있다. 나아가 변 전 하사의 전역 처분 사건은 사회적으로 담고 있는 문제에 대해 알려주고 우리가 깊은 생각을 가져볼 필요와 의무가 있음을 지적하고 있다. 더불어 우리 사회가 나아가야 할 방향에 대해 고찰하는 계기가 되었다.

앞서 페미니즘의 개념에 대해 말했듯이, 페미니즘은 성평등과 성형평성을 위한 운동이다. 기본적으로 모든 성차별과 억압에 반대하고 성평등을 지향한다는 것이다. 이러한 의미에서 볼 때, 변 전 하사의 전역 처분은 성평등도 성형평성도 보장받지 못했다. 이것은 넓게 볼 때, 우리 사회가 가지고 있는 부족한 성평등의식과 그와 관련된 미흡한 제도들을 반증해준다.

남녀 갈등 및 성불평등을 제거하기 위해서는 국가적 차원과 개인적 차원에서의 노력이 모두 필요하다. 국가는 성불평등의 원인이 되는 제도들을 없애고, 변 전 하사의 사례처럼 모두가 평등할 수 있는 사회를 만들기 위해 그동안의 고정관념을 깨고 나와 폭넓은 시야를 바탕으로 성소수자 및 성차별에 노출된 이들을 보호할 수 있는 제도적 장치를 마련해야 한다. 나아가 어느 한 쪽의 성을 떠나서 모든 사람들이 서로를 인정하고 지지해 줄 수 있도록 하는 교육이나 캠페인 등을 적극적으로 펼칠 필요가 있다.

48) https://www.chosun.com/national/national_general/2020/10/13/S5BFUL3D55H2RBANYDUFFA55SE/

제 5 장 NGO의 주요 활동과 이념 갈등

제 1 절 21세기 NGO의 변화

1 시민사회 내부의 변화

시민사회단체 내부에서 세대 교체는 숨가쁘게 이뤄지고 있다. 이러한 세대 교체 현상은 대략 다음의 요인에 의한다. 첫 번째는 일부 원로 시민운동 지도자들의 정계를 비롯한 다른 영역으로의 진출로 인해 자연스럽게 이뤄지는 측면이 있다. 두 번째는 총선연대 활동 이후 노무현 정부까지는 소위 진보적 NGO들이 대부분이었으나 이명박 정부에 들어서는 우파 보수적 NGO들이 생성 발전되기 시작했으나 상당 부분 관제적 성격이 짙다는 점이다. 세 번째는 진보와 보수 NGO들을 막론하고 386세대의 급부상을 들 수 있다. 현재 많은 수의 NGO 실무 책임자인 사무처장급들이 386세대들로 채워지고 있어, 시민운동의 지도자들이 50대와 60대에서 운동적 기반이 거의 없는 40대를 훌쩍 뛰어넘어 30대로 이양되고 있는 실정이다. 물론 과거 개인적 카리스마가 매우 강했던 50대와 60대에서 집단적이고 좀 더 진보적 성향을 가진 30대로 이동한다고 해서 운동의 급격한 변화는 없겠으나, 과거 권위주의적 성격이 농후했던 시민운동이 좀 더 민주적이고 합리적인 방향으로 변화할 가능성은 충분히 있다고 본다. 그러나 정권이 보수와 진보로, 진보에서 보수로 바뀌는 잦은 교체에 의해 시민사회단체 역시 보수와 진보의 진영논리에 의해 극우·극좌 등 스펙트럼이 넓어지고 있다.

여전히 21세기 우리나라 NGO의 문제점은 시민 없는 시민운동이라는 점 역시 비판받고 있다. 시민운동이란 시민들의 자발적 참여를 근간으로 하기 때문에 소수의 명망가를 중심으로 이뤄지는 시민운동은 근원적인 허점을 드러낼 수밖에 없다. 그뿐만 아니라 공익을 지향하는 시민운동의 취지 또한 소수의 실무자에 의해 시민단체가 운영될 경우 그들의 사적인 이익을 위한 단체로 변질될 수 있는 취약성의 한계에 노출될 수 있다. 또한 시민운동은 그 운동을 행하는 시민단체의 재정적 수입으로 독립적인 활동을 할 수 있을 때 가장 바람직하다. 하지만 현실적으로 오로지 시민운동을 위한 수입원을 시민단체의 회비나 기부금으로 하는 것엔 한계가 있는 것이 사실이다. 그렇다고 해서 기업이나 이익단체 등에 재정의 상당 부분을 의지하게 될 경우 그들의 의사와 요구를 등한시할 수 없다는 문제점이 발생할 수 있다. 이는 시민운동이 공익을 지향하는 운동임에도 불구하고 정치적 혹은 영리적 목적으로 그 활동을 전개하게 될 위험성을 가지게 됨을 의미한다. 결론적으로, 시민단체들은 많은 부분에서 내부의 취약성을 노출하고 있다. 또한 다른 국가에 비해 짧은 기간에 급하게 형성된 시민단체와 그 단체를 통해 행해진 시민운동은 그 구조적인 한계를 여실히 드러내고 있다. 그 문제점에는 진영논리로 무장한 시민사회단체들에 의하여 갈등의 조장, 대중성의 취약, 전문성의 결여, 단발성 행사 위주의 움직임, 실무 전업 운동가들의 역량 부족 등을 들 수 있다.

2 새로운 다중매체(SNS) 시대에서의 변화

정치와 경제는 물론 문화와 다른 영역에 이르기까지 사회 변화의 폭은 넓어지고 그 속도는 매우 빨라지고 있다. 이런 변화 가운데 대표적인 것의 하나가 새로운 시민운동 방식의 급부상이다. 위기사회를 거론한 것으로 유명한 독일의 사회철학자 벡(Ulich Beck)이 언급하는 위기는 사회 안전망의 위기가 아니라 자유로부터 '고통받고' 있는 현대 사회를 지칭하는 것이었다. 그의 주장은 좀 더 정확히 말해 "우리는 지금 자유의 지속적인 증가에서 비롯된 뜻밖의 결과나 다양한 표현 형태들로부터 고통받고 있는 것이다. 지금의 사회는 가치 체계의 붕괴가 아니라 가치 체계의 갈등을, 사회와 정치, 그리고 민주주의와 관련해 그 양식이나 내용 면에서 극히 상이한 두 가지 이미지를 마주하고 있는 셈이다. 가치 체계의 붕괴를 개탄하는 사람들은 '감사할 줄 모르는' 사회와 고마움을 모르는 청년 세대에 대해 불평하면서 대단히 우쭐대기도 한다. 하지만 청년들은 다만 우리 기성 제도가 모든 것을 제대로 운영하고 있다는 것을 인정하지 않는 것이다"라는 것이다. 또한 그가 언급한 것 가운데 더욱 설득력 있는 것은 지금의 독일 젊은이들은 정치에 회의적이지만 대단히 정치적으로 행동한다는 것이다. 참여를 하게 된다면 정당에 참여하는 것은 구태의연하고 그린피스(Greenpeace)에 가입하려고 든다는 것이다(울리히 벡, 2000: 21-26). 다소 인용이 길어졌지만 10년 전에 출간된 벡이 독일 사회를 진단한 것이 현재의 한국 정치 현상을 아주 잘 표현하고 있다고 본다. 현재 국내 정치의 가장 큰 도전은 소셜 네트워크 서비스(social network service: SNS)의 발달로 인한 시민들의 '직접적인' 정치참여, 정확히는 벡이 언급한 가치 체계의 붕괴가 아닌 새로운 가치 체계를 갈망하는 자유의 아이들이 증가하는 것이다.

2011년 10·26 서울시장 보궐선거 이후 모든 국정 및 지방선거에서 소셜 미디어를 통한 정치참여가 선거라는 관습적인 정치참여 방식은 정당의 선거 방식을 바뀌게 했지만, 기존의 거대 시민단체들에게도 변화를 미쳤다. 앞으로 한국 정치에서 선거 이외의 정치, 즉 소통의 정치에서도 큰 변화가 예상된다. 페이스북, 트위터 등 스마트 정보통신기술(ICT)에 의한 이들 젊은이의 직접적인 정치참여는 갈수록 보편화되고 있고, 이는 기존 대의 민주주의 체제의 근간인 정당을 위협하고 정규 언론 중심의 매스미디어의 정치사회적 역할을 오마이뉴스, 딴지일보, '나는 꼼수다' 등등의 인디언론의 등장이 기성의 가치 체계를 위협하고 있는 것이다.

물론 스마트 정보통신기술의 등장은 정치적 자원(political resources)의 민주화라는 측면에서 긍정적인 평가를 받을 수 있다. 전통적인 대의 민주주의 제도에서는 정치적 참여가 조직, 자금, 사회적 명망 등 유무형의 정치적 자원을 가진 엘리트 집단에 한정되었다. 반면 일반 대중은 이러한 정치적 자원의 부재로 인해 대부분의 경우 규칙적으로 행해지는 선거를 통해서만 정치적 참여를 하는 데 만족해야 했다. 하지만 소셜 미디어는 저비용의 정치참여를 가능하게 했고, 인터넷상의 정치적 연결망은 정당에 의한 오프라인 조직보다 효과적일 경우가 많았다. 하지만 이러한 비관습적 정치참여가 일상화될 경우 매스미디어와 정당 등에 의한 사회 필터링 기능이 무용화되어 갈등조정의 어려움, 이해관계자 대표성 상실, 정책결정 과정상 협상비용의 증가, 책무성 위기의 발생 등으로 정책결정의 안정성이 훼손될 우려가 있다. 소셜 미디어의 보편화는 선거와 같은 관습적인 시민참여에서도 혁명적인 변화를 이끌었다. 선거운동은 관습적으로 정당조직에 의해, 그리고 매스미디어를 통해 이뤄졌다. 하지만 2011년 10 · 26 서울시장 보궐선거에서 소셜 미디어는 정당조직과 매스미디어의 영향력을 상당 부분 무력화시켰다. 스마트폰 등 소셜 미디어를 많이 이용하는 20대에서 40대에 이르는 청장년층은 신문 · 방송으로 대표되는 매스미디어보다는 온라인상의 소셜 미디어를 통해 정보를 얻고 여론을 '퍼나르며' 후보자에 대한 지지 의사를 밝혔다.

SNS의 시민운동에서의 활용을 살펴보면 21세기 시민사회 형성을 도모하는 시민단체들의 앞으로의 활동 수단 중 하나가 SNS가 되지 않을까 라는 예상이다. 실제로도 최근에는 시민단체의 움직임이 SNS를 적극 활용하는 방향으로 나아가고 있는 모습을 발견할 수 있다. 현재 많은 수의 시민단체가 전용 트위터를 개설해 사용하고 있으며, 페이스북에서 시민단체의 이름으로 페이지를 개설하는 등 SNS 활용에 적극적인 모습을 보여 주고 있다. 많은 시민단체가 홍보, 소통, 정보 공유의 목적으로 SNS를 이용하고 있는 것이다. 따라서 정치행정 체계에 새로운 소통 수단으로서 이들 발달된 IT 기술이 정당이나 기존의 시민단체 활동에도 크게 영향을 주어 정치행정의 지형을 바꿀 수 있다고 전망된다.

제 2절

2000년대 이후 NGO의 주요 활동

1 2000년 총선시민연대의 '낙천 · 낙선운동'

총선시민연대의 '낙천 · 낙선운동'으로 2000년을 시작한 한국 NGO의 활동은 SOFA 개정이라는 자주 · 독립국가의 위상에 상응하는 한 · 미 관계의 정상화를 이루어 냄으로써 역동적이고 성공적인 한 해의 활동을 마감했다. 그러나 2000년 NGO 활동이 반드시 성공적이고 건설적이었던 것만은 아니다. 시민운동의 한 지도자의 도덕성 훼손과 경실련의 공기업 모금 사태, 그리고 한국 NGO의 고질적·본질적 모순으로 평가되고 있는 외화내빈(外華內貧) 현상이 전혀 개선될 전망이 보이지 않았던 것 등은 한국 NGO의 한계와 문제들을 적나라하게 보여 주는 것이었다.

2000년은 한국 NGO의 가능성과 한계, 과제 등을 여과 없이 보여 준 해였으므로, 바로 이 시점에서 한국 NGO가 좀 더 구체적인 미래를 설계할 수 있었다. NGO의 가능성과 긍정적인 부분들을 확고히 해 나가고, 그 한계와 문제점을 적절하게 개선하고 극복해 낼 수만 있다면 NGO의 세기라고도 일컬어지는 21세기를 명실공히 그들의 세기로 전환시킬 주역이 될 수도 있는 것이다. 그리고 이러한 주장은 한국의 현 정치 위기에 대한 반발이나 한국 사회의 총체적 아노미(anomie) 현상에 대한 대안 부재에 대해 지식인의 저항적이고 기대 섞인 전망이 아니라 정도의 차이는 있지만, 21세기 NGO 내지 제3섹터, 시민사회의 중요성을 예견하고 강조한 학자와 전문가들에 의해 누누이 강조되고 있는 점이다. 또한 우리 현실에서도 과거 김대중 대통령을 비롯한 여야 정치인들이 시민운동과 함께 사회개혁을 하겠다는 의지 표명을 통해 잘 나타났다. 물론 정책입안자들이나 기구들의 주장이 그들의 권력 재창출을 위한 도구로 NGO를 이용하겠다는 불순한 의도를 갖고 있건 아니건 간에 NGO와 그에 의해 전개되는 시민운동의 유의미성은 이제 무시하고 억압할 수 있는 현실이 아니라는 반증이기도 하며, NGO의 역량에 따라서는 그 사회적 영향력을 한층 강화시킬 수 있는 것이다.

2000년 4월에 실시된 제16대 총선에 대비해 1월에 결성된 총선시민연대는 선거를 통해 부패하고 무능한 정치인들을 퇴출시키는 데에 그 목적이 있었다. 처음 전국적으로 4백여 개의 NGO가 참여했으나 시간이 흐를수록 이 운동에 대한 시민들의 관심과 참여가 많아지고, 총선연대에 대해 소극적인 반응으로 일관했던 정치권이 한층 민감하게 반응하면서 자기 방어에 급급해지자 NGO의 참여는 훨씬 강화되어 한때 참여 NGO의 수가 천여 개에 이르렀다. 결과적으로, 한국의 민주주의 역사상 최초로 선거혁명을 이룩했다는 평가를 받을 정도로 성공적이었던 총선시민연대의 '낙천·낙선운동'은 전체 국회의원의 절반을 새로운 인물로 교체하는 등의 정치권의 새 판짜기를 가능케 했다. 전 세계적으로도 동일한 사례를 찾기 어려운 2000년 한국 NGO의 총선시민연대 활동은 지극히 한국적 특수성에 기반한 시민운동이었다는 점에서 앞으로 이에 대한 연구와 평가가 다양한 관점에서

총선시민연대의 '낙천 · 낙선운동'
자료: http://imagesearch.naver.com/search.naver

인물 탐구 **박원순(1956.3.26~2020.7.9) 사회기관단체인, 변호사, 3선 서울시장 역임**

대한민국의 법조인이며 아름다운 재단 상임이사이자 변호사이다. 경남 창녕군 출신으로 1974년 경기고등학교를 졸업하고 1975년 서울대학교에 입학했으나 학생운동으로 제적당하고 단국대학교 사학과를 다시 입학해 1979년 졸업했다. 1980년 사법시험에 합격하고 1995년부터 2002년까지 참여연대 사무처 처장을 지냈으며 공공봉사 부문 막사이사이상을 수상했다. 2011년 서울시장 보궐선거에서 야권연합 대표로 서울시장에 당선되었고, 2018년 7월부터 처음으로 3선 서울시장으로 임기를 시작했으나 2020년 작고했다.

저서로는 『아직도 심판은 끝나지 않았다』(한겨레신문사), 『역사를 바로 세워야 민족이 산다』(한겨레신문사), 『내 목은 매우 짧으니 조심해서 자르게: 세기의 재판 이야기』(한겨레신문사), 『NGO: 시민의 힘이 세상을 바꾼다』(예담), 『악법은 법이 아니다』(프레스21) 등이 있다.

이뤄져야 할 것이다. 이러한 총선연대 활동의 경험에서 한국의 NGO가 거둔 가장 중요한 성과는 역시 시민운동이 한 특정 집단이나 영역의 운동에서 전(全) 사회적 영역으로 확대할 수 있다는 점일 것이다. 시민들이 보여 준 높은 관심과 격려는 바로 시민사회의 발전과 성숙으로 나타날 수 있는 가능성을 보여 준 것이다.

그러나 한편으로는 이러한 긍정적인 측면에도 불구하고 역시 그 한계가 확연히 드러나기도 했는데, 가장 분명하게 나타난 부정적 요인은 네거티브(negative) 운동의 한계이다. 즉, 특정 부적격 후보의 선정 기준의 모호성에 따른 공정성 시비와 검증되지 않은 여타 후보에 대한 평가 기준 선정의 어려움, 부정적인 면만 부각시켜 유권자들로 하여금 기존 정치에 대한 불신과 혐오증을 가중시킨 점들을 들 수 있다.

또한 시민운동 내부의 갈등도 쉽게 치유될 수 없었던 부작용으로 나타났는데, 이는 총선연대 활동이 법 테두리를 벗어난 불법 선거운동을 전개했다는 점에서 지금까지 시민운동이 합법적 공간에서 진행해 왔던 공명선거운동과 분명한 차이를 드러낸 것이다. 이것은 시민운동 사이의 이념적 분열로까지 이어졌다. 총선 과정에서 합법적으로 진행된 공선협 활동은 유권자들과 대중매체에 의해 거의 무시되었고, 불법적으로 진행된 '낙천 · 낙선운동'은 매우 광범위한 사회적 관심을 끌어 모았다.

2 SOFA 개정운동

2000년 12월에 체결된 주한미군 주둔과 관련된 행정협정인 SOFA 개정은 한국 시민운동의 쾌거가 아닐 수 없으며, 이는 또한 시민운동의 한 정형을 보여 주는 모범적인 사례가 될 수 있을 것이다. 지난 수십 년 간 한국은 마치 미국의 점령지 내지 식민지와도 같았다. 특히 미군 사령관의 국군통수권 행사 외에도 미군 범죄와 관련해서도 한국 경찰과 사법 당국의 권한은 극히 제한적이었고, 미군기지에서 자행되고 있는 빈번한 환경오염 사안에 대해서도 속수무책이었다.

이런 차별적인 미국과의 SOFA 협정은 현재 OECD 회원국인 한국의 국제적 지위와 위상에 전혀 걸맞지 않을 뿐만 아니라 한국인의 자존심과 자부심을 여지없이 훼손해 왔다. 그리고 한국 정부의 SOFA 개정에 임하는 태도와 자세는 매번 국민들을 실망시키고 좌절시켜 왔다. 그러나 범죄인 신병 인도 부분, 환경 관련 부문의 국내법 존중, 기지 근로자 해고 요건의 강화 등을 골자로 한 한 · 미 간의 SOFA 개정은 비록 그동안 시민단체들이 요구해 온 수준에 미치지는 못하지만 불평등 내지 굴욕이라는 형용사를 뗄 수 있게 된 것만으로도 긍정적으로 평가할 수 있다.

여기에서 이 협정의 개정까지의 과정을 간단히 살펴볼 필요가 있다. 왜냐하면 이 과정이 바로 한국 시민운동의 사회적 영향력과 성공적인 운동 과정을 교과서적으로 보여 주고 있기 때문이다.

첫 번째 단계는 특히 미군 범죄와 관련된 반미 분위기가 전 사회적으로

SOFA 개정운동
자료: http://imagesearch.naver.com/search.naver

확산되어 있었다. 이는 특히 윤금희 씨 살인사건을 비롯한 빈번한 미군 범죄에 대한 한국 정부의 굴욕적 대응에 의해 촉발되고 확산되었다.

두 번째 단계는 미군기지에서의 독극물 방류사건을 비롯한 미군기지에서의 환경오염 사태가 NGO에 의해 폭로되고, 이를 한국의 언론들이 보도함으로써 한국 내의 반미 분위기는 절정에 달하게 되었고, 급기야 주한 미군사령관이 주둔 역사상 최초로 직접 사과 성명을 발표하기에 이르렀다.

세 번째 단계는 이런 반미 분위기를 기존에 구성되어 있었던 'SOFA 개정 국민행동'이 조직화해 양국 정부에 거센 압력을 가했다.

네 번째 단계는 이런 사회적 압력이 양국 정부에 커다란 부담이 되었고, 특히 김대중 정부에는 정권 차원의 부담으로 작용했다. 이는 결국 양국 정부가 SOFA 개정에 대해 전향적으로 임하지 않을 수 없도록 했다.

다섯 번째 단계는 특히 국내 여론이 한국 정부의 입장을 강화시켜 주었고, 이를 통해 적어도 한국인의 품위 유지 수준의 개정을 이끌어 낼 수 있게 했다.

범죄인 인도와 기지 노동자 근로 조건의 강화를 통해 한국은 명분을 얻을 수 있었고, 환경 부문의 강화를 통해 막대한 경제적 손실을 방지할 수 있는 실질적인 소득을 얻었다고 할 수 있다.

3 2003년의 파병 반대, 여성과 환경운동의 분출*

1) 여성운동

여성운동도 확장되기 시작했다. 당시의 여성운동의 흐름은 크게 호주제 폐지운동과 여성 정치 참여준비로 정리될 수 있다. 첫째, 호주제 폐지를 위한 운동과 노력이 지속적으로 오랫동안 지속되어 왔기 때문이다. 호주제를 폐지하기 위해 여성계는 지금까지 여론 확산운동을 실시했으며, 호주제 폐지를 위한 민법개정안 의원 발의 서명운동을 전개했고, 3월 호주제의 위헌성에 대한 의견을 헌법재판소에 제출했으며, 2003년 4월 호주제 폐지를 위한 위원간담회, 2004년 5월 사이버 호주제 폐지운동을 전개했다. 이렇듯 호주제를 폐지하기 위한 다양한 노력, "호주에 관한 조항을 삭제하고 자녀의 성(姓)과 본(本)을 부모 협의로 결정하도록 하는" 민법 개정을 위한 국회의원의 적극적인 노력, 이에 화답하는 여성부의 정부법률안 제출과 국무회의 통과는 시민단체의 요구 사항이 법안화될 수 있는 전형을 창출했다.

여성운동
자료: http://imagesearch.naver.com/search.naver

* 한국 NGO 리포트(2003)에서 인용.

2) 환경운동

환경운동 역시 폭발적으로 분출되었다. 개발 대신 환경을, 환경보다는 생태 보전을 주장하는 환경과 관련된 획기적인 일이 발생했다. 발전의 상징으로 보였던 청계천 고가도로가 역사의 뒤안길로 사라졌다. 현재 환경친화적 청계천 개발이 마무리되었으며, 그들의 주장대로 청계천이 생태적으로 복원되었다. 청계천의 친환경적 개발만큼이나 굵직굵직한 환경문제들이 분출했다. 예컨대, 새만금사업, 북한산 국립공원 터널, 고속철도의 금정산·천성산 통과, 부안 위도 핵폐기장 건립, 경유 승용차 허용 등 중요 사안들이 표출되었다. 이에 대한 환경운동의 특징은 다음과 같다.

첫째, 환경운동단체와 지역 주민의 공동 활동이 돋보였다. 환경운동단체들은 중요 국책사업이 초래할 환경 파괴에 대해 지속적으로 경계하는 입장을 취해 왔다. 해당 지역에서 국책사업이 문제를 발생시키자, 환경운동단체는 지역 환경문제에 적극 개입했다. 환경운동단체의 방향 제시 역할과 지역 주민의 지킴이 역할이 결합해 환경운동은 시너지 효과를 톡톡히 발휘했다. 환경운동단체들은 지역의 현안 문제에 적극 개입해 운동 방법과 활동 방식 등을 지역 주민에게 전수했고, 지역 주민들은 환경운동단체의 지식, 경험과 노하우 등을 적극 수용했다.

환경운동

자료: http://imagesearch.naver.com/search.naver

둘째, 지역문제의 전국화와 세계화이다. 한 지역에서 발생한 환경운동은 곧장 전국화되었다. 개발을 둘러싼 환경문제는 특정 지역의 현안을 둘러싼 갈등으로 시작되었지만, 전국적인 종단 간의 협력에 의해 전 국민의 관심거리로 등장하게 되었다. 이는 특정 지역의 환경문제가 전국화되고 있는 현상을 의미한다. 나아가 환경문제는 지역을 넘어 세계로 전파되기도 했다.

셋째, 환경을 지키기 위한 지역 주민들의 의식 고양이 두드러지게 나타났으며, 그 표현 방법도 다양했다. 지역 주민들은 새만금사업, 북한산 국립공원 터널 등의 시민운동을 통해 환경은 이제 보호의 대상이 아니라 더불어 살아야 하는 것으로 인식하기 시작했다.

3) 부안 핵폐기장 반대운동

(1) 연대 배경

정부가 2003년 2월 울진·영광 등 4개 지역을 방사성폐기물 영구 처분장 후보지로 발표했으나 각 지역별 대규모 반대운동과 서울에서의 4개 지역연대 집회 등으로 사업 추진이 어려워지자 당시의 산업자원부(현 산업통상자원부)가 6월 말부터 유치 신청 공모를 시작했다. 이런 과정에서 방사성폐기물 처분장 유치에 반대 입장을 밝혀 온 부안군수가 군의회의 유치청원 부결에도 불구하고 7월 14일 유치 신청을 했다. 이에 산업자원부는 부안을 후보지로 확정함으로써 격렬한 주민 저항이 시작되었다.

(2) 주요 활동

핵폐기장 중단·핵정책 재검토 사회단체인사 100인 선언, '핵반대·군수퇴진 부안군민 1만 인 대회' 등 시위활동을 전개했으며, 군수에 대한 주민소환 등을 추진했다.

(3) 여론

주민과 환경운동단체들의 격렬한 시위는 핵폐기장 원점 재검토라는 결과를 가져왔으나 과정적 측면에서의 부당함과 주민 등 실질 이해당사자의 의사결정 과정에서의 배제는 환경운동 진영에 정부가 제시하는 '참여'의 의미에 대해 의구심을 갖게 했다.

표 5-1 부안 핵폐기장 반대운동 관련 주요 내역

연도	설립 단체	주요 활동	연대 단체
2003	핵폐기장 반대 범부안군민 대책위	핵폐기장건립반대운동 군수 주민소환 추진	경실련, 녹색연합, 반핵국민행동, 참여연대, 한국반핵운동연대, 환경운동연합, 환경 정의 등

부안 핵폐기장 반대운동

자료: http://imagesearch.naver.com/search.naver

4) 이라크 파병 반대운동

(1) 연대 배경

미국의 이라크 침공이 감행된 후 전 세계적인 반전운동이 활발하게 전개되는 가운데, 한국의 시민사회운동단체들도 여중생 사망사건 범국민 대책위 소속 단체들을 중심으로 미국의 이라크 침공 반대와 한국군의 파병을 반대하는 운동을 전개했다. 2003년 9월 23일 전국적으로 351개 단체가 참여한 가운데 '이라크 파병 반대비상국민행동(파병반대국민행동)'을 결성하고, 미국의 이라크 점령과 한국군 추가 파병을 반대하는 운동에 돌입했다.

(2) 주요 활동

파병 반대 시위·촛불집회 주도, 파병 반대 서명운동, 국제 공동 반전행동 등의 활동을 펼쳤다.

(3) 여론

파병 반대운동은 한국 시민사회운동에 반전평화운동이라는 새로운 패러다임을 제공했으며, 시민사회의 눈을 세계로 넓히면서 국제연대에 대한 관심을 고취시켰다는 점에서 큰 의의를 갖는다.

이라크 파병 반대운동

자료: http://imagesearch.naver.com/search.naver

표 5-2 이라크 파병 반대운동 관련 주요 내역

연도	설립 단체	주요 활동	연대 단체
2004	파병반대 국민행동	이라크 파병 반대 시위 · 촛불집회 국제공동 반전행동	경실련, 녹색연합, 반미여성회, 문화연대, 민주노총, 전국민중연대, 참여연대, 평화통일시민연대, 한국여성민우회, 함께하는 시민행동, 환경운동연합, 환경 정의, YMCA 등 353여 개 단체

4 한반도 대운하 반대운동

1) 연대 배경

정부의 운하 건설 추진에 반대하는 '경부운하저지국민행동'이 전국 단위의 단체들과 연대하며 2008년 2월 19일 '운하백지화국민행동'을 발족했다.

2) 주요 활동

운하백지화 서명운동, 대운하 건설 반대 촛불집회 등의 활동을 벌였다.

3) 여론

(1) 영남 단체장들 "낙동강 운하 조기 건설을"

부산 · 대구 · 울산 · 경북 · 경남 등 영남권 5개 시 · 도지사들이 낙동강 운하의 조기 건설을 촉구하는 공동 건의문을 채택, 낙동강 운하 건설에 한 목소리를 내며, 이들 시 · 도지사는 자치단체 차원에서 낙동강 운하 개발과 관련해 용역 의뢰, 낙동강 운하 포럼 개최 등 준비 작업을 추진해 왔지만 공동으로 건의문을 발표하기는 이번이 처음이다. 또한 최근 이명박 대통령이 대구 · 경북을 방문한 자리에서 대운하를 전면 추진에서 단계적 추진으로 한 발 물러선 것과 관련해 주목된다.

허남식 부산시장, 김범일 대구시장, 박맹우 울산시장, 김관용 경북도지사, 김태호 경남도지사 등 영남권 5개 시 · 도지사들은 23일 오후 '2008 전국국민생활 체육대축전'이 열린 대구 스타디움 상황실에서 회의를 열고 낙동강 운하 조기 건설을 촉구하는 대정부 건의문을 채택했으며, 이들은 건의문에서 "반복되는 홍수 피해, 만성적인 수량 부족, 침전물의 누적으로 오염된 낙동강의 치수 기능을 강화하고 훼손된 생태계 복원과 뱃길 정비를 위해서는 낙동강 운하 건설이 필요하다"고 말했다. 이어 "낙동강 운하는 낙동강의 하상 경사가 완만해 건설이 용이하고, 경제적 · 문화적으로 타당성이 높다고 판단되므로 지속가능한 지역 발전을 위해 조기 건설해 줄 것"을 촉구했다. 5개 시 · 도지사들은 채택한 공동 건의문을 청와대와 관계 기관에 공식 전달했다.

회의를 주재한 김범일 대구시장은 "내륙도시와 비(非)수도권의 한계를 극복하기 위해 낙동강 운하 건설은 반드시 실현되어야 하며, 영남권의 상생 발전을 위해 시 · 도지사들이 힘을 결집해 나갈 것"이라고 언급했다.

이명박 대통령은 지난 21일 대구 · 경북도 업무보고에서 "한반도 대운하 중에서 환경 파괴와 경제성 논란의 핵심인 한강~낙동강 연결사업은 뒤로 미루고, 4대강 정비와 수질 개선, 뱃길 복원사업부터 우선 추진할 것"임을 밝힌 바 있다.

한편, 운하백지화국민행동 대구본부와 부산본부 영남지역 6개 시민단체들은 이날 오전 대구시청에서 공동 기자회견을 열고 낙동강 운하의 조기 추진 백지화를 촉구했으며, 기자회견에서 "낙동강은 영남 주민 전체의 식수원인데 낙동강 운하를 건설하려는 것은 영남지역 주민에게 안정적인 식수를 제공받을 수 있는 권리를 빼앗고 식수대란을 불러올 것"이라며, "영남권 시 · 도지사들은 낙동강 운하 조기 추진 요구를 철회해야 한다"고 주장했다(조선일보, 2008.5.24, 박원수 기자).

(2) 대운하 반대 교수 '성향 조사'에 반발 확산

경찰과 국정원이 운하 건설을 반대하는 교수모임의 성격이나 성향 등을 파악하려 했다는 주장이 제기되어 논란이 일고 있는 가운데 해당 교수모임이 성명서를 내는 등 반발 분위기가 확산되었다.

'한반도 대운하를 반대하는 전국교수모임(이하 교수모임)'은 30일 오후 성명서를 통해 "정부가 운하 건설에 반대하는 여론을 차단하기 위해 1980년대식 학원 사찰을 진행하고 있다"며, "경찰과 국정원은 교수들에 대한 성향 조사를 즉각 중단하고 정부는 지시한 주체를 밝혀야 한다"고 촉구했으며, 교수모임은 특히 "우리가 확인한 바에 따르면, 이미 서울대, 충남대, 가톨릭대, 한남대, 목원대, 안동대, 한국해양대 등 많은 대학에서 모임에 참여하고 있는 교수들에 대한 경찰과 국정원의 성향 조사가 광범위하게 이뤄졌다"며, "'일상적 정보' 활동 차원이 아닌 상부의 지시와 결정에 따른 것으로 보인다"고 주장했다.

교수모임은 "우리는 전문성과 학자적 양심에 기반해 대운하의 경제적 · 환경적 · 공학적 문제점을 함께 인식하고 이를 조사 · 연구하기 위해 모인 순수 모임이라는 점을 이미 밝힌 바 있다"며, "참여 교수들의 성향을 조사하는 것은 학자적 양심의 소리를 사전에 막으려는 것으로밖에 볼 수 없다"고 말했다.

'운하백지화국민행동'도 이날 성명서를 통해 "경찰과 국정원의 교수들에 대한 정치 사찰은 민주주의 사회에서 개인 의견과 활동을 제약하는 기본권 침해"라며, "사회문제에 대한 학자들의 다양한 의견을 권력의 힘으로 통제하려는 시도로 볼 수밖에 없다"고 비판했다.

학술단체협의회도 성명서를 내고 "국토와 후손에게 막대한 영향을 미칠

표 5-3 한반도 대운하 반대운동 관련 주요 내역

연도	설립 단체	주요 활동	연대 단체
2008	운하백지화 국민행동	운하건설 반대운동 촛불집회, 서명운동	경실련, 녹색연합, 진보연대, 생명의 숲, 종교환경회의, 참여연대, 한국여성민우회, 환경운동연합, 환경 정의, YMCA 등 389개 단체

한반도 대운하 반대운동
자료: http://imagesearch.naver.com/search.naver

사업을 이성적으로 검증하려고 하는 교수모임에 대한 구시대적 정치 사찰을 즉각 중단하라"며 반발했다(연합뉴스, 2008.3.30, 이준삼 기자).

5 평택 미군기지 이전 반대운동

1) 연대 배경

2003년 제35차 한미연례보안협의회는 현재의 평택 대추리에 용산기지의 강제 이전을 결정했고, 2005년 12월에는 중앙토지수용위원회가 강제 토지수용을 결정했다. 주민 241명은 이 결정에 대해 이의 신청서를 제출했다. 정부는 주민들이 처음부터 끝까지 '보상문제가 아니다'라고 말했으나, 의견을 수렴하지 않고, 보상액을 높이기 위해 국방부의 물건조사, 감정평가 등을 거부해 왔다고 판단해 대추리, 도두2리의 땅과 집 등에 대해 강제 수용

조치를 취했고, 공탁을 거쳐 농민의 토지소유권을 국방부로 강제 이전했다. 이에 따라 '평택 미군기지 확장 저지 범국민대책위'가 2005년 2월 발족되었으며, 외부 세력이 개입해 주민들과 함께 저지활동을 펼치게 되었다.

2) 주요 활동

효순이 · 미선이 추모 및 SOFA 개정운동, 평택 미군기지 확장 저지 결의대회, 촛불집회 등의 활동을 펼쳤다.

3) 여론

평택 미군기지 이전문제와 관련해 '평택 미군기지 확장 저지 범국민대책위'는 이전문제에서 평택 미군기지 확장을 위한 타당성과 미군기지 이전에

표 5-4 평택 미군기지 이전 반대운동 관련 주요 내역

연도	설립 단체	주요 활동	연대 단체
2005	미군기지 확장 저지 범대위	평택 미군기지 확장 반대 시위 및 촛불집회	녹색연합, 노동자의 힘, 주한미군 범죄 근절 운동본부, 참여연대, 평택민중연대, 평화와 통일을 여는 사람들, 평화를 만드는 여성회, 환경운동연합 등 115여 개 단체

평택 미군기지 이전 반대운동
자료: http://imagesearch.naver.com/search.naver

따른 지역 주민 토지 강제 수용 문제를 제기했고, 미군기지의 용도와 목적, 비용에 대한 정부의 축소 발표 등 관련 문제를 쟁점화시켰으며, 미군기지 평택 이전이 불합리한 정책임을 확인했다. 또한 주민들과 범대위를 결성해 활동을 벌인 NGO, 사회단체들의 투쟁은 전국적이며 대중적인 자주·평화·반전 투쟁으로 전환되는 계기가 되었다는 평가를 받고 있다(이재풍, 2007).

6 한·미 FTA 협정 반대운동

1) 연대 배경

2006년 2월 3일 한·미 FTA에 관한 첫 협상 선언에 반대해 민주노총, 전국농민회총연맹 등의 궐기가 일어났으며, 그 후 시민단체들이 연대하게 되었다.

2) 주요 활동

전국 범국민총궐기대회 진행, 한·미 FTA 반대 여론 조성, 전국 각지에서 시위, 소수의 대표단을 보내 원정 시위 등의 활동을 벌였다.

3) 여론

(1) 범국민본부, 금지 통고 불구 반FTA 집회……경찰과 충돌 우려

한·미 자유무역협정(FTA) 제7차 협상이 미국 워싱턴에서 11일(현지 시각)부터 열리고 있는 가운데 한·미 FTA 저지 범국민운동본부가 12일 경찰의 금지 통고에도 불구하고 집회를 강행하기로 해 충돌이 우려된다.

범국본은 이날 "헌법이 보장한 집회·시위의 자유를 보장하라"며, 이날 오후 2시 서울 종묘공원에서 800여 명이 참석하는 집회를 예정대로 개최하고 광화문 열린시민공원까지 3보1배 행진을 벌이겠다고 밝혔다.

경찰은 폭력 시위와 교통 소통 방해를 우려, 집회를 금지했으며, 이날 범국본 주최 집회를 원천 봉쇄하기로 하고 전·의경 5,000여 명을 배치했다.

한·미 FTA 저지 여성대책위는 오전 11시 광화문 미대사관 앞에서 개최하는 기자회견에 앞서 배포한 회견문에서 "여성의 이름으로, 어머니의 이름으로 한·미 FTA 협상 중단을 촉구한다"라며, "FTA가 체결되면 줄 것만 많고 얻을 게 없다"라고 주장했다.

대책위는 "여성 노동자의 고용 불안과 비정규직화가 심화되고 여성 농민은 농업의 몰락과 함께 빈곤층으로 전락할 것"이라며, "밀실 협상, 퍼주기식 협상을 중단하라"고 요구했다(동아일보, 2007.2.12, 김동원 기자).

(2) 범국본 'FTA 국민투표' 요구

한·미 FTA 저지 범국민운동본부 등 800여 개 시민사회단체는 2007년 2월 13일 오후 서울 명동 은행회관에서 '한·미 FTA 무효 전국 사회단체 대표자회의'를 열고, FTA 체결에 대한 국민투표를 공식 요구하고 나섰다.

이들 단체는 선언문에서 "국민이 동의하지 않은 FTA 타결은 원천 무효다. FTA에 대한 국민의 선택권을 보장할 국민투표를 실시하라"며, "FTA는 개헌에 맞먹는 사회 질서의 개편을 가져오기 때문에 정부는 지체없이 협상 정보를 공개하고 최종 협상 결과에 대해 찬반을 묻는 절차를 거쳐야 한다"고 주장했다.

단체들은 "노무현 대통령의 독주와 독단으로 대의 민주주의가 파괴되고 국민의 자유로운 의사 표현이 가로막히고 있다. 이는 역대 독재정권에서 익히 보았던 구태와 같다"며, "국회는 FTA 졸속 타결에 대해 국정조사를 하고 월권적 합의에 대한 책임을 물어야 한다"고 덧붙였다.

문경식 전국농민회총연맹 의장은 "지난 1년 간 최선을 다해 FTA 타결을 막으려 했지만 노무현 정권이 끝까지 밀어붙여 허탈함을 느끼는 이들도 있다. 하지만 제2의 민주화항쟁을 하는 각오로 투쟁을 벌여 협상 비준과 국회 동의를 무산시키자"고 각오를 밝혔다.

오종렬 범국본 공동대표는 "분신 자살을 기도했던 허세욱 동지의 유서가 범국본의 강령이 될 것이다. '망국적 한·미 FTA를 폐지하라'는 그의 외침을 잊지 말자"고 말했고, 범국본 농축수산대책위, 영화인대책위, 공공서비스대책위 등 각 부문별 대표의 발언이 이어졌다.

이들은 대국민 선전전과 토론회를 통해 국민투표의 필요성을 알리고 FTA 협정문이 공개되는 5월 중순과 한·미 정상회담이 열리는 6월, 정기국회가 열리는 9월 초 전국 순회집회와 대규모 궐기대회 등 집중 투쟁에 나섰다(연합뉴스, 2007.4.13, 성혜미 기자).

표 5-5 한 · 미 FTA 협정 반대운동 관련 주요 내역

연도	설립 단체	주요 활동	연대 단체
2006	한 · 미 FTA 저지 범국민 운동본부	한 · 미 FTA 반대시위 한 · 미 FTA 저지 서명운동	녹색연합, 문화연대, 민언련, 민주노총, 전국농민회총연맹, 반미여성회, 참여연대, 평화와 통일을 여는 사람들, 한국여성민우회, 환경운동연합, 환경 정의, YMCA 등 300여 개 단체

한 · 미 FTA 협정 반대운동
자료: http://imagesearch.naver.com/search.naver

7 태안 기름 유출사고

1) 연대 배경과 활동

2007년 12월 7일 허베이 스피리트 호의 충돌사고로 인해 태안반도 연안에 기름 유출사고가 발생했다. 이에 따른 피해 보상과 사고 책임자 법적 규명을 선언하며 발족되었다. 완전 복구, 완전 배상, 가해자 책임 법적 규명 활동 등을 펼쳤다.

2) 여론

(1) 피해대책위 '우후죽순'

충남 태안 원유 유출사고가 발생한지 두 달째를 맞아 방제작업은 제 속도를 내고 있지만 주민들에 대한 피해 배상작업은 여전히 안개 속이어서 험로가 예상되었다. 전남 여수 시프린스 호 사고 때도 어민들이 받은 손해 배상액은 청구한 액수의 20%에 불과했던데다 이번에는 관광 등 간접 피해도 많아 주민들의 걱정과 불안은 날로 커져만 갔다.

남도 유류대책본부에 따르면, '태안 앞바다 원유 유출 사고'와 관련해 현재 태안지역에 설립된 피해대책위는 서산수협의 '허베이 스피리트 호 유류오염사고 피해배상대책위원회'를 비롯해 10여 개에 이르고 있다. 이들 대책위는 어민 중심의 대책위를 비롯해 요식업, 펜션, 관광업, 맨손어업권자, 선주협회 등 업종별·지역별로 다양한데, 자칫 배상에서 소외되는 것 아니냐는 불안감 등으로 설립이 봇물을 이루고 있다. 그러나 대부분은 보상에만 급급한 나머지 초기부터 집단행동에 나서는 등 조직화를 통한 체계적인 대응은 미흡해 향후 배상 협의 때 걸림돌로 작용하지 않을까 우려하는 목소리가 높다(중앙일보, 2007.12.31).

(2) 기름 유출 법률대책회의 발족 "선주 중과실 여부 엄정 수사를"

환경운동연합, 녹색연합, 참여연대, 민주사회를 위한 변호사 모임 등 4개 단체의 법률지원센터들은 16일 충남 태안 기름 유출 사고와 관련해 '삼성중공업 해상 크레인-현대오일뱅크 유조선 충돌 기름 유출사고 법률대책회의'를 발족하고, ① 완전 복구, ② 완전 배상, ③ 가해자 책임 등 세 가지 원칙을 관철하기 위해 공동 대응하기로 했다.

이들은 우선, "선주의 중과실이 인정될 경우 '국제 기름오염 보상기금(IOPC)'이 정한 1차 배상 한도인 3천억 원을 넘어 '가해자 무한 책임' 원칙에 따라 배상하게 된다"며, 선주의 중과실 여부에 대한 엄정한 수사를 촉구했다. 박경신 참여연대 공익법센터 소장은 "경찰이 수사 결과를 발표하지 않고 예인선 운행 관계자만 구속한 것을 보면 중과실 인정에 대한 수사기관의 의지가 없어 보인다"고 말했다.

태안지역 피해 어민 법률지원단장을 맡고 있는 남현우 변호사는 "피해지원액이 최대 3천억 원에 그칠 것이라는 말에 어민들 사이에도 편이 갈리고 있다"며, "피해가 큰 어민들 위주로 대책위가 구성되어 독자적으로 증

표 5-6 태안 기름 유출사고 관련 주요 내역

연도	설립 단체	주요 활동	연대 단체
2007	태안기름유출사고 법률대책회의	복구, 배상, 가해자 책임 법적 규명활동	녹색연합, 민주사회를 위한 변호사모임, 참여연대, 환경운동연합 4개 단체

태안 기름 유출사고

자료: http://cafe.naver.com/conversebuddy.cafe

거 수집을 하고 있지만, 영세 어민들은 권리를 구제받을 아무 방법이 없다"고 말했다.

또 이들은 1995년 시프린스 호 사고 때 지급된 주민 피해 배상금과 복구 비용이 1989년 엑슨발데스 호 사고의 1%, 2002년 스페인 프레스티지 호 사고의 5%에 지나지 않았다는 점을 지적하며, "어민에게 까다로운 피해 입증을 맡기지 말고 정부가 배상액을 선지급한 뒤 업체에 구상권을 행사해야 한다"고 주장했다(한겨레신문, 2008.1.16, 노현웅 기자).

8 광우병 파동

1) 연대 배경

2008년 5월 2일, 참여연대, 한국진보연대 등 12개 시민사회단체들은 긴급하게 대책을 마련하기 위해 전국의 정당, 사회단체, 인터넷모임 등에 '범국민대책회의'를 개최하자는 제안을 했다. 제안이 이뤄진지 4일 만에 통합민주당, 민주노동당, 창조한국당, 진보신당 등의 정당 대표들과 1,000여 개의 시민사회단체 대표들, 여러 인터넷 모임의 대표들이 참여를 알려 왔으며, 2008년 5월 6일, '광우병 위험 미국산 소고기 전면 수입을 반대하는 국민대책회의'를 개최했다.

2) 주요 활동

미국산 소고기 수입 협상 반대 촛불집회, 국민대책회의 전국회의 및 협상 무효화 촉구, 광우병 안전법 입법화 추진 등의 활동을 펼쳤다.

3) 여론: 대책회의 "소고기 외 정치적 사안도 다룰 것"

(1) 정치 구호 내세운 이후 시위 참가자 수 급감

'광우병 위험 미국산 소고기 전면 수입을 반대하는 국민대책회의(이하 국민대책회의)'는 5월 16일부터 촛불집회에서 정치적인 사안들을 집중적으로 다루기로 했다.

국민대책회의는 16일 오후 서울 종로구 참여연대 사무실에서 기자회견을 열어 "앞으로 열릴 촛불집회에선 미국산 소고기 수입 반대를 포함해 한반도 대운하, 건강보험 민영화 등 다른 정치적 사안들까지 다룰 방침"이라고 밝혔다.

박석운 한국진보연대 상임운영위원장은 "국민대책회의는 광우병 위험을 지닌 미국산 소고기 문제가 중요하다고 보지만 국민이 외치고 있는 다른 사안들도 수렴하기로 했다"고 말했다.

국민대책회의는 "광우병 위험 미국산 소고기 수입을 반대한다는 기존의 의제를 유지하면서 다른 의제로 촛불집회 의제를 확장한다는 개념의 '1(미국산 소고기)+5(다른 정치적 사안) 방식'으로 촛불집회를 진행할 계획"이라고 밝혔다.

이에 따라 국민대책회의는 16일 서울시청 앞 서울광장에서 '광우병 미국산 소고기 수입 반대와 공영방송 지키기'란 주제로 집회를 마친 데 이어, 17, 19일엔 각각 '한반도 대운하 반대'와 '건강보험 민영화 반대'를 주제로 한 촛불집회를 열었다. 23, 24일에도 각각 '미친 소, 미친 교육'과 '미친 소,

미친 민영화'를 주제로 집회를 열었다. 국민대책회의가 이처럼 집회에서 정치적인 사안들을 본격적으로 다루는 것에 대해 경찰은 참석자 수를 늘려 '촛불 동력'을 유지하려는 것으로 보고 있다.

경찰 관계자는 "최근 집회에 참석하는 일반 시민이 급격히 줄고 있다"며, "미국산 소고기 외에도 일반 시민의 관심을 끌 수 있는 '생활 밀접형' 주제를 내세워 상황 반전을 꾀하려는 것 같다"고 분석했다.

한편, 국민대책회의가 정치적인 사안을 촛불집회에서 집중적으로 다룬 첫날인 16일의 경우 집회 참석자는 전국적으로 크게 줄었다. 서울 1,000여 명에 지방 500여 명(경찰 추산)이 집회에 참석했으며, 부산 · 광주 · 인천 · 대전을 제외한 대부분의 지역에서는 참가자가 수십 명에 그쳤다(동아일보, 2008.6.17, 이세형 · 황형준 기자).

표 5-7 광우병 파동 관련 주요 내역

연도	설립 단체	주요 활동	연대 단체
2008	광우병 국민대책회의	소고기 수입 협상 반대 촛불집회 협상 무효화 촉구	경실련, 광우병국민감시단, 녹색소비자연대, 녹색연합, 진보연대, 참여연대, 문화연대, 다산인권센터, 미친소닷넷, 시민참여네트워크국민의 힘, 전국농민연대, 전국예수살기, 전국학생연대회의, 평화와 통일을 여는 사람들, 한국여성민우회, 한국참교육학부모회, 환경운동연합, 환경 정의, YMCA 등 1,842여 개 단체

(2) 광우병 국민대책회의 '폭력 자제' 호소

정부가 소고기 고시를 강행하면서 시민들의 분노 표출도 거세지고 있다. 이에 광우병 국민대책회의는 27일 "비폭력 평화집회 기조를 지킬 수 있도록 시민들의 자제를 보이자"고 호소에 나섰다. 국가인권위도 이날 "경찰은 필요 이상의 진압으로 시민들의 인권을 침해해서는 안 되고 시민들도 평화의 원칙을 깨는 폭력 행위는 삼가야 한다"고 호소했다. 인권위는 대규모 집회가 예고된 28일 현장 인권지킴이단을 긴급 편성하기로 했다.

지난 26일 밤 촛불집회에 참가한 일부 시민들은 조선일보 · 동아일보 사옥 문을 부수고 쓰레기를 던지는 등 이들 언론사의 보도 행태에 대한 불만을 직접적으로 표출했다. 이들은 이날 밤 8시 30분께 조선일보가 있는 서울 세종로 코리아나호텔 1층 로비에 들어가 쓰레기더미를 통째로 들이붓

광우병 파동
자료: http://imagesearch.naver.com/search.naver

고, 건물 앞에 놓인 화분에서 꽃을 뜯어 건물 안으로 던졌다. 일부는 조선일보 금속 현판을 떼어내기도 했다. 이날 밤 11시께 새문안길 부근에서 전경버스를 밧줄로 끌어내던 인파 속에 있던 동아일보 사진기자가 집회 참가자들에게 이끌려 나와 폭행을 당하기도 했다. 청계광장 부근 동아일보 앞에서는 소변을 누거나 건물을 향해 계란을 던지는 이들도 있었다. 조선일보, 동아일보 등이 27일 안이한 경찰 경비 때문에 이런 사태가 빚어졌다고 일제히 보도하자, 경찰은 27일 저녁에는 평소와 달리 코리아나호텔 남쪽과 청계천 동아일보 사옥 옆으로 경찰 저지선을 전진 배치해 시위대의 접근을 막았다. 그러나 이날도 일부 시위대는 저지선 앞쪽에서 코리아나호텔 외벽을 향해 계란 20여 개를 투척했다.

박원석 대책회의 공동상황실장은 이날 기자회견에서 "많은 시민이 민의를 왜곡하는 조・중・동(朝・中・東)의 의도를 충분히 알고 있으며, 그동안 일부 우발적인 폭력행동도 시민들의 자정(自淨) 능력으로 통제되어 왔다"며, "비록 조・중・동은 시민들을 적으로 돌리고 있지만, 시민들은 언론을 적으로 돌리지 말아야 한다"고 호소했다. 대책회의는 이와 함께 "조・중・동은 당장 지금까지의 왜곡 보도를 즉각 사과하고, 국민들의 목소리를 제대로 전할 것을 다짐해야 할 것"이라고 촉구했다. 대책회의는 이날 저녁 서울시청 앞 광장에서 열린 촛불집회에서 "우발적인 충돌을 자제해 달라"고 시민들에게 호소 방송을 했다.

누리꾼 일부도 촛불집회를 계속해 나가기 위해서는 폭력을 자제해야 한다는 의견을 나타내고 있다. 대책회의 누리집 '네티즌 게시판'에 글을 올린 누리꾼 '촛불소녀'는 "가뜩이나 폭력시위다 뭐다 하는데 저들에게 꼬투리 잡힐 짓은 대책회의가 나서서 좀 자제시켜 달라"고 말했다. 누리꾼 'jeanny-dream'은 다음 아고라에 "비폭력 시위가 아닌 폭력 저항운동은 절대 성공하지 못한다"고 주장했다(한겨레신문, 2008.6.28, 노현웅 · 김성환 · 송경화 기자).

9 세월호 참사

1) 연대 배경

2014년 4월 16일 오전 승객 476명이 탑승한 세월호가 전라남도 진도 부근에서 침몰하는 대형 참사가 발생하였다. 세월호에는 안산시 단원고 학생, 일반 승객, 승무원 등 476명이 탑승하고 있었으며, 이 중 295명이 사망하였고 신원 확인이 불가한 실종자가 발생한 대형 참사이다. 특히 세월호 참사는 당시 수학여행에 참가한 안산시 단원고 학생 325명 중 250명이 희생된 점과 사고 직후 탑승자들을 제대로 구조하지 못한 정부의 무능력함이 전 국민에게 충격을 주었다. 이에 따라 참사 원인에 대한 진상규명, 선체인양, 피해자 지원대책, 특별법 제정 등을 촉구하기 위하여 피해자들로 구성된 '416가족협의회', 유가족과 시민단체와 함께 구성된 '416연대', 800여 개 시민사회단체가 모여 구성한 '세월호 참사 국민대책회의', 안산시 시민기록위원회 · 세월호를 기억하는 시민네트워크 · 서울시 추모기록자원봉사단으로 구성된 '416기억저장소' 등 각종 시민사회단체뿐만 아니라 전국 단위의 시민참여가 가능한 연대를 구축하였다.

2) 주요 활동

세월호 참사와 관련한 주요 활동은 온전한 선체인양, 실종자 완전수습, 철저한 진상규명과 책임자 처벌을 위한 조사 및 연구 활동, 세월호 참사의 진실과 교훈에 대한 교육과 홍보를 통한 안전한 사회 건설, 특별법 제정 및 조사위원회 설치 촉구, 추모 집회 등의 활동을 펼치고 있다.

3) 여론

(1) 교육당국 "교사들 집회 참여말라"

세월호 참사와 관련해 교사들의 사회관계망서비스(SNS) 비판 글을 차단한 교육당국이 일선 학교에 공문을 보내 교사들의 추모 집회 참가도 막으려 한 사실이 확인되었다.

안산 단원고의 관할 교육청인 경기도교육청은 지난 1일 일선 학교에 '집회 관련 복무관리 철저 알림'이라는 공문을 보낸 것으로 7일 밝혀졌다. 교육부가 17개 시·도교육청에 내려보낸 '노동절 집회 관련 복무관리 철저 알림' 공문에서 '노동절' 부분을 삭제했다. 경기도교육청은 공문에서 "최근 세월호 사고로 인한 전국민적 추모 분위기 속에 공무원들이 집회에 참여하는 행위는 결코 용납될 수 없는 일이므로 각급 학교(기관)장께서는 소속 공무원에게 전파하여 주시고, 복무관리에 철저를 기하여 주시기 바란다"고 주문했다. 경기도교육청은 애초 교육부 공문에 있던 "5·1에 민주노총 주최 노동절 집회가 서울 등 전국적으로 계최될 예정"이라는 부분도 삭제했다. 노동절 집회 이외에 추모 집회 참가도 폭넓게 금지한 것으로 풀이되는 대목으로, 헌법이 보장하는 집회와 결사의 자유를 원천 봉쇄한 조처다.

교육부는 행정안전부(행안부)가 보낸 '5·1 노동절 집회 관련 복무관리 철저 요청' 공문을 이첩한 것이라며, "추모 집회가 아니라 노동절 집회에 참가하지 말라는 취지였다"고 해명했다. 그러나 교육부 관계자는 "추모 집회는 참가해도 된다는 뜻은 아니며, 추후 집회의 성격과 양상 등을 고려해 판단할 부분"이라고 덧붙였다.

경기도 김포교육지원청을 통해 공문 내용을 전달받은 한 공립학교 교사는 <한겨레>에 "슬퍼는 하되, 문제 제기는 하지 말라는 것이냐. 손발을 묶고 입도 조심하라는 압박으로 받아들였다"고 말했다. 그는 "교육 활동 중에 학생과 교사들이 숨졌다. 추모 집회에서 교사의 품위를 손상시키거나 불법행위를 하면 용납하지 않겠다는 것도 아니고, 집회 참석 자체를 금지하는 것은 말이 안 된다"고 비판했다(한겨레신문, 2014.5.7, 진정윤 기자).

(2) 세월호 참사 4주기 전국 곳곳에 추모 행사 이어져

세월호 참사 4주기를 앞두고 전국 곳곳에 각종 추모 행사가 이어지고 있다.

'416가족협의회'와 '416연대' 등 세월호 관련 단체는 지난 14일 오후 종로구 광화문광장에서 '4·16 세월호 참사 4주기 국민 참여행사'를 개최했다. 행사는 오후 4시 대학생 대회를 시작으로 진행되었다. 대학생 4,160명이 노란 리본 형태의 플래시몹(flash mob)을 하면서 세월호 참사를 추모했다. 광화문 중앙광장에는 단원고 희생자 261명을 기억하자는 취지의 전시물과 세월호 추모 만화 등이 전시되었다. 전국교직원노동조합(전교조)은 이날 서울 여의도 국민은행 앞에서 '세월호 참사 재수사 및 청소년 참정권 보장 촉구 집회'를 열고 세종로까지 행진을 이어갔다.

15일 인천 가족공원에서는 일반인 희생자 11명에 대한 영결식이 진행된다. 세월호 일반인 희생자는 모두 43명으로 지난 2014년 26명에 대해서는 유가족들과 합동 영결식을 진행한 바 있다. 영결식 제외 요청은 6명이다. 오후 4시에는 전남 목포신항에서 '세월호 참사 4년 기억 및 다짐대회'가 열린다.

16일 세월호 참사 4주기 당일에는 추모 행사가 진도 실내 체육관과 진도항 일원에서 열린다. 추모 행사는 진도 실내 체육관에서는 식전 행사로 진도 씻김굿 공연과 추모 영상 상영을 시작으로 4주기 세월호 참사 추모식과 국민안전 체험 행사 등이 열린다. 진도항에서도 원불교 미사와 법회 등 종교단체와 사회단체의 추모 행사가 함께 진행할 예정이다.

16일 오후 1시에는 안산 고잔역에서부터 세월호 참사 정부 합동분향소

표 5-8 세월호 참사 관련 주요 내역

연도	설립 단체	주요 활동	연대 단체
2014	세월호 참사 국민대책회의	세월호 참사 대응	인권운동사랑방, 다산인권센터, 녹색연합, 참여연대, 한국노총, 민주노총, 녹색연합, 한국진보연대 등 다양한 부문의 800여 개 단체
2015	416가족협의회	진상규명 및 안전사회 건설	참사 피해자
	416연대	세월호의 온전한 인양, 미수습자 수습, 진상규명과 책임자 처벌, 안전사회 건설	유가족, 시민단체, 일반 시민

세월호 참사
자료: http://imagesearch.naver.com/search.naver

까지의 추모행진이 시작되며 오후 3시에는 합동분향소에서 '4 · 16 세월호 참사 희생자 정부 합동 영결 · 추도식'이 거행되었다(경향신문, 2018.4.15, 최인진 기자).

10 광화문 촛불집회

1) 연대 배경

광화문 촛불집회는 2016년 10월 29일부터 매주 토요일 광화문광장을 시작으로 전국적으로 확산되었던 촛불집회를 말한다. 광화문 촛불집회는 박근혜 · 최순실 국정농단 사건에 대응하여 박근혜 대통령의 사퇴를 촉구, 관련자 처벌, 그리고 그동안 의혹으로 제기되었던 국가정보원 여론조작사건, 한국사 교과서 국정화, 문화계 블랙리스트, 백남기 농민 사망 등 진실규명을 위하여 범국민적 차원에서 진행된 사회운동이다. 촛불집회는 민중총궐기 투쟁본부를 중심으로 백남기 투쟁본부, 416연대 등 1,553개 시민단체를 주축으로 '박근혜정권퇴진 비상국민행동'이 출범하여 운영되었다. 이후 박근혜 퇴진행동은 총 23차례 집회를 개최하였으며, 2017년 3월 10일 박근혜 대통령의 대통령직 파면 이후에도 이어져 같은해 5월에 해산하였다.

2) 주요 활동

광화문 촛불집회는 민중총궐기 투쟁본부를 중심으로 한 박근혜정권퇴진 비상국민행동이 2016년 10월 29일부터 해산된 2017년 4월 29일까지 총 23회 집회를 매주 토요일 서울 및 전국을 대상으로 개최하였으며, 박근혜 대통령의 파면과 새로운 대통령선거 실시로 인하여 2017년 5월 24일 공식 해산을 선언하였다.

광화문 촛불집회
자료: http://imagesearch.naver.com/search.naver

3) 여론

(1) "박근혜 퇴진하라"……최순실 촛불 2만 개 타올랐다

이른바 '최순실 국정농단' 파문이 터져나온 후 첫 주말인 29일 서울 도심에서 대규모 집회가 열렸다.

민중총궐기 투쟁본부는 이날 오후 6시부터 서울 종로구 청계광장에서 박 대통령의 하야를 촉구하는 '모이자! 분노하자! #내려와라 박근혜 시민 촛불 집회'를 개최했다. 당초 주최 측 예상 참여 인원은 3,000~4,000명이었지만 이번 사안이 전국민적 관심사가 된 만큼 일반 시민들도 가세해 참가자가 더 늘어났다. 분개한 시민들이 자발적으로 참여하면서 2만 명(주최 측, 경찰 추산 6,000여 명)이 청계광장을 가득 메웠다.

이날 청계광장에는 오후 5시께부터 집회에 참여하려는 시민들이 본격적으로 모여들었고 행사가 시작되는 6시에 다다를 무렵에는 이미 인도까지 가득찼다. 대부분의 시민들은 촛불과 함께 주최 측에서 나눠준 '박근혜 퇴진', '이게 나라냐', '창피해서 못살겠다' 등이 적힌 피켓을 들고 있었다. 행사가 시작되자 시민들은 "박근혜는 퇴진하라"를 수차례 외치며 분위기를 고조시켰다.

서울 동작구에서 온 이숙영(32 · 여) 씨는 "최근 뉴스를 보면 믿어지지가 않을 정도"라며, "국민의 한 사람으로서 방 안에만 앉아 있는 건 무책임하다는 생각이 들어 이렇게 나오게 되었다"고 말했다.

딸을 안고 나온 최혜지(36 · 여) 씨는 "날씨가 추워서 아기 때문에 나올까 말까 생각을 많이 했는데 결국 나오게 되었다"며, "한 나라의 국정이 그렇게 어처구니 없게 어이없는 사람들에 의해 좌지우지되었다는 현실이 더구나 그 나라가 우리나라라는 사실이 너무 슬프다. 작은 목소리라도 보태기 위해 나왔다"고 말했다.

주최 측 관계자는 행사 시작과 함께 "우리가 예상한 것보다 너무 많은 시민들이 오셨다"며, "절대 사고가 나서는 안 된다. 안전에 유의해달라"며 수차례 당부했다. 시민들은 촛불집회를 마친 뒤 오후 7시 30분부터는 거리 행진을 벌일 예정이다. 청계광장을 시작으로 광교 → 보신각 → 종로2가 → 북인사마당까지 약 1.8km 코스로 소요 시간은 1시간 30분이다.

투쟁본부는 이날부터 박근혜 정권 퇴진을 위한 시민행동을 매주 주말 개최하고 다음달 1일부터 비상 시국행동에 돌입할 방침이다. 촛불집회에 앞서 서울 도심 곳곳에서도 박 대통령 퇴진을 촉구하는 집회가 이어졌다. 청소년단체인 21세기청소년공동체희망도 이날 오후 2시 인사동 북인사마당에서 1차 시국선언문을 발표했다. 이들은 "국민들의 선택으로 선출된 대한민국의 대통령이 우리가 잘 알지도 못하는 '비선실세'에 의해 꼭두각시처럼 놀아난 사실에 국민들은 통탄을 금하지 못하고 있다"고 지적했다. 시국선언을 마친 이들은 서울 세종로 소공동까지 행진을 벌였다.

이어 한국청년연대는 오후 4시 서울 종로구 마로니에공원에서 '박근혜 하야하라 본노의 행진'을 진행했다. 이들은 마로니에공원에서 청계광장까지 행진을 벌이며 박 대통령 퇴진을 촉구했다. 같은 시간 시민들로 구성된 '최순실시민행동'은 종로구 파이낸스빌딩 앞에서 최순실 의혹 관련 진상규명 촉구 집회를 열었다(뉴시스, 2016.10.29, 김현섭 기자).

(2) 7주 간 '745만 촛불'……"누가 주인인지 보여줬다"

탄핵안 가결에도 촛불은 타올랐다. 단 일곱 차례 주말 촛불집회 만에 연인원 700만 명(주최 측 추산)을 돌파했다. 평균 100만 명이 매주 촛불집회를 열었다. 단일 집회로는 물론 일정 기간 이어진 시위로도 1987년 6월항쟁(연인원 300만~500만 명 추정)을 뛰어넘는 역대 최대 규모다.

11일 '박근혜정권퇴진 비상국민행동(퇴진행동)'에 따르면, 전날 열린 7차 촛불집회 참가자 수는 서울 80만 명, 지방 24만 3,400명이다. 탄핵안 가결로 성난 민심은 다소 누그러졌지만 또 한 번 전국 100만 명 이상 시민들이 촛불을 든 셈이다. 연인원 대신 특정 시점 순간 최대 인원을 추산하는 경찰은 이날 서울에서 12만 명, 지방에서는 4만 6,000명이 모였다고 밝혔다. 주최 측 추산 결과 지난달 29일 1차 촛불집회부터 이번 7차 촛불집회까지 일곱 차례 시위에 참가한 연인원은 서울 583만 명, 지방 162만 3,400명에 달한다. 전국적으로 계산하면 약 745만 3,400명이다.

연인원 700만 명을 넘어선 진기록은 어느 누구도 예상하지 못했다. 일곱 차례 촛불집회에 모두 참가했다는 정연우(37) 씨는 "1차 촛불집회 때만 해도 시위가 7주째 이어질 거라고도, 700만 명이 모일 거라고도 상상조차 못했다"며, "주인의식을 보여 준 우리 국민이 자랑스럽다"고 말했다. 경남 김해시에서 올라온 김재익(28) 씨는 "광화문광장 촛불집회도 처음이고 이렇게 많은 사람이 모인 광경도 처음 봤다"며, "이 마음, 이 뜻이라면 앞으로 1,000만 명도 불가능해 보이지 않는다"고 말했다.

촛불집회는 박근혜 대통령 탄핵안 표결을 앞둔 5~6차 때 절정에 달했다. 5, 6차 두 차례 촛불집회에서만 전국적으로 총 422만 명이 참가했다. 7차까지 집계한 연인원의 절반 이상이다. 6차에서는 이제껏 열린 촛불집회 가운데 가장 많은 참가자가 모였다. 당시 서울에서만 170만 명이 운집했고, 서울을 제외한 지방에서는 62만 명이 거리로 나왔다. 경찰도 이날 참가자 수로 서울 32만 명, 지방 10만 9,000명을 집계했다. 경찰 시위 집계 사상 최다 인원이다. 두 번째로 규모가 컸던 5차 촛불집회 때 주최 측은 서울 참가자 수를 150만 명으로 집계했다. 지방에서는 40만 명이 모였다고 발표했다. 경찰도 당시 서울에서 27만 명, 지방에서 6만 명이 운집했다고 밝히면서 역시 두 번째 큰 촛불집회로 파악했다.

촛불집회 시작은 비교적 미미했다. 10월 29일 서울 청계광장에서 열린 1차 촛불집회 당시 주최 측은 3만 명이 모였다고 추산했다. 경찰은 1만

표 5-9 광화문 촛불집회 관련 주요 내역

연도	설립 단체	주요 활동	연대 단체
2016	박근혜정권퇴진 비상국민행동	박근혜 대통령 파면 및 각종 의혹 진실규명	416연대, 민주주의국민행동, 민중총궐기투쟁본부, 백남기투쟁본부, 시민사회단체연대회의, 공공운수노조, 민주노총, 환경운동연합 등 각계 1,500여 개 시민단체의 공동 참여

2,000명으로 집계했다. 참가자 수가 급격히 늘어난 때는 집회 장소를 광화문광장으로 옮긴 2차 촛불집회부터다. 주최 측 추산 서울에서만 20만 명이 2차 촛불집회에 나왔다. 경찰은 4만 7,000명으로 추산했다. 촛불 민심이 100만 명대에 올라선 건 지난달 12일 민중총궐기와 겹친 3차 촛불집회 때다. 주최 측 추산 100만 명, 경찰 추산 26만 명이 거리로 나왔다. 민중총궐기 이후 상경 인원이 줄었지만 4차 촛불집회도 상당한 인원이 모였다. 주최 측은 당시 서울에서 60만 명, 지방에서 36만 명이 모여 전국적으로 '100만 촛불'이 타올랐다고 밝혔다. 이때 경찰은 서울 18만 명, 서울 이외 지방에서 9만 2,000명이 모여 전국 참가자 수로 27만 2,000명을 추산했다. 1~7차 촛불집회까지 경찰이 집계한 총 참가자 수는 151만 8,500명이다(머니투데이, 2016.12.11, 윤준호 기자).

제 3절

시민사회단체 간 이념 갈등의 확장

2000년 이후 NGO의 활동이 비약적으로 발전하는 과정에서 시민들의 참여가 활발하게 이뤄졌고, 조직들도 전문적으로 변화해 갔다. 또한 시민단체 조직 내부에서의 세대 교체로 인해 다양한 시민운동이 선개되기 시작했다. 이 과정에서 조직 간의 이념적 분쟁이 나타나기도 하면서 시민운동의 전환기를 맞이하게 된 것이다. 2010년 이후에도 시민운동의 특징을 살펴보면 신사회운동과 구사회운동의 분출, 진보와 보수 NGO 간의 이념적 갈등, 참여 주체의 연령별 확대 등으로 표현될 수 있다.

1 진보적 NGO 내부에서의 신사회운동과 구사회운동

진보적 NGO의 활동도 크게 두 가지로 구분해 정리될 수 있다.

첫째, 구사회운동을 대표하는 노동운동, 농민운동, 반미운동의 폭발적 확대이다. 노동자에 대한 손해 배상 소송과 가압류 등 신종 노동 탄압에 대한 불만과 노동자의 분신으로 시작된 두산중공업 파업(3월), 민영화 방침을 둘러싼 철도노조의 파업 선언(4월), 운송료 인상을 둘러싼 화물연대 파업(5, 6, 7월), 부적격 인사에 대한 거부로 시작된 방송위 노조의 출근 저지 실력 행사(5월), 노동3권 완전 보장을 요구하며 쟁의 찬반 투표를 실시한 공무원노조의 활동(6월), 7,000여 명의 집단 사표를 청와대에 제출하고 파업을 실시한 조흥은행 노조(6월), 현대차를 비롯한 6만여 명이 참여한 민노총 시한부 파업(6월), 택시와 레미콘을 동원한 한국노총의 총파업(6월), 공공성 강화를 요구한 병원노조의 파업(7월), 주5일제 즉각 실시를 요구한 기아차 노조의 부분 파업(8월), 멕시코 칸쿤에서 WTO 농산물 시장 개방 협상에 반대하며, 스스로 목숨을 끊은 농민과 전남·광주지역 전농 회원 중심의 농민대회 등 굵직굵직한 파업들이 있다.

둘째, 2000년 이후 신사회운동의 폭발적 성장이다. 이라크 파병을 반대하는 전국적인 반전운동, 호주제 폐지를 둘러싼 여성운동, 청계천 복원사업, 새만금사업, 서울외곽순환도로, 고속철도 금정산 통과, 경인 운하, 부안 위도 핵폐기장을 둘러싼 갈등 등이 드러난 환경운동이 급속하게 성장했다.

2 진보단체와 보수단체의 갈등 분출

구사회운동과 신사회운동의 폭발적 성장 이면에 보수를 자처하는 NGO와 상대적으로 진보를 표방하는 NGO 간의 갈등이 두드러지게 나타났다. 교육행정정보시스템(National Education Information System: NEIS)을 둘러싼 전교조와 교총·한교조의 대립, 전교조 반미교육을 둘러싼 보수단체의 '국민기도회', 침묵을 깨고 등장한 '청년보수' 온라인단체, 파병을 둘러싸고 진보 NGO와 보수 NGO의 대립, 3·1절, 4·19, 8·15, 5·18 집회를 둘러싼 진보와 보수 충돌 문제는 진보와 보수 간의 갈등을 잘 보여 준다. 이런 현상을 다른 말로 하면 보수 NGO 단체들이 세력화하고, 그 세력화를 바탕으로 중요한 현안을 둘러싸고 여론 확산과 의사결정에 적극적으로 개입한다고 할 수 있다. 이런 현상은 전에 볼 수 없었던 것으로 NGO 활성화에 따른 보수단체의 적극적인 대응이라고 볼 수 있다.

즉, 청년우파 연대와 대학생 중심의 미래한국연구회 결성 등의 예를 통해 상대적으로 진보 진영의 목소리가 높았던 인터넷에서 보수 성향의 청년들이 보수의 목소리를 낼 수 있는 독자적인 조직을 결성하기 시작한 것이다(한양대학교 제3섹터연구소, 2003).

특히 중등학교에서의 역사 교과서에 대한 진보와 보수의 갈등은 새로운 국면을 보이기 시작했다. 보수 진영에서 여태까지의 사회운동을 통한 보수화의 방법과는 달리 근본적으로 자라나는 세대부터 보수화시키자는 논리부터 시작된 우리 역사 교과서의 재검토는 '일본의 새로운 역사 교과서를 만드는 모임(새역모)'의 궤적과 유사하다는 점에서 비판의 대상이 되었다. 더군다나 일본 침략에 대한 일부 긍정적인 서술, 한국 민주화 운동에 대한 폄하 등은 진보 진영과 극단적인 시각을 드러내면서 중등학교에서의 보수 진영이 만든 교과서 채택(교학사 발간) 여부를 둘러싸고 양측이 극단적인 대립을 보였다. 2014년 4월 16일 발생한 세월호 참사에 대한 진상규명에 대해서도 초기에는 전 국민이 동일한 방향으로 대책이 필요하다는 관점에서 국회에서 진보와 보수 양측이 의견이 달라지면서 시민사회에서도 점점 진영논리로 양분되어 가는 현상을 보이고 있다. 이러한 진보와 보수 시민사회단체들 간의 갈등은 2017년에 등장한 문재인 정권, 2022년 등장한 윤석열 정부에서도 더욱 심화되는 형태로 나타내지고 있다. 가장 큰 이유는 정권과 시민사회단체들 간의 결속관계가 정당의 영향력을 위협할 만큼 커졌다는 점도 반영되었기 때문일 것이다.

생각해보기 **시민단체의 공익활동**

우리나라를 방문한 적이 있던 『노동의 종말(*The End of Work*)』의 저자이자 세계적인 미래학자인 제레미 리프킨(Jereny Rifkin)은 전 세계적으로 일자리가 없어져 가는 현상이 나타나기 때문에 근로 시간을 줄여서 일자리를 창출해야 한다면서 일자리를 나누는 것 못지않게 사회적 일자리 창출이 중요하다고 역설했다. 사회적 일자리란 시민사회 분야의 대안적 일자리로서 이전과 달리 생산직 일자리가 아닌 삶의 질을 향상시키는 공동체의 유대감과 사회적 결속을 향상시키는 종교, 예술, 교육, 건강, 사회 및 환경운동, 지역사회 참여활동 등을 의미한다. 리프킨은 또 다른 저서인 『유러피언 드림(*The European Dream*)』에서도 지속가능한 개발과 삶의 질을 중시하면서 시민사회의 역할을 재조명하고 있다. 시민사회를 정부나 기업의 그림자인 비정부 또는 비영리단체가 아니라 시민사회기구(CSO)이며, 이들의 활동은 자원봉사가 아닌 서비스라고 말하고 있는데, 이에 걸맞게 2005년 당시 유럽 22개 국가의 평균 '비영리' 지출은 국민총생산(GDP)의 4.6%이며, 고용 규모는 1,900만 명, 그리고 재정 규모는 1조 1,000억 달러라고 한다.

이와 같이 시민단체(NGO) 활동의 변화는 한국의 시민단체들에게도 일반 시민의 권익을 대변하는 주창자 역할(advocacy)에서 공익적인 사회 서비스를 제공하는 공급자로서의 역할도 기대된다.

제 6 장 우리나라 NGO의 활동 방식과 정책 영향력

제 1 절 정부의 정책 과정 참여

1 정책 과정에의 참여 의의

정부의 정책입안 및 집행 과정에 대한 시민단체들의 참여 필요성은 대의 민주주의 체제에서 시민사회의 역할과 관련해서도 주장된다. 시민사회에 대한 통일된 개념은 아직 부재하지만 적어도 시민이 모든 결정 행위와 관련해 주체가 된다는 것이 핵심적인 사항이다. 국가에 대해 개인과 집단으로 구성된 사회로서 독자적인 권한을 행사할 수 있는 것으로 자율성을 강조하는 개념이다. 시민사회는 국가의 간섭 없이도 자율적으로 개인과 집단의 공적 활동을 행할 수 있어야 한다.

시민을 위한 주권의 행사란 다름 아닌 공익의 실현을 의미한다. 동시에 시민이란 불특정 다수의 추상적 조직으로서 구체적으로 특정인에 의해 표명되지 않는 보편적 이익의 대상이 되는 광의의 시민계급에 속하면서 사회의 보편적 가치와 동일한 가치 체계를 지닌 개인을 의미한다. 사회구성원 수가 적고 단순한 생활을 영위하던 과거 직접 민주주의 체제 하에서는 이 보편적 이익의 유지가 큰 문제가 되지 않았다. 그런데 사회가 복잡해지고 규모가 늘어나면서부터는 모두가 이 보편적 가치를 직접 보존하기 어려워 대표자를 선출하는 이른바 대의 민주주의(代議民主主義)가 자리잡게 된다

(황윤원, 1997: 16).

그러나 갈등적 이익 추구 상황에서는 사회의 보편적 가치를 추구하는 제3의 이익집단이 결성됨으로써 완충 역할을 할 수 있게 된다. 선진 사회에서는 이러한 공익적 이익집단이 활성화되어 정책결정의 공정성을 높여 주고 있다. 우리나라에서도 최근에는 사회경제 정의나 소비자 보호, 환경 보존 등과 같은 불특정 다수의 공익을 추구하는 단체들이 급증하고 있다. 그 대표적인 예로는 경제정의실천시민연합(경실련), 환경운동연합, 참여민주사회시민연대, 녹색교통연합, 한국시민단체협의회 등을 들 수 있다.

국가와 시민 간의 상호작용을 통한 상관관계의 증진이라는 민주주의의 기본 목표가 대의제 민주주의가 지니고 있는 한계로 말미암아 훼손되고 있다는 사실은 역사적인 아이러니라고 하지 않을 수 없다. 이와 같은 대의제 민주주의의 한계에 대한 반성과 이에 따른 시민참여의 증대는 정치 과정에서 시민의 영향력을 증대시키려는 노력으로 표출된다. 즉, 협의적·특수적 이익의 달성만을 위해 노력하는 이익단체와는 달리 정치 과정에서의 시민참여는 보편적 공익의 추구, 참여 인원의 광범위성 등을 목표로 한다는 점에서 그 중요성을 지닌다. 또한 이와 같은 시민참여는 궁극에 가서 국가권력의 부패·남용에 대한 감시자의 역할을 담당한다는 점에서 민주주의를 지켜 가는 초병(哨兵)의 역할까지도 수행한다. 따라서 정치 과정에서 시민단체의 정치참여는 대의제 민주주의가 지니는 약점을 보완할 뿐만 아니라, 민주주의의 기초를 견고히 하고 발전시킨다는 점에서 그 의의를 찾을 수 있다.

한편, 오코넬(Brian O'Connell)의 정부와 시민사회와의 관계에서 시민단체들의 역할을 서비스(service), 권익 옹호(advocacy), 자치 권력(empowerment)으로 구분한 것은 이스턴(David Easton)의 고전적 이론인 정치 시스템(political system)의 입력 과정(input process)과 출력 과정(output process)으로도 치환시킬 수 있는 개념이다(Easton, 1953). 즉, 권익 옹호는 입력 과정으로, 서비스 역할은 정치 시스템의 출력 과정으로, 자치 권력 역할은 정치 시스템에서의 종합적인 역할이라고 볼 수 있다. 그러나 오코넬은 특히 이들 세 가지 역할 가운데 시민단체의 출력 과정인 서비스 기능보다는 입력 과정이며, 추구하는 근본적인 목표인 시민단체의 권익 옹호와 자치 권력을 필수 기능으로 강조했다.

한편, 앨먼드(Gabriel A. Almond)와 파월(G. Bingham Powell)은 정치·

행정 과정의 입력 과정에서 시민단체가 접근하는 방식을 크게 두 가지로 나누고 있다.[1] 제도적·합법적 접근과 강제적·비합법적 접근이 그것인데, 전자의 행동 방식으로는 ① 개인 접촉, ② 대표와의 공식적 접촉, ③ 비폭력적 시위 등이, 후자의 방식으로는 ① 질서 방해, ② 폭동·테러, ③ 비합법적 시위, ④ 비합법적 파업이 속한다. 한편, 뒤베르제(Maurice Duverger)는 집단이 영향력을 행사하는 대상 기관에 따라 직접 행동 방식과 간접 행동 방식으로 나누고 있다. 전자로는 ① 정부 관련 인사와의 접촉 및 건의, ② 자문기관에의 참석, ③ 정보 제공, ④ 공청회 참석을, 후자로는 ① 선전물 발간, ② 편지 쓰기, ③ 전화 걸기, ④ 시위 등을 들고 있다(Almond & Powell, 1978: 178-191).

이상 살펴본 바와 같이 정치·행정 과정에서 시민단체의 역할은 단체의 성격, 이슈의 성격에 따라 다양하다. 이러한 시민단체의 역할은 시대적으로 검토해 보아도 차이가 있다. 정치·행정 과정에서 시민참여 역할에 대해서는 1960년대 이후 구미를 중심으로 본격화되었는데, 다음과 같이 4단계로 유형화할 수 있다(한국지방행정연구원, 1993: 20-21).

첫째, 1960년대의 정치적 행동주의를 배경으로 종래 정치 과정에서 소외되어 온 빈곤계층과 소수인종 집단 등을 정치·행정 과정에 참여시키는 활동이다. 안스타인(Sherry R. Arnstein)은 이런 시민참여의 역할에 대해 정치·경제적 과정에서 배제되고 있는 무산계층(have-not citizens)을 정치 과정에 포함시키는 것을 가능케 하는 권력의 재분배라고 평가하고 있다(Arnstein, 1969: 221).

둘째, 정책결정으로 인해 영향을 받는 사람들의 발언권을 널리 인정하자는 것으로, 버크(Edmund M. Burke)는 시민참여를 시민의 의사가 지역의 의사결정에 대한 궁극의 소리로 보고 있다. 시민은 그들의 운명에 영향을 미치는 결정을 분담해야만 한다고 주장한다(岩崎忠夫, 1984: 33).

셋째, 시민들에 의한 공익운동의 진전에 따라 정부에 대해 더 많은 대응성(responsiveness), 공개성(openness), 접근성(access), 책무성(accountability)을 요구하는 것으로, 그레이브스(Clifford W. Graves)는 시민참여를 본질

1) 정치 시스템에서의 입력 과정 가운데 가장 대표적인 행태는 정치참여라고 할 수 있다. 따라서 선거구 제도 등이 중요한 변수이며 정치참여의 허용 또한 중요한 변수이다. 이에 반해 출력 과정은 주로 행정기구가 구체적인 정책을 집행하고 사회에 대해 여러 형태의 정책 어젠다를 형성하는 과정이라고 볼 수 있다.

적으로 모든 사람들, 특히 정부의 공식적인 정책결정 과정에서 제외된 사람들의 요구에 정부가 응답하도록 하기 위한 장치라고 하고 있다(岩崎忠夫, 1984: 34).

넷째, 계획정책과 관련된 것으로, 스케핑턴 보고서에서는 참여를 정책 및 제안의 작성에 참여하는 행위라고 규정하고 있다(岩崎忠夫, 1984: 34).

이와 같이 시민참여는 정치적 소외의 극복에서 구체적 계획의 참여로, 그리고 비자발적 참여에서 자발적 참여로 전개되어 왔다.

2 정부와 NGO와의 관계 변화

NGO와 정부의 관계는 매우 복잡하고 나라마다 상당한 차이가 있다. 고덴커(Leon Gordenker)와 와이스(Thomas G. Weiss)는 정부와 NGO 간의 관계가 갈등·경쟁·협력·흡수(co-optation)가 혼합된 특징을 지닌다고 말한다(Gordenker & Weiss, 1995: 551). 이들 관계는 한 나라의 정치 제도 형태, 특정 NGO 프로젝트의 유형 및 수행 장소 등 여러 가지 요소에 따라 결정된다.

NGO와 정부와의 관계는 학자들에 따라 다양하게 유형화되고 있으며, 또한 이는 정치 체제와 밀접한 관련을 맺고 있다. 보스웰(Robert O. Bothwell)은 NGO와 정부와의 관계를 일곱 가지 유형[2]으로 설명하고 있다. NGO는 공공 서비스의 생산, 국가 권력의 견제, 국제 원조, 모금운동과 같은 공익활동을 통해 정부와 상호작용하게 된다. 이러한 상호작용은 현대에 와서 정책이 미치는 영향의 확대, 기술의 발달, 정보에 대한 욕구 강화 등으로 더욱 긴밀해졌다. 이 과정에서 NGO는 국가 권력에 대해 정당성을 부여하고 정부와 협력해 공공 서비스를 제공하기도 하고, 국가 권력에 대

2) 첫째, NGO가 정부에 의해 법적 보호를 받는 유형으로서 NGO를 하나의 법적 실체로 인정함으로써 공적인 업무에 참여할 수 있는 권한을 부여한다. 둘째, NGO가 정부의 반대 입장에 서는 유형이다. 셋째, NGO가 정부와의 협력 관계가 형성됨으로써 NGO의 활동에 정부가 참여하게 되거나 정부의 각종 회의에 NGO가 참여하게 되는 유형이다. 넷째, NGO가 정부로부터 자율성을 갖게 되는 유형으로 NGO의 재정, 정책 등에서 자율성을 갖고 운영하는 경우이다. 다섯째, 정부에 대한 하나의 대안적인 유형으로 NGO가 저소득층에 대한 의료센터 정비, 법률 상담 등을 하게 되는 경우이다. 여섯째, 정부의 공식적인 지원 형태를 통해 NGO에게 세제 감면, 세제 지원, 자금을 지원해 주는 유형이다. 일곱째, 정부의 중요한 정책이나 책무에 대해 NGO가 추적하는 유형으로 구분하고 있다.

한 감시와 정부정책에 대한 비판을 통해 견제 역할을 수행하기도 한다(박상필, 1993: 31-49).

또한 일반적으로 NGO의 활동을 규제하려는 정부와 조직의 독자성을 유지하려는 NGO 사이에는 크고 작은 갈등이 존재한다. 선진국의 NGO가 정부정책의 견제자 혹은 지지자로서 공생하고 있는 반면, 개발도상국 정부들은 많은 경우 NGO를 성가신 존재 혹은 반대자로만 간주해 엄격하게 다루는 등 불편한 관계를 가져왔다. 정부정책에 반대하는 NGO는 자신들의 의사를 관철시킬 다른 대안이 존재하지 않을 때 정부로 하여금 자신들의 관심사에 주의를 기울여 줄 것을 요구하며 반정부 시위를 벌이는 등 맞대결로 갈등을 일으키기도 한다. 정부와 NGO 간의 좀 더 긍정적인 면에 주목해 보면 NGO는 정부기관과 협력해 정부 프로그램을 수행해 가는 하청인 역할을 하고 있다. NGO의 많은 장점이, 즉 정보 교환 및 유출 능력, 복잡한 외교 절차 없이 확보할 수 있는 지식, 네트워크, 국제적 세력 범위 등 정부에 상당한 도움을 주기 때문이다.

시민사회를 대표하고 있는 NGO들은 정책 비판과 소외층 권익을 주창하는 권익 옹호(advocacy) 역할뿐 아니라 일반 시민에 대한 각종 서비스를 제공하는 두 가지 서로 구분되는 역할을 한다고 볼 수 있다. 정부-NGO 간 관계는 그 관계의 유형화 및 선호되는 유형의 정착 또는 이들의 전환을 위한 정책과제의 제시가 주류를 이루고 있다. 또한 중앙정부 차원의 논의에서 나아가 지방자치제의 진전에 따라 지방정부와 지역 NGO 간의 관계도 연구 대상으로 하는 연구자도 나타나고 있다.

여하튼 정부-NGO 간 관계에서 핵심적인 논점이 되는 것은 정부가 NGO의 활동을 어떻게 지원할 것인가, 어느 정도로 지원할 것인가 하는 점이고, 여기에 많은 연구가 집중되고 있다. 먼저, 정부-NGO 간 관계에 관한 연구들은 정부의 NGO에 대한 태도를 하나의 차원으로 하고, NGO의 단체 성격이나 재정문제, 독립성 등을 다른 한 축으로 하여 의존이냐 자율이냐, 대립이냐 협조냐 하는 권력 관계를 반영하도록 유형화하는 경향이 있으나, 각 연구자의 연구 목적에 따라 다소 상이한 유형화의 기준들이 사용되고 있다(김준기 · 김정부, 2001: 198-210).

표 6-1 정부-NGO 간 관계에 대한 선행 연구

연구자	기준	유형 구분
김정부(2001)	NGO의 전문화 및 네트워크 정부활동의 분권화	일대일 단선적 관계 일대다·다대일 일방집중적 관계 다대다 다중첩적 관계
Gidron, Benjamin	재원의 조달과 서비스의 공급	정부 주도형, NGO 주도형, 중첩형, 협동형
Coston(1998)	정부의 수용과 거부	억압형, 대항형, 경쟁형, 용역형, 제3자 정부형, 협력형, 보충형, 공조형
김준기(2000c)	정부 또는 NGO가 상대방에게 제공하는 자원의 대체 가능성/중요성	상호의존 관계 정부 주도의 일방적 관계 NGO 주도의 일방적 관계 상호독립 관계
松下啓一·임승빈(1999)	활동 영역이 다른 경우/ 활동 영역이 동일한 경우	협력·협조 관계 경쟁·경합 관계 대체·하청 관계
Gidron, Kramer, & Salamon(1992)	재정 주체/서비스 공급자	정부 주도형, NGO 주도형 중첩형, 협동형

자료: 김준기·김정부(2001: 211)에서 재구성하고 추가·보완함.

3 정책 과정에서 정부와 NGO

정책 과정에 참여하는 이익단체의 역할 등을 분석하기 위한 방법론이 행정과 NGO 간의 네트워크 관계를 유용하게 설명하는지에 대해 검토해 보았으나, 행정과 이익단체 간의 관계를 분석하는 영국에서 제기된 정책 네트워크 개념은 다음에서 살펴본 바와 같이 정책 과정에서의 NGO를 설명하기에는 충분한 근거가 되지는 못한다고 할 수 있다. 영국의 행정학자 로즈(R. A. W. Rhodes)가 제시한 정책 네트워크(policy network)란 자원의 존성(resource dependence)에 의해 서로 연결되어 있는 조직의 복합체라고 정의할 수 있다. 이러한 정책 네트워크는 특정한 정책 이슈, 정책문제, 서로 연관된 이슈의 세트(set) 등을 중심으로 형성된다. 예를 들면, 보건, 안전, 기업의 합병, 투자 보호, 수출 진흥 등에 관한 정책 네트워크가 개별적으로 형성된다는 것이다. 정책 네트워크는 또한 예산, 감사, 기획과 같은 정책 과정을 중심으로 형성되기도 한다(Wright, 1988: 606). 커뮤니티(community)와 네트워크(network)를 개념상 구별함으로써 정책 네트워크와 정책 커뮤니티를 별개로 취급하는 사람도 있으나 정책 네트워크를 넓은 개념으로 보고 정책 커뮤니티나 헤클로(Hugh Heclo)의 이슈-네트워크(issue-network)가 이에 포함된다고 하는 로즈의 견해가 일반적이라고 할 수 있다(유훈, 1998: 88-89). 또한 정책 네트워크의 접근 방법을 살펴보면 다원주의론과 조합주의론적인 관점을 들 수 있다. 다원주의 접근 방법은 정책결정에서 다수의 참여자가 정책결정에 영향을 미치고 있다는 달(Robert A. Dahl)의 다원주의론에 기인하는 바가 크며, 정부는 특정 시점에서 이익집단 간의 균형을 반영하는 결정에 의해 희귀한 자원을 권위 있게 배분하는 데 지나지 않는다는 것이다.

반면에 조합주의(cooperatism)는 유럽의 다인종 소국가인 오스트리아, 스위스 등에서 주로 활용되어 전파된 이론으로서 정책결정에 참여하는 이익집단의 수는 극히 한정되어 있다고 보는 견해이다. 이러한 조합주의 방식은 일본에서는 '춘투(春鬪)' 협상 방식, 한국에서는 1997년 김대중 정부 수립 이후 노사정위원회 등 아시아 국가에서도 예를 찾을 수 있겠으나, 유럽과 같이 조합주의가 강하다고 말할 수는 없다.

이상 살펴본 바와 같이 정책 네트워크의 다원주의적 접근 방법 혹은 조합주의적 접근 방법은 이익집단과 정부와의 네트워크 관계를 설명하는 것은 유용하나 비영리 민간시민단체인 NGO와 정부 간의 네트워크 관계를 설명하는 데에는 부적절하다.

따라서 정책 과정에서 NGO의 역할은 정책형성 과정에서는 정책 제언, 정보 제공, 견제 등의 역할을 수행하며 정책집행 과정에서는 파트너십, 즉 공동 생산 방식의 하나로서 역할 분담이 주된 것이라고 할 수 있다. 특히 정책집행에서 NGO의 역할은 오늘날과 같이 다원화된 시대에 일괄적이고 상의하달적인 정책의 집행 방식이 국민의 다양한 요구를 수용하지 못한다는 문제점을 나타내게 되었다는 점에서 그 중요성을 찾을 수 있다.

사바티어(Paul A. Sabatier)에 따르면, 정책을 성공적으로 집행하는 데에는 기본적으로 전체적인 큰 구도를 짜는 과정, 즉 기본적인 자원 배분의 고려나 법적 상황의 고려 등의 과정에서는 상의하달적인 방식(top-down approaches)을 쓰는 것이 효과적이나, 정책의 내적인 측면, 즉 정책 내용을 구성하는 데는 집행환경과 주변 요소들을 감안하는 방식, 다시 말해 하의상달적인 방식(buttom-up approaches)을 쓰는 것이 효과적이라고 주장했다. 다시 말해, 정책을 성공적으로 집행하기 위해서는 무엇보다도 비법령적인 요인, 즉 정치, 경제, 사회적 여건과 대중의 지지도 등의 환경적 요인을 정확히 수렴해 그것을 실제로 정책에 반영시켜 나가는 과정에 중요하다고 할 수 있다. 그러나 이러한 성공적 집행에 중요한 영향을 미치는 비법령적 요인은 너무도 가변적이고 또한 다양하기 때문에, 아무리 의욕적인 정부라 할지라도 일방적으로 정부가 그러한 의견을 정확히 취합해 정책에 반영한다는 것은 한계가 있을 수밖에 없다. 따라서 이렇게 넓게 퍼져 있어 조직화되지 못한 다양한 주민들의 이해와 의견을 정부의 정책 과정에 투입시킬 수 있도록 정책의 집행에서 민간조직과 연계(networking)해 전문적이고 가치가 높은 민간 부문의 자원을 효과적으로 활용하는 과정이 필요하다. 이러한 점에서 민간 부문, 특히 자발적인 비영리기구라고 할 수 있는 NGO 활동의 의의를 찾을 수 있다.

제2절

정부와 NGO 간의 파트너십

1 등장 배경 및 개념*

민-관 파트너십에 대한 관심이 증가하는 반면, 파트너십에 대한 이해는 아직 부족한 실정이며, 또한 파트너십에 관한 개념조차 정립되어 있지 않다. 이는 기업 간의 전략적 제휴에서도 마찬가지이다. 1980년대 이후 세계 각국의 기업들은 마케팅, 기술, 생산, 자본 등 여러 가지 경영자원 분야에서 지속적인 경쟁 우위를 확보하고 자사의 취약점을 보완하기 위해 다른 기업과 상호 보완적인 협력을 시도하고 있다. 전략적 제휴는 연구 목적에 따라 전략적 파트너십(strategic partnership), 기업 간 연계(corporate linkage), 그리고 연합(coalition), 상호 협력(collaboration) 등 다양한 용어로 사용되기도 한다. 또한 학자마다 협력 관계에 치중한 정도나 전략적 목적 달성을 강조한 정의 등으로 전략적 제휴에 대한 통일된 정의가 확립되어 있지 않은 실정이다(신동규, 2001).

공공과 민간의 파트너십은 미국에서 1970년대 말에 도시 개발의 형태로

* 임승빈(2001). "분권과 균형 시대에서의 지역사회의 참여 방안 모색"에서 인용.

서 등장하기 시작했으며, 1980년대에는 '가장 유행한 정책 개념(the most fashionable policy concept)' 가운데 하나로까지 일컬어졌다(Langton, 1983: 256-261). 1970년대, 1980년대의 미국은 큰 정부가 소멸되는 시기였다. 대신에 민간 부문의 활력, 지방정부의 정책주도권(local initiative)에 대한 신뢰가 강조되는 시기였다(Brooks, 1984). 1978년의 카터(Jimmy Carter) 정부의 「대통령 전국도시정책 보고」, 1982년의 레이건(Ronald Reagon) 정부의 「대통령 전국도시정책 보고」에서도 민간과 정부의 파트너십의 여러 형태에 대해 소개가 되었으며, 이들 보고서에서는 공공과 민간의 교섭에 의한 '투자의 파트너십(investment partnership)', '기업가정신(entrepreneurship)', '시민정신(civic sprit)'이 강조되었다(秋本福雄, 1997: 13-14).

파트너십[3]이란 다른 주체 간의 대등한 협력 혹은 상호 의존 관계를 말하는 것으로, 특히 행정학 · 정치학에서는 가장 협소한 의미로 민간단체나 기업과 행정이 실시하는 공동사업이나 그 형태를 가리킨다. 그러나 오히려 오늘날 주로 사용되고 있는 파트너십의 의미는 다오 마사오(田尾雅夫)가 말하는 "행정과 시민의 협동에 의한 서비스의 창출, 제공, 그리고 그 평가를 포함하는 모든 연계 관계"(田尾雅夫, 2000: 158), 또는 서비스 영역에 그치지 않고, 공공복지의 실현, 혹은 행정 결정 등에서 관-민이 각각 취하는 기본 입장 방식론 등의 해석이다.

즉, 파트너십론이란 공공 · 공익의 실현에서 주체와 객체의 구분을 상대화시키는 것, 혹은 공공 · 공익의 주체로서 지위를 행정에게도 시민에게도 부여해 역할을 분담하는 것을 목표로 하는 것이라 말할 수 있다. 이러한 논의가 제기되어 온 배경에는 정부 · 행정의 한계에 대한 인식과 기구의 팽창에 대한 위기감, 그리고 새로운 공익 주체로서 민간단체의 급격한 성장 등이 있다. 즉, 행정으로 인해 규격화된 서비스 공급 분야의 확대는 시민의 자유로운 선택을 섬섬 불가능하게 하고, 그 결과 시민의 자유를 제한했던 것이다. 이와 같은 문제 의식이 1970년대 후반부터 재정의 팽창과 경제 정체에 대한 문제와 더불어 부상해 왔던 것이다. 그리고 이러한 폐해를 없애기 위해 시민 스스로가 공공 서비스의 생산 · 공급 주체로서 '참가'하려는 의식이 제기되어 왔다.

3) 이나쓰구 히로아키(稻継裕昭) · 무라마쓰 미치오(村松岐夫), 『포괄적 지방자치 통치개혁』(경제정책분석 시리즈).

2 파트너십형 사회구조로의 전환

이러한 일반적인 민-관 관계의 논의에 파트너십이라는 용어가 사용된 것은 공공 서비스의 제공이나 정책결정의 권한이 정부・행정에 집중되어 있는 경향을 타파하기 위해서이다. 따라서 이것은 분권화나 참가의 추진에 동기를 부여해 주는 이론이다. 파트너십론의 가장 중요한 논점은 시민사회단체(NGO)에의 권한 부여(empowerment)이다. 파트너십론은 지향해야 할 이념형으로서 '시민사회'의 성숙을 목표로 하고, 단순히 시민에게 양적으로 확대된 역할을 분담한다거나 권한을 이양하는 것만 의미하는 것이 아니라, 정책 과정이나 주체적인 공익활동 등의 다양한 장면에 참가해 활동함으로써, 문자 그대로 시민이 '힘을 얻는다'는 것을 목적으로 한다.

파트너십론이란 민주주의를 전제로 해야 하는 시민상에 무조건적으로 입각하는 것이 아니라, 실제 시민의 모습을 전제로 민주주의의 재구축을 도모하려는 것이다. 이러한 파트너십형 사회구조로의 전환을 도모하기 위해서는 시민 의식의 성숙과 행정기관의 개혁 둘 다 필요하다. 통치라는 생각이나 앞에서 서술한 시민단체 활동에 대한 평가가 일반화되어 온 지금, 대부분의 시민은 이러한 사회 구축의 방식에 긍정적일 것이다. 그리고 이것을 성숙시켜 가기 위해서는 '분권'과 '참가'를 실감할 수 있는 시스템의 정비가 필수이다. 따라서 지금 강하게 요구되는 것은 이러한 파트너십형 사회구조에 대응할 수 있는 행정으로의 전환, 행정 파트너십화라고도 불러도 될 만한 개혁일 것이다.

3 파트너십의 의의

1) 민-관 '공론의 장' 형성의 필요성

시민사회의 연대는 '공론의 장'을 기반으로 하여 민주주의적 압력을 경제영역과 행정 영역에 대해 행사한다고 한다. 하버마스(Jürgen Habermas)는 공공 영역에서 '공론의 장'의 확대를 규범적 소통의 장인 생활세계 중에서 사회적 이슈에 대해 의식화된 영역이라고 했다는 점이다. 또한 그는 유럽의 역사 가운데 타운에서 형성된 공론의 장의 대표적 예로서 17세기 말과 18세기 초에 걸쳐 만들어진 커피하우스(영국), 살롱(프랑스), 테이블 사회(독일) 등의 사례를 들고 있다. 영국에서는 이미 18세기 초에 단골을 갖는 커피하우스가 3,000여 개나 존재했다. 커피하우스에서는 대개 문학이나 예술을 둘러싼 논쟁이 많이 벌어졌는데, 이는 곧장 경제·정치적 이슈로 확대된다. 여러 계층이 비교적 쉽게 이 모임에 참여할 수 있었다. 여러 중간계층, 숙련공, 상인 심지어 빈민들까지도 접근이 허락되었다. 살롱도 양상이 비슷했다. 화려한 살롱의 행사에 참여하는 것은 천민들도 결코 예외가 아니었다. 살롱 내부에서 귀족과 부르주아, 왕자와 세리(稅吏)들은 시계 제작공, 상인들과 격이 없게 어울렸다. 영국과 프랑스의 커피하우스, 살롱에 비해 덜 역동적이었던 독일의 테이블 사회도 유사한 특성을 공유한다. 이 안에서 사회적 위계는 초월되었고, 사람들 사이의 이해와 소통이 가장 중요한 원칙으로 여겨졌다. 따라서 하버마스는 17세기 말과 18세기 초에 형성되기 시작한 이러한 커피하우스, 살롱, 테이블 사회와 같은 공론의 장의 중요한 공통된 특징을 세 가지로 요약하고 있다. '동등성(equality)', '문제 제기(problematization)', '포괄성(inclusion)'이 바로 그것이다. 즉, 모임 내부에서 사회적 계층이 큰 장애로 부각되지 않았고, 따라서 많은 계층이 접근할 수 있었다. 그리고 문학과 정치, 경제 등의 이슈에 대해 자유롭게 토론하고 비판하며, 대안을 모색하는 소통적 과정이 이 내부에서 일어났다는 것이다. 시민사회의 형성, 그리고 NGO의 탄생은 이러한 '공론의 장'으로부터이며, 이러한 공론의 장의 확대가 자연스럽게 지역, 국가, 국제 수준으로서의 연대를 맺게 된다고 볼 수 있다(김호기, 1995: 129-131).

한편, 경제가 고도 성장을 이룩하는 과정에서 사회 전반에 대한 행정의 관여는 심화되어 행정 기능이 확대되어 왔다. 지나친 행정 관여의 증대는 행정 능률의 저하, 창의력 발휘의 미흡, 다양한 사회계층의 복지 요구에 대한 적응력 부족 등 각종 폐해를 유발시키기도 했으며, 동시에 경제 규모의 확장과 그 복잡성 및 전문성 때문에 행정 기능의 한계가 나타나기도 했다(高寄昇三, 1985: 2-5). 바로 이런 관점에서 사회 각 부문 간의 역할 재조정, 정부 기능의 민영화(privatization), 민간기업에 대한 정부 규제의 완화(deregulation)와 시장경제의 확대 등의 수단이 정부로서는 정부개혁의 실현을 위한 중요한 정책 수단으로 등장하게 된다.

따라서 이전의 국가형성기와는 다른 국가와 시민사회의 관계 재설정이 정부개혁 시대인 지금에서 요구되기에 이르렀다. 특히 시민 의식의 성숙에 따른 비판적 자질의 향상, 자신의 권리를 더 이상 대의 민주제에만 의탁하지 않겠다는 시민사회의 적극적 참여 욕구의 증대는 국가와 시민사회의 새로운 파트너십 설정을 요구하게 되었다. 물론 정책 과정의 모든 부분에서 양자의 역할 분담이 분명한 상태는 아니나, 국가와 시민사회 모두 새로운 관계 정립이 '정부실패'를 극복하는 여러 방안 가운데 하나라는 사실은 부인하고 있지는 않다. 또한 국가와 시민사회의 파트너십은 '공동 생산' 방식을 활성화시키며, 행정의 '효율성' 및 '책임성' 증대에도 기여하고 있다는 점 때문에 그 필요성이 강조되고 있다.

2) 공동 생산의 필요성

급증하는 행정 수요에 대응하기 위해서는 서비스 공급 주체를 다원화(多元化)해 행정의 능률성과 경영성을 제고해야 한다는 신자유주의론적 주장에 대한 찬반을 떠나서 정책 과정에서 NGO의 역할을 강화시키는 논리적 구실을 했다. 따라서 정부는 자신들의 정책 과정에서 NGO들과의 파트너십을 맺기에 이르렀다.

특히 민-관의 파트너십이 활발한 일본에서는 '공동'이나 '협동'이라는 단어가 사용되는 대다수의 문맥은 cooperation이나 collaboration보다도 co-production(공동 생산)으로서의 의미가 강하게 담겨져 있다고 생각된다. 공동 생산이란 공공 서비스의 생산 · 공급자와 소비자 쌍방이 서비스 형성 과정 · 공급 과정에 가담하는 것으로, 상호 이해와 좀 더 풍부한 정보 교환이 가능해지고, 그 결과 서비스 생산성과 질의 향상, 양자의 소비 능력의 향상과 의식 · 시스템의 혁신 모두를 도모하려는 것이다(田尾雅夫, 2000). 예를 들면, 지역 단위의 도시정비계획의 작성, 공공시설의 설계나 관리, 주택복지계획의 작성이나 그 서비스 운영 등은 시민과의 '협의성'으로의 전환이 비교적 쉽고 효과가 확실한 행정 분야이다. '협동'은 파트너십론의 행정이론으로서 빈번하게 사용되는 테마이다. 파트너십이나 협동이 성립하는 조건은 주체 상호간의 자립이다. 그리고 특히 시민의 자립이 과제가 된다.

시민의 자립에 대한 저해 요인 중 가장 큰 문제는 자원(resource)의 부족이다. 인재, 자금 등 여러 가지 문제가 있지만, 문제는 이것을 어떻게 수집하느냐 하는 것이다. 물론 원칙적으로는 그 주체자가 직접 자발적으로 수집하는 것이지만, 행정 등의 자원의 대량 보유자와 대등하게 대치할 수 있을 만큼의 양을 수집하는 것이 실제로는 꽤 곤란할 것이다. 즉, 시민에게는 행정 등 자원의 대량 보유자로부터, 자원 제공과 교환에 그 주체성·자립성을 빼앗길 위험이 항상 존재한다고 할 수 있다. 행정이 해야 할 일은 어디까지나 파트너의 자립을 목적·전제로 한 '지원'의 방법에 대한 설계이다. 이를 위해서는 우선, 활동의 '성숙'이나 '지도'로, 시민 그 자체를 자원으로 '활동'하려 하는, 동원형 자원 수집이라는 발상으로 개혁하지 않으면 안 된다.

이로써 행정의 파트너십화란 기존의 정부·행정에만 결정이나 집행에 대한 권한이 집중되어 있던 시스템을 전제로 한다. 과거 시민 참가, 주민 참가의 시스템을 초월해, 넓게 시민의 '공공·공익 형성에 대한 참가'를 가능하게 하기 위한 시민·행정 양쪽의 의식 개혁과, 조건 정비나 제도설계를 목표로 하고 있는 것이라고 이해할 수 있다.

4 파트너십의 유형

NGO와 정부의 파트너십 관계론은 조직의 성격과 정부의 수용 정도에 따른 전통적 분류 방식(신광영, 1999: 34-35), 정책 영역별 분류(松下啓一, 1990: 94-96), 재정과 서비스 공급에 따른 분류 방식(Gidron, Kramer, & Salamon, 1992: 16-20), 재원과 통제라는 자율성 측면과 의사소통과 근접성에 따른 분류 방식(Kuhnle & Selle, 1990: 172-175)[4] 등이 있다. 그리고 자원봉사단체를 중심으로 한 제3섹터 부분의 NGO와 정부와의 관계를 제도적 다원주의에 대한 정부의 정책이 거부인 경우 세 가지 모형(억압·대항·경쟁), 수용인 경우 다섯 가지 모형(계약·제3섹터형·협력형·보충형·공조형)으로 나눈 코스턴(Coston, 1998)의 분류 방식도 있다. 기본적으로 정부와 NGO 간의 파트너십이라는 관점에서 보면 조직의 성격과 정부의 수용 정도에 따른 전통적 분류 방법과 정책 영역별 분류 방식, 코스턴(Jennifer Coston)의 정책 수용도에 의한 분류 방식은 국가의 역할 정의와 정책 영역 구분·수용성에 따라 양자 간의 유형을 분류한다는 점

4) 자금 조달과 통제란 면에서 자발적 조직이 지방정부에 의존적이고 의사소통과 접촉이란 면에서 양자가 긴밀한 경우를 '통합된 의존', 자금 조달·통제 면에서 자발적 조직이 의존적이나 의사소통·접촉 면에서 소원한 경우를 '분리된 의존' 관계라 한다. 좀 더 자세한 내용은 신희권(1999). "지방정치의 변화와 자발적 조직의 역할"(『한국행정연구』, 제8권 제1호: 44-63)의 내용을 참조.

에서 공통된 분류 방식이라고 볼 수 있다. 범용적으로 인용되고 있는 기드론(Benjamin Gidron)의 분류를 좀 더 자세히 보면 정부와 NGO 간의 파트너십 관계는 재정(finance)과 서비스 공급(service provision)에 따라서 기본적으로 네 가지로 나뉜다(Gidron, Kramer, & Salamon, 1992: 16-20). 따라서 정부의 정책 과정에서 NGO와의 파트너십 모형 분류 기준은 정책 영역별 · 재정 · 서비스 공급자 세 가지로 대별될 수 있다.

파트너십 관계 형성에서 재정과 서비스를 정부와 NGO가 어떻게 분담하느냐의 문제와 관련이 있는 것인데, 전통적으로는 정부가 많은 부문을 부담했지만, 최근의 관계들은 정부와 NGO가 재정과 서비스 공급을 분담하거나, 또는 NGO 부문이 많은 재량을 갖는 것이 현실이 되고 있다. 특히 재정보다는 서비스 공급의 부문에서 NGO의 활동이 커지고 있다고 볼 수 있다(Gidron, Kramer, & Salamon, 1992: 20).

그림 6-1 **정부와 NGO의 활동 영역별 파트너십 유형**

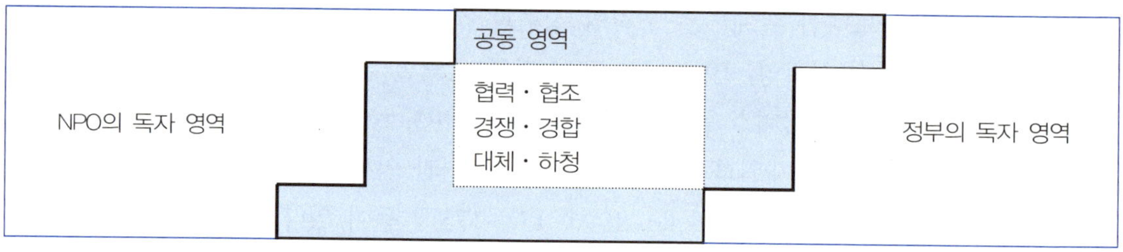

자료: 松下啓一(1999).

1) 정책 영역별 유형론

중앙정부 혹은 지방정부와의 관계를 일부 소수의 엘리트들 간의 정책 네트워크가 아닌 파트너십 간의 관계로서 네트워크에 대해 살펴보도록 하겠다.

(1) 정부와 NGO 간의 정책 영역이 다른 경우

정부와 NGO 단체의 정책 영역이 다른 경우로는 정부의 입장과 관계가 어려운 정책 영역(불법체류 외국인에 대한 구원활동 등), 사회적 합의가 불가능한 정책 영역(남북문제, 원자력 개발문제 등), 정부와는 다른 입장의 정책 영역(소수자의 인권문제) 등이 있다. 이 경우 정부와 NGO 단체는 '상호 독립 · 무관계'인 정책 영역에서 서비스를 제공한다. '상호 독립 · 무관계'의 파트너십일 경우는 NGO의 정책 영역이 정부와 입장이 다르기 때문에, 정부가 이러한 활동을 하는 NGO 단체를 직접 지원할 의무는 없다. 그러나 정부의 활동 영역이라고 할 수 없는 정책 영역에도 판단 여하에 따라 정부 영역이 대상이 될 수 있다. 이와 같은 영역 구분 자체가 상대적인 것이라면 다양한 NGO의 활동은 '사회적 자본'을 풍부하게 할 수 있다는 판단을 정부가 한다면 이들 NGO 단체가 활동할 수 있도록 지원할 수도 있다.

(2) 정부와 NGO 간의 정책 영역이 공동인 경우

이 같은 경우는 정부와 NGO 간에 대체 · 하청 · 경쟁 · 경합 · 협력 · 협조의 파트너십 유형을 맺게 된다.

① 대체 · 하청 유형

NGO는 독립된 섹터이므로 정부와의 관계가 대등하지만, 활동 형태로서는 NGO가 정부의 업무를 대체 · 하청하는 경우가 있다. NGO가 정부의 업무를 수탁받는 경우이다. 우리나라는 특별법 제정에 따라 설치된 새마을운동조직(1980.12.13), 바르게살기운동 조직(1991.12.31) 등이 이에 해당된다. 일본은 민법 제34조의 공익 법인의 내용에서는 주무관청의 업무를 일부 하청하기 위해 설립된 법인이 해당된다. 대체 · 하청에 해당하는 경우에도, 양자의 관계는 기본적으로는 독립 · 대등하지만 NGO가 정부 업무를 대체 · 하청하고 있는 범위 내에서는 정부로서는 NGO를 지원하고, 관리 · 감독하는 관계가 된다. 그것이 결과로서 종속 · 상하 관계로 변질되어 소위 관변단체화될 소지가 크다.

② 경쟁 · 경합 유형

양자 간의 정책 영역이 같은 경우에도 NGO가 정부와는 독립 · 무관계로 활동하는 경우가 있다. 비영리 · 공익활동 분야에 NGO가 참여해서 정부나 기업과는 별개의 서비스를 제공하기도 하고, 정부나 기업과는 다른 관점으로부터 제안을 하는 경우가 있으나, 이 경우 정부와 NGO 간에 경쟁 · 경합의 관계가 된다.

사회 전체로 본다면, 이러한 다양한 서비스가 이루어져, 활발한 제안이 이뤄지는 것은 좋은 일이기 때문에 정부는 NGO 단체가 활발히 활동을 할 수 있도록 조건 정비 등을 추진하는 것이 필요하다.

③ 협력 · 협조 유형

정부와 NGO는 조직 자체는 상호 독립적이지만, 대등한 입장에서 협력 · 협조해 온 경우가 있다. 소위 협동이 이루어지는 경우로, 이러한 관계에서 NGO는 정부의 대체 · 하청이 되는 것은 아니기 때문에 어떤 의미에서는 NGO를 직접 지원해 관리 · 감독하는 관계로는 되지 않지만, NGO와 협력 · 협조하는 것이 풍요로운 사회를 실현한다는 것을 고려하는 경우, 정부는 NGO와의 적극적인 협력 · 협조를 위해 행정사무를 위탁하는 방식을 취하기도 한다.

2) 재정 주체 · 서비스 공급별 유형론

기드론 등에 의하면, 정부와 NGO 간의 파트너십 관계는 재정(finance)과 서비스 공급(service provision)에 따라서 기본적으로 네 가지로 나뉘며, 그 내용은 <표 6-2>와 같다고 지적한다(Gidron, Kramer, & Salamon, 1992: 16-20).

<표 6-2>는 재정과 서비스를 정부와 NGO가 어떻게 분담하느냐의 문제와 관련이 있는 것인데, 전통적으로는 정부가 많은 부문을 부담했지만, 최근의 관계들은 정부와 NGO가 재정과 서비스 공급을 분담하거나, 또는 NGO 부문이 많은 재량을 갖는 것이 현실이 되고 있다. 특히 재정보다는 서비스 공급의 부문에서 NGO의 활동이 커지고 있다고 볼 수 있다(Gidron, Kramer, & Salamon, 1992: 20).

표 6-2 정부와 NGO 간의 관계 모형

구분	정부우위모형 (government dominant model)	중첩모형 (dual model)	협동모형 (collaborative model)	NGO 주도모형 (third sector dominant model)
재정 (finance)	정부 (government)	정부(government)/ NGO(third sector)	정부 (government)	NGO (third sector)
서비스 공급 (provision)	정부 (government)	정부(government)/ NGO(third sector)	NGO (third sector)	NGO (third sector)

자료: Gidron, Kramer, & Salamon(1992: 18)을 재구성.

(1) 정부우위모형

이 모형은 정부가 재정과 인간적 서비스 분배(delivery of human services)에서 주도적인 역할을 하는 것으로 많은 사람이 말하는 복지국가(welfare state)와 같은 개념이다. 정부 주도형은 본질적으로 조세 체계와 정부의 고용에 의한 재원 조달과 서비스 분배 체계를 갖고 있다.

(2) NGO 주도모형

정부우위모형의 반대 위치에 있으며 자원조직들(voluntary organizations: VO)이 재정과 서비스 분배에서 주도적 역할을 한다. 이러한 모형은 전형적으로 사회적 복지 공급에서 이데올로기나 분파적인 이유로 정부 주도의 반대편이나, 또는 아직까지 사회에 넓게 받아들여지지 못한 서비스 부문에서 나타난다.

(3) 중첩모형

중첩모형은 정부와 비영리 부문이 재원과 서비스 공급에서 광범위하게 퍼져 있기는 하나, 두 부문이 각각 분리된 독자적인 영역을 가지고 있기도 한 유형이다. 병렬궤적형(parallel-track model)이라고도 하며, 이것은 두 가지 다른 방식을 가질 수 있다. 먼저, 비영리조직이 국가에 의해 분배되는 서비스를 보충(supplement)하는 것인데, 그러나 같은 종류의 서비스를 분배하는 것은 국가에 의해 고객들(clients)에게 도달하지 않는다. 아니면 정부가 채워 주지 못하는 서비스의 수요를 NGO 부문이 보완(complement)해 줄 수 있다. 어느 경우에나 구별하는 특징은 상당히 크지만 비교적 자율적인 두 가지의 서비스의 재정과 전달 시스템의 존재이다.

(4) 협동모형

마지막으로 볼 수 있는 정부와 NGO의 관계는 정부와 비영리 부문 둘 다에 의해 중요한 역할을 한다는 특색이 있다. 그러나 여기서 두 부문은 개별적으로 일하기보다는 함께 행동한다. 이것을 협동모형이라고 하는데, 주로 이것은 정부가 재정을 책임지고 NGO가 실질적인 공공 서비스를 담당한다. 이 반대의 모형도 가능하기는 하다. 이러한 모형은 특히 미국에서 매우 광범위하게 퍼져 있다. 이 모형은 양자 간의 협상력과 재량의 범위에 따라 두 가지로 나눌 수가 있는데, 하나는 NGO가 일종의 정부의 서비스 프로그램의 대리인으로서 재량권과 협상력을 거의 갖지 않는 것으로 이것을 협동적 대리인모형(collaborative-vendor model)이라고 하며, 하나는 반대로 NGO 조직이 많은 재량권을 행사하면서 서비스 프로그램을 주도하거나 정치적인 과정을 통해 그러한 재량권을 더욱 키워 나가는 모형이라고 할 수 있다. 후자는 공동협동모형(collaborative-partnership model)이라고 한다.

이들 국가에서는 NGO 본래의 정체성인 독립성과 신뢰성 확보를 위해 정책 제언자(advocacy)의 역할, 파트너 역할, 공동체 사회를 구축하기 위한 시민교육 역할을 담보하기 위해 정부와 NGO 간의 민·관 공동 생산 방식의 활성화를 위한 제도적 장치를 두고 있다는 것을 간과해서는 안 된다.

예를 들어, 지역사회에서 NGO의 전문성과 공정성을 높이기 위해 미국과 일본에서 시행하고 있는 커뮤니티 기금[5]과 같은 정부-NGO-주민 간의 중립성을 띤 지역개발금고가 있다. 이 금고의 성격은 원활한 주민참여의 활성화를 위한 자금 지원이라는 성격을 띠며 지역공동체를 건설하기 위해 지원하는 중립적인 민·관의 공동기금이라는 성격을 가지고 있다. 이 기금의 성격은 시민조직의 형성을 위한 자금이라는 성격을 띠어야 할 것이다. 예를 들어, 미국에는 볼런티어 회계사를 NGO에 소개하는 NGO가 있다. 그 밖에도 볼런티어 컴퓨터 기사를 NGO에 소개하는 NGO가 있다. 따라서 이 기금의 성격은 시민단체를 지원하는 시민단체라는 성격을 가진다. 그러므로 자금이 필요해지고 일정한 기구를 가져야 하므로 정부 중심의 기금 조성이 필요하다. 기금 조성은 정부의 각종 기금 운영 방식과 같이 정부 예산과 민간 기부금으로부터 기금을 적립하는 방안이 타당하다고 본다. 기금 설립에 덧붙여 NGO 활동지원센터를 민·관 공동으로 설립할 것을 제안한다. NGO 조직의 최대의 고민은 활동할 장소, 회의실의 확보, 장비의 비축 장소 등이다. 따라서 이들이 이용 가능한 지원센터 설립이 필요하다고 하겠다. 민간기업 및 정부는 볼런티어 휴가 제도를 도입해 사회활동을 지원하는 자원 활용 시스템을 갖추도록 해야 할 것이다. 이렇게 함으로써 정책 과정에서 NGO와 정부와의 공동 생산 방식이 활성화될 수 있다.

5) 일본에서는 마찌스쿠리(まちづくり: 마을만들기) 기금이라고 한다.

제3절

NGO 활동 현황 분석

1 활동 유형별 분류

2021년 현재 비영리 민간단체 공익활동 지원사업 관리정보시스템(mois.go.kr)의 비영리 민간단체 현황은 다음 <표 6-3>과 같다. 정부에 등록된 시민단체는 총 15,378개가 있었고, 한 단체에서 여러가지 일을 한다면 중복으로 집계된 것이다. 예를 들어, 여성단체가 환경운동을 목표로 하는 시민단체가 있다면 여성과 환경단체에 각각 하나씩 집계된 것이므로, 실제로는 15,378개 단체보다는 적다고 볼 수 있다.

표 6-3 비영리 민간단체 공익활동 유형(기준: 2021년)

구분	환경	인권	평화	통일	여성	권력감시	정치	경제	교육
단체 수	2,206	500	303	433	816	4	89	303	5,411
구분	연구	문화	체육	복지	청년	아동	소비자	도시	가정
단체 수	2,435	3,305	211	1791	147	538	200	184	709
구분	노동	빈민	외국인	모금	자원봉사	국제연대	대안사회	온라인 활동	
단체 수	204	12	177	47	2,620	639	3	14	

2 유형별 민간단체 지원사업 선정 현황

2021년 행정안진부의 비영리 민간단체 통계(2020년 실적 중심)을 보면 다음 <표 6-4>와 같다.[6] 오히려 한참 때보다는 감액된 것인데, 그 이유는 타 부처 및 지방자치단체의 지원도 받는 곳은 중복을 피했기 때문이라고 사료된다.

6) 2021년 비영리 민간단체 공익활동 지원사업 선정 결과 및 실무교육 등 일정 안내. 행정안전부→업무안내→지방자치분권실→민간협력→비영리 민간단체 지원(mois.go.kr).

표 6-4 행정안전부의 유형별 비영리 민간단체 지원사업 현황(기준: 2021년)

행정안전부 기준		
유형	사업 수	금액
사회통합	32개	1,090백만 원
사회복지	34	1,090
시민사회	29	963
생태, 환경	24	871
평화증진 및 국가안보	37	1,339
사회안전	31	1,003
국제교류협력	15	492
합계	202	6,848

금액별 사업 선정 건수	
1,000만 원 미만	3
1,000~2,000	17
2,000~3,000	52
3,000~4,000	62
4,000~5,000	30
5,000~6,000	25
6,000~7,000	12
7,000~8,000	0
8,000~9,000	0
9,000~10,000	0
10,000~	0

3 법적 자격에 의한 분류

비영리 등록단체 관리정보시스템[7]에 의하면, 등록 유형과 명칭이 불일치 하는 경우가 있다. 명칭에는 (사)와 같이 사단법인을 뜻하는 단어가 들어갔지만, 등록 유형에는 다른 경우가 다수 있다. 다음 <표 6-5>의 행정안전부 소관의 비영리 법인에 대한 통계이며, 개별 부서와 각각의 시·도에도 법인허가 권한이 있기 때문에 실제적으로 더 많다고 볼 수 있다. 또한 임의단체는 주무관청의 허가를 득할 필요가 없고 정부의 별도관리 대상이 아니다.

7) 비영리단체현황 → 등록단체조회(mois.go.kr).

표 6-5 행정안전부에 등록된 비영리 민간단체들의 법적 성격(기준: 2021년)

유형	사단법인	없음	재단법인	사회복지법인	특수법인	공란	합계
단체 수	1,001	223	41	10	3	14,344	15,622

표 6-6 사단법인과 재단법인의 차이

종류	주된 구성 요소	최고 의결기관	주요 정책 결정기관	결정의 민주성 정도
사단법인	사람	사원총회	이사회(총회 위임 사항에 한정)	강함
재단법인	재산	이사회	이사회	약함

자료: 최성재(1998: 6). 『한국민간단체총람』, 시민의 신문(2006.1). 행정안전부 민간단체 등록 현황(2008).

<표 6-5>에서 나타내는 바와 같이 임의단체가 많은 이유는 법인 설립 절차가 까다롭기 때문이다. 또한 <표 6-6>의 사단법인과 재단법인의 차이점으로 인해 NGO가 법인을 등록 시에는 사단법인으로 등록하고 있으나 대부분의 NGO는 법인에 등록되어 있지 않음을 보여 준다.

제4절

우리나라 NGO들의 정책 영향력

1 배경

우리나라에서는 불과 십수 년 전만 하더라도 NGO라는 용어가 낯설었던 것이 사실이다. 개발독재 이후 국가정책은 정부, 국회, 전문가집단 등에 의해 주도되어 왔고, 시민은 정부와 국회가 결정한 정책에 순응할 수밖에 없는 구조였다. 그러던 것이 노태우 정부 이후의 정치적 민주화 과정을 거치는 동안 환경, 경제 정의, 정치활동 감시 등 다양한 분야의 활동을 내용으로 하는 시민사회단체가 급속히 성장하게 되었다.[8] 전국적 규모의 경제정

8) 1999년에 이미 4천 개 이상의 시민단체가 구성되었고, 지부와 학술단체를 포함하면 2만 개가 넘는 단체가 활동했다는 연구 결과도 있다.

의실천시민연합, 환경운동연합, 참여연대 등은 정부의 환경, 경제정책 등에 대해 지속적으로 문제를 제기하고 사회 이슈화함으로써 정부의 정책을 변경하고, 거대기업들의 관행들도 수정하게 하는 등 영향력을 강화해 왔다. 환경운동연합 등의 동강댐 건설 반대운동, 참여연대 소액주주운동, 2000년 총선 관련 국회의원 낙천·낙선운동 등은 시민단체들이 국민들의 적극적인 지지를 이끌어내어 소기의 성과를 거둔 대표적인 사례로 볼 수 있다.

최근에는 좀 더 정치적인 이슈에 시민단체의 관여 정도가 늘어나고 있는 것으로 보인다. 예를 들어, 미국산 소고기 수입 반대, 제주도 해군기지 건설 반대, 밀양 송전탑 건설 반대, 한진중공업 사태 개입 등 과거에는 대학운동권이 주도적으로 나설 만한 사안들에 대해 이제는 시민단체가 노동자단체 등과 연대해 전면에 나서고 있는 상황을 빈번히 볼 수 있다. 이는 우리나라 시민단체의 태생적 특성에서 비롯된 것이라고 할 수도 있다. 서구의 경우에는 NGO들이 주로 경제적 관점에서 정부의 손길이나 능력이 미치지 못하는 영역의 서비스를 보완하기 위한 서비스단체라는 관점에서 출발했지만, 우리나라의 경우에는 정치사회학적 관점에서 주된 역할이 정당성을 결여한 정부에 대한 비판 기능에서 출발했고, 체제에 비판적인 엘리트들이 NGO에 대거 참여하고 활동도 중앙집권적으로 이뤄져서 주민운동과는 다소 거리감이 있어 보인다(김태룡, 2002). 다음에서는 NGO가 정책영향력을 행사하는 요인, 우리나라 NGO의 특징, 영향력 사례 등을 살펴보고 향후 우리나라 NGO의 영향력에 대해 전망해 보기로 한다.

2 NGO의 영향력에 대한 이론적 논의

NGO가 어떻게 성장했고, 어떻게 사회에 영향력을 확대해 나가게 되었는지에 대해 다양한 논의들이 있어 왔다. 먼저, NGO를 서비스단체라는 시각에 초점을 두고 주로 경제적 관점에서 NGO의 성장 요인을 파악하는 입장이 있다. 그 중에서 '정부·시장 실패이론'은 공공재의 초과 수요에 대한 보완적 기능에 초점을 두고, 정부가 사회적으로 필요한 공공 서비스를 적기(適期)에 생산하지 못한 데서 오는 정부의 실패로 인해 NGO들이 이에 대한 보완재로 성장하게 되었다고 보는 관점이다(김태룡, 2002). 이에 따르면 경직화된 관료조직이나 정부조직에 비해 NGO들은 시장에서 발생하는 변화에 더욱 적극적으로 대응할 수 있고, 또한 사회적 포용력이 점차 확대되기 때문에 NGO들의 역할이 증대된다고 주장한다. 즉, 수요 요구의 초과와 다양한 이질성에 따른 수요의 존재로 정부실패에 대한 불신이 가중되고 국가의 역할 축소에 대한 요구가 증가하는 것과 함께 다양한 시민단체들의 조직화 현상을 가져왔다고 본다.

'계약실패이론'은 정부·시장실패이론이 NGO의 대안적인 역할은 설명하고 있으나, 공급 측면에서 영리단체의 역할에 대해서는 설명하고 있지 않는 점을 보완하기 위해 출발한 이론이다. 이에 따르면, NGO는 전통적으로 서비스가 구매되는 상황이나 또는 서비스 자체의 성격으로 말미암아 소비자들이 영리기업에서 생산해내는 서비스를 정확하게 평가하지 못해 이를 보완할 필요성 때문에 NGO가 등장하게 되었다고 본다. '자원(voluntary) 부문 실패이론'은 시장실패와 정부실패에 관한 이론만으로 최근의 정부와 제3섹터 간의 긴밀한 협조 관계를 이해할 수 없다고 전제하고, 비영리 부문은 정부나 시장실패라는 틈새 영역에서 소극적·보조적 역할과 기능을 담당하는 것이 아니라 공공 서비스에 대한 정부의 대안으로서 적극적인 역할을 수행한다고 본다(김선미, 2003). 즉, 시장실패에 대한 1차적 대응은 자원 부문이 담당하고, 자원 부문이 실패할 경우에는 정부가 이를 보완해 서비스 공급의 역할을 수행하게 된다고 보아 비영리 부문에 적극적인 역할을 부여하고 정부와의 협력 관계를 당연시하고 있다. 이 이론에서 자원 부문의 실패 요인으로는 인적·물적 자원의 취약성, 수혜 대상의 한정성, 자선 주체의 온정주의적 시각, 자원 부문의 전문성 부족의 네 가지 요인이 제시되고 있다. 정치·사회적 관점에서 NGO의 성장 요인을 분석하고자 하는 입장도 있다. 사회운동이론과 권력견제이론은 주로 국가 권력이 지닌 억압과 독점력, 그리고 경제 권력이 지닌 불평등과 환경 파괴 등으로 인한 부작용을 견제하기 위해 NGO가 형성되었다는 것이다(김태룡, 2002). 이는 우리나라 NGO들이 1980년대 중반까지의 권위주의 정권 하에서 정부의 감시와 통제를 받으며 성장해 오다가 6·29 선언을 정점으로 정치적 주권자로서 자의식을 강하게 지닌 시민들이 주체로 나서면서 주로 정부 권력을 비판·감시하고 대안적인 정책을 제안하는 등의 활동을 통해 성장해 온 것과 맥락을 같이한다. 그 중에서 '자원동원론'은 정부 당국, 매스컴의 개입, 산업구조의 영향을 상수로 간주하고 전문 사회운동조직의 자원 동원에 초점을 맞춘 것으로, 사회운동은 시민들이 정치 체제의 변화를 원할 경우 합리적인 행위자들이 이를 선택할 수 있는 하나의 수단이며, 동시에 합리적 행위자들이 개인적 능력이나 여타의 조직들보다 효과적으로 정치 체제에 참여할 수 있게 하는 조직들로서 다양한 자원을 동원해 단체나 정당 등과 경쟁한다는 본다. 즉, 사회운동은 국가 수준의 정치 체제에 참여하기 위한 인적, 재정적, 제도적 자원을 동원하는 과정이라는 것이다.

또한 NGO의 영향력을 '정치적 기회'와 '운동 역량'이라는 개념을 사용해 설명하는 의견이 있다(김선미, 2003). 정치적 기회는 정치 체제의 개방성과 정치적 세력 관계의 특성으로 세분화될 수 있는데, 정치 체제가 자율성이 높아지고, 민주화 · 개방화가 이뤄지면 민간 부문의 압력에 대한 정치 체계의 수용성이 높아지게 되고, 정치 체계가 폐쇄적이면 자연히 민간 부문의 활동에 대한 정치 체계의 민감도는 크게 떨어지게 된다고 본다. 정치 체제 내부의 역학 관계에서도 정당구조의 변화, 정부와 사회운동의 역학 관계의 변화, 사회운동 세력 내의 역학 관계의 변화, 정당정치의 특성, 정치적 대안 세력의 존재 여부 등이 정치적 기회에 영향을 미친다고 본다. 운동 역량은 사회적 요구나 사회 현안을 얼마나 정확히 이슈화해서 정책대안으로 제시하고 있는가 하는 '사회 현안의 이슈화 능력', 정책대안으로 제시된 이슈에 어느 정도 여론을 동원할 수 있는가 하는 '동원 능력'을 구성요소로 한다. 시민단체가 국민 또는 지역 주민들의 생활에 밀접하게 관련되는 어젠다를 발굴하고 이를 사회문제로서 이슈화하는 데 성공하고, 시민들의 지지와 요구를 대변해 낼 수 있는 형태로 발전해 나간다면 NGO의 영향력은 커질 수밖에 없다.

3 우리나라 NGO의 정책 영향력 행사에 관한 논쟁점

우리나라 공무원들을 대상으로 하는 설문조사 결과(윤광재, 2008)에 의하면, 공무원들은 정책 과정 단계별로 보면 문제 제기 단계에 대해 공무원들의 46.0%가 NGO의 영향력이 가장 크다고 보며, 다음으로는 정책평가 단계(16.2%), 정책집행 단계(15.2%), 정책결정 단계(11.6%), 정책의제 설정 단계(11.0%) 순으로 나타났다.

공무원들은 또한 문제 제기 및 정책의제 설정 단계에서 시민단체의 관여가 필요한 것으로 인식하고 있다. 이는 시민단체가 정부정책에 대한 문제 제기나 반대에는 능숙하면서도 대안 제시나 문제 해결 방안을 제시하는 데에는 한계가 있다는 점을 암시하기도 한다. 그동안 NGO가 정부정책에 크게 영향을 미쳤던 대표적인 사례로는 환경운동연합의 동강댐 반대, 참여연대의 소액주주운동, 총선연대의 낙천·낙선운동을 들 수 있다(염재호, 2002). 그 가운데 환경운동연합의 동강댐 사례의 경우는 가장 성공적인 시민단체 활동으로서 평가되고 있다. 환경운동연합은 1997년부터 댐건설 예정지인 동강 유역의 자연자원을 보존할 필요성을 역설하며 환경부와 건설교통부를 압박하고, 지역 주민과 사회단체들과 연계해 댐건설반대국민연대를 결성했다. 그리고 국내·외 권위 있는 환경운동 전문가 초청 토론회 개최, 1백만 명 서명운동, 각계 인사 33인 철야농성 등의 활동을 전개했다. 이에 강원도지사의 댐건설 반대 기자회견, 강원도의회 반대 공동선언문을 발표했고, 정부가 공식적으로 동강댐 건설을 백지화하기에 이르렀다. 환경운동연합의 동강댐 건설 반대운동은 특정 지역의 건설사업을 전국적인 사회적 이슈로 만드는 데 성공했고, 각계각층의 호응을 효과적으로 도출했다는 데 큰 의의가 있다. 특히 해당 지역 주민들의 적극적인 지지를 받았다는 것이 결정적인 성공 요인이라고 할 수 있다. 그만큼 동강댐 건설 계획은 정부가 계획의 시급성, 불가피성 등에 대해 국민들을 설득하는 데 실패한 허술한 계획이었다고 볼 수 있다.

참여연대의 소액주주운동의 경우, 우리나라 재벌 오너인 지배 주주들이 소액 투자가들의 의견과 상관없이 경영을 전횡하고 대주주의 이익에 부합하는 부당한 경영을 하여 소액 주주들의 이익을 침해하는 것을 막기 위해 주주총회 의결권 행사, 경영진에 대한 소송 제기, 입법청원 활동 등 다양한 활동을 전개함으로써 우리나라 재벌들의 부당 내부거래, 편법 증여 등 관행에 대한 국민적 관심을 불러일으키고, 재벌의 사회적 책임과 부당한 관행 시정을 위한 사회적 노력을 유도하는 결정적인 역할을 했다. 총선연대의 낙천·낙선운동도 또한 성공적인 시민단체 운동으로서 평가되고 있다. 참여연대, 환경운동연합, 여성단체연합, 녹색연합 등 우리나라 주요 시민단체가 연합해 2000년 4월 총선을 타깃으로 네거티브 운동을 벌인 것인데, 시민단체는 부패행위, 선거법 위반, 헌정 파괴 및 반인권 전력, 지역감정 선동행위, 의정활동의 성실성, 개혁 법안에 대한 태도, 재산 등록, 전과 기록 등을 토대로 현역 국회의원 중 66명, 전직 국회의원 출마 예상자 46명을 낙천 대상자로 선정했다. 그리고 서명운동, 정당 점거 농성 등 다양한 활동을 벌임으로써 낙선 대상자 중 68.6%에 해당되는 후보자가 낙선하는 성과를 거두었다. 특히 22명의 집중 낙선 대상자에 대해서는 전략적 공세를 취해 15명을 낙선시키는 결과를 이끌어냈다.

위의 성공적인 시민단체 활동과 달리 실패한 시민운동도 다수 발견된다. 그 중에서도 영월댐 반대운동과 비교해 볼 수 있는 새만금간척사업 반대운동을 살펴보기로 한다. 새만금간척사업은 장기간에 걸쳐 추진, 중단, 재추진의 진통을 겪으면서 불필요한 비용만 추가한 결과를 낳았다. 노태우 대통령 공약 사항으로서 김대중 정부에 들어서 환경영향 및 사업타당성 조사가 이뤄졌으나, 사업에 대한 사회적 합의가 도출되지 못하자 2001년 단계적으로 추진하는 것으로 정부안이 확정되었으나, 시민단체의 행정소송 제기로 사업이 중단되었고, 2006년 대법원에서 패소함으로써 결국에는 사업이 이명박 정부에서 완료되었다. 새만금간척사업에 반대운동의 실패 요인은 정책의제 설정과 정책결정 단계에서 환경단체의 활동이 활발하지 못했고, 정치적 지지 세력의 결집이 미약했고, 정책집행 단계에서의 투쟁 일변도, 지역 주민 다수의 지지 도출 실패 등을 들 수 있다(정정화, 2005).

우리나라 시민단체는 1980년대 이후 정치민주화 과정에서 나타난 국민들의 다양한 요구를 대변하고 정부와 정치권에 대한 감시와 견제 역할을 충실히 해 나감으로써 국민의 지지를 받아온 것이 사실이다. 이는 시민단체가 정치적으로 편향됨이 없이 도덕적으로도 기존의 정치권과 사회단체에 비해 우월했기 때문에 가능한 것이었다. 하지만 이러한 정부정책에 대한 영향력과 시민단체의 급격한 양적 성장에도 불구하고, 시민사회로의 발전이나 신사회운동으로의 진화는 아직 이뤄지지 못했다고 할 수 있다(염재호, 2002).

시민단체의 조직구조, 재정 상태, 구성원 현황은 아직도 미흡한 점이 많다. 또한 중앙정치에서는 시민단체가 영향력을 발휘하고 있으나, 시민의 직접참여에 의한 적극적인 사회운동으로 발전하지는 못하고 있다. 이러한 상황임에도 일부 시민단체는 우리나라 정당정치의 대안 세력으로서 정치에 직접참여하기 위해 활발히 움직이고 있다. 시민단체가 정치에 관여하게 되면 더 이상 공정한 심판자 · 감시자로서의 역할은 어려워지고, 정당과의 차별성도 사라지게 된다. 시민단체의 영향력은 시민들의 적극적인 참여에 의한 사회운동으로 확산시켜 나감으로써 강화될 수 있다. 또한 시민단체의 영향력을 강화하기 위해서는 시민단체의 정책대안 제시 능력을 강화할 필요가 있다. 정책의제 설정 단계에서 문제 제기도 중요하지만, 정책결정 단계에서 적극적인 활동을 통해 가장 합리적인 정책이 만들어질 수 있도록 하는 노력이 더욱 필요하다. 아울러, 다양한 재정 확충 방안을 강구해 정부로부터 자율적인 조직으로서 자리매김할 필요도 있다.

생각해보기 **시민단체와 재정**

시민단체의 등장 배경은 국가마다 조금씩 차이가 존재하지만 정부실패라는 사회적 환경이 존재한다. 20세기 이후 대부분의 자본주의 국가들은 보이지 않는 손에 의해 정부의 개입 없이도 경제가 효율적이고 긍정적인 방향으로 돌아 갈 것이라 믿어 왔다. 그러나 예상과는 달리 공공재의 존재, 외부 효과의 발생, 자연독점, 불완전한 경쟁, 정보의 비대칭성 등의 요인으로 시장은 그 스스로 자원 배분의 역할을 하지 못했다. 이에 대한 대안으로서 뉴딜정책의 대표하는 바와 같이 정부는 시장실패의 비효율성을 개성하기 위해 직접 시장에 개입하기에 이른다. 하지만 정부의 개입 또한 의도한 결과를 도출해 내지 못하고 오히려 사적 목표의 설정, 비용 체증, 파생적 외부 효과, 권력의 편재 등의 문제들을 발생시켰다. 시장실패와 정부의 실패를 해결하기 위한 사회적 필요에 의해 시민단체(NGO)가 등장하게 된 것이다. 따라서 시민운동은 그 운동을 행하는 시민단체의 재정적 수입으로 독립적인 활동을 할 수 있을 때 가장 바람직하다고 할 수 있다. 그러나 현실적으로 오로지 모든 시민운동을 위한 모든 수입원을 시민단체의 회비나 기부금으로 하는 것엔 한계가 있다. 그렇다고 해서 기업이나 이익단체 등에 재정의 상당 부분을 의지하게 될 경우 그들의 의사와 요구를 등한시할 수 없다는 문제점이 발생할 수 있다. 이는 시민운동이 공익을 지향하는 운동임에도 불구하고 정치적 혹은 영리적 목적으로 그 활동을 전개하게 될 위험성을 가지게 되므로 공익을 확대시킬 공동의 재원을 만들 필요성이 제기되는 것이다.

제 7 장 NGO의 내부 거버넌스, 재정과 기부

제 1 절

조직 및 인력관리

1 조직관리

1) 방향성

NGO 조직관리에 관한 논의에서 사회의 다른 집단들보다 특히 강조되는 점은 의사결정 과정의 민주성이다. 다시 말해서, NGO는 정부와 기업보다는 의사결정 구조 자체가 더욱더 민주적이어야 하며, NGO의 운영이 민주적인 방법에 의해 이뤄지도록 노력해야 한다는 것이다. 구체적으로 NGO가 국민의 신뢰와 지지를 받으면서 활동하기 위해서는 합리적인 의사결정 기구가 갖춰져서 내부의 견제와 균형이 이뤄져야 하며, 외부적으로 책임질 수 있는 장치들이 마련되어야 한다. 또한 NGO 활동이 소수 명망가의 판단에 의해 결정되고 추진되기보다는 다수 회원의 의사에 따라 진행되어야 하며, 그 결과는 외부에 공개되어 비판의 소리가 조직 내부로 전달되도록 해야 한다. 이 밖에 조직 내부적으로 각 세부조직은 활동의 독립성이 보장되어야 함은 물론 구성원이 자발적으로 활동할 수 있는 분위기도 조성되어야 한다.

2) NGO의 조직 특성

NGO는 시민들의 자발적 참여에 의해 결성되고 활발한 의사소통과 자원 활동에 근거하고 있기 때문에 다른 영역과는 다른 특성을 가지고 있다. NGO의 영역이 매우 다양하고, 그 숫자도 많기 때문에 모든 NGO가 일관된 특성을 가지고 있다고 보기는 어려우나, 일반적으로 NGO는 조직 형태, 조직구조, 행위자 간의 상호 관계에 다음과 같은 특징을 지닌다(박상필, 2005: 362).

첫째, NGO는 회원조직이다. NGO의 이념과 가치에 동의하는 사람은 누구나 참여할 수 있고, 회원이 조직의 주체이다. NGO가 지향하는 가치는 회원 스스로 결정하고 행동하는 자율과 참여에 의해 결정된다. 그 때문에 소수의 상근자가 중개자의 위치에서 전체 회원의 토론과 합의를 존중하고 의사를 결정한다. 둘째, NGO는 수평적으로 분화되어 있다. 단체가 비대해지고 상근자가 수십 명에 이르면 상근자는 중개자 역할에서 이슈를 선정하고 정책을 수립하며 전략을 창출하는 역할을 하게 된다. 이때 회원은 단체의 운영과 활동에 대한 관리와 감독을 하게 된다. 또한 조직이 확대되더라도 사람과 기구를 상하 간의 위계적 서열로 배열하는 것이 아니라 수평적으로 배열하고, 수평적으로 분화된 조직은 상호 연계되어 목적 달성을 위해 공동 협력한다. 셋째, NGO는 서로 정보를 교환하고 공동의 목적을 위해 네트워크의 형태를 지닌다. 이러한 네트워크 형태의 조직은 조직 내부의 다양한 기구가 상호 의존적 관계를 유지하고, 각 기구는 독립된 문제에 대해 전문성을 가지고 열려진 의사소통 체계를 통해 상호 정보를 공유한다. 그 때문에 이러한 조직은 의사소통·토론·조정·협력·연대를 중시한다.

NGO의 조직 형태는 이념적으로 단독조직, 연합체, 협의기구로 나눌 수 있다. 단독조직이란 조직 내부에 별도의 지부나 하위조직을 갖지 않는 조직을 말하며, 대표 NGO는 참여민주사회시민연대, 나라사랑청년회로 전국적인 이름이 나 있는 곳도 있으나 대부분 지역에 뿌리를 둔 NGO가 해당된다. 연합체는 동일한 조직 내에 지역별 또는 활동 영역별로 특화된 하위조직을 갖고 있는 단체를 말한다. 여기서 지역별 또는 활동 영역별 하위조직은 예산 및 활동 범위에서 기본적으로 중앙조직이라고 할 수 있는 연합체에 종속되나 어느 정도의 자율성을 갖으며, 대표 NGO는 경제정의실천시민연합(경실련), YMCA 등 주로 전국적인 NGO가 해당된다. 마지막으로, 협

표 7-1 NGO의 조직 형태

조직 형태	단체
단독조직	부정부패추방범국민연합회, 참여민주사회시민연대, 인간교육실현학부모연대, 교회빈민의료협의회, 한살림모임, 중앙부인회, 나라사랑청년회, 한마음한몸운동본부, 민족의 명예를 생각하는 모임, 크리스찬아카데미, 주민자치연구모임, 한강살리기시민운동연합, 정농협동조합, 녹색평화시민운동연합, 환경을 지키는 시민의 모임, 푸른한반도되찾기시민모임, 영근회, 낙동강보존회, 신천레저골프장반대대책위원회, 인천시민의 광장, 생명을 지키는 안산시민의 모임, 푸른 이어도의 사람들, 군산옥구환경운동시민연합, 김포수도매립지대책위원회, 온산공해대책협의회
연합체	경제정의실천시민연합, 흥사단, 천주교정의구현전국연합, 대한불교청년회, 참교육을 위한 전국학부모회, YMCA, 소비자문제를 연구하는 시민의 모임, 우리말살리기운동본부, 주거권 실현을 위한 국민연합, YWCA, 가톨릭여성단체연합, 불교사회연구원, 기독교학생총연맹, 기독교윤리실천운동, 국민정신개혁운동시민회, 한국민주청년단체협의회, 공동체의식개혁국민운동협의회, 전국자원활동단체협의회, 서울환경운동연합, 자연의 친구들, 환경을 지키는 시민의모임, 녹색 삶을 위한 시민의 모임, 배달환경회의, 고흥핵추방운동연합, 충북환경보전연구회
협의기구	정의로운 사회를 위한 시민운동협의회, 한국천주교주교회의 정의평화위원회, 한국여성단체협의회, 한국여성민우회, 환경사회단체협의회, 겨레사랑시민운동협의회, 골프장반대경기도대책위원회, 남강보전을 위한 사회단체협의회, 핵발전소 건설 반대 및 환경보전 해남군연합, 환경보전대전시민연합, 낙동강살리기운동협의회, 광주전남환경운동연합, 지역탁아소연합회

의 기구란 유사한 활동을 하는 개별 조직들이 조직이 추구하는 목적을 효율적으로 달성하기 위해 단독조직을 회원으로 하여 새롭게 구성된 단체를 말한다. 여기서 협의기구에 회원으로 가입한 조직들은 협의기구의 하위단체가 아니며, 각자 독립성을 보장받는다. 대표 NGO로는 한국여성민우회, 지역탁아소연합회와 같은 조직 내에 지역별로 특화된 하위조직을 가지며, 다양한 회원 모임을 가지고 활동을 하고 있다. <표 7-1>은 NGO의 조직 형태를 세 가지로 분류한 것이다.

2 NGO의 인적자원 관리

1) 인력관리의 방향성

인적자원 관리는 조직의 목표를 효과적이고 효율적으로 달성하기 위해 필요한 인적자원에 대한 계획을 수립하고, 인적자원을 동원하고 개발하는 모든 활동을 의미한다. 인적자원의 관리는 인적자원의 계획, 인적자원의 동원(모집/선발/배치), 인적자원의 개발(교육/훈련/경력개발), 인적자원의 활용(동기부여/지휘), 평가와 보상의 과정으로 이뤄진다. 조직의 성장과 발전을 위해서는 조직구성원에 대한 효과적인 관리가 필요하다. NGO는 물적 기반이 취약하기 때문에 대부분의 동력을 인적자원에 의존하고, NGO 인적자원은 조직 성과에 가장 직접적이고 긴밀하게 연관되어 있다. NGO 인적자원 관리가 갖는 특수성을 살펴보면, 첫째, NGO의 활동은 대부분 사람과의 관계에 의해 이뤄지는 노동집약적인 활동이기 때문에, NGO 인적자원은 조직의 성과에 직접적인 연관이 있다. NGO의 조직 성과는 그 조직이 제공하는 서비스와 프로그램의 질에 달려 있는데, 그것의 질을 결정하는 것은 바로 NGO의 인적자원인 것이다. 둘째, NGO의 인적자원 구성은 다른 영역에 비해 복잡하다. 임원 및 대표, 실무자, 자원봉사자, 회원, 기부자 등 다양한 관계가 존재하고, 노·사의 관계가 명확하지 않다. 때문에 인력 충원계획의 수립, 동기부여와 활동평가, 적절한 보상에서 고려해야 할 사항들이 많고, 철저한 계획 수립이 요구된다. 셋째, NGO가 수행하는 사업들은 성과를 평가하기가 어렵기 때문에, 이러한 것들을 생산해 내는 활동가들의 성과를 정확히 평가하기 어렵다. 이렇듯 NGO의 인적자원은 다른 영역과 구별되는 특수성을 지니고 있다. 때문에 효과적인 관리를 위해서는 이러한 특수성에 대한 이해를 바탕으로 계획을 수립하고 실행해야 한다.

2) NGO의 인적자원 구성

NGO의 인적자원 구성은 대표자(이사회), 상근 활동가, 회원과 자원봉사자로 나눌 수 있다. 역할과 참여 방식에 따라 기부자, 전문가집단, 집행임원 등으로 세분화할 수 있지만, 여기서는 대표자(이사회)와 자원봉사자, 상근 활동가를 중심으로 살펴보기로 한다.

(1) 대표자(이사회): 이사회는 조직의 상황과 외부 환경의 변화에 따라 다양한 역할을 수행한다. 전통적으로 이사회는 NGO의 회원을 대표해 실무진의 성과를 평가하고, 조직의 정관을 변경하고 승인하는 등 통제 기능에 초점을 맞추고 있다. 그러나 오늘날의 이사회는 내부적으로 실무진을 지원하고, 외부적으로 기관의 입장과 위상을 대변하고, 조직에 필요한 자원을 조직 내로 유입시키는 등 서비스적 역할을 한다.

(2) 자원봉사자: NGO의 가장 큰 특성 중 하나는 자원봉사자들의 활동이 활발하다는 것이다. 자원봉사자들은 조직의 주요 활동에 적극적으로 개입하여, 실무자 이상의 역할을 하기도 하고 실무자들의 업무를 지원하기도

하는 등 NGO 운영과 활동에 커다란 영향을 주고 있다. 또한 자원봉사자는 물질적 보상이 아니라, 심리적 만족과 개인적 성취가 중요한 활동의 동기로 작용한다.

(3) 상근 활동가: 상근 활동가는 NGO 활동의 주요 동력으로 NGO를 직업으로 인식하고 활동을 하고, 실질적인 NGO의 업무를 처리하면서 자원봉사자와 회원, 그리고 대표자를 이어 주는 역할을 한다.

3 NGO의 의사결정 구조

NGO는 사회적 지지와 지원을 바탕으로 하고, 회원들의 참여와 역할을 중요시하기 때문에 의사결정 과정에서도 민주성과 투명성, 다원성, 의사소통, 합의, 공정, 관용 등과 같은 민주주의의 가치를 중요시한다(박상필, 2005: 366).

1) NGO 의사결정의 특성

NGO의 의사결정 구조에 대한 특징을 살펴보면 첫째, NGO는 의사결정 과정에서 참여를 중시한다. NGO 자체가 회원의 자발적 참여를 통해 결정된 조직이기 때문에 적극적인 참여와 조직 확대를 위해 회원, 자원봉사자, 실무자의 참여를 강조한다. 둘째, NGO의 의사결정 구조는 분권적이다. NGO는 네트워크형 조직으로 구성되어 있고, 민주주의 가치와 실현을 중요시한다. 그렇기 때문에 권력이 소수의 개인이나 계층, 집단에 집중되는 것이 아니라 분산되는 것을 강조한다. 셋째, NGO의 의사결정 과정은 강제나 명령이 아니라 합의를 존중한다. NGO는 협력과 연대를 중요시하기 때문에 다른 조직과 다른 사람들의 의견을 존중하고, 상하 간의 명령과 복종 관계보다는 상호 존중, 동기부여, 의견 수렴 등을 강조한다. NGO는 토론과 대화의 장이 활발하고 의사전달이 직접적이고 피드백(feedback)이 용이하다. 넷째, NGO의 의사결정 과정은 투명하다. NGO는 참여 지향적이고 외부의 지원에 의존하기 때문에 투명하고 공개적이다. 투명성이 담보되지 않으면 국가와 시장을 견제할 수 없을 뿐만 아니라, 각종 자원의 동원도 어렵다. 그 때문에 의사결정의 투명성은 NGO에 책무성을 확보하는 데 중요한 요소이다. 이러한 NGO의 의사결정 구조는 사실 이상형에 가깝고, 여전히 권위주의와 위계적인 구조 속에서 운영되는 경우도 많다. 그러나 기본적으로 NGO는 다른 영역에 비해 분권화되어 있고, 합의와 참여, 투명성을 중요시하고 지향한다.

2) NGO 의사결정 체계

우리나라의 대표적 NGO인 참여연대, 경실련, 환경운동연합의 의사결정 구조를 파악한 연구를 보면 대체로 다음과 같은 공통적 특성을 가지고 있다(김준모 외, 2002). 대체로 NGO의 최고 의사결정 기구는 회원 총회나 대의원 총회이다. 총회의 구성원은 전체 회원이나 각 조직의 추천을 받은 대의원들로 구성된다. 총회보다 한 단계 낮은 기구로 이사회, 운영위원회, 상임집행위원회 등을 들 수 있다. 운영위원회 구성원들은 대부분 총회에서 선출되고, 운영위원들이 다시 집행기구인 상임집행위원 및 집행위원을 선출한다. 여기서 운영위원회는 대의 기능을, 집행위원회는 집행의 역할을 담당하게 된다. 또한 집행부는 NGO 경영에 직접적인 책임을 지는 최고경영자(대표)와 실무적인 일을 하는 임원과 직원으로 구성된다. 여기서 집행부는 이중적인 구조로 되어 있는 경우도 있는데, 사무총장과 집행위원장이 집행위원회의 구성원이 되는 경우이다. 이때는 집행의 전체적 방향은 집행위원회가 결정하고, 사무총장은 행정적인 실무를 담당하는 역할을 한다. 그러나 현실적으로 한국의 NGO들은 총회운영위원회-집행위원회-사무총장 체제이거나, 총회-상임집행위원회-사무총장 체제를 택하는 경우가 많다. 그러나 이러한 의사결정 과정은 정관이나 규약에서 제시한 내용을 토대로 하고 있기 때문에, NGO 현장에서의 의사결정 관행과는 다소 차이를 보인다.

일반적으로 의사결정 과정에서 사무총(처)장의 역할은 크다. 사무총(처)장은 NGO 업무를 실제로 수행하는 총괄 책임자로 대의원 총회, 집행기구, 상임집행위원회 등 의사결정 과정 전반에 구성원이 되는 경우가 많다. 또한 상임집행위원회도 대부분 상설기구로 모든 사업의 집행을 결정하는 기구로 권한이 강하다. 그런데 이런 상임집행위원회의 권한 집중은 다른 기구의 별다른 제한 없이 단독으로 의결되는 경우가 많다. 이러한 구조 속에서 다수의 전문가뿐만 아니라, NGO 활동가조차 의사결정 과정에서 배제되는 경우가 많고, 소수에 의해 모든 사안이 결정되는 경우가 발생하기도 한다. 그 때문에 민주적 의사결정이 제대로 이뤄지지 않고 있다는 지적도 있다. 또한 사무총장과 상임집행위원회의 권한 강화는 일반 회원의 의사가 반영될 수 있는 제도적 통로의 부재로 나타나 조직 운영이 회원보다는 전문가나 NGO 활동가를 중심으로 운영되기 쉬운 한계를 가지고 있다. 흔히 비판받고 있는 '시민 없는 시민운동'으로 전락할 가능성도 있는 것이다.

제2절

NGO의 재정자율성과 의존성

1 현황

우리나라의 경우 정부의 NGO 재정 지원은 이전의 관변단체 지원을 예외로 한다면 1994년 국정홍보처의 '민주공동체 실천사업'이라는 이름으로 시작되어 현재는 행정안전부가 실시하는 '프로젝트 공모사업'이 있고, 각 부처별로 매년 일정 금액을 지원하는 보조금, 지방자치단체에서 민간단체를 지원하는 방식 등으로 나뉘어 있다. 정부가 NGO를 지원한다는 것의 포괄적인 의미는 공익을 위한 사회활동을 하고, 다원화된 현대 사회에서 정부와 기업이 수행하지 못하는 다양한 사회적 역할을 하는 NGO를 혹은 그 활동을 안정적으로 가능하게 하는 사회적 인프라를 구축한다는 것이다. 시민단체를 비판하는 근거 가운데 하나가 시민단체들이 정부의 재정 지원을 받는다는 것이다. 그러나 이것은 잘못된 견해이다. 과거 권위주의 정부 아래서는 새마을운동, 바르게살기운동협의회, 자유총연맹 등이 정부의 재정 지원을 받았다. 별도의 법령을 근거로 재정 지원을 받았던 이 단체들은 정부의 정책 홍보나 정부 지지에 동원되곤 했다.

NGO들은 부족한 재정을 메꾸기 위해 각종 프로젝트 공모나 행사를 포함한 수익사업을 벌이고 있는데, 일일찻집, 음악회, 회화전, 연극 공연, 보험회사 대리소, 카페 운영 등은 대표적인 수익사업 방식으로 활용되고 있다.

이와 같이 NGO의 재정은 크게 정부나 기업, 또는 공공기금으로부터 프로젝트를 통한 지원을 받는 경우와 자체 모금을 통해 이뤄진다. NGO의 대부분이 회비 및 후원금과 정부 지원에 상당 부분 의존함을 알 수 있다. 그러나 선진국의 NGO들의 경우 국가나 기업, 공공기금으로부터의 지원보다

모금활동을 통한 수입이 더 많은 부분을 차지한다.

2 재정 자립을 둘러싼 두 가지 견해

시민단체의 재정 자립을 둘러싸고 두 가지의 상반된 견해가 존재한다. 정부의 직접적인 지원을 받아야 한다는 입장과 받지 않아야 한다는 입장이다.

1) 정부의 지원을 받아야 한다는 입장

먼저, 정부 지원을 받아야 한다는 입장은 다시 두 가지로 나눌 수 있다.

첫째, 정부와 NGO의 관계는 대립·갈등 관계만이 아니라 상호 보완적인 관계가 형성되는 경우도 많기 때문에 정부 지원은 필요하다는 입장이다. 이들은 정부의 지원 없이 민간의 자발적 참여와 민간재원에 의해 운영되어야만 한다는 믿음을 '비영리 민간단체의 신화(the myth of voluntarism)'(Salamon, 1995; 이근주, 2000: 17에서 재인용)[1]라고 한다. 이것은 NGO와 정부의 관계가 갈등 관계만 존재하고 정부와 NGO 간에 협력 관계를 유지하기 어렵다는 잘못된 가정에 근거하고 있는 것이라고 지적한다. 이들은 또 정부와 NGO 간의 관계가 갈등적이라기보다는 협력적이라고 하며, 이러한 관계는 앞으로도 더욱더 증가할 것이라고 한다(이근주, 2000: 17).

둘째, 정부 지원을 받지 않고 독립적인 것이 가장 바람직하다는 데는 동의하지만, 한국 현실에서 정부 지원은 불가피하다는 입장이다. 회원의 회비와 후원금만으로 재정을 충당하는 것이 가장 바람직한 것이지만, 그것은 한국적 현실에서 다분히 이상적인 것이라는 것이다. 전 세계적으로 보아도 재정 자립을 하고 있는 단체는 미국의 NGO들과 그린피스 정도에 불과하다고 한다(차명제, 2000: 31).[2] 따라서 "NGO에 대한 정부의 재정 지원에

해외 사례 1

독일의 경우 시민단체들이 재정의 대부분을 정부에 의존하고 있다. 심지어 정당들이 자신들의 정치적 기반을 확대하기 위해 설립한 민간재단에도 지원을 한다. 사회민주당 부설 프리드리히 에버트 재단이나 과거 동독 공산당의 후신인 PDS가 만든 로자룩셈부르크 재단 등이 그런 사례이다. 또 종교세 등을 정부가 걷어 종교 관련 단체에 배분하는 방식으로 자금 모금활동을 대행해 줄 정도이다. 영국도 정부가 직접 NGO를 지원하는 방식을 취하고 있다.

해외 사례 2

해비타트 운동을 펼칠 경우 미국 정부가 토지를 제공하고 상하수시설이나 도로 등을 지어주기도 한다. 미국은 정부나 정치권보다 시민사회가 매우 활발하고, 이에 따라 NGO 활동도 매우 활발하다. 미국 국내총생산(GDP)의 7%가량이 NGO 활동에 의한 것이다. 다만 미국은 백악관 직속기구를 구성해 자금을 지원하거나 민간재단 등을 통해 간접 지원하는 경우가 많다. 또 NGO에 대한 세제 감면 혜택을 30(법인세)~50%(소득세) 정도로 폭넓게 적용하고 있다. 감면 대상에는 정파적 노선을 명확하게 드러내는 경우가 아니라면 정치개혁운동을 포함, 거의 모든 NGO가 해당된다.

---

1) 문헌연구를 하면서 접한 많은 논문에서 샐러먼의 이 용어를 인용하고 있는 것을 보았다. 그러나 우리가 샐러먼을 인용할 때 주의할 점은 그의 주요 연구 대상인 NPO는 시민권리 옹호 및 행동단체도 포함하지만 대학, 병원, 미술관, 오케스트라, 보이 스카우트 등 다양한 기관을 망라한다는 것이다(주성수, 2003: 1-17).

2) 미국세법 501(c)4에 속하는 Common Cause는 정부보조금을 받지 않는다. 수입원을 보면 100달러 이하의 회비와 기부금이 전체 수입의 약 84%를 차지하며, 1,000달러 이상의기부금이 약 5%를 차지한다고 한다(http://www.commoncause.org/about/faq.htm, 검색일: 2002.5.8).

대해서는 전략적이고 분석적인 태도를 가지고 접근하는 것이 필요하다. 즉, 장기적으로 시민사회의 능력이 증진되면 정부의 재정 지원을 줄이거나 폐지할 수 있지만, 현실적으로는 현재의 외적 환경과 내적 역량을 고려해야 한다"(박상필, 2001b: 137)고 주장한다.

시민단체도 정부로부터 지원을 받는 것에 대해 대체로 긍정적이다. 연세대 사회발전연구소가 실시한 심층면접의 결과에 따르면, "정부의 지원은 투명성이 보장되는 한 무방하다"거나, "기업과는 달리 정부의 금전적 지원은 국민의 세금으로 나오는 것이기 때문에 투명성이 보장되어 활동이 왜곡될 가능성이 희박하므로 받아도 무방하고 또한 받는 것도 바람직하다"는 견해가 제시되고 있다고 한다(성경륭 · 김호기 외, 1997: 32).

2) 정부의 지원을 반대하는 입장

이에 반해 반대하는 입장은 다음 세 가지 이유를 든다(박원순, 2001a: 25-26).

첫째, 시민단체들의 정부로부터의 재정 지원은 감시와 개혁의 대상으로부터 받는다는 점에서 의혹을 살 가능성이 높다는 점이다. 실제 한나라당은 지난 국회의원 선거에서 총선시민연대와 경실련이 공천반대인사명단을 발표하자 자금 지원을 받고 있는 시민단체와 정부의 유착설을 제기하기도 했다. 이 점에 대해 총선시민연대는 조목조목 반론을 제기했지만, 시민들 사이의 반향은 컸고, 결국 경실련은 행정안전부와 서울시에 제출한 민간지원사업 접수를 철회키로 결정하면서 2000년 1월 14일 "더 이상 정부 지원금을 받지 않겠다. 경실련이 문을 닫는 한이 있더라도 의혹을 받는 정부 지원금은 한푼도 받지 않겠다"고 선언했다(김인영 외, 2001: 181).

둘째, 정부의 직접적 재정 지원이 시민단체의 활동을 통제, 위축시킬 가능성이 있다는 사실이다. 정부의 직접적 재정 지원은 단지 재정만 의존하게 되는 것이 아니라 "단체의 주요 활동 내용에 크고 작은 영향을 미치고, 그만큼 단체의 독자적이고 자율적인 활동 내용을 약화시키기 때문에 그 이상의 문제"(유팔무 외, 2001: 34)가 된다.

셋째, 정부의 재정 지원은 점점 정부에 의존을 키우게 되고 재정 자립의 가능성을 더욱 어렵게 만든다는 점이다. 정부의 재정 지원은 시민단체의 도덕성과 순수성의 잣대가 되기도 한다. 정부의 재정 지원 동기에 대한 한

사례 1

2001년 6월 27일자 기사

충북참여연대 재정자립 결의

지역의 주체성과 지역사회 발전에 대한 지역 주민의 참여와 관심을 유도하자는 취지에서 출범한 충북참여자치시민연대(공동대표 노영우, 김범추, 정상길)가 지난 24일 창립 12주년을 맞아 순수하고 원칙 있는 시민단체로 거듭 태어날 것을 다짐했다. 창립 12돌을 맞이한 충북참여연대는 변화된 사회 상황에 부응하는 시민운동의 새로운 방향을 모색하고, 시민과 함께 지역사회의 미래를 만들어 가고자 하는 의지를 모아 특별결의문을 발표했다. 이 단체는 시민운동의 순수성과 원칙을 충실히 지키는 시민을 위한 시민단체가 될 것이라며, 평범한 시민들의 공익을 중심으로 생각하고 실천하고, 특정 정당과 정치집단으로부터 독립된 중립적인 단체, 모든 사업을 결정하고 집행하는 과정에서 금력과 권력은 물론이고 혈연 · 지연 · 학연에 얽매이지 않겠다고 다짐했다.

특히 공익적 시민운동을 위해 행정기관의 재정 지원을 받는 것 자체가 부도덕하거나 잘못되었다고 생각하지는 않지만, 권력감시와 비판활동을 하기에 감시의 대상기관으로부터 재정 지원을 받음으로 인해 나타날 수 있는 불필요한 논란과 오해의 소지를 없애기 위해 행정기관의 재정 지원은 사절, 1백% 회원의 회비로 운영하겠다고 강조했다.

조사에 의하면, 시민단체와 일반 시민을 대상으로 각각 진행된 이 조사 모두에서 부정적인 동기가 긍정적인 동기보다 높게 나타났다. 먼저, 시민단체 관계자들을 대상으로 한 조사에서는 시민단체의 지원, 정부 업무의 경제적 효율성 등 긍정적인 동기가 47%로, 시민단체와의 우호적 관계 유지, 정부가 선호하는 방향으로 단체활동의 유도 등 부정적인 동기가 53%로 나타났다. 또 일반 시민을 대상으로 한 조사에서는 63%가 단체의 활동을 정부에 협조적인 방향으로 유도하거나 시민단체와의 우호적인 협력 관계를 유지하기 위해 지원한다고 부정적으로 평가해 오히려 시민단체 관계자들보다도 더 부정적으로 보고 있다(강상욱, 2001: 10-11).[3)]

한편, 재정 자립을 할 수 없는 단체는 시장의 논리에 따라 도태되어야 한다는 시장주의 입장이 시민사회 내에도 있다. 그러나 시민운동은 시장의 논리로 지배할 수 없는 부분이 있다. 따라서 회비만으로 단체 재정을 충원하는 것이 가장 바람직한 방향이라는 전제 하에 심각한 재정 곤란을 겪고 있는 단체들의 정부 지원 수용 여부는 단체 스스로의 판단과 결단에 맡길 수밖에 없다. 정부 지원을 전혀 받지 않는 참여연대나 경실련, 함께하는 시민행동(이하 시민행동)의 관계자들조차 심층면접에서 "정부 지원을 받을 것이냐, 안 받을 것이냐는 순전히 그 단체의 상황과 결단에 달려 있는 문제지, 다른 단체가 받아도 된다, 받으면 안 된다 왈가왈부할 문제는 아니다"라고 답변했다. 아무튼 정부 지원의 수용 여부는 윤리적 판단을 요하는 쉽지 않은 문제이다.

3) 재정 자립을 위해 필요한 요인들

재정 자립을 위해서는 여러 가지 요인이 필요하다. 그 요인들은 외부적 요인(환경적 요인)과 내부적 요인(주체적 요인)으로 나눌 수 있는데, 이 요인들은 재정 자립을 위한 상호 보완적 관계가 된다. 각 요인들을 살펴본다.

(1) 외부적 요인

재정 자립을 위해 필요한 외부적 요인에는 기부문화의 성숙,[4)] 시민의 자

사례 2

10여 년 역사를 자랑하는 경실련의 경우 지난해 예산 11억 4천여 만 원 중 회비는 1억 5백 49만 원으로 9.2%에 불과하다. 후원금 5억 3천 1백여 만 원을 합쳐도 56%에 머무르는 실정이다. 3만 5천여 명의 회원을 확보한 환경운동연합은 회비를 내는 회원이 전체의 30% 정도로 지난해 연간 예산 20억 9천여 만 원 중 26%인 5억 4천 6백여 만 원이 회비였다.

사례 3

2011년 4월 21일자 기사

최근에 MBC '무한도전'의 달력 수익금 중 장학금으로 기부한 금액 일부를 시민단체 간부들이 횡령한 사실이 알려졌다.

이 단체는 1,000만 원 이상의 기부금을 모집하기 위한 필수 조건인 '기부금품 모집 등록'을 하지 않은 채 2010년 '무한도전'으로부터 3억 원을 기부받은 후 142명에게 장학금을 지급했지만 7천여 만 원을 빼돌려 개인 주식 투자나 자녀 결혼 등에 사용했다.

또한 이들은 '무한도전' 이외에도 타 단체로부터 청소년 가장 장학금으로 23억 원을 기부받은 후 7,700만 원을 횡령해 친·인척 경조사비로 지출한 혐의도 받고 있으며, 그들을 장학금 지급 대상자로 선정하기도 했다.

---

3) 덧붙여 이 조사에서는 주로 정부의 활동을 비판, 감시하는 보이스(voice)형 단체가 서비스형 단체보다 정부의 재정 지원 동기에 대해 좀 더 긍정적인 평가를 하고 있는데, 강상욱은 이 같은 결과에 대해 "보이스형 단체의 경우 단체의 성격을 감안해 단체의 정부 재정 지원에 대한 논리를 정당화한 응답으로 이해될 수 있다"고 주장한다.

4) 한국에서 기부문화가 활성화되어 있지 않은 이유로 다음의 몇 가지를 들기도 한다. 첫

후원자 관리 방안

시민단체는 시민운동뿐 아니라 후원자의 관리에서도 철저하게 시민과 함께하는 서비스 정신을 지니고 일해야 한다. 후원자들이 자신의 후원행위에 대해 만족하기 위해서는 후원기관의 철저한 서비스를 통해 기관과 후원자 사이에 원활한 교환이 일어나야 한다. 또한 재정보고서와 함께 기부자의 기부 총액을 써놓고 거기에 대해 영수증을 첨부해 주어 기부자의 심리적 보상을 충족시켜 줘야 한다. 그리고 좀 더 적극적인 후원자 관리를 위해서는 후원자의 욕구를 파악하고 그에 따른 서비스를 실시해야 한다. 첫 번째로, 후원자 서비스를 잘하기 위해서는 후원자에 관한 정확한 정보관리와 체계적인 서비스 시스템을 갖추어야 한다. 먼저, 후원자의 정보관리는 후원자의 성별, 연령, 직업, 소득, 종교 등 후원자에 대한 인구통계학적 특성과 후원 형태, 후원금 전달 경로, 후원 금액의 크기, 후원 지속 기간, 후원 관리 프로그램 등 마케팅 혼합 요소에 관한 것들이 있는데, 이들 정보분석에 따른 효과적인 전략은 후원자의 지속적인 후원행위에 관계 있는 것으로 조사되었다. 후원자 정보는 후원자 관리에 생명과 같은 것이다. 두 번째로, 후원자 서비스를 잘하기 위해서는 체계적인 서비스 시스템을 가져야 한다. 후원자 관리는 조직의 후원자 담당자나 어느 한 사람이 하는 것이 아니다. 후원자 관리 담당자가 있다 하더라도 모든 직원이 후원자로부터 전화를 받고 후원자들과의 접촉이 이루어지므로, 사실 모든 직원이 후원자 관리에 책임을 지니고 있다고 볼 수 있다. 이를 위해서는 후원자 관리 직원뿐 아니라 단체의 모든 직원이 후원자 관리체계에 대한 과정과 내용을 알고 있어야 한다. 세 번째로, 아직 우리나라 대부분의 시민사회단체가 자체 개발한 후원자 관리 프로그램을 사용하지 않고 있으며, 프로그램을 사용하고 있는 단체들도 프로그램의 내용에 대해 만족하지 못하고 있다.

발적 참여, 정부의 (간접적) 지원의 확대, 관련 법안의 개정 및 제정, 공익재단의 활성화 등이 있다.

서구에 비해 NGO의 역사와 경험이 일천한 한국의 기부문화는 아직 성숙되어 있지 않고, 시민들의 자발적 참여도 부족하다는 것은 이미 앞에서 지적했다. 또 정부의 (간접적) 지원에 대해서는 제3절에서 설명한다. 따라서 여기서는 NGO와 관련된 법안 중, 특히 재정 자립과 관계되는 법안과 공익재단에 대해 알아보겠다.

법은 NGO 활동을 강화하기도 하고 규제[5]하기도 한다. 특히 몇몇 법은 NGO 활동을 전개하는 데 필요한 각종 물적 기반을 제공한다(박상필, 2001b: 6).[6] 시민운동에 영향을 미치는 법에는 여러 가지가 있지만, 특히

째, 재산을 자손에게 물려 주는 상속문화에 아직 익숙해 있다는 것, 둘째, 개인이 장학재단을 만드는 데도 까다로운 규정이 많아 선뜻 나서기 어려운 실정이라는 것, 셋째, 기부를 위한 제도적 장치가 미비하다는 점, 넷째, 선진국의 오래된 우량기업에 비해 대체로 기부할 재원이 충분치 않다는 것, 다섯째, 선진국 기업과 달리 각종 준조세 부담이 커서 사회사업 등에 돈을 쓰기가 부담스럽다는 점 등이다(동아일보, 2002.2.28, '포커스-기부하고 또 줍시다').

5) 시민교육기관의 설립을 제약하고 있는 학원의 설립·운영에 관한 법률, 표현의 자유를 제약하고 있는 집회 및 시위에 관한 법률과 전기통신사업법 등이 시민운동을 규제하고 있는 개정되어야 할 대표적인 법들이다.

6) 특히 박상필은 개정 혹은 제정에 따라 시민운동 활성화에 영향을 줄 수 있는 법률로 비영리민간단체지원법, 기부금품모집규제법, 정보공개법, 행정절차법, 부패방지법, 집시법, 공익소송법(안), 민주시민교육지원법(안), 자원봉사활동지원법(안) 등이 있다고 한

시민단체의 재정문제와 관련이 있는 법에는 「기부금품모집규제법」과 「비영리민간단체지원법」이 있다.

「기부금품모집규제법」은 현재 시민단체의 재정 안정을 가로막는 가장 큰 장애가 되고 있어 시민단체들로부터 거센 개정 압력을 받고 있다. 이 법은 처음 한국전쟁이 한창이던 1951년 사회적 궁핍과 혼란 속에 무질서하게 난립했던 기부금품의 강요로부터 국민의 재산권을 보호하고 생활 안정에 기여하기 위해 「기부금품모집금지법」으로 제정·시행되었다. 그 후 1962년, 1970년 두 차례의 개정으로 모금 허용의 범위가 확장되었고, 1995년에는 「기부금품모집규제법」으로 개정되었으며, 1997년과 1999년에도 일부 조항이 개정·폐지되었으나, 아직도 이 법은 시민단체의 모금을 어렵게 하는 법으로 기능하고 있다. 즉, 행정안전부 장관의 허가를 내세워 정부에 비판적인 단체의 모금행위를 문제삼아 고발하기도 하고,[7] 지나치게 비현실적인 모금 경비 제한으로 사실상 모금을 불가능하게 하고 있다. 당시 행정안전부는 2001년 다시 개정안을 내놓았다.

당시 「기부금품모집규제법」의 쟁점은 세 가지였다. 첫째, 제4조에서 기부금품을 모집하기 위해서는 행정안전부 장관이나 지방자치단체장의 허가를 받게 되어 있는 점이다. 둘째, 제6조에서 기부금품의 모집 장소를 국가기관·지방자치단체·언론기관·금융기관 등 공개된 장소로 한정하고 있는 점이다. 셋째, 제12조에서 기부금품의 모집비용을 기부금품의 2% 이내(2001년 개정안은 5%)로 제한하고 있는 점이다. 이에 대해 시민단체들은 현재 허가제로 되어 있는 것을 신고제로 전환하고, 대신 기부금품 모집자의 자격을 제한하며 모집 과정과 내역에 대한 철저한 신고를 하도록 하고 회계감사를 강화하는 방안을 내놓고 있다.[8] 시민단체들은 '공개된 장소' 등 장소를 제한하는 것은 문제가 있으며, 모집과 사용에서 엄격한 검사와 투명성이 확보된다면 장소의 제한은 철폐되는 것이 바람직하다고 밝힌 바 있다. 2022년 현재도 비영리조직 및 기부금품제도에 관한 입법적 개선 논의

다. 이들 법안들의 입법 취지, 주요 내용, 개정 및 제정 방향에 대한 연구로는 박상필(2001c)이 있다.

7) 박원순은 전교조의 모금에 대한 대검공안부의 수사, 민주노총 권영길 위원장의 과거의 모금행위에 대한 기소사건 등을 예로 들고 있다(박원순, 2001a: 10).

8) 이 안은 2001년 행정안전부의 개정안이 나오자마자 참여연대, 한국사회복지협의회, 월드비전 등을 공동대표로 결성된 '기부금품모집규제법 개정 관련 공동대책위원회'에서 내놓은 의견서에서 제시된 것이다(박원순, 2001a: 12-14).

는 세법과 기부금품모집 관련법을 통한 모집행위 규제를 중심으로 이뤄지고 있다. 그러나 문재인 정부 때는 비영리 영역이 점차 방대해지고 중요성의 증대됨에 따라 '공익법인법' 개정 또는 별도로 제정하자는 취지의 논의가 있었으나 2022년 보수정권의 탄생 이후에는 커다란 진전은 보이지 않는다.

재정적 어려움을 겪고 있는 시민단체들이 독립성을 훼손하지 않으면서 재정을 확보하는 데 기부금 모집은 주요한 재원이 될 수 있다. 따라서 시민운동의 재정문제와 관련이 있는 또 다른 법에는 「비영리민간단체지원법」[9]이 있다. 「비영리민간단체지원법」의 입법 취지는 "비영리 민간단체의 자발적인 활동을 보장하고 건전한 민간단체로의 성장을 지원함으로써 비영리 민간단체의 공익활동 증진과 민주사회 발전에 기여"[10]하기 위한 것이다. 그동안 정부는 특별법을 통해 1970년대 새마을운동본부를 시작으로 1998년까지 바르게살기운동본부, 자유총연맹 등 소수의 관변단체에 한정해 지원했다. 이에 시민단체들은 관변단체에 대한 지원을 명문화하고 있는 특별법의 폐지와 시민단체에 대한 공정한 재정 지원을 요구해 왔다. 그간 시민단체에 대한 지원은 1994년 공보처가 '민주공동체 실천사업'이라는 이름으로 처음 시행했고, 1996년에는 자치단체로는 처음으로 서울시에서 공모 형식의 민간단체 지원사업을 실시했으며, 1998년 공보처가 국정홍보처로 바뀌면서 기능이 축소되자 관변단체 지원 업무만 맡고 있던 행안부에 의해 본격적으로 시행되어 왔다. 행안부의 지원은 1999년부터 모든 NGO를 대상으로 완전 경쟁 방식에 따른 사업별 지원으로 확대되었고, 2000년에 이르러 「비영리민간단체지원법」 및 시행령이 제정되었다(한양대학교 제3섹터 연구소, 2002: 51).

이 법은 민간단체 지원에 대한 법적 근거를 마련했다는 점에서는 긍정적인 평가를 받고 있다. 하지만 민간단체에 대한 정부의 영향력이 발휘될 수 있고 자칫 명목뿐인 지원이 될 소지도 있다는 점이 지적된다. 현재 이 법의 쟁점이 되는 조항은 제10조와 제11조이다. 시민단체들은 제10조(조세감면)에서 "등록 비영리 민간단체에 대하여는 「조세특례제한법」 및 기타

9) 일본에서는 이와 유사한 「특정비영리활동촉진법(NPO법)」이 지난 1998년 2월 제정되었다. 이 법은 고베(神戶)지진이 계기가 되었는데, 1995년 고베지진으로 6,000여 명이 사망하고 수백만 명의 이재민이 발생했을 때, 속수무책이었던 정부를 대신해 백만여 명의 자원봉사자가 구호활동을 펼친 것을 보고 그 중요성이 강하게 인식되면서 곧바로 제정되었다.

10) 비영리민간단체지원법, 제1조(목적).

세법이 정하는 바에 의하여 조세를 감면할 수 있다"고 규정함으로써 비영리 민간단체에 대한 조세 감면을 할 수 있는 법적 근거를 마련했으나, 실제 시행을 위한 어떤 법적 조치도 취하지 않아 아무런 도움이 되지 않는다고 지적한다.

이러한 간접 지원뿐만 아니라 「비영리민간단체지원법」의 또 다른 핵심적인 내용은 정부의 민간단체에 대한 보조금 지원, 즉 직접 지원에 대한 것이다.[12] 현재 이 법은 정부가 직접 지원한다는 점 때문에 NGO의 독립성과 자율성을 침해할 수 있다는 비판을 받고 있다. 대다수의 시민단체는 정부가 시민단체의 특정 사업에 보조금을 주기보다 스스로 운영할 수 있도록 도와 주는 간접 지원의 형태를 바라고 있다. 따라서 이 법의 개정 방향으로는 독립 민간재단 설립을 통한 재정 지원의 민간화를 주장하고 있다. 독립적인 시민단체지원재단을 만들어 여기에 총괄적으로 자금을 지원하고, NGO의 재정 지원에 관한 모든 사항을 민간재단에서 관할하는 것이 바람직하다는 것이다(박상필, 2001c: 10, 31).

그러나 한국에서는 1994년에 이르러서야 최초로 순수 민간이 주축이 되어 '시민운동지원기금'[13]이 발족되었다. 이후 1999년에는 인권운동 활성화와 인권 연구 지원 등을 목표로 하는 '한국인권재단', 여성전문인력 양성과 소외계층 여성, 공익여성운동 지원 등을 목표로 하는 '한국여성기금'이 발족했고, 이어 2000년에는 미국의 지역재단(community foundation)을 모델로 삼아 시민사회 전반에 대한 지원을 목표로 하는 '아름다운 재단' 등 민간 공익재단들이 생겨났다.[14] 또 환경운동연합을 주축으로 한 환경재단

사례 1

2011년 4월 19일자 기사

'부마민주항쟁 32주년 기념사업의 아이디어와 프로젝트사업 공모'

부마민주항쟁기념사업회가 부마민주항쟁 32주년 기념사업의 아이디어와 프로젝트사업을 공모한다. 부마민주항쟁기념사업회에 따르면, 지난 18일부터 오는 25일까지 부마민주항쟁 32주년 기념사업 아이디어와 프로젝트 사업 공모에 들어갔다.

공모 대상은 아이디어 공모는 창원시민 누구나, 프로젝트사업은 단기와 중기로 나눠 민주주의 정신 계승, 사회적 약자·소수자 인권, 공동체 발전 등을 분야로 창원지역 시민사회단체를 대상으로 한다. 채택된 사업의 경우 아이디어에 대해서는 상품권을, 프로젝트사업에는 전체 예산 1천만 원 내에서 사업을 지원할 예정이다. 기념사업회는 이를 통해 창원지역에 기반을 둔 단체와 함께 부마민주항쟁을 기념할 수 있는 사업을 진행하고자 한다고 밝혔다.[11]

11) 송봉준, 「부마민주항쟁 32주년 기념산업 아이디어·프로젝트 공모」, 『노컷뉴스』, 2011. 4.19.

12) 이 법에 의한 정부의 재정 지원 과정에서의 문제점에 대한 연구로는 이근주(2000b), 박상필(2001c), 유병남(김인영 외, 2001)과 이정용(2000) 등 다수의 논문이 있다.

13) 시민운동지원기금은 시민사회의 활성화를 위한 공익적 활동을 벌이는 비정치적·비영리적 순수 민간운동단체를 재정 지원하는 것을 목적으로 지난 1994년 11월 발족되었다. 시민운동지원기금은 최초의 민간지원기금이며, 중립적인 지원기금으로 그간 많은 시민단체에 도움을 주어 왔다. 시민운동지원기금은 주로 중소기업인들이 소액으로 내는 지원으로 기금을 확보, 시민단체들을 재정 지원하고 있다. 1996년부터는 한국시민운동상을 제정해 한국 사회 발전에 크게 기여한 단체를 선정, 수상하고 있으며, 1998년부터는 시민단체 상근자들의 연수 프로그램을 지원하고 있다(하승창, 2001: 129). 지원 규모는 2~40개 사업에 대해 보통 건당 수백만 원으로 지원의 규모는 크지 않지만, 이러한 기금이 거의 없는 상황 속에 그간 소중한 역할을 해왔다고 할 수 있다.

14) 동아일보, 2001.2.9, "동아일보-아름다운 재단 공동 캠페인, 세상에서 가장 아름답게 돈 쓰기: '시민의 힘'으로 세상 밝힌다."

> **사례 2**
>
> "재정 지원을 받는 한 정부와 재단 간의 관계는 수직적일 수밖에 없다. 자체 사업을 통한 재원 조달을 해야 하는데 요즘 기업에서도 많이 제안이 들어오고, 기부금이나 물품을 제공받는다. 지방자치단체에서는 프로젝트 지원을 할 때 경험을 중요시 여기는 부분이 있어 자체적으로 재단에서 하고 있는 사업이 있으면 이를 살펴보고 아이디어가 좋다고 생각되면 사업에 재정 지원을 하기도 한다. 그리고 시·구에서 프로젝트 제안서가 오기도 한다."[15)]

(Korea Green Foundation)이 2002년 11월에 설립되어 환경과 생명을 지키고 지속가능한 사회를 만들기 위해 다양한 교육과 문화사업을 펼치고 있다. 앞에서 언급한 미국이나 일본과 비교할 때 이토록 척박한 현실에서 활동하고 있는 한국 NGO들의 눈부신 활동은 거의 '기적적'이라 할 만하다. 공익재단은 순수 민간재단이라는 점에서 척박한 한국의 기부문화에 변화를 가져올 것이며, 재정문제로 곤란을 겪고 있는 시민단체들에 독립성 훼손의 우려 없이 큰 도움을 줄 것이다.

(2) 내부적 요인

외부적 요인뿐만 아니라 시민단체의 노력도 재정 자립을 앞당기는 주요한 요인이다. 환경이 조성되지 않았다고 손을 놓고 있을 순 없는 것이다. 현실은 어떻게든 재원을 확보해 사업을 해야 하는 실정이기 때문이다. 특히 시민단체의 노력은 그 과정 속에서 시민참여의 저변을 확대할 수 있다는 이점이 있다.

내부적 요인에는 활발한 사업 수행, 회원사업의 체계화, 단체재정의 투명성 제고, 회계 보고의 체계화, 적정 규모의 단체 운영 등[16)]이 있다.

제3절 기부

1 개념

기부활동은 보상을 바라지 않고 자선기관을 통해 혹은 직접 불특정 다수에게 베푸는 행위를 지칭하며, 사전적 의미로는 자선사업이나 공공사업을 도울 목적으로 재물 등을 내어놓는 것을 말한다. 일반적으로 기부활동은 주로 유형적, 특히 금전적 기부를 지칭하며 우리나라의 경우 기부금품모집제한법이나 공직자선거법에 의해 그 행위를 법률적으로 제한해서 해석하

15) 신사종합사회복지관 방문 인터뷰 내용 중 인용.

16) 양용희와 박원순은 이 밖에도 모금 전담자 배치와 모금 프로그램 개발, 잠재적 후원자에 대한 시장조사, 후원자 정보관리와 서비스 체계의 구축 등 모금전략의 수립을 강조하고 있다(양용희, 1998: 65-73; 박원순, 2001a: 45-46).

는 것이 일반적이다. 또한 기부의 개념은 전통적으로 '자선'의 개념으로부터 논의되어 왔다. 자선은 영어권에서는 'charity' 혹은 'philanthropy'로 사용되며, 각각은 서로 구별되는 의미를 함축하고 있다. charity는 개인적인 차원의 관심과 자비심에 근거한 행동으로 가난한 자에 대한 관대함, 주변 사람들에 대한 관용과 동정심을 말하며, 이에 반해 philanthropy는 협의의 의미에서는 돈을 기부하는 것, 그리고 대가 없는 전달을 의미하지만 개인적인 차원보다 인류라는 집합적인 차원에서, 인류의 발전 혹은 사회 서비스를 위해 대규모 기관 혹은 조직화된 기구에 돈을 기부하는 행동을 말한다(Payton, 1988). Philanthropy란, 삶의 질의 향상과 사회적 약자 및 소외계층을 위해 시간 및 돈을 자발적으로 기부하고 받는 것이라고 할 수 있으며, 사회문제와 사회 변화에 참여하고 개입하는 수단이자 시민 의식을 표현할 수 있는 통로이며, 신뢰 · 소속감 · 사회통합과 같은 사회적 가치와 사회적 자본을 창출할 수 있는 수단이 될 수 있다(정선희, 2006). 즉, 기부는 사회복지 분야에만 국한되는 것이 아니며, 국가의 책임 회피 수단이 아닌 현실적으로 열악한 공공 부문에 대한 보완 기능으로 보아야 한다.

2 기부의 의의

특히 사회복지 NGO에서의 기부는 복지 수요에 대한 사회적 욕구의 증가는 공공 영역을 담당하는 정부의 재정적 한계와 더불어 사회복지 서비스 전달 체계인 사회복지기관을 비롯한 비영리 민간조직의 존립 문제와 직결되기 때문으로 볼 수 있다. 최근의 우리 사회는 공동체적 연대감 약화, 절대 빈곤층 증가, 빈부 격차의 심화 등으로 많은 취약계층이 양산되고 있으며, 세계에서 가장 빠른 노령화 추세와 함께 가족 해체도 급속히 증가하고 있다. 그 결과 소외계층의 상대적 박탈감이 심화되고 복지 부문에 대한 욕구는 늘어나고 있지만 정부의 복지예산 상승 수준은 이에 따르지 못하고 있다. 민간 부문에 의한 서비스 제공은 자율적인 사업과 대상자들 간의 파트너십을 기본으로 이뤄지기 때문에 시민들의 자발적인 참여와 지지를 유도할 수 있고, 상황과 욕구의 변화에 신속하고 융통성 있게 적용해 나갈 수 있다. 또한 금전적 기부뿐만 아니라 재능 기부 등 다양한 서비스를 전문화된 인력에 의해 제공할 수 있어 공공 부문이 보장하는 상대적으로 낮은 수준의 국민적 최저 생활을 넘어서 그 기준을 높여가는 역할을 주도해 나갈 수 있다.

3 기부의 유형

기부자의 참여 형태에 따라 물질적 기부와 시간적 기부로 나뉜다. 물질적 기부는 금전이나 금전에 상응하는 물품을 기부하는 것을 뜻하며, 물질적 기부의 행위 주체는 다양하지만 기부의 총량에서 영향을 주는 변수는 기업과 개인이라고 볼 수 있다(사회복지공동모금회, 2002). 우리나라의 경우 사회복지기관을 포함한 모금기관들은 상대적으로 큰 금액을 기부할 가능성이 높은 기업 기부에 더 많이 의존하고 있지만, 기업 기부가 가지는 한계점 등이 지적되면서 점차 개인 기부자에 대한 관심이 증가하고 있다. 시간적 기부는 흔히 자원봉사로 개념화된다. 개인 기부자의 기부 결정 요인에 대한 연구에서 유수진(2001)은 시간적 기부가 물질적 기부와 마찬가지로 기부자의 시간과 돈을 주는 행위라는 것과 자원봉사를 행했을 경우 인건비 대체 등 금전적인 지출이 줄어든다는 측면에서 자원봉사를 시간적 기부로 정의할 수 있다. 최근에 많이 언급되고 있는 기부의 유형 가운데 재능 기부의 의미를 살펴보면 다음과 같다. 재능 기부라는 용어는 교육 기부라는 용어가 등장하기 이전부터 사용되어 왔는데, 미국의 변호사들이 라틴어 pro bono publico(공익을 위해)를 자신들의 공익활동에 pro bono라는 명칭으로 사용하면서 변호사를 선임할 경제적 여유가 없는 개인 또는 단체에 대해 보수를 받지 않고 법률 서비스를 제공하는 활동에서 파생되었다고 보는 견해가 있다(박소현, 2011). 재능 기부의 개념적 위상은 위에서 언급한 pro bono로 지칭되는 전문가들의 전문성 기부라는 개념의 대척점에 있다기보다는 보완적 의미로 비전문가의 특기와 재능을 기부하는 의미로 해석하는 것이 적절하다. 이를 포괄해 “만인의 만인에 대한 배품”이라고 정의하고 돈이 없는 가난한 사람이라도 몸이 튼튼하다면 힘이라는 자신의 재능을, 변호사라면 자신의 법률적 지식을, 의사라면 의학적 지식을 사회에 돌려주고 자신의 부족한 부분을 다른 사람에게서 받는 상부상조의 덕목으로 확대시켜 재능 기부를 이해하는 경우도 있다.[17] 따라서 재능 기부

17) 강지원, 「재능 기부 또 다른 '나눔'」, 농민신문, 2010.12.13.

표 7-2 교육 기부 방법 및 내용

기부 형태	기부 내용	설명
인적 기부	재능 기부	• 자신의 교육과 관련된 재능을 제공하는 것 – 정규 교육과정과 관련된 재능, 교육 방법 상담 및 멘토링, 창의적 체험 활동과 관련된 전문적 재능 등 사례) 공부의 신 멘토링, 배나사의 공부방 운영 등
	노동력	• 교육 기부 활동에 직접 자원해 노동력을 제공하는 것 – 비록 교육적 재능은 없으나 자신의 시간과 노력을 제공 사례) 학부모 교통봉사대, 실버봉사단 등
물적 기부	금전적 재원	• 금전적인 지원을 통해 교육 기부를 실천하는 것 – 저소득 학생에 장학금 지원 또는 학교발전기금 지원, 학술연구에 재원지원, 기업의 교육 기부단체 후원 등 사례) 삼성장학재단
	기자재	• 보유하고 있는 기자재를 교육적으로 활용될 수 있도록 제공하거나 기증하는 것 – 컴퓨터 등을 직접 교육기관에 제공하는 형태와 보유 기자재를 활용한 교육 프로그램 운영 등이 있음. 사례) 교구 제공, 교재 출판, 실습 기기 대여 등
	시설 · 장소	• 기관/기업/단체 등이 자신들이 확보하고 있는 시설이나 장소를 초중등 교육활동의 장으로서 제공하는 것 사례) 강당, 회의장, 체육관, 실습실, 교실 등
무형자산 기부	네트워크를 활용한 교육 서비스 제공	• 네트워크 시스템을 활용한 교육 기부를 실천하는 것 – 대표적으로 온라인상에서 서비스를 제공하고 이를 공유하는 것 등이 해당됨. 사례) 온라인 사이트 개설, 서비스 공유 등
	프로그램 · 콘텐츠	• 초중등 교육과 관련된 프로그램을 개발해 제공하는 것 또는 교육 관련 아이디어나 콘텐츠 등을 제공하는 것 사례) 한국학술정보원의 학습 프로그램 무료 제공 등

자료: 교육기부 홍보 브로슈어 2차. 교육기부단. http://교육기부.kr

는 '나눔'이라는 개념과 '기부', '자원봉사'를 포함하는 개념으로 이해될 수 있다. 이 밖에 기부의 유형 가운데 교육 기부가 있는데 이는 재능 기부와 유사하다. 교육 기부는 기부와 나눔, 자원봉사의 개념을 포괄하면서 교육이라는 형태로 특화된 매우 광의의 개념으로 해석할 수 있다. <표 7-2>는 교육 기부의 다양한 형태를 보여 주고 있다.

생각해보기 **NGO의 재정과 기부활동**

시민단체의 취약한 재정구조를 해결하기 위해 시민단체의 활동이 활발한 서구의 경우와 같이 기부문화 및 공익재단의 활동, 후원금에 대한 세금 감면 제도, 회원참여 등 NGO의 독립성을 보장해 주기 위한 제도적 장치가 마련되어야 한다. 시민단체들이 다양한 방법으로 자금을 모을 수 있도록 법적·제도적 장치를 마련할 필요가 있다. 그리고 이러한 정부의 노력과 더불어 시민단체 역시 변화하는 사회에 적응할 수 있도록 다양한 방법으로의 재정 확보 노력에도 결코 소홀히 해서는 안 될 것이다. 미국의 환경단체 시에라 클럽(Sierra Club)이 시민참여를 유도하는 프로그램을 운영해 기부금 수입을 극대화하는 경우나, 캐나다에서 시작된 세계적인 환경단체 그린피스가 웹사이트를 통한 기부금 모집활동을 하는 것을 예로 들 수 있다. 우리나라에서도 온라인을 통해 회원들의 회비 모금을 하고 있기는 하지만, 좀 더 다양한 방법으로 전환을 모색할 필요가 있다. 전문가를 적절히 활용하고, 회원참여를 독려할 수 있는 프로그램의 고안하고, 일상생활 수준에서 회원들이 동일시할 수 있는 이슈의 개발과, 자원봉사 정신 함양, 회계의 투명화, NGO 내부의 정책 과정의 민주성 제고 등이 요청된다.

제 8 장 공유재의 확장과 중간 지원조직

제 1 절 공유재의 확장과 NGO 역할[1)]

1 공유재의 개념

우리 사회가 공공정책의 추진 과정에서 갈등이 점차적으로 커져가는 상황에서 이를 감소시키기 위해서는 경제적 가치를 사회적 가치로 전환시키기는 공유재(共有財)를 확장시키자는 주장이 점차 설득력을 얻고 있다. 즉, 기존의 공공재(public goods)와 사유재(private goods)는 소유권이 명확하다는 장점이 있으나 공공적 가치와 사적 가치가 충돌되는 상황에서는 사회적 갈등을 발생시키기도 한다. 예를 들어, 밀양 송전탑의 사례 및 원자력 발전소 재가동, 각종 국책사업의 추진 과정에서 개발을 저지하는 행위가 공공의 이익이라는 측면에서 개인의 이기주의 때로는 집단이기주의라는 관점에서 매도되기도 한다. 혹은 실제적으로 훈민정음 해례본과 같이 개인의 이익을 지나치게 극대화시켜 사회적 공분을 사는 경우도 종종 발생한다.

공유재를 이해하기 위해서는 19세기 이래 영국을 중심으로 발달한 공리주의(utilitarianism)에 대한 이해가 필요하다. 밀(J. S. Mill)은 기독교의 '네

1) 공유재에 관한 논의는 다음의 논문을 참조하여 재인용 및 요약 발췌 및 수정 보완하였음을 밝힘. 임승빈(2011). 공공정책의 갈등관리를 위한 공유재의 구축에 관한 연구, 제4권, 서울행정학회.

참고자료

흄(David Hume, 1711~1776)은 흔히 공리주의(utilitarianism)의 창시자라고 불리워지고 있다. 그는 스코틀랜드의 에든버러에서 태어나 주로 파리와 에든버러와 런던 등에서 생을 보냈다. 흄의 실천철학은 『인성론』의 제2, 3편이 '감정편', '도덕편'인 것을 보아도 분명한 것처럼, 흄 철학의 목표였다고도 할 수 있다. '이성은 감정의 노예'라는 유명한 구절이 대표하듯이, 감정은 오성·지성으로부터 독립되어 있으며, 그것이 인상·관념과 밀접하게 연관된다는 점에서만 인식론에 관계된다. 흄은 도덕의 밑바닥에 '공감(sympathy)'을 두고, 그것으로 인해서 사람은 상호간에 주고받는 쾌락과 고통의 감정과, 상호간의 덕성(德性)을 판정하는 시인(是認) 및 비난의 감정을 얻는다고 생각한다. 그 주장은 특별한 도덕 능력을 인정하지 않고, 자연주의적이고, 또한 사회적 성격을 보여 주는 점에서 공리주의적(功利主義的)이다. 종교도 역시 심리적·역사적 분석 수법에 의해 자연주의적으로 해명되며, 이신론(理神論)의 입장이

이웃을 네 몸과 같이 사랑하라'는 가르침이 가장 공리주의적 도덕관을 나타낸다고 했다. 밀은 공리주의의 두 가지 원칙을 말했는데 개인의 이익과 전체(사회)의 이익의 법과 제도, 이러한 조화를 가르키는 교육과 사회를 강조했다. 좋음(good)과 옳음(right)에서 밀은 right를 good과 구분해서 결과주의적으로 도덕을 봤다. 공동체주의에서는 공공선(good)이 우선이고 이를 위한 사회 건설이 중요하며 시민을 교육시켜야 한다고 강조한다. 그러나 자유주의에서는 공공선(good)이 우선이 아니라 자신(이기주의자가 아닌 개체주의)의 이익이 우선인 것이며 동기를 알 수 없으므로 결과가 옳으면(right) 공공선(good)도 달성된다는 공리주의적 입장을 취한다. 이러한 공리주의에 대한 비판을 존 롤즈(John Rawls)가 하는데 보다 깊은 논의는 임승빈(2022a)의 『질서의 지배자들』(2022) 제1장과 제5장을 참조하기 바란다.

따라서 공공재와 사유재와는 달리 중간재적인 공유재(common goods)의 개념을 보다 명확히 할 필요가 있다. 이는 소유라는 법 제도적인 관점에서 공공재, 사유재, 공유재의 관념을 보다 명확히 할 수 있다. 첫째는, 비소유(open access)제도 개념이다. 이 제도에서는 자원은 누구의 소유도 아니고 모든 개인, 공공단체, 사적단체에서도 이용이 가능하다. 둘째는, 공적(公的, publicness)소유제도이다. 자원의 소유권은 국가 또는 지방자치단체에 있으며, 이용 권한과 관리 권한도 공공기관이 행사한다. 셋째는, 공유(共有, communal resource)적 소유제도이다. 자원은 지역공동체가 소유하며 구성원에 의하여 공동으로 이용·관리되는 것이다. 이 제도에 있어서 공동체의 자원은 공유자원(common property resource: CPR)으로 활용되는 것이다. 넷째는, 사적 소유제도이다. 개인은 사회적으로 허용된 범위에서 타인을 배제하고 자원을 사용·수익·처분하는 권리를 갖고 있다. 이 제도상에서 자원은 소비의 배제성과 경합성을 갖는 사유재인 것이다(鈴木·富野 編, 2006: 8)라고 한다.

상기의 분류 가운데 공유재 자원의 개념을 내포하고 있는 세 번째의 개념이 공유재의 개념에 가장 적합하다. 이러한 공유재의 개념이 정부의 구제적인 정책으로 시작되기 시작한 것은 최근에 시작된 것이 아니라 영국의 19세기 산업혁명시기의 인클로저(enclosure movement) 운동부터라고 한다(鈴木·富野 編, 2006: 3). 즉, 토지의 강력한 사유화의 바람에서 공유재의 개념이 도입되어 공동지(共同地)의 성질을 잔존한 상태에서 산업혁명에

이르게 되었으며, 도시의 공원을 확장하게 하는 결과를 낳았다는 것이다. 이러한 관점에서 보면 영국의 내셔널트러스트(National Trust) 운동이나 우리나라의 국민신탁운동 등은 사유재가 되어 문화재의 소멸 또는 문화재 경관이 황폐화를 막는 공동체의 공유재(common goods) 확보 운동이라고 볼 수 있다. 특히 문화재의 보존과 활용이라는 정책 추진 과정에서 공유재의 부재 혹은 결핍으로 인하여 사회적 가치를 선호하는 정부와 경제적 가치를 선호하는 개인 간의 가치 충돌이라고 본다면 공유재의 확장이 중점적인 정책이 되어야 할 것이다. 문화재가 국가 자산인 것과 마찬가지로 개인의 자산이라는 관점은 같은 자산이지만 그 가치 판단은 매우 다르기 때문이다. 상호간 경제적 가치와 사회적 가치가 충돌되어 있는 양자에게 모두 만족을 줄 수 있는 방향은 결국 공공기관과 개인이 가치를 공유할 수 있는 공유재 개념에서 문화재 정책의 추진 사례는 매우 유용하다. 왜냐하면 문화재는 '사적 재산권'의 객체로서의 성질과 '공공재'로서의 성질을 함께 가지고 있기 때문이다. "이는 단일한 물건 혹은 객체가 헌법 제23조에 의해 보호되는 기본권의 대상으로서 지위와 아울러 동 조항에서 규정하고 있는 재산권의 공적 책무 혹은 공익상 필요에 의한 제한을 받게 되는 지위도 동시에 가지고 있음을 의미하고 있다. 따라서 문화재의 소유자는 사적 재산권자로서 헌법상 누려야 할 기본권과 역시 동일한 헌법에 의해 용인해야 할 혹은 감내해야 할 공공적 책무도 동시에 가지고 있으며, 마찬가지로 국가 등 공공 주체는 문화재 소유자의 재산권인 기본권을 보호해야 할 의무와 공익을 위해 문화재 소유자의 기본권을 제한해야 할 혹은 제한할 수 있는 권한도 동시에 가지고 있기 때문이다. 이러한 과정에서 필연적으로 발생하는 문제들이 있다. 즉, 재산권에 제한이 되는 문화재 지정의 기준과 한계 및 필요성, 그리고 재산권 제한에 따른 보상의 여부와 기준과 한계, 나아가 재산권 제한의 내용과 정도 등이 그것이다. 그런데 이러한 상황에서 재산권자의 국가 등의 입장과 판단은 항상 같은 방향을 향할 수 없고 이는 필시 갈등과 분쟁으로 이어질 수 있다"고 한다(정훈, 2011: 2).

우리나라뿐만 아니라 미국, 영국, 독일, 일본 등 상당수의 국가에서는 자국의 문화유산의 보존과 활용에 대한 공유재 확장에 대한 국가적 책무에 대하여 법률 등에서 명기하고 있다. 문화재뿐만아니라 각종 공공(公共)사업 또는 기업과 개인의 사유재 확장에 공동체와의 사회경제학적 가치의 충돌은 외부경제 효과로 취급되어 경제적 가치와 문화적 가치의 양면성으로

인간 본성을 바탕으로 하는 생활감정에 의해 재해석(再解釋)되고, 기초가 다시 다져진다. 정치·법사상에서는 홉스(Thomas Hobbes)의 '자연상태'의 가정(假定)과 계약설을 비판하고, 만인에 공통된 '이익'의 감정에서 법의 근거를 구하는 공리주의적 방향을 제시한다.
흄의 이러한 인식론은 영국에서의 공유재 개념이 탄생한 것과 무관하지 않다고 볼 수 있다. 당시 흄의 동상이 에든버러 시내 중심가에 위치에 있다는 점만 보더라도 그의 학문적 영향력은 영국과 서구 사회에 커다란 반향을 가져왔으며, 그가 강조한 자연주의적이고 사회적 관계를 중시하는 입장은 사회의 구성원들 간의 공유재 개념을 구체적으로 적용시키는 데 있어서도 작용했으리라고 본다(네이버 두산백과, 사진 저자 촬영).

그 중요성이 강조되고 있다. 특히 이러한 공유재의 확장 과정에서 후술하는 NGO, 즉 중간 지원조직의 성격을 갖는 NGO가 사회구성원 간 이익충돌의 갈등조정자의 역할이 점차적으로 커지는 것이다.

2 공유재의 확장을 위한 중간 지원조직의 개념과 역할

1) 중간 지원조직의 개념

공공재와 사유재의 성격을 모두 갖는 공유재(common goods) 확장성을 강조한 점은 문화재를 소유한 지역 혹은 개인이 받는 경제적 손실을 사회적 가치로 환원시키는 데에 그 목적이 있는 것이다. 이러한 의미에서 공익활동을 하는 비영리단체와 자원제공자(정부 또는 민간)와의 사이에서의 자원중개와 여러 가지 지원 기능을 담당하는 비영리단체 조직인 중간 지원조직의 활성화가 매우 중요한 역할을 담당한다. 중간 지원조직이라는 용어는 미국의 중간 조직(intermediary organization)의 번역어로 NGO의 중간 지원 기능을 가진 조직의 호칭으로서 보급된 개념이다.

영국에서도 중간 지원조직의 개념과 역할을 미국과 같이 다양하며 인프라 조직이라고도 한다. 우산조직(umbrella organization)과 중간조직(intermediary organization), 또는 '지역발전대리점'이라는 용어로도 사용되고 있다. 영국에서도 중간 지원조직을 대상으로 하는 선행 연구는 일부 연구를 제외하고, 결코 많지 않다. 그러나 역사적으로 보면, 중간 지원조직은 미국, 영국, 일본 등지에서는 정부와 자발적 공동체 분야와의 파트너십 구축, 인재육성 등에 있어서, 극히 중요한 역할을 완수해 왔다고 한다. 독일의 경우에도 근대의 산업문화재를 발굴하여 보존하고 유지 관리하는 사업들을 지원하기 위해 세운 재단이 바로 '산업문화재와 역사문화재단'이다. 이 재단의 지원을 통해 역사적 보존가치가 있는 산업시설들을 정비하여, 일반인들에게 공개하고, 교육에 활용하며, 또 학문적으로 연구하는 일들이 추진되고 있다. 재단의 재정은 주정부가 제공한 설립 자본금과 광산이나 공장의 주식회사들이 제공하는 자본금의 운용 수익금(Erträgen des Kapitals)으로 충당하고 있다고 한다(문화재청, 2010: 45).

2) 중간 지원조직의 역할과 사례

우리나라에서도 중간 지원조직이라는 용어가 사용되기 시작했으나 통일된 정의를 부여하는 것은 어렵지만(Anheier & List, 2005: 137), 이들 중간 지원조직의 역할은 사업을 수행하는 NGO들에게 행하는 중간 지원 기능을 한다는 것이다. 중간 지원 기능의 역할이라 함은 첫째는, NGO와 이해관계자(stakehodler)와 긴밀한 관계를 쌓는 데에 지원을 하는 것, 둘째는, NGO와 서비스 공급자와 제공자와의 교류를 주도하고 지원을 행하는 것, 셋째는, NGO의 서비스 질과 책무를 향상시키는 것, 넷째는, NGO 간 또는 다른 섹터(공공과 기업 등)와의 자원을 중개하고 활용시키는 것, 다섯째는, NGO의 효과적인 정책을 위해 지원활동을 행하는 것 등의 역할을 하는 것이라고 볼 수 있다. 미국에서는 중간 지원조직이라고 불리는 조직으로 가운데 조성재단(foundation)이 일반적이다(Anheier et al., 2004: 105; 임승빈, 2009a: 388에서 재인용).

미국, 영국, 독일, 일본 등지에서 이러한 중간 지원조직을 통한 문화재 보존 정책도 활발하지만 최근에는 개개의 문화재 보호뿐만 아니라 일정한 테마를 설정하여 복수의 문화재를 그 주변 환경까지 포함하여 종합적으로 보존·활용하는 방향으로 확장되어 가고 있다는 점도 주목할 만하다. 예를 들어, 일본의 문화재 정책에서 새로운 경향으로서 '역사문화기본구상'을 강력히 추진하고 있다. 즉, 문화재를 중심으로 지역 전체를 역사·문화 공간으로 보고 다양한 활동을 함으로써 지역 활성화와 문화재 보존·활용을 동시에 추구하는 것이다. 이 제도는 지역의 문화재는 지역 진흥과 관광 진흥, 경제 발전 등에 이바지한다는 인식 하에 지역 내 문화재의 보존·활용에 있어서 지방자치단체의 역할을 강조한 것이다. 근거법으로서 일본의 기초자치단체인 시정촌(市町村)은 2008년 공포된 「지역에서의 역사적 풍치 유지 및 향상에 관한 법률」[2]에 기초하여 '역사적풍치유지향상계획'을 수립해야 하는데, 동 계획의 수립 시 중요문화재를 중심으로 한 '중점구역(重點

2) 「지역에서의 역사적 풍치 유지 및 향상에 관한 법률」이란 일명 「역사마을만들기법」으로 불리는 법으로, 2008년 5월 23일에 공포되어 동년 11월 4일에 시행되었다. 문부과학성(문화청), 농림수산성, 국토교통성이 연계하여 역사적 풍치의 유지 및 향상 도모를 위해 제정되었다. 그 주요 내용은 국가에 의한 '역사적풍치유지향상기본방침'의 책정, 시정촌이 작성하는 '역사적풍치유지향상계획'의 국가에 의한 인정, 인정을 받은 '역사적풍치유지향상계획'에 기초한 특별조치, '역사적풍치유지향상지구계획' 제도의 창설이다.

區域)'[3]을 설정해야 한다고 한다. 즉, 사전에 지역의 문화재를 조사 등을 통해 적확하게 파악하여 문화재를 주변 환경까지 포함하여 종합적으로 보존·활용하기 위한 기본 구상인 '역사문화기본구상'을 책정한 후에 이를 바탕으로 '역사적풍치유지향상계획'을 세우도록 유도하고 있다.

우리나라에서도 지금은 서울의 대표적 관광지가 되어 있는 북촌마을은 1984년 한옥보존지구로 지정되었으나 엄격한 증개축의 통제와 대체 콘크리트 한옥이 들어서며 도시경관이 급속도로 악화되고, 보전지구가 전면 해제되었으나 1999년 후반, 북촌한옥마을을 지키고 가꾸려는 새로운 움직임이 주민과 서울시 양측에서 함께 시작되어 2001년 7월부터 한옥등록제의 시행을 계기로 '북촌한옥마을가꾸기' 사업이 본격적으로 시작되어 오늘에 이르러 지금과 같은 성과를 이뤘던 것이다. 즉, 서울시가 단독으로 혹은 주민 단독으로 사업을 추진했다면 서울의 대표적 문화재 보존·활용 지역이면서 관광명소인 지금의 북촌은 없어졌을 것이다. 서울시에서는 2010년 7월부터 경복궁 서측마을도 북촌과 같은 방식으로 추진 중이다.

그러나 문화재의 소유 혹은 인접에 의하여 경제적 가치를 잃는 주민들에 대한 간접적인 지원을 위한 중앙정부의 정책도 중요하다. 독일은 1977년 12월 22일자로 통과된 「문화사적으로, 그리고 도시건설 면에서 가치 있는 건축물의 유지와 현대화를 위한 법률(Gesetz zur Erhaltung und Modernisierung kulturhistorisch und städtebaulich wertvoller Gebäude)」과 1989년 12월 20일자로 통과된 「주택건설 지원법」에서도 문화재를 보유하고 있는 개인 소유자들에게 세금 감면의 혜택을 부여하는 법률을 제정한 것이다(문화재청, 2010: 47). 일본 역시 문화재와 관련된 세제 조치가 풍부하다(日本文部科學省 編, 2007: 260).

지금까지 논의된 것을 요약하자면 사회적 가치를 추구하는 공유재의 확장을 위해서는 중간 지원조직의 육성 혹은 지역공동체의 책임을 보다 강조하여야 하며, 중앙정부에서는 조세 및 간접적인 지원정책을 통하여 공유재를 확장시킬 필요가 있다는 점이다(임승빈, 2009: 48-49). 문화재의 공유재를 확장시키는 운동이면서 중간 지원조직이기도 한 전 세계에서 가장 먼저 시작한 영국의 내셔널트러스트(National Trust) 운동, 우리나라의 국민

3) '중점구역'이란 중요문화재, 중요유형민속문화재 혹은 사적명승천연기념물로서 지정된 건조물(建造物)용으로 된 토지 구역 및 그 주변 토지 구역, 혹은 중요 전통적 건조물군 보존지구 내의 토지 구역 및 그 주변의 토지 구역이 조건이 되고 있다.

신탁운동이 공유재 확장을 위한 NGO 활동의 대표적 사례이다.

3 공유재 확장 활동 사례: 영국과 한국

1) 영국의 내셔널트러스트(National Trust) 운동

내셔널트러스트(National Trust)의 정식 명칭은 National Trust for Places of Historic Interest or Natural Beauty로서 존속의 위기에 처한 전원의 풍경이나 역사적 건조물을 구입하여 보존하는 것을 목적으로 하는 것이었다. 영국 내셔널트러스트 운동은 지금까지 크게 4단계를 거치면서 발전해 왔다고 한다. 1단계(1895~1907년)는 토지보유에 의한 보전이란 운동론이 최초로 형성되던 단계이다. 2단계(1907년~1920년대)는 1907년 「국민신탁법(The National Trust Act)」의 제정에 의해 국가적 지지를 얻고 조직의 권한이 정비되던 단계이며, 3단계(1930년대~1950년대)는 1931년 「재정법(The Finance Act)」 제정으로 토지 집적이 용이해지면서 자산보유단체로 특화되고, 아울러 1937년부터 전원주택보전사업(Country Houses Scheme)을 추진한 결과로 사회적 위상이 공고해진 단계이다. 그리고 4단계는 1960년대부터 현재까지인데, 1956년에 시작된 '넵튠사업(Enterprise Neptune), 해안선보전운동'에 전 국민이 참여하면서 회원이 급증하여 지금과 같은 조직으로 자리를 잡아가는 단계라고 언급되어지고 있다. 내셔널트러스트 운동의 첫 성과는 출범 이듬해인 1896년 서섹스(Sussex) 지방의 알프리스톤(Alfriston)이라는 마을에 소재한 오래된 목사공관(Clergy House)의 매입이었다. 쓰러져가던 이 건물을 매입하는 데 10파운드가 들었지만 수리에 30배인 300파운드가 소요되었다. 모든 비용은 처음부터 모금운동을 통해 조달되었는데, 이 자체가 내셔널트러스트 운동이 된 것이다. 영국 내셔널트러스트 운동의 발전은 1895년 출범 당시 회원 수는 100명에 불과했고, 50년 뒤인 1945년까지만 해도 7,850명이었지만, 1956년 넵튠운동이 시작되면서 급증하기 시작해 1960년 9만 7천 명, 1970년 22만 6천 명, 1981년 100만 명에 달한 후 2008년 356만 명이 되었다. 특히 지난 5년 간 회원 수가 무려 100만 명이 증가했고, 재정도 20% 흑자를 이룩할 정도로 최근에 올수록 내셔널트러스트 운동의 성과는 더욱 괄목할 만하다. 19세기 운동이면서 21세기 운동으로서 성과를 거둘 수 있는 것은 최소 100년 이상을 내

다보는 영국 내셔널트러스트 운동의 독특한 방법이기 때문이다. 2007년에 영국 내셔널트러스트는 전 국토의 1%에 해당하는 25만 헥타르, 1호 국립공원 레이크 지방(Lake District)의 30%, 전국 해안선의 10%인 700마일, 역사적 건물 166개, 정원 160여 곳, 성 19개, 산업유산 47개, 교회건물 49개, 선술집 및 여인숙 건물(Pubs and Inns) 35개, 선사 및 로마시대 유적 9곳, 경관공원 73곳, 유기농 농장 700여 개, 기타 건물 2만 5천여 채(이 중 5천 채는 일반 가옥과 전원주택), 소장 문화예술품 100만여 점, 법정 보호종의 50%, 보전습지의 16% 등을 소유·보전하고 있다. 이 방대한 자연 및 문화유산을 보전하기 위해 연간 3억 8천만 파운드(약 8천억 원, 2007~2008년 기준)의 수입을 가지고, 직원 4,300명, 자원봉사자 43,000여 명, 회원 340만 명이 전국에 걸쳐 활동하고 있다. 영국 내셔널트러스트는 영국의 최대 NGO이면서 세계적으로 규모가 가장 큰 회원(보유)단체에 속한다. 영국 내셔널트러스트 운동의 진정한 성과는 자연 및 문화유산을 단지 많이 보유하고 있는 데 있는 게 아니라, 이 많은 유산을 시민이 자발적으로 영구히 지켜가는 데 있다. 이것의 가능성은 이른바 '양도불능의 원칙'에 있다. 내셔널트러스트란 이름으로 확보한 자산은 자연유산, 문화유산 관계없이 어떤 경우에도 소유의 양도가 불가능하다. 법적 장치에 의해 두 가지 보전의 효과가 생겨나게 되었는데, 첫째는, 사실상의 영구 보전이며, 둘째는, 시민들의 자발적 기부·기여·기증으로 확보되고 시민들의 자발적 노력으로 '영구히 보전됨으로써', 자연 및 문화유산의 범주 중에서 이른바 '시민유산(Civic Heritage)'이란 부분이 생겨난 점이다.

특히 시민들의 자발적인 성금, 기부, 기증으로 인한 '신탁의 다양화'는 일상적으로 활용하면서 보전되고 있다. 내셔널트러스트는 보유하고 있는 대부분의 보전지를 시민들한테 개방해 시민유산의 관람·이용·활용을 다양하게 허용하고 있다. 영국의 많은 대학에서는 학생들의 기숙사로도 활용하고 있다. '살아 있는 유산'으로 가치를 지켜갈 뿐 아니라 '문화상품 혹은 환경상품'에 준하는 경제적 가치를 창출하고 있는 것이다. 공동체 보전자산을 확보하는 데 자발적으로 참여하고, 자발적인 노력 봉사를 통해 확보한 보전자산을 시민유산으로 가꾸고 지켜가는 데도 자발적으로 참여(조명래, 2009: 12)하고 있다는 점이 특징이다.

2) 한국의 국민신탁운동

한국의 국민신탁운동 미래세대를 위해 영구 보전할 수 있는 시민유산 확보를 위한 활동과 이를 제도적으로 뒷받침할 수 있는 「내셔널트러스트법」 제정이 직접적인 계기가 된다(2006년 3월 법률 제7912호 문화유산과 자연환경자산에 관한 국민신탁법). 동 법률에 기반한 국민신탁운동은 1990년대 중반 '그린벨트 해제 반대운동'을 계기로 본격적으로 한국 사회에서 국민신탁운동을 모색하게 되었는데, 그린벨트라는 정부의 제도적 보전장치가 훼손됨에 따라 기존 그린벨트 지역 소유자들의 사유재산을 보장하고 녹지공간을 보전할 수 있는 새로운 시민운동을 모색하면서 '국민신탁운동'이 시작되었다. 그 이후 2006년 「국민신탁법」이 제정됨에 따라 우리나라에서도 영국과 같이 보전가치가 높은 문화 유산 및 자연환경 자산을 민간 차원에서 매입 · 보전할 수 있는 법적 기반을 마련하게 되었다.

우리나라 국민신탁운동의 주요 활동 사례를 살펴보면 다음과 같다. 「국민신탁법」 제정 이전에 2000년 한국내셔널트러스트의 출범으로 우리 사회에 본격적인 국민신탁운동의 계기를 맞게 되고. 한국내셔널트러스트는 출범 이후, 미래세대를 위해 영구 보전할 수 있는 시민유산 확보를 위하여

작가 '이상의 집'

자료: http://imagesearch.naver.com/search.naver

2022년 현재도 활동하고 있다. 예를 들어, '강화 매화마름 군락지', '최순우 옛집', '동강 제장마을', '나주 도래마을 옛집', '권진규 아틀리에', '연천 DMZ 일원 임야', '청주 원흥이 방죽 두꺼비 서식지', '작가 이상의 집' 등을 확보하여 시민유산으로 보전 · 관리하고 있다. 중앙 차원뿐만이 아니라 지방에서도 (재)무등산공유화재단과 같은 경우는 광주 전남의 무등산 시민공유화 운동으로 시작해 시민들의 자발적인 모금이나 기부, 증여를 통한 보전가치가 있는 무등산과 광주 전남의 자연 자원 및 문화 자산을 확보한 후 시민 주도 하에 영구히 보전하고 관리하여 활용하는 새로운 시민환경운동으로 1989년 출범한 바 있다. (재)무등산공유화재단은 최초의 내셔널트러스트 운동에 속하며 모범적인 사례로 평가받고 있다. 대전 '오정골 외국인 선교사촌' 보존운동은 문화유산으로 보존가치가 높은 지역 내 아파트 건설 반대를 위해 1999년 땅 한 평 사기운동 전개하여 최종 한남대에서 매입 · 보존하였다. 오정골 선교사촌은 한옥과 양옥의 절충 설계로 건축사적 가치가 있는 근대 문화유산지로서 40여 종의 희귀 조류가 서식하는 공간이다. 우면산 내셔널트러스트는 2003년 사단법인 내셔널트러스트와 서초구가 주축이 되어 결성한 민 · 관 합동의 시민운동단체로, 우면산의 난개발을 막기 위해 남부 순환로변의 우면산 토지 매입을 위한 모금운동을 펼쳐오고 있다.

그러나 우리나라의 국민신탁운동은 짧은 기간에 성과도 많지만 현행 「국민신탁법」은 정부 입법을 통해 추진되면서 당초의 목적과는 달리 내셔널트러스트 운동을 통해 확보된 자산의 영구 보전이 실현 불가능할 뿐 아니라 정부의 과도한 개입과 규제로 인해 시민운동의 자율성이 상실될 수밖에 없는 한계를 갖게 되었다. 즉, 우리나라의 국민신탁운동은 영국의 내셔널트러스트 운동과 비교하여 국가 중심적 성격이 강하다고 할 수 있다. 아직은 '시민유산(Civic Heritage)'이라는 공공재까지는 이르고 있지 못한다. 우리 사회가 공공정책의 추진과정에서 갈등이 점차적으로 커져가는 상황에서 경제적 가치를 사회적 가치로 전환시키기는 공유재(共有財)를 확장시키기 위한 정책수단으로서 중간 지원조직에 대한 관심이 날로 커지고 있다.

제 2 절

정책 과정에서의 공론화제도 운영의 의의와 평가

1 공론화의 개념과 추진 방법

공론화에 대한 개념은 다양하나 "특정한 공공정책 사안이 초래하는, 혹은 초래할 사회적 갈등에 대한 해결책을 모색하는 과정에서 일반 시민과 이해관계자들 및 전문가들의 다양한 의견을 민주적으로 수렴함으로써 정책결정에 대한 사회적 수용성을 확보하고자 하는 일련의 절차"(사용후 핵연료 관리 공론화 TF 보고서, 2008)로 정의한 바 있다. 공론화의 핵심은 크게 다음의 두 가지로 첫째, 시민들의 의견을 어떻게 공정하고 객관적·중립적으로 수렴할 수 있는 것인가, 둘째, 어떤 시민들의 의견을 수렴할 것인가에 대한 점을 고려하여 공론화로 이끌어내는 방법이 결정될 수 있다. 우선, 시민들의 의견수렴 방식에는 선호취합(preference gathering) 방식과 숙의(deliberation) 방식이 있는데, 선호취합 방식은 많은 사람들의 생각을 비교적 적은 비용으로, 짧은 시간 안에 파악할 수 있으나 사람들의 선호는 정보에 대한 접근과 숙의 정도에 따라 달라질 수 있다. 숙의 방식은 시민들이 학습과 토론, 그리고 성찰을 통해 자신들의 판단, 선호, 관점을 변화시켜 나가는 동태적 과정으로 선호의 전환은 강제, 위협, 상징조작, 기만이 아닌 토론과 논변에 기초한 설득과 상호 학습을 통해 나타나는 방식을 말한다. 이에 따라 일반 시민과 엘리트 시민으로 구분하여 공론화로 이끌어내는 방법을 다음의 <표 8-1>과 같이 나타낼 수 있다.

공공정책의 의사결정 방식으로 실제로 활용되기 시작한 것은 1970년대 미국의 NPO 법인인 제퍼슨센터에서 개발한 것이 처음이라고 볼 수 있다. 방식은 사회적으로 중요한 공공정책 사안에 대해 무작위로 선발된 20여

표 8-1 공론화로 이끌어 내는 방법

구분	일반 시민	엘리트 시민
선호취합 방식	여론조사, 국민(주민)투표	공청회, 청문회, 의견서
숙의 방식	합의회의, 시민배심원, 공론조사, 시민회의	위원회, 라운드테이블

명 정도의 일반 시민들이 4~5일 간 만나서 주의 깊게 숙의하여 의견을 내는 공공참여 방법 합의회의와 유사하지만 대표성 제고를 위해 무작위 선발하는 점이 중요하다. 그 이후 이론적으로는 공론조사(Deliberative Polling) 방식을 정립하게 되었는데, 1998년 미국의 정치학자 제임스 피시킨(James Fishkin) 교수에 의하여 개발된 방법이다. 이는 기존의 여론조사 방법과는 달리 과학적 표집을 통해 200~400명 정도의 대표성을 가진 시민들을 선발하여 충분한 정보를 제공하고 숙의하게 한 다음 공적판단(public judgement)을 도출하는 공공참여 방법인 것이다. 공론조사는 시민배심원회의의 숙의성과 여론조사의 대표성 사이의 균형을 확보하기 위한 방법이며, 우리나라에서도 과거 참여정부에서의 지속가능위원회에서 다소 변형된 형태로 수차례 진행한 바는 있었다.

2 우리나라에서의 시민배심원제 활용 사례

2017년 문재인 대통령은 후보시절 공약사항으로 '신고리 5 · 6호기 백지화'를 약속하였다. 그러나 신고리 5 · 6호기는 이미 종합공정률 28.8%와 집행 공사비 1.7조 원이 투입된 사업으로 공약사항을 바로 실행하기에는 공사의 진행도, 매몰비용, 그리고 지역 주민들의 이해관계 등 고려해야 할 문제점들이 존재하였다. 이에 따라 '신고리 5 · 6호기 백지화 공약'을 실현하는 과정에서 발생하게 되는 문제를 해결하기 위하여 정부 및 한국수력원자력의 일방적인 방식에 의한 정책결정보다는 사회 적합의 도출에 따른 정책결정을 통하여 '신고리 5 · 6호기 백지화'를 이끌어 내기 위하여 공론화위원회를 설치하였다. 중립적 전문가들로 구성된 총리실의 임시조직으로서 2017년 7월에 공론화위원회를 설치하여 공론조사를 설계 및 운영을 담당하였다. 설치 경위를 보면 2017년 6월 27일 국무회의에서 신고리 5 · 6호기 건설공사를 일시 중단하고, 10인 이내 공론화위원회를 구성해 최대 3개월 동안 여론수렴을 거쳐 시민배심원단이 판단을 내리도록 하겠다고 결정했다. 7월 7일 국무조정실 신고리 5 · 6호기 공론화위원회 구성 추진 계획을 발표했으며, 7월 21일 문재인 대통령은 신고리 5 · 6호기 운명은 공론조사에 따를 것을 밝히게 된다. 그 이후 공론화위원회는 보다 독립적인 지위에서 공론화 업무를 공정하고 중립적 · 객관적으로 설계 및 관리, 직접적인 이해

그림 8-1 **신고리 공론화 과정(2017.7~2017.10)**

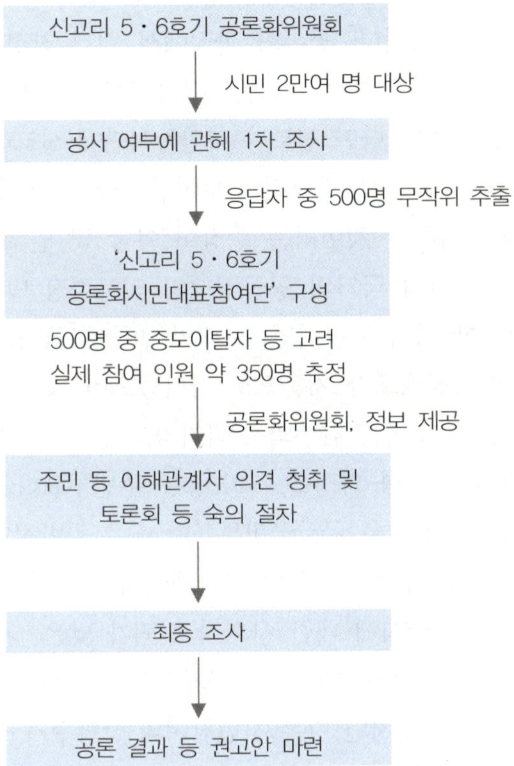

자료: 신고리 5·6호기 공론화위원회.

관계자가 아닌 인문사회, 과학기술, 조사통계 등 다양한 분야의 전문가들로 구성하여 3개월 동안 활동하였다. 신고리 5·6호기 공론화에서 나타나는 특징은 기본적으로 '시민참여형 조사(공론조사 변형)' 방식으로 진행되어 2만 명의 국민들을 대상으로 설문조사 후 공론조사 참여 시민 500명을 무작위 선발(random selection)하여 시민(대표)참여단을 구성하였다.

3 평가와 전망

2017년 10월 20일 신고리 5·6호기 공론화위원회는 오전 10시 서울 세종로 정부서울청사에서 신고리 5·6호기의 건설 재개 결정을 담은 최종 권고안을 발표했다. 건설 재개는 59.5%, 건설 중단은 40.5%로 양측 의견차는 오차 범위를 넘어선 예상외의 결과였다. 더군다나 문재인 대통령의 당시 국정지지도가 70%를 훨씬 넘는 상태였고, 대통령의 후보시절 중단을 공약했기 때문에 참여단의 결과는 예상 밖이었던 것이다.

논란이 없었던 것은 아니다. 공론화 과정에서 원전 찬성 측과 중단 측 모두 상호 기울어진 운동장이라는 표현을 써가면서 상대방을 공격했던 것은 자연스러운 현상이었다. 다만 정부가 시민참여단에 신고리 5 · 6호기 건설 중단 · 재개에 대한 '실질적' 결정권을 부여한 것은 국회를 '패싱'하여 결국 대의 민주제를 부정하는 것이라는 주장이 야당 및 일부 학자들에서도 제기된 바 있었으나, 현대 국가의 공공정책의 의사결정 방식의 변화라는 관점에서 보면 적절한 지적은 아니었다. 대의 민주제 국가의 가장 대표적인 미국에서 시민배심원제도가 처음으로 나타났으며 지금은 미국뿐만 아니라 유럽, 심지어는 비교적 권위주의적 국가라고 할 수 있는 일본도 사회적 갈등 현안에 대해 공론화 과정을 거쳐 종종 주민투표나 국민투표가 이루어진다. 특히 스위스의 경우에는 국민투표가 매우 일반적인 최고 의사결정 형태인 점을 보면 대의 민주주의의 보완재이지 대체재라고 볼 수는 없다. 특히 전문가, 관료, 국회에 대한 사회적 신뢰가 낮은 상태에서는 국민의 직접참여가 대의제를 보완해 주는 효과가 크며, 아울러 공공정책 수립이나 실행 과정에서 이루어지던 기존 시민참여의 상당수가 '들러리 세우기'에 불과했다는 점에서 실질적 결정권 부여는 높이 평가될 수 있다. 물론 전문가가 아닌 일반 시민들이 원전과 같은 기술적인 문제에 참여할 자격과 능력이 없다고 주장할 수도 있으나 원전은 전문가들 사이에서도 의견 차이가 쉽게 좁혀지지 않는 이슈이며, 성격상 여러 가지가 함께 섞여 있는 복합 이슈 정책 향방에 따라 크게 영향받는 이해관계자이자 재원을 대는 납세자로서 시민참여가 단순한 참여에서 시민결정의 시대인 시민권력(civil empowerment) 행사는 당연하며 이미 널리 실행되고 있다. 문제는 공론화의 대상이 되는 공공정책에 대하여 충분한 숙의 기간, 참가 인센티브, 균형 잡힌 정보가 제공되어야 하고, 능숙한 숙의 진행 능력과 환경 등의 확보가 전제되어야 한다는 점이 매우 중요하다. 아울러 공론화는 과정도 중요하지만 궁극적으로는 공론화 결과에 대한 사회적 수용성이 핵심이다. 현 이슈에 대한 찬반 양 당사자들의 의견이 공론화 절차 추진 과정에 적절하게 반영되어야 공론화 절차와 결과에 대한 사회적 수용성이 높아질 수 있다. 따라서 공론화위원회와 찬반 집단들 사이의 상시적 협의를 강화시켜야 하며 공론화 거부 집단을 끌어들여야 하는 것이다. 물론 처음의 공론화의 설계

과정부터 직접적, 잠재적 피해당사자들에 대한 대책 마련 역시 필요한 사항이다.

제 3절

중간 지원조직: 영국과 일본 사례

1 영국

1) 중간 지원조직에 대한 논의의 배경

1919년에 전국 수준의 중간 지원조직으로서, NCVO의 전신인 '전국사회서비스협의회(National Council of Social Service: NCSS)'가 설립되었다. 하지만, 영국의 중간 지원조직의 대두는 자발적 공동체 조직(VCO)이 분야(sector)로, 정부의 파트너로서 공식적으로 인지된 이후, 본격화했다고 생각된다. 정부가 VCO를 분야로서 인지한 계기가 된 것은 「울펜덴(Wolfenden) 보고」로 잘 알려진 「자발적 조직의 장래(Wolfenden Committee)」(1978)이다. 이 「울펜덴 보고」는 VCS(Voluntary Community Service)의 발전에 따른 중간 지원조직의 역할을 강조한 것으로도 알려져 있다. 보고서의 책정에 맞춰, VCO(당시에는 voluntary organization이라는 호칭이 일반적)의 조사연구를 실시한 해치(Stephen Hatch)는 대두되는 분야에 대해, 계획적으로 조사된 지원이 결여되어 있다는 것을 지적하고, 중간 지원조직(intermediary bodies)의 활용을 통해 조정해 나가자고 제창했다(Hatch, 1980).

영국에서 중간 지원조직이 지역의 VCS의 조정자로서, 그리고 정부 섹터와의 연대의 열쇠를 가진 기관으로서 의의가 인식하게 된 것은 앞에 서술한 것과 같이, 1978년 「울펜덴 보고」 공표 이후이다.

영국에서 중간 지원조직이 대두한 배경으로서는 여러 가지 사회적 · 경제적 요인이 있었지만, 미국과 같이 또는 그 이상으로 정치적 요인이 컸다. 오스본(David Osborne)이 지적한 것과 같이, 공공정책과 사회정책의 변화에 의해, 특히 복지 서비스 분야에서 VCO에게 점점 더 지역의 주요한 공공 서비스 제공이라는 주요한 역할이 떠맡겨졌다. 보수당 정권 시대의 커뮤니티 케어 개혁 등이 이 흐름을 가속화시켰는데, 이러한 정치적 변화로 지방의 VCS의 이해를 대표하는 지방 중간 지원조직의 중요성이 급속하게 높아져 갔다. 오스본에 따르면, 오늘날 지방 중간 지원조직은 지역의 VCS를 대표해서 정부와 교류를 하는 것과 동시에, 공공 서비스 제공에 따르는 책임 증대에 따라, VCO가 대처하도록 훈련과 지원을 제공하는 주요한 역할을 담당하고 있다.

2) 중간 지원조직의 특징

해치에 따르면, 중간 지원조직은 다음과 같은 특징을 가진 조직이다. ① 고객, 그룹이나 사람들에 대해 직접 지원을 제공하기보다는 조직을 지원하는 경향이 있다. ② 멤버 조직의 활동에 대해 조정 기능이나 간접적인 컨트롤을 행사하는 경향이 있다. ③ 자금의 조달, 그 밖의 전문가에 따른 서포트와 같은 자원 제공을 행하는 자원 중개 기능을 가진 경향이 있다. ④ 연구나 정책형성 기능을 가진 경향이 있다. ⑤ 우수한 실천을 장려와 승인이라는 방법으로 추진하는 것으로, 규제 기능을 가진 경향이 있다. ⑥ 멤버 조직의 스태프와 자원봉사자들의 전문성과 능력 개발에 힘쓴다.

3) 중간 지원조직의 역할

오스본에 따르면, 오늘날 지방 중간 지원조직은 지역의 VCS를 대표해서 정부와 교류를 하는 것과 동시에, 공공 서비스 제공에 따르는 책임 증대에 따라, VCO가 대처하도록 훈련과 지원을 제공하는 주요한 역할을 담당하고 있다. 영국에서도, 미국과 같이 정부에 의한 VCS(NPO) 인지와 양자 관계성이 구축됨과 함께 중간 지원조직의 역할이 높아져 간다는 것을 알 수 있다. 즉, 지역의 VCS의 이해를 대표해서 네트워크를 형성하고, 정부와의 교류와 정책제언(지지) 등을 하는 역할이 중간 지원조직에 요구되고 있다. 한편, VCO와 정부와의 파트너십이 진행됨에 따라, 영국에서도 VCO 직원이 점차 전문화되는 경향이 있다. 해치와 오스본이 지적한 것과 같이, 직원이 전문성을 높일 수 있도록 직업훈련과 여러 가지 지원 서비스를 제공하는 역할이 지방 중간 지원조직에 기대하는 업무이다.

2 일본

1) 21세기 NPO(민간비영리조직)를 선택한 일본 사회

NPO법(특정비영리활동추진법, 1998년 성립) 시행에서 2007년 1월까지 NPO의 법인 자격 취득 단체 수는 3만 개의 단체를 넘어 매월 약 400개의 단체가 새롭게 탄생했다. NPO법 제정 시의 예상을 훨씬 뛰어넘는 NPO 수에 달한다. 이 수치에 대해 평가는 여러 가지가 있지만, 시민사회의 힘이 일본 사회의 밑바탕에 있어 지금까지 가둬져 있었던 것을 증명하는 것이고, 이 존재를 사회 시스템의 '변혁력'으로 발전시킬지, '관리'의 테두리 안에 가둘지에 대해 일본 사회의 세력들은 격렬한 움직임을 보이고 있다. 버블 경제 붕괴 후 '공백 10년'이라고 말하지만, NPO에서는 여러 문제를 떠맡게 되면서 '충실한 10년'이었다고 총괄할 수 있다. NPO법은 시민의 모든 자주적인 활동인 시민운동, 시민활동, 시민사업을 사회적으로 인지하고, NPO가 시민 섹터의 중심축으로 여러 사회적인 과제를 해결하며, 사회 시스템 변혁의 담당자로서 시민을 무대 앞에 등장시켰다.

21세기 일본 사회에 큰 충격을 안겨준 과제, 예를 들어 복지, 환경, 마을 조성, 교육 등의 과제와, 눈앞에 들이닥친 고령화, 실업, 방재 등의 문제는 모두 행정, 기업, 시민의 3섹터의 대등한 관계에 놓인 균형과 파트너십의 원칙에 의해서만 해결할 수밖에 없는 새로운 과제라는 인식이 높아져 가고 있다. 행정에 의한 정책 실현을 위해 시민의 본격적인 사회 참가가 필요하고, 기업도 '기업시민'이라는 입장에서 사회 공헌 활동, 덧붙여 '기업의 사회적인 책임' 활동을 활발히 해야 함을 자각해야 할 것이다. 또 한편으로는 NPO가 "자원봉사자와 기부 등의 사회적 자원을 활용해 공공적인 서비스를 제공하는 사업체"(간략한 표현에 따른 정의)로서, 21세기 사회를 향한 선택임에도 불구하고, 나라의 NPO 예산은 몇 년 간의 수백억 엔의 시대를 지나, 2003년경부터는 매년 급감하고 있는 실정이다.

새로운 사회적인 과제는 새로운 지역연대와 협력 관계를 만들어 가는 것에 있다. 네트워킹은 1980년대 중반부터 시민, NPO 간의 '공통의 가치관과 목적에 따른' 연대를, 파트너십(협동)은 시민, 행정, 기업의 3섹터 간의 연대를 추진하는 키워드로서 일본 사회에 널리 퍼져, NPO 특성인 다양성, 광역성, 종합성을 살린 NPO 주도의 '산관학민(産官學民)' 틀 형성을 위한 실천이 시작되었다. 당면 과제는 NPO와 행정과의 파트너십 원칙 확립에서, 그것을 어떻게 실천할 수 있을 것인지, 그러한 과제를 해결하는 데 중간 지원조직의 역할을 크게 기대해 본다.

2) NPO 운동의 시작

영국에서 VCO(NPO)가 섹터로서 정부의 공식 파트너십으로 인식되기 시작한 것은 1970년대 후반 이후였지만 일본에서 이러한 움직임이 본격화한 것은 1990년대 이후이다. 1988년 7월, 미국 정부 초빙으로 조사단(단장: 山岸秀雄, 菅原敏夫-자치문제연구소, 須藤修-도쿄대 교수, 中桐伸五-의사)의 'NPO의 발견'이 일본 NPO 운동의 효시가 되었다. 이 시기는 '베를린 장벽 붕괴', 소련 붕괴 등 잇따라 냉전구조 종말은 새로운 사회 시스템을 자유로이 검토하는 사회 분위기를 만들어 냈다. 일본에서도 시민들이 버블 경제 사회 방식과 라이프 스타일에 의문과 강한 위기감을 가지게 되어, '네트워킹'을 키워드로 한 미국 시민운동에 눈을 뜨기 시작했다. 여러 실천활동과 연구회를 가진 이 그룹은 미국 소비자운동 리더인 네이더(Ralph Nader)와 『네트워크의 시대(*Age of the Network*)』의 저자 리프낵과 스탬프스(Lipnak & Stamps)와의 포럼과, 1990년 5월에는 그라프린(Macro Grafrin)에 따른 미국 NPO에 대한 강연 개최를 실현하는 등 연구와 보급에 힘썼다. 그 후에도 방미조사단을 20회 조직해서 NPO 간의 구체적인 일미 교류를 진전시키고, 샌프란시스코 만 지역에서의 '일미 NPO 시민의회'와 바클레이교에서의 '종전 50주년기념토론회', 미국 NPO와 JPRN과 공동 사무실을 갖게 되어, 공동 프로젝트를 점차 실현해 갔다.

3) NPO 네트워크 확대와 중간 지원조직 개설

일본 NPO의 본격적인 운동을 만들기 위해 1993년 9월 일본 최초의 중간 지원조직 'NPO 서포트센터(NPO 추진 포럼으로 발족, 명칭 변경)'가 발족되어 홋카이도(北海道), 나가노(長野), 도쿄(東京), 사이타마(琦玉), 지바(千葉), 후쿠오카(福岡), 가고시마(鹿兒島)와 전국 각지에서 중간 지원조직 자립 지원을 실현해 갔다. 그 후 1996년 9월에는 'NPO 서포트센터 전국연합회', 11월에는 '일본 NPO 센터'가 설립되어 전국 NPO 활동, 네트워킹이 확대되어 갔다. 중간 지원조직 체제는 차차 강화되어, 설립 당시는 역할과 목적, 사업 내용 등을 둘러싸고 많은 토론을 거듭해 가면서 지원조직의 모습을 만들어 갔다.

예를 들어, NPO 서포트센터는 정보센터사업, 인재육성사업, 서포트사업, 지원사업의 네 개의 활동 영역으로 되어 있어 시민운동, 시민활동, 시민사업이라는 폭넓은 NPO 영역을 번성하고 확대해 가며 NPO계의 발전을 추진했다. 동시에 NPO 섹터 형성에서도 힘써, 노동조합과 협동조합(생협 등)도 자발적으로 NPO 일원으로 되어, 노동금고의 NPO로의 융자도 실현되고, 연합에 따른 전국 100개소의 생활상담센터(NPO와 연대)의 설립 등, 섹터 내의 연대가 한층 진전되었다.

4) NPO 제도 정비

1998년 NPO법의 성립은 일본 사회운동에서 획기적인 사건이었다. NPO 서포트센터는 1995년 2월에 개설된 '여당 NPO 프로젝트'에 참가하고, NPO계 전체의 적극적인 자세가 성과를 거두어, 1998년 12월에 실시를 목표로, '21세기 일본 사회를 NPO로'라는 목표가 실현되었다. 그 후, NPO의 우대세금 제도(정부 인정 NPO 법인 제도)가 실시됨에 따라, 활용 가능한 NPO는 극히 적다고 지적되고 있다. 반면 NPO 서포트센터는 공익법인 개혁의 흐름 속에서 NPO의 존속 그 자체에 관계된 논의가 정부 내에서 진전하고 있다는 데에 경종을 울렸지만, 2003년 1월 전국연합회의에서 정부에 비판서 『공익법인 등 기본적인 개혁에 관한 신청』의 제출을 결정하고, 중간 지원조직 멤버의 서명 절차를 거쳐, 2월 6일에 행정개혁 장관 앞으로 제출했다.

이 행동이 불씨가 되어 전국에서 긴급집회를 가져, 정부는 공익법인 개혁과 함께한 무모한 개혁은 가능성 없는 취지만 거듭한다고 표명하고 일단 보류하는 것으로 정해졌다. 그러나 NPO 제도를 '재검토'하자는 기본 자세와 배경에는 변함없이, NPO 서포트센터연합회는 『NPO 공익법인 개혁의 덫』을 긴급히 출판하고, 그 후에도 제언 활동을 계속했다.

5) '협동' 규칙화, 시스템화

NPO가 자립해서 사회적 활동을 수행하면서 가장 주요한 과제는 행정, 기업과의 대등한 파트너십에 근거한 '협동'을 어떻게 실현할지에 관한 과제이다. 특히 행정과의 협동에 따른 사업화의 비율이 높은 현상 속에서 협동을 위해 검토위원회를 정부, 전국 자치체에서 몇백 회에 걸쳐 개설하면서 대등한 형태의 협동은 현실적으로 어려워, NPO 서포트센터는 행정과의 적극적인 연구회, 검토회를 거듭해 같은 시기에 정보 발언, 공개, 협정(contact), 계약, 평가라는 '협동'을 위한 규칙화와 시스템화의 작업을 거듭해 갔다.

6) 지원 전개

영국의 중간 지원조직에서 지원(advocacy)은 주요한 기능으로서 위치하고 있는데, 일본에서도 비슷하다. NPO의 주요 기능은 지원(정책제언 운동)이다. 행정에 대한 정책제언과 여론 형태를 동시에 실현한다는, 시민, NPO 측의 주장을 실현하는 운동 스타일은 일본에서도 정착되었지만, NPO의 사회적인 역할 — 사회문제 해결과 사회 시스템의 변혁 — 을 실현하기 위해 기존 사회세력과의 마찰과 의식을 바꾸는 작업을 동시에 병행해 추진해야 할 필요가 있었다. NPO가 수동적인 자세로 있는 것은 사회활동 영역을 좁혀, 많은 부분을 행정 측의 생각대로 NPO를 저급한 하청 업체로서 사용하려는 생각과 일치하기 때문이다. 1999년 6월에 긴급지역고용특별교부금에 대한 제언 '새로운 사회 이념으로의 투자', 2001년 8월에 국토교통성에 제언한 '사회자본 매니지먼트로의 제언'에 이어, 'ITS로의 시민 제언', '자전거 정상회담, 제언', 2006년 '광역지방계획 책정에 따른 NPO와의 협동', 문부과학성 '교육에 의한 마을만들기, 제안', 생애학습, 4성 협동협의회의 운영, NPO 실업자훈련 등 잇달아 제언의 성과를 내어, 예산화된 것도 적지 않다. 이러한 과정에서 NPO 서포트센터 등의 중간 지원조직은 중심적인 역할을 발휘하게 되었다.

3 영국과 일본 사례에서의 시사점

1) 영국의 중간 지원조직

영국과 일본의 NPO를 둘러싸고 있는 사회적 · 정치적 맥락이 다르기 때문에, 중간 지원조직에 대해서도 간단하게 비교할 수 없지만, 공통점도 많다. 첫 번째 공통점은 양국 모두 VCO(NPO) 섹터로서 사회적 인식, 정부의 파트너라는 인식이 중간 지원조직에 대한 일반적인 인지로 되어 있다는 점이다. 영국의 경우, 중앙정부가 전국 수준의 중간 지원조직과 연계하면서 VCO의 섹터로서 발전을 추진해 간다는 것에 비해, 일본의 경우는 NPO 중간 지원조직 측이 정부를 유도해, NPO 섹터로서 발전을 주도한다는 측면이 강하다. 두 번째 공통점은 네트워크와의 연계를 중개하는 기능을 중간 지원조직에 요구하는 점이다. 일본 중간 지원조직 운동의 초창기부터 네트워크 형성은 과제로서 요구되었다. 세 번째 공통점은 중간 지원조직 기능으로서 인재 육성이 매우 중요하다는 점이다. 중간 지원조직이 비영리 섹터의 인재 육성에 힘쓰는 이유는 NPO 직원의 '전문화' 만들기에 있다. 일본에서도 단순한 자원봉사자단체와는 다른, 계속적인 사업을 하는 NPO의 등장은 그 경영을 떠받치는 전문적인 인재를 필요로 하는 곳이 많다. 행정과 기업과의 협동 추진으로 한층 더 전문 능력을 가진 인재가 NPO에 필요한 것이다. 이 분야에서 중간 지원조직의 역할은 더욱 크다고 할 수 있다.

다른 점도 많으나 특히 중간 지원조직의 전략적인 추진이라는 점에서는 영국 쪽이 상당히 발전해 있다고 할 수 있다. 그것은 영국 정부는 VCS 발전의 인프라로서, 그리고 지역에서 다양한 연계의 코디네이터로서 중간 지원조직을 확실히 자리매김해 주었기 때문이다. 또 중간 지원조직 측도 이러한 정부의 방침에 전략적으로 대응하고, 전국 수준, 리전(region) 수준, 로컬(local) 수준, 또는 과제 수준으로 중층적인 중간 지원의 네트워크를 구축해 왔다. 정부의 VCS로의 자금 공급도, 각각의 VCO가 아닌, 중간 지원조직과 중간 지원조직이 관여하는 네트워크에 중점적으로 행해지는 경향이 있다. 반면, 영국에서는 중간 지원조직이 정부 주도의 과도하게 제도화된 구조 속에 편입시킨 위험도 부정할 수 없다. 그것은 NPO의 자립이라는 점에서도 문제가 된다. 그러나 중간 지원조직이 NPO 섹터로서 발전 기반으로 되기 위해서는 영국의 중간 지원조직의 전략적 전개의 방법에서 배울 점이 많다. 로컬 파트너십 추진에 지역 중간 지원조직이 전략적·효과적으로 관여해 가기 위해서는 이러한 지역 중간 지원 연계, 교류를 가능하게 하는 전국 수준에서 중간 지원조직의 중개 기능이 중요하다.

2) 일본의 중간 지원조직

영국과 일본 모두 NPO(우리의 NGO의 개념)에의 제도적 지원은 구체적인 협동 프로그램 운영을 위해 중간 지원조직과의 연계와 지원의 방향성에 목표를 두고 있다. 중간 지원조직을 이해하는 방법은 여러 가지가 있는데,

제일총합연구소가 정리한 내각부의 위탁조사 「중간 지원조직의 현상과 관제에 관한 조사보고서」(2002년 2월)는 중간 지원조직을 "다원적 사회에서 공생과 협동을 위해, 지역사회와 NPO의 변화와 요구를 파악하고, 인재, 자금, 정보 등의 자원 제공자와 NPO의 중개나, 넓은 의미로 각종 서비스의 수요와 공급을 조정하는 조직"이라고 정의하고, 그 기능과 역할로서는 주로 ① 자원(사람, 물건, 자금, 정보)의 중개, ② NPO 간의 네트워킹 추진, ③ 가치 창출(정책 제언, 조사연구) 등을 주요 자원으로 들고 있다.

일본의 중간 지원조직은 2001년 11월 조사 시점에서 약 200개로 조사되었는데, 현재에는 300개가 넘을 것이다. 그 설립 운영 형태는, 크게 나누면 관설(官設: 관설 관영, 관설 민영)과, 민설(民設)이라는 두 가지 타입이 있는데, 관설 민영과 민설로 이행하려 한다. 즉, 이러한 유형화는 '중간 지원조직'보다 '지원시설'에 초점을 맞춘 유형화로, 이후 중간 지원조직의 실태를 근거로 한 유형화론도 필요하다는 점을 시사하고 있다.

4 우리나라에의 적용

우리나라에서의 시민단체, 즉 NGO의 확장은 혁명적이라고도 볼 수 있다. 그러나 과제로서 NGO의 자율성, 시민사회 역량 강화는 여전한 과제라고 볼 수 있다. 정부 및 자치단체도 시민사회 역량을 강화시키는 것이 중요하다는 것은 명분이고, 자신들의 영향력을 증대시키기 위해 NGO들에게 직접적으로 사업을 지원해 정략적이다, 사전 선거운동이다라는 등의 비판에 직면하고 있다. 따라서 정부와 시민사회단체 간의 중간적인 지점에서 시민사회 역량을 강화시키는 전문적인 중간 지원조직이 필요한 것이다. 이러한 점을 인식해 서울시에서는 2012년 6월 중간 지원조직으로서 마포구에 있는 성미산공동체를 선정해 향후 3년 동안 서울시의 공익활동 지원사업을 위탁한 바 있다.

이러한 중간 지원조직의 기능으로서는 그 지역에서 가장 시급한 문제가 무엇인지 찾아내고 주민들의 동의를 얻을 수 있을 때 주민 주체는 스스로 조직화될 수 있도록 지원하는 데에 가장 큰 장점이 있다. 특히 이들 중간 지원조직들은 큰 틀에서는 전국의 사회적 경제 지원조직 간 네트워크를 어떠한 목표와 방식으로 결성할 것인지에 대한 진지한 성찰이 필요하고, 작

그림 8-2 **중간 지원조직의 모델 유형**

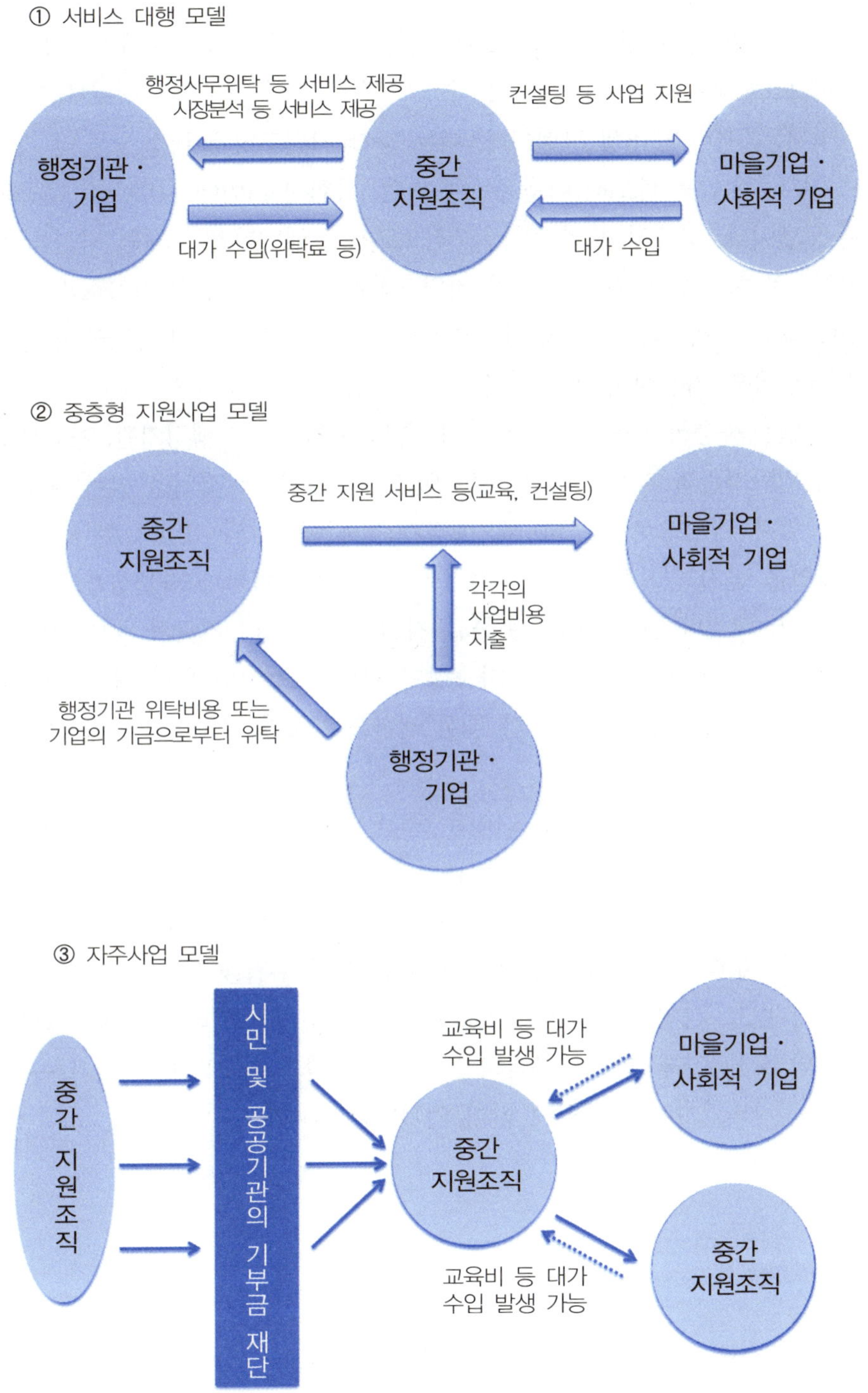

게는 지역의 문제를 고민해 스스로 태동하는 소그룹들을 어떻게 지속가능한 방향으로 지원할 것인지 고민해야 할 것이다. 외국의 많은 사례와 우리나라의 몇몇 중간 지원조직의 사례를 검토해 보면 [그림 8-2]와 같은 세 가지 모델 제시가 가능하다고 본다.

첫째는, 서비스 대행 모델이다. 이는 중간 지원조직에 행정기관 및 기업으로부터 수입을 확보해 마을공동체 기업, 사회적 기업에 서비스를 제공하는 모델이다. 생각해 볼 수 있는 장점으로서는 행정기관이 재원 지원을 직접적으로 하지 않기 때문에 중간 지원조직과 사회적 기업의 자율성과 독립성이 높다는 점이다. 반면에 단점으로서는 중간 지원조직의 재량권이 높아 권한 남용의 가능성이 높아질 수 있다는 점이다.

둘째는, 중층형 지원사업 모델이다. 중간 지원조직이 행정기관, 기업으로부터 위탁기관의 지정을 받을 수도 있으며 또는 건당 사업을 받아 대행할 수도 있다. 장점으로서는 하나의 행정기관 또는 하나의 기업으로부터만 위탁사업을 받지 않으므로, 중간 지원조직으로서 독립성과 자율성을 확보할 수 있다. 그러나 단점으로서는 중간 지원조직이 여러 기관과 상대해야 하는 관계로 행정비용이 상승될 가능성이 있으며, 선거법 위반 등의 이유로 인해 일정 기간에는 기부행위에 대한 제한으로 중간 지원조직의 활동이 위축될 수도 있다.

셋째는, 자주사업 모델이다. 이는 중간 지원조직 스스로가 우리나라의 아름다운 재단, 미국의 록펠러, 카네기재단 등과 같이 기부금 재단을 설립해 중간 지원조직을 통해 자주적인 사업을 실시하는 모델이다. 장점으로서는 정부로부터 시민사회 역량 강화를 위한 사업 추진을 할 때 독자성과 자율성이 높고, 사업의 지속가능성이 커진다는 점이다. 그러나 단점으로서는 우리의 정치, 경제 및 시민문화의 총체적인 변화가 요구되며, 이와 같은 모델이 정착되기까지는 시일이 많이 걸린다는 점이다.

생각해보기 **파트너십은 왜 필요한가**

공공 부문에서의 파트너십은 일찍이 1960년대 공공 서비스를 민영화하는 과정에서 공·사 파트너십(Public-Private Partnerships: PPPs)을 구성하면서 시작되었다고 한다. 또한 공공 분야와 민간분야의 파트너십은 공공 서비스와 관련된 모든 시설들을 민간 사기업에 완전히 이전하는 민영화와는 구별된다. 당시 영국과 미국 등지에서는 1960년대와 1970년대에 공적 자원의 한계가 지속되면서 공공 부문의 새로운 재정자원을 모색하기 위해 다양한 기관 간 파트너십을 고려하게 된 것이다. 예를 들어, 영국은 1970년대 후반 도시 개발 과정에서 재정, 주민들과의 이해관계 조정 등 쟁점들을 해결하는 데 파트너십 메커니즘을 사용했다. 그러다가 1990년대에는 파트너십이 민간 영역에만 국한되지 않고 민간과 시민사회와의 파트너십, 정부 간 파트너십 등 다자 간 파트너십으로 확대되기 시작한다. 그 이후로 공공 부문과 민간 부문의 파트너십은 정부, 민간기업, 비영리조직과 지역사회가 지역문제를 해결하기 위해 공동으로 논의하고 심의하며, 공공정책을 전달하는 거버넌스 준자율적 조직 형태(semi-autonomous organizational vehicles)로 공공자원을 조정하는 메커니즘과 공공자원을 전달하는 구조로서 중요한 통로의 역할을 담당했다(Skelcher, Mathur, & Smith, 2005: 573-596).

제 9 장 사회적 기업의 등장과 의의

제 1 절 사회적 기업의 등장

1 배경

보편적 복지, 경제민주화, 그리고 협동조합(사회적 경제), 이 셋은 2008년부터 본격화한 미국발 세계 금융위기와 유럽 재정위기, 그리고 무엇보다도 우리 사회의 양극화에 대한 대응이다. 폴라니(Karl Polanyi)가 『거대한 전환(*The Great Transformation*)』(1994)에서 갈파한 것처럼 사회를 시장원리로 일원화하면 사회가 갈기갈기 찢어질 수밖에 없고, 대중은 대항운동에 나서게 된다. 1929년 대공황은 루스벨트(Franklin D. Roosevelt)의 '경제민주화(금융규제, 재벌 개혁과 노동조합의 강화)'와 베버리지(William H. Beveridge)의 보편복지('요람에서 무덤까지')를 낳았다. 또한 협동조합은 커다란 위기가 닥칠 때마다 세계 곳곳에서 급팽창했고 이제 유럽과 캐나다에서는 지속가능한 경제의 필수 범주가 되었다. 실로 협동조합은 위기를 스스로의 협동에 의해 극복하려는, 인류의 오랜 지혜이다. 이런 의미에서 이 셋이 대선의 쟁점으로 떠오른 것은 따라서 우연이 아니라 한국 시민사회의 역량이라고 할 만하다.

2007년 사회적기업육성법, 2011년 말 협동조합기본법 통과, 2011년 마을공동체를 강조하는 박원순 서울시장의 등장을 계기로 전국 방방곡곡에서 신뢰와 협동을 중시하는 사회적 기업, 마을기업, 협동조합 붐이 일어나고 있다. 이 뜨거운 열기가 1990년대에서 2000년 초반까지의 NGO 혁명이 이명박 정부의 등장과 더불어 갑자기 된서리를 맞은 것처럼 냉소로 변하지 않을까 하는 걱정이 될 정도이다. 왜냐하면 협동의 근원인 신뢰는 이 책의 제1장에서 사회적 자본에서 강조한 바와 같이 오랜 기간에 걸친 사회문화 현상이기 때문이다.

2 개념

신뢰와 협동을 어떻게 이룰 수 있을까? 노박(Martin Nowak)은 게임이론을 이용해 협동이 일어나는 다섯 가지 조건을 추출했고(2006), 오스트롬(Elinor Ostrom)은 전 세계의 공유자원(공동으로 이용하는 숲이라든가 강) 관리 사례를 경험적으로 연구해서 여덟 가지 규칙을 찾아낸 공로로 노벨 경제학상을 받았다(2009). 협동조합연맹(ICA)의 7원칙은 1840년대 로치데일(Rochdale)의 경험 이래 그동안 쌓인 수많은 성공과 실패의 경험을 정리한 조직 운영 원리이다. 예컨대, 협동조합의 제1원칙인 공유와 공동 이용은

표 9-1 신뢰와 협동에 관한 규칙들

ICA, 협동조합의 7원칙	오스트롬, 공유자원 관리의 여덟 가지 규칙	노박, 인간협동 진화의 다섯 가지 규칙
1. 공유와 공동 이용 2. 민주적 의사결정 3. 참여 4. 자율성 5. 교육 6. 협동조합의 네트워크 7. 공동체에 대한 기여	1. 경계 확정 2. 참여에 의한 규칙 제정 3. 규칙에 대한 동의 4. 감가와 제재(응징) 5. 점증하는 제재 6. 갈등 해결 메커니즘 7. 당국의 규칙 인정 8. 더 넓은 거버넌스의 존재 **+ 협동 촉진의 미사 상황 변수** 1. 의사소통 2. 평판 3. 한계수익 제고 4. 진입 또는 퇴장 능력 5. 장기적인 시야	1. 혈연 선택 2. 직접상호성 = 단골 3. 한계수익 제고 4. 네트워크 상호성 5. 집단 선택 **+ 이후 행동/실험경제학, 진화생물학이 찾아낸 협동의 촉진 수단** 1. 소통-민주주의 2. 집단정체성 3. 사회 규범의 내면화

자료: 정태인, 주간경향(2012.7.31: 53)에서 재인용.

협동조합에 오스트롬의 여덟 가지 규칙이 적용된다는 것을 의미한다. 민주적 의사결정(그리고 참여와 교육) 원칙은 자본주의적 기업의 경영에 비해 굼뜨고 중구난방이 되어 비효율적일 것 같지만 오스트롬과 노박의 규칙에서 협동을 촉진하는 필수적 수단들이라는 것을 알 수 있다. 협동조합이 돈과 사람의 동원에서 취약하다는 점을 보완하는 데 필수적인 제6원칙 협동조합의 네트워크는 오스트롬의 더 넓은 거버넌스의 존재, 그리고 노박의 네트워크 상호성과 집단 선택(집단정체성)과 긴밀하게 연결되어 있다. 물론 공유자원 관리의 핵심 주체인 지역공동체는 또한 혈연 선택과 집단 선택이 일어나는 공간이기도 하니 협동조합의 생존에 필수적이다.

제2절

사회적 기업의 의의

1 등장 배경

'사회적 기업(social enterprise)'이라는 용어는 원래 사회의 저소득층이나 노숙자, 그리고 삶의 위기에 처한 사람들에게 직업훈련의 기회와 일자리를 제공하는 기업체 설립을 모색 중이던 미국의 비영리 활동가들에 의해 사용되었다. 사회적 기업은 '사회적 목적을 가진 기업'으로 인식되면서 비영리 기업(nonprofit enterprise), 지역사회 벤처(community wealth venture), 사회적 목적 기업(social purpose enterprise) 등 다양한 이름으로 불리고 있다. 사회적 기업은 새로운 대안 경제로서, 쇠퇴하고 있는 경제의 활력 수단으로 자리잡고 있다.

우리나라에서는 2007년 1월 「사회적기업육성법」을 제정, 2007년 7월부터 시행하고 있다. 「사회적기업육성법」은 EMES의 사회적 기업 개념에 기초한 정의를 채택하고 있으며, 사회적 기업 인증제를 도입하고 있다. 또한 2010년 「사회적기업육성법」이 개정됨에 따라 한국사회적기업진흥원이 설립되었으며, 정부와 민간기업이 참여하는 사회적 기업 펀드가 조성되었다. 이명박 정부에서는 일자리 창출과 사회적 서비스 보급을 위해 고용 활성화 국정 100대 과제 실천 방안으로 박근혜 정부에서도 일자리 창출사업으로서 고용노동부 및 행정자치부 등에서 노력을 기울이고 있다. 자치단체들도 사회적 기업을 통한 일자리 창출을 주요 목표로 책정한 후 조례 제정과 관련 과(課) 신설 등 사회적 기업을 통한 경제 활성화와 새로운 일자리 창출을 모색하고 있다.

2 사회적 기업의 개념과 특성

1) 개념

사회적 기업에 대한 정의는 아직 명확히 정립되어 있지 않다. 사회적 기업에 대한 다양한 지원 활동을 펼치고 있는 REDF(Roberts Enterprise Development Fund)는 "저소득층에게 일자리 창출과 직업 훈련의 기회를 제공하는 동시에 사업 수익으로 운영되는 비영리 · 수익 창출 벤처이다"라고 정의함으로써 사회적 기업의 '소외계층 자립을 위한 프로그램'으로서의 측면을 강조하고 있다. 다른 한편에서는 비영리기관의 프로그램 운영비를 위한 수익 창출 사업을 강조함으로써 사회적 기업을 "비영리 재정 창출 메커니즘"으로 정의하기도 한다.

또한 사회적 기업은 국가마다 상이한 용어를 사용하기도 하는데, 미국에서는 주로 비영리조직, 독립 부문(independent sector)이라는 용어로 접근하며, 영국 등에서는 자원활동 조직이라는 용어를 사용하고, 최근 들어서 사회적 경제라는 용어도 사용한다(장원봉, 2005a). 그러나 용어 사용은 다르지만, 현실적으로 배타적 개념은 아니며 유사성을 지니는 개념으로, 양자 모두 정부 부문과는 제도적으로 구분되는 민간 영역으로 존재하며, 활동을 스스로 통제할 수 있는 자치를 전제로 공공기관으로부터 자율적인 경영과 독립성을 유지하며, 구성원의 사발적 참여를 전제로 하는 점은 공통적이다. 즉, 사회적 경제가 조직의 목적을 이윤보다는 구성원과 지역사회에 복무하는 것으로 명시하지만, 비영리조직은 이런 목적을 명시하지 않으며, 사회적 경제는 민주적 의사결정 과정을 조직의 핵심적 조건으로 두지만, 비영리조직은 공식적인 민주적 조건은 제시하지 않는다는 차이점이 있다. 사회적 경제 영역에 속한 사회적 기업은 호혜, 자조 등의 사회적 목적을 경제활동에 연계시키는 포괄적인 개념으로 수익이나 형평성을 목적으로 하는 시장경제나 공공경제와 달리, 사회연대성 강화를 목적으로 하고

표 9-2 사회적 기업의 개념

구분	일반기업	사회적 기업	비영리기구
법적 형태	주식회사 및 기타 영리법인	협동조합, 노동자 주식회사, 사회적 목적 기업	재단법인, 사단법인, 임의단체
소유·지배 구조	주주 및 이사회 제도	회원과 자치조직 (구성원의 자발적 참여 전제)	지배구조의 독립
영리 추구	이익 추구	이익 추구 가능	원칙적으로 비영리활동 추구
이윤 배분	주주, 경영진, 근로자에게 배분	회원과 지역사회에 배분	이윤 배분 없음
노동 급여	유급 노동	유급 노동	자원봉사와 유급 직원
자본	주식, 이익금, 차입	자급자족 원칙	보조금, 기부금 의존
설립 목적	이윤 창출	사회 공헌	공익 목적 달성

자료: 박용규(2009: 8)를 참조해 일부 수정.

있다(정병순·신경희, 2007). 즉, 비영리적 성격만을 갖는 것이 아니라는 점에서 비영리조직과도 구분된다. <표 9-2>는 사회적 기업과 일반기업 및 비영리기구에 대한 각각의 개념의 차이를 보여 준다.

따라서 사회적 기업에 대한 이상의 정의를 종합해 보면 '저소득층의 자립을 위한 프로그램'이라는 측면과 '비영리기관 운영을 위한 재정 창출'이라는 두 가지 메커니즘을 모두 포함하고 있다고 보아야 할 것이다. 일반적으로 "사회적 기업은 영리적인 기업활동을 통해 수익을 창출하고 창출된 수익은 사회적 목적을 위해 환원하는 기업"으로 정의할 수 있다.

2) 특성

사회적 목적을 추구하고 이를 위해 수익 창출 등 영업활동을 수행하는 사회적 기업은 일반적인 기업 행태와는 다르다. 일반적인 기업은 이윤을 추구하나, 사회적 기업은 취약계층에게 일자리나 사회 서비스 제공 등 사회적 목적을 추구한다는 의미이다. 취약계층에게 사회 서비스 또는 일자리를 제공해 지역 주민의 삶의 질을 높이는 등의 사회적 목적을 추구하면서 재화 및 서비스의 생산·판매 등 영업활동을 수행하는 기업을 말한다(사회적기업육성법 제2조 제1호). 영리기업이 이윤 추구를 목적으로 하는 데 반해, 사회적 기업은 사회 서비스의 제공 및 취약계층의 일자리 창출을 목적으로 하는 점에서 영리기업과 큰 차이가 있다. 주요 특징으로는 취약계층에

그림 9-1 사회적 기업의 좌표

사회적 가치 창출 ◀					▶ 경제적
전통적 비영리기관	수익 창출 활동을 하는 비영리기관	사회적 기업	사회적 책임기업*	사회적 책임 활동을 하는 기업**	전통적 기업

* 주주의 이익을 목적으로 하는 영리기업이지만, 사회적 사명에도 목적을 두고 있는 기업. 이윤의 상당 부분을 사회적 목적에 사용할 뿐만 아니라 기업의 미션에 사회적 사명이 포함되는 경우가 많다.

** 이윤 추구를 목적으로 하지만 사회 공헌 활동에 참여하는 기업. 경영상 이익을 위해 사회 공헌 활동을 전략적으로 활용한다. 직원 자원봉사, 기업 기부, 보조금 제공 등이 이에 해당한다.

자료: Social Enterprise Typology.

일자리 및 사회 서비스 제공 등의 사회적 목적 추구, 영업활동 수행 및 수익의 사회적 목적 재투자, 민주적인 의사결정 구조 구비 등을 들 수 있다.

또한 대부분의 사회적 기업은 비영리이거나 비영리기관에 의해 설립되지만 전통적인 비영리기관과는 구별된다. 전통적인 비영리기관은 정부나 재단의 보조금 혹은 기업이나 개인들의 기부 및 자원봉사에 재정적으로 의존해 왔다. 그래서 전통적인 비영리기관들은 정부나 재단의 보조금이나 자선적 기부와 같은 공공 시장(public market)에 관심을 집중해 온 반면, 사회적 기업은 수익 창출을 위한 영리활동을 통해 자금원을 수시로 개척하고 있기 때문에 상업적 시장(commercial market)에 대한 관심이 높을 수밖에 없다. [그림 9-1]은 사회적 기업의 위치 좌표를 보여 준다.

따라서 [그림 9-1]에서 보는 바와 같이 사회적 기업은 전혀 새로운 개념이 아닌 일반기업과 비영리기관의 절충형 내지 변형된 형태라고 볼 수도 있다. 즉, 미국의 비영리기관들은 오래전부터 시장의 욕구를 포착해 조직적 능력과 시장성 있는 자원을 활용해 수익과 일자리를 창출하는 사업을 벌여 왔다. 미국의 비영리기관은 전통적으로 정부의 지원금이나 재단 및 기업, 개인들의 자선적 기부에 많이 의존해 왔다. 그러나 1980년대부터는 가장 큰 수익 원천이었던 정부의 지원금이 급격히 줄어들면서 재정적 불확실성에 시달리게 되었다. 더욱이 정부의 공공 서비스들이 민영화됨에 따라 영리기업과 비영리 서비스 제공자들 간에 정부 계약을 따기 위한 경쟁도 심해지고 있다. 이러한 환경 속에서 비영리기관들은 좀 더 안정적이고 지속적인 수입원을 모색하게 되고, 일반기업처럼 상업적인 수입 창출사업에 대해 더욱 개방적이 되었다. 그러므로 이러한 환경 변화에 따라 비영리기관들도 시장에 민감해질 수밖에 없게 되었다. 이전에는 생소하게만 느껴졌던 창업, 마케팅, 벤처자본 등에도 점점 익숙해지고 있다. 특히 자신의 사회적 임무와 연계된 수익 창출 사업체에 관심을 갖게 되고, 이러한 관심은 '사회적 목적 기업'이라는 개념으로 발전했다. 이런 경향으로 인해 전통적으로 영리와 비영리 간에 그어져 있던 경계가 점점 더 모호해진 것이다.

또한 사회문제 해결에서 전통적인 형태의 자선적 접근의 효과성에 대한 관심이 증대된 점도 사회적 기업에 대한 관심이 커지게 된 동기가 되었다. 정부의 사회복지 서비스와 비영리기관들의 자선적 활동에도 불구하고, 미국의 사회문제는 호전되기는커녕 더욱더 깊어지고 있다. 그간의 자선적 접근은 수혜자들에게 의존성을 높여 주었을 뿐만 아니라 굴욕감까지 주었다. 이에 대해 좀 더 혁신적이고 근본적인 해결책을 찾고자 하는 비영리 활동가들은 자선적 지원을 줄이고 수혜자들이 자신의 삶에 대한 책임성을 높일 수 있도록 하는 혁신적인 방법을 모색하게 된다.

따라서 기업과 맺는 파트너십의 폭과 깊이가 다양화되어 지역사회에 대한 기업의 책임성과 참여가 확대되고 있으며, 사업 방향 또한 기업 경영에 도움이 될 수 있는 전략적인 형태를 띠어가고 있다. 이에 따라 기업과 비영리기관들과의 협력이 빈번해지고 있으며, 자선적 기부에서부터 직원들의 자원봉사 및 후원, 공익 연계 마케팅, 그리고 공동기업(joint venture) 설립에 이르기까지 다양한 형태를 보이고 있다.

표 9-3 영리 · 비영리 간 협력 단계

자선적 단계 (전통적 기부)	거래적 단계 (지역사회 파트너십)	통합적 단계 (사회적 기업)
• 양측은 관대한 기부자와 호의에 감사하는 수혜자라는 전통적인 역할을 수행 • 비영리조직은 기부금, 물품, 자원봉사 등의 자원을 기부받음.	• 두 조직은 서로가 서로를 파트너로 인식하기 시작 • 공익 연계 마케팅, 행사 후원, 라이선싱의 형태	• '우리'라는 의식을 가지고 공동으로 가치 창출 • 두 조직의 다양한 자원들이 새로운 서비스와 활동을 기획해 내기 위해 서로 동원되고 결합

자료: Austin(2000).

3 사회적 경제와 사회적 기업

채종헌(2012)은 유럽의 사회적 경제를 포괄하는 다양한 조직을 그 형태와 특성별로 제시한다면, 우선 조직 특성에서 유럽의 사회적 경제는 협동조합, 협회, 재단 등 전통적 조직 형태와 유한회사, 주식회사 등 상업적 모델을 포괄하고 있다고 한다. 유럽이라 해도 각국마다 이를 해석하는 것이 다양하며 지원정책도 다양한데, 영국은 공동체 이익 회사법(Community Interest Company Regulation, 2004) 및 제3섹터청(OTS)을 중심으로 하는 범정부적 지원 체계 구축을 통해 전략적으로 사회적 기업을 중심으로 사회적 경제를 육성하는 사례로 볼 수 있다. 간접 재정 지원의 형태로서 스웨덴은 장애와 노동 능력 상실에 따라 프랑스는 최저 임금을 기준으로 임금 보조금의 형태로 지급되고 있으며, 아일랜드 역시 유사하게 장기실업자

표 9-4 유럽의 국가별 사회적 경제정책 현황

국가	내용
영국	– 사회적 기업 육성을 위한 조직 체계(제3섹터청)와 육성전략에 따른 체계적 육성(2006년 사회적 기업 수 5만 5천 개) – 지역공동체 이익회사(CIC)법을 제정하여 간소한 사회적 기업 설립·운영 모델 창출, CIC법 제정 2년이 경과되기 전에 2천여 개의 CIC 설립, 다만, 동법은 민주적 의사결정을 위한 참여 장치 부재
이탈리아	– 1991년 유럽에서 최초로 사회적 기업 법제화 – 사회적 기업 부문의 조직적 유연성 확보(사회적 협동조합을 사회적 기업 체계에 포함) – 생산자, 이용자, 자원봉사자, 지역정부 등 다양한 이해관계자의 참여 보장 – 컨소시엄 모델을 활용한 교육훈련, 컨설팅 등 서비스 제공 – 세제 혜택을 통해 사회적 목적 추구에 대한 보상 제공 – 사회적 기업 전문지원기관 등 유기적 지원 시스템 가동
프랑스	– 조직 간 통합을 장려하고, 법 구조를 간소화함으로써 다양한 조직의 사회적 기업 전환 유도 – 서비스 바우처 등 사회적 기업 지원을 위한 경제적 장치 설치
아일랜드	– 사회적 기업에 대한 정부의 재정 지원이 장기실업 또는 노동시장 소외의 문제를 해결하는 데 초점 – 따라서 대다수의 사회적 기업이 지속적인 생존을 보장받기 위해서는 노동시장정책에 크게 의존
벨기에	– 사회적 기업의 범위가 넓음[사회적 목적기업과 자활지원기업(노동통합기업)을 포괄하는 방식] – 서비스 바우처 등 사회적 기업 지원을 위한 경제적 장치 설치 – 재정적 혜택의 폭과 취약계층 고용률이 연동된 노동통합기업 지원 노동통합 사회적 기업은 급여세(payroll taxes) 면제(설립 첫 해에는 100%, 다음해부터는 75%, 50%, 25%)받는 조건으로 취약계층 고용비율을 30% → 40% → 50%로 높여야 함.
독일	– 시장거래가 금지되는 한시적 근로제도 도입 등 사회적 기업의 성장을 제약하는 정책 – 조직 간 융합 및 혁신을 저해하는 법적·행정적 구조 – 사회적 기업에 대한 합의된 장기적 비전의 부재로 사회적 기업 성장 부진

자료: 『노동부 2008 사회적 기업 육성 기본 계획』(노동부, 2008); 채종헌(2012). 유럽 사회적 경제의 현황과 다양성에 관한 연구. 2012년 한국NGO · 금천구 공동학술대회 발제문. 32쪽에서 재인용.

에게 보조금을 지급하고 지역사회 및 공익 프로젝트 참여를 유동하고 있다고 한다. 경영 지원 사례로는 독일, 오스트리아 등의 교육 지원 사업이나, 핀란드의 국립사회적기업지원기구(NSSSE), 영국의 버밍험 사회적 기업협의체(Co-Enterprise Birmingham) 등을 들 수 있으며, 이 밖에도 사회적 경제 조직 간의 종적 · 횡적 네트워크 교류를 구축 운영하고 지원하고 있다(노동부, 2008). 유럽의 주요 국가별 사회적 경제 관련 정책을 간략히 정리하면 앞의 <표 9-4>와 같다.

4 사회적 기업의 역할

사회적 기업의 역할은 다음과 같이 크게 네 가지로 구분할 수 있다. 첫째, 지속가능한 일자리 제공이다. 특히 취약계층을 노동시장으로 통합하고 보람되고 좋은 일자리 확대에 기여할 수 있다. 둘째, 지역사회의 공동체 활성화이다. 사회적 기업은 지역사회를 통합하는 하나의 정책 수단이 될 수 있으며, 사회적 투자 확충을 통한 지역 경제 발전에도 기여할 수 있다. 셋째, 사회 서비스 확충이다. 즉, 새로운 공공 서비스의 수요를 충족시킬 수 있으며, 아울러 공공 서비스의 혁신에도 기여할 수 있다. 넷째, 윤리적 시장의 확산이다. 기업의 사회 공헌과 윤리적 경영문화 확산 또한 착한 소비문화 조성에도 기여할 수 있다.

2021년 9월 고용노동부의 발표에 따르면 3,000여 개에 달한 사회적 기업의 66.5%는 일자리를 제공하고 있으며, 복지, 도시재생, 돌봄 등 지역사회 문제 해결에도 사회적 기업의 역할이 점차적으로 커지고 있다고 한다.

5 사회적 기업의 유형

사회적 기업의 조직 형태는 대부분 비영리의 형태를 띠지만 비영리, 영리, 혼합 형태 모두를 포함한다. 사회적 기업의 유형은 어디에 강조점을 두어 분류하느냐에 따라 다르게 나타난다.

첫 번째 유형은 사회적 목적의 비즈니스를 하는 기업 유형이다. 이 경우는 사회적 프로그램으로서 사회적 기업을 강조한다. 이러한 유형의 사회적 기업에서는 기업의 영리적 수익 활동과 사회적 임무는 별개의 것이 아니라 동시에 이뤄진다. 즉, 수익 창출 사업은 사회적 프로그램의 일환이고, 미션 중심적(mission-centric)이다.

두 번째 유형은 사회적 임무에 직접적 영향이 없는 '수익 창출 비즈니스'를 하는 기업이다. 이 경우, 사회적 기업은 비영리기관의 프로그램이나 운영 자원을 조달하기 위한 비영리기관의 재정적 펀딩 메커니즘의 일환으로 운영된다. 여기서도 두 가지 형태로 나누어 볼 수 있다. 비영리기관이 운영비와 프로그램비 조달을 위한 수익원으로 설립한 사업이다. 추진하는 수익사업이, 기관이 추구하는 사회적 미션과 간접적인 영향이 있는 경우와 전혀 상관이 없는 경우로 나눌 수 있다. 또한 수익사업이 비영리기관의 한 부서에서 추진될 수도 있고, 독립적인 회사로 설립되어 추진될 수도 있다. 대체로 이러한 유형의 사회적 기업은 기관이 가진 자원을 최대한 활용하는 형태로 설립되거나 고객들이나 후원자들의 편의를 위해 설립되기도 한다. 비영리기관에 의해 설립되지도, 그곳과 직접적 연관성도 없으나 기업의 이익을 온전히 사회적 목적에 환원하는 영리기업을 들 수 있다.

세 번째 유형은 영리와 비영리 간의 비즈니스 파트너십을 이루고 있는 기업이다. 이 유형을 띨 경우 비영리기관들은 일반기업과의 마케팅적 파트너십을 통해 수익을 창출한다. 기업의 입장에서 공익 연계 마케팅은 사회적 이슈나 공익에 기업의 제품을 연결하는 마케팅 전략이다. 그 대가로 비영리기관은 수익의 일부를 기부받음으로써 수익을 창출한다. 이 밖에도 컬린(Janelle A. Kerlin)은 사회 서비스 제공형, 일자리 제공형, 지역사회 공헌형, 혼합형, 그리고 기타 형의 다섯 개 유형으로 나누기도 한다(컬린, 2010).

6 우리나라 정부의 사회적 기업에 관한 지원 형태

정부는 사회적 기업의 육성을 위해 법적으로는 「사회적기업육성법」을 제정하고 이에 따라 한국사회적기업진흥원을 설립해 사회적 기업에 정책적 지원을 하고 있다. 입법 배경은 1997년 외환 위기로 인해 실업률이 급증하고, 양극화 현상이 심화되며 민간의 사회 서비스에 대한 수요의 증가, 그리고 기업의 사회적 책임 및 사회 공헌 활동에 대한 관심이 증가해 사회적 기업의 중요성이 부각되었다. 정부는 사회적 기업을 육성하고자 사회적 기업의 설립 및 육성에 관한 법률안을 2005년 12월 처음 발의했다. 그리고 2007년 「사회적기업육성법」이 제정된 이후로, 2007년, 2009년, 2010년 일부 개정을 계속하면서 시행하고 있다. 사회적 기업에 대한 지원으로서는 경영 지원 및 교육훈련 지원, 시설비 및 구매 촉진을 위한 지원, 조세 감면 및 사회 보험료 지원, 재정 지원 등을 행하고 있다.

또한 2010년 개정된 「사회적기업육성법」에 의해 한국사회적기업진흥원이 설립되었다. 한국사회적기업진흥원은 사회적 기업에 대해 인증 지원, 경영컨설팅 지원, 전문인력 지원, 아카데미 지원, 소셜 벤처 지원을 하고 있다. 이 가운데서도 정부의 인증 지원이 크게 차지하는 데 정부의 인증 지원 제도는 '사회적 서비스를 제공하는 활동을 하는 조직'이 사회적 기업으로 인증받기를 원할 때 해당 조직이 인증을 위한 서류를 제출하고, 인증을 위한 절차는 정부가 도와 주는 것을 말한다. 인증제도는 기존에 사회적 기업을 지향했으면서 인증을 받지 않았던 조직이 인증을 신청하게 한다. 이를 통해 사회적 기업을 지향하던 조직들이 인증을 통해 합법성을 갖게 하며, 일반 대중, 지방자치단체장 및 지역 활동가에게 사회적 기업의 의미를 알리는 역할을 수행한다.[1)] 사회적 기업으로 인증받은 조직은 「사회적기업육성법」에 의한 조세 감면과 경영 지원 등 다양한 형태의 지원을 단기간에 집중적으로 받게 된다.

정부가 사회적 기업을 지원하는 것은 사회적 기업이 사회 서비스 및 일자리 제공과 같은 사회적 목적을 추구하면서 재화 및 서비스의 생산 판매를 통해 영업활동을 하기 때문에, 그들이 지는 재정 및 운영 부담을 정부가 덜어 주는 것이 필요하지만 다음과 같은 문제점과 한계가 있다.

첫째, 사회적 기업의 목적 변화를 일으킬 가능성이 있다. 정부의 사회적 기업에 대한 지원은 사회 서비스 확충과 사회 통합 및 국민의 삶의 질 향상을 목적으로 한다. 하지만 정부의 지원에 지나치게 의존하는 사회적 기업은 본래 목적을 잊고 정부의 목적에 움직이는 친정부 기업으로 전락할 위험을 지닌다. 또한 정부의 지원이 사회적 기업으로 하여금 사회적 목적 실현을 위한 기업이 아니라 정부의 지원을 통해 안정적인 사업을 추진할 수 있는 기업으로 바뀌게 할 수도 있다. 2010년 1월 29일 제2회 사회적 한일포럼에서 일본 스완(SWAN) 베이커리의 대표인 가이즈 아유무(海律步)

1) 일본국제교류기금과 희망제작소 공동 주최 제2회 사회적 기업 한일포럼, 「사회적 기업의 자립은 가능한가?: 사회적 기업의 자립과 진흥 및 법제도」, 32-33쪽.

가 "신념이 정해지지 않은 상황에서 처음부터 지원금을 주는 것은 사회적 기업의 장점을 충분히 살릴 수 없게 한다"고 주장한 것도 정부의 사회적 기업을 향한 지원이 사회적 기업에게 독일지 약일지 심사숙고하게 한다.

둘째, 사회적 기업의 지속가능성이 어렵다는 데에 문제점이 있다. 정부의 사회적 기업에 대한 제도에도 허점이 있다. 「사회적기업육성법」에 따른 인건비 지원 등이 사회적 기업의 설립 유도에 효과가 있는 것은 사실이나, 인건비 지원과 같은 유인책은 자립을 위한 수단이 아닌 사회적 기업의 약점을 확대시키기 때문이다. 사회적 일자리 사업이 주는 교훈은 "많은 일자리의 창출이 아니라 이를 지속적으로 이어나가는 것이 중요하다"는 것이다(이광우, 2009: 77). 시장에 대한 사회적 기업의 자생력을 저하시키는 정부의 제도는 사회적 기업이 사회적 일자리 사업의 전철을 밟을 우려가 있다. 즉, 사회적 기업이 한시적인 일자리 제공에 그칠 뿐 근본적으로 일자리 문제를 해결하지 못한다는 것이다. 실제로 한국의 사회적 기업 1세대의 인증받은 기업 36곳 중 남은 기업은 32개 기업으로 이들 중 정부 지원이 끝난 곳들이 대부분 구조조정을 했다(김재인 · 정건섭, 2010: 64). 이 사례는 많은 사회적 기업이 정부 지원 없이 자생적으로 일자리 창출 등 사회문제 해결에 취약해져 있음을 의미한다.

셋째, 지방자치단체에서 사회적 기업의 한계를 답습할 가능성이 크다. 정부의 사회적 기업 지원에서의 한계점은 중앙정부뿐만 아니라 지방정부에서도 나타난다. 물론 지방정부 역시 사회적 기업에 대해 큰 관심을 가지고 있음은 사실이다. 가령 서울시에서 사회적 기업을 육성하겠다고 발표한 지 6개월 만에 전주시에서 '전주시 사회적 기업 육성에 관한 조례'를 발표했다. 그리고 이러한 조례 발표는 빠른 속도로 증가해 2011년 2월 기준 광역자치단체 16개, 기초자치단체 60개가 고용노동부 한국사회적기업진흥원에 올라 있다. 하지만 지방정부의 사회적 기업에 대한 관심 이면에 사회적 기업에 대한 중앙정부의 정책을 답습하려는 모습이 있다. 지방정부에서 사회적 기업을 언급할 때 관행적으로 '일자리 창출'을 붙이는 데, 사회적 기업을 일자리 중심으로 보는 시각은 정부의 사회적 기업에 대한 시각을 답습하고 있음을 뜻한다. 사회적 기업에 대한 지방정부의 인식 체계는 중앙정부가 사회적 일자리사업의 실수를 되풀이한다는 것과 해당 지역의 특성 및 지방자치단체의 주체적 의지를 반영하지 못한다는 점에서 바람직하다고 보기 어렵다.

따라서 사회적 기업에 대한 지원하는 방식은 정부 위탁사업 위주의 활동 방식을 지양하고, 자체 재정을 통한 독자적인 지원 체계를 마련하기 위한 노력을 기울여야 한다. 정부는 사회적 기업이 단순한 일자리 창출의 수단이 아니라 사회 서비스 확충과 사회 통합 및 국민의 삶의 질 향상을 위한 방법임을 인식해야 한다. 또 지역에서는 사회적 기업이 어떤 모델을 만드느냐보다는 어떤 거버넌스를 만드느냐가 더 중요하다. 지역사회단체와 그 외 조직들과 사회적 기구가 협동할 방안을 모색하고 지원하는 것이 지방정부의 중요한 역할이며, 이를 통해 지방정부는 중앙정부의 사회적 기업 육성 제도를 주체적으로 수용할 수 있다. 현재 사회적 기업의 역할은 정부정책의 어젠다로서 사회적 기업이 아니다. 오히려 현재 사회적 기업은 지역 참여를 기반으로 하여 사회문제에 대해 실질적 대안으로서 기업의 가치를 가진다.[2] 따라서 중앙정부이든 지방정부이든 사회적 기업에 대한 인식을 제고할 필요가 있다.

7 사회적 기업에 대한 비판

가장 큰 비판점은 정부의 사회적 기업에 대한 재정적 지원에 대한 효과성에 대한 의문이다. 한국사회적기업진흥원에 따르면, 2007년 사회적 기업 인증제도가 시행된 이후 2021년 현재 기준 3,064개를 넘어섰다. 정부의 사회적 기업 육성정책은 어느 정도 정책효과성도 보여지고 있으나 그리 오래되지 않아서 단순 비용·편익분석은 무리가 있기는 하나 정책효과성이 떨어진다는 비판도 있다. 「사회적기업육성법」이 시행된지 만 15년이 되지 않아 3,064개 사회적 기업이 등장했다는 점은 긍정적이지만 유령회사와 같이 일회성 회사로 끝나버리는 사회적 기업도 많다는 데 우려를 낳고 있다.

이러한 비판 이외에 사회적 기업들이 창업기에 당면할 수 있는 다음과 같은 문제점들을 지적하고 있다(임혁배 외, 2007). 첫째, 공익성과 수익성을 어떻게 조화시킬 수 있는가에 관한 문제로서, 지나치게 수익성의 추구를 제한할 경우 사회적 기업이 지속적으로 발전할 수 있는 사업모델 창출이 어렵고, 반면 수익성 일변도로 나갈 경우 사회적 기업의 공공성이 훼손될 문제가 있다. 둘째, 사회적 기업에서 정부 역할의 문제로서, 정부의 역

2) 「기업의 사회공헌 활동과 사회적 기업 구상」, 2009 사회적 기업 연구포럼 심포지엄, 17쪽.

할이 복지의 직접적 제공자에서 간접적 재정 지원자로 변모됨에 따라 정부가 사회 서비스의 필요성과 내용보다는 정부의 지출 수준을 더 고려하는 데서 발생하는 사회적 기업과 정부 간 갈등이 존재한다는 점이다. 셋째, 사회적 기업에 대한 기부와 자원봉사를 활성화할 수 있는 제도를 확대하는 문제로서, 현재 지역사회의 사회 서비스, 환경, 문화 부문 서비스를 제공하는 정부의 역할은 감소하고 민간 부문의 역할은 더욱 커질 전망이므로, 새로운 지역 고용 창출과 지역사회 서비스를 제공하는 사회적 기업의 역할이 더욱 중요해질 것인데, 이러한 사회적 기업에 대한 정부와 기업의 지원 확대가 도모되어야 한다는 점이다.

그러나 무엇보다도 가장 큰 문제점은 우리나라의 사회적 기업의 태생이 영국이나 유럽과 같이 자생적인 기부문화의 확산 등에서 탄생했다기보다는 정부의 제도적 틀인 육성법적인 성격의 법률 제정에 의해 탄생되었기 때문에 자생력이 약하다는 것이 최대의 문제점이라고 본다.

생각해보기 **캐나다의 커뮤니티 비즈니스**

캐나다의 커뮤니티 미래개발기구(Community Futures Development Corporation: CFDC)는 비도시 지역의 커뮤니티 비즈니스 지원조직으로 캐나다 내 268개 정도 있다. 이 조직의 목표는 지역 고용 창출과 유지가 핵심 목표이며 신사업·기존 사업 컨설팅과 투자 서비스를 통해 달성, 소규모 비즈니스 자금과 기술 지원, 기업가 정신 교육, 지역 벤처 창출 촉진, 청년층 유출 방지와 커뮤니티 비즈니스의 참여 유도를 위해 18~25세의 청년층 지원 프로그램을 별도 운영 등이며, 무이자 자금 지원을 하고 있다. 단, CFDC의 교육 이수를 의무화시킬 정도로 국가적 단위에서 접근하고 있다. 그 밖에도 캐나다에서는 '지역일자리 창안 프로그램(Local Initiative Program: LIP)'을 통해 지역 경제 발전에 중요한 프로젝트에 대해 일정 보조금 지원, 실직 또는 미취업자 및 단체가 CFDC에 프로젝트 구상을 제안하고, 이를 평가해 지원 여부를 결정하고 있다. LIP에서는 커뮤니티 기반의 경제 발전 프로젝트를 선정하고 외부 자금 지원에 대한 의존성을 줄이기 위해 통상직 운영경비 이외의 사업비를 지원하는 등의 프로그램을 운영하고 있다.

제 10 장 국제화 시대 NGO의 역할

제 1 절

글로벌 시민사회의 도래*

1 지구시민으로서의 개념[1)]

글로벌 시민사회는 시대 상황의 급격한 변화에 따라 등장했다. 실제로 1980년대 말 냉전 체제의 붕괴는 NGO들에게도 영향을 미쳐 유엔과 NGO의 관계가 새롭게 도약할 전기를 마련했다. 냉전의 종식은 국제정치에서 환경, 인권, 난민, 기아, 여성, 개발과 같은 새로운 이슈를 부각시켰다. 이것들은 냉전 기간에 군사안보 이슈에 가려 부차적인 문제로 취급당해 왔지만 지난 수십 년 간 NGO들이 꾸준히 제기해 온 문제들이다. 이와 같이 국경을 초월한 지구촌의 공동 관심사 혹은 문제 영역에서부터 지구촌 절대 다수의 국가와 사람들의 동의를 구해야 할 필요성이 강조되고 있다. 그러나 이 문제들은 개별 국가의 힘만으로 해결할 수 없는 초국가적 이슈이기 때문에, 해결의 주체가 정부 혹은 UN과 같이 국제적인 정부들의 연합체와 같은 전통적인 행위자들에만 국한되는 것이 아니라, 새로운 초국가적, 글로벌 행위자들도 포함시키는 새로운 패러다임을 요구한다. 그에 따라 국가 역할의 재평가[1)]와 문제 해결을 위한 새로운 대안으로서 NGO의 역할이 크

* 이승철(2001). 글로벌 시민사회의 한국 NGO, 지역발전연구소에서 인용.

1) 세계화 시대의 국가 위상의 변화 요인으로 첫째, 경제 불황에 따른 복지국가의 위기가 정부 권위나 신뢰의 위기로 이어진다는 것이다. 둘째, 규제 중심의 정부 개념이 낡은

게 부각되었다.

이런 의미에서 글로벌 시민사회란 시민사회가 특정 지역에 국한되는 것이 아니라 글로벌 차원에서 보편화된 현상이며, 동시에 지구촌이 국가의 국익과 초국적 기업들의 영리를 초월해서 지구촌이 당면하고 있는 공동의 문제, 즉 빈곤, 인권, 환경오염 등의 심각성을 공동으로 해결하기 위한 대안이다. 즉, 지구촌 공동의 공공선을 목표로 한다는 것이다. 하지만 글로벌 시민사회를 위한 NGO들의 참여가 증가되어야 할 뿐 아니라 서구에 편중되지 않은 참여가 이루어져야 한다.

글로벌 시민사회에서 공공선을 지향하는 NGO가 단일 국가보다 강점을 갖는 이유로 클라크(A. Clark)는 복합적인 기능을 수행하며, 관료제적인 정부보다 NGO가 국제 사회에서 단일 현안에 집중해 효과를 올리기 쉽고, 또한 문제 해결을 위한 즉각적인 행동이 가능하며 소수 현안에 대해 정부보다 더 전문성을 확보할 수 있다고 주장한다(Clark, 1991: 507-525). 이들이 국제 사회에서 역할은 다음과 같다.

첫째, 국제 사회의 주요 문제에 대한 여론 조성과 공론화를 통해 정책에 반영하는 것이다.

둘째, 국제적 네트워크 구축을 통한 국제 협력의 창출 역할로 국제협약이나 조약을 유도해 조기 경보 메커니즘을 구축한다.

셋째, 국제기구의 결정 및 활동에 정당성을 부여한다.

넷째, 난민, 기아, 환경 및 인권 감시활동 등 문제를 해결해 시장을 완충하는 역할이다(Simmons, 1998: 82-84).

그 밖에 갈등조정 역할이 제시되기도 한다. 하지만 현실적으로 각국 시민사회의 NGO들은 신자유주의의 세계화에 대응해야 하는 대외적 과제와 아울러 국내 사회구조와 정부의 개혁을 감시하고 개선해야 하는 대내적 과제를 이중적으로 안고 있다.

개념으로 전락하여 주권 약화 현상까지 초래한다는 것이다. 셋째, 군사·정치 중심의 안보에서 경제 중심의 안보로 변화했다는 것이다. 넷째, 기든스(Anthony Giddens)의 제3의 길과 같은 중도 노선이 등장했다는 것이다. 다섯째, 지식사회의 도래로 문화정치나 문화외교가 중시되고 있다는 것이다(주성수, 2000c: 87-98).

2 글로벌 시민사회에서 NGO의 역할과 방향

1) 한국 NGO의 방향

신자유주의자에 반대하는 자들은 세계화는 새로운 자본운동을 강화하기 위해 자본운동의 공적 규제를 비효율로 간주하고 국가실패라는 용어로 시장실패와 시장 가혹성을 은폐한다고 말한다. 이와 관련해 밀레니엄 포럼도 "현재의 세계화의 과정이란 불가피한 것이 아니다. 인간 결정의 산물인 것이다. 사람이 참여자와 수익자로서 중심에 서 있는 민주적 과정이 되도록 세계화의 방향을 돌릴 수 있고 반드시 돌려야 한다"고 지적한다. 즉, 세계화에 맞서기 위해서는 성장만이 아니라 인간다운 삶, 생태적 지속가능성 등이 지구촌 시민사회의 새로운 목표라는 점을 인식해야 한다. 한국 NGO의 출발점도 바로 이 부분이다.

한국의 NGO들도 시민참여와 교육의 확대, 전문성의 증대, NGO 간에 연대의 강화, 효율성의 증대 등 자체 역량의 강화를 위한 노력을 기울여야 한다. 특히 재정적 독립은 국가와 시장 사이에서 자율성을 확보하는 중요 요인이며, 시민의 신뢰를 확보하고 국가의 영향력을 배제하기 위해 재정적 투명성이 요구된다.

2) 국제적 연대의 강화

자본운동의 범지구화는 국가적으로 분절화된 투쟁만으로는 문제를 해결할 수 없다. 즉, NGO 간의 국제적 연대를 필요로 한다. 세계화가 초국적 자본의 지배를 확장하기도 하지만 인권, 환경, 평화 등과 같은 보편적인 가치도 확산시킨다는 점이다. 이를 기회로 삼아 국민국가 틀에 갇혀 있는 시민사회운동의 공론 공간을 범지구적으로 확장할 필요가 있다. 이를 위해 자본의 도구로만 기능해 온 인터넷을 저항적 공간을 창출하는 기술적 도구로 활용할 수 있다. 이러한 국제적 연대는 초국적 자본운동에 대한 초국적인 국제적인 규제 체계의 기반으로 자리잡아야 한다. NGO들도 국내 문제와 국제 문제가 일원론이라는 인식을 확대해야 하며, 극빈국 외채탕감운동, 브레튼 우즈(Bretton Woods) 체제 개혁운동 등과 같은 범지구적 규제를 공론화함으로써 정부의 지향성을 성장보다는 지구촌 시민사회가 갖는 목표와 일치시키도록 해야 한다.

3) 지구시민으로의 의식 전환

헌팅턴(Sammuel P. Huntington)은 『문명의 충돌(*The Clash of Civilization*)』에서 냉전 종언 이후의 세계를 정치 체제와 이데올로기의 대립이 끝났다 하더라도 새로운 위기가 도래하고 있다고 했다(임승빈, 2002). 문명권의 대립과 충돌이 새로운 분쟁의 불씨가 되고 있다는 것이다. 왜 분쟁의 요인이 되는가 하면 냉전 이후의 세계에 문화적 단층이 여러 겹으로 발생되고 있기 때문이라고 설명한다. 그러나 결국은 서구 대 비서구의 단순 도식을 넓게 확산시켰다는 비판이 있으나, 최근의 EU, NAFTA, ASEAN 등의 블록 경제권의 강화되고 이라크 문제 등의 현상을 보면 미래 사회에서 위기 도래에 대한 불씨가 문명 간 충돌일 것이라는 지적은 설득력이 있다.

특히 동북아시아에 위치하고 있는 우리나라의 주변 상황을 살펴보면 세계에서 거의 유일하게 남아 있는 이데올로기의 대립이 아직 상존하며, 민족주의의 대립이 계속되고 있다. 이러한 시점에서 한국과 일본의 시민단체 간의 교류 및 지방정부 간의 교류는 중앙정부가 가지고 있는 한계 상황을 극복할 수 있을 뿐만 아니라, 역내(域內)의 긴장 완화 및 지방정부의 경쟁력 강화를 통해 국가의 경쟁력 강화 및 건강한 시민사회를 구축하는 데에도 매우 필요하다. 이러한 의미에서 한국과 일본의 시민단체 간의 교류 및 지방정부의 국제화정책은 지방 주도의 외교라는 새로운 이론적이며 실제적인 지평을 열었다는 데에 학문적으로도 기여한다고 볼 수 있다.

지구시민(global citizen)의 특징은 국가의 간섭으로부터 '자유로운' 행위자들이 국경을 초월한 활동에서 찾을 수 있다. 이 입장은 커뮤니케이션과 운송 기술의 발달이 국가 간 관계에서 미치는 영향을 연구하는 데서 주로 시작되었다. 지역에 뿌리를 두었던 시민사회 활동가들이 국가 간 경계를 넘어 자의적으로 지식과 실천행동의 네트워크를 이루는 초국적 정치 상호작용에 새롭게 주목하기 시작한 것이다. 예컨대, 로즈노(James Rosenau)는 이러한 정치환경의 변화를 '탈주권적 행위자(sovereignty-free actors)'의 출현으로 특징지으면서 이들이 '국제 시민사회(international civil society)' 혹은 지구 시민사회의 주역이라고 보았다(Rosenau, 1992; 공석기 · 임현진, 2003: 7에서 재인용).

한국 시민단체의 국제화를 논의하기 전에 한국 시민사회에서 시민사회 단체의 특성에 관해 먼저 일별해 본다면 다음과 같은 특징이 있다. 한국에서의 1987년 6·29 선언 이후 시민단체의 정치 및 행정 과정에서의 활동 및 역할을 검토해 보면, 시민 거버넌스의 주장에서 보이는 중요한 개념들이 한국의 시민단체의 활동 목적과 양상에서도 나타나고 있다는 것을 알 수 있다(임승빈, 2002). 예를 들어, 정책결정 및 집행 과정에서 일반 시민의 의견이 적극적으로 반영되고 있으며, 시민단체의 의견에 반하는 정책 수립 및 집행행위에 대한 비판 또는 반대운동이 활발하게 전개되고 있는 현상들은 한국의 시민사회도 점차적으로 정부의 정책 과정에 참여하고 있는 단면들로 보아도 좋을 것 같다. 한편, 우리보다 일찍이 개인과 공동체와의 관계를 중심으로 1970년대 중반을 전후로 미국에서는 '자원동원론(resource mobilization theory)'이, 그리고 유럽에서는 '신사회운동론(theory of new social movement)'이라고 하는 사회운동에 관한 새로운 시각들이 전개된다. 물론 이 두 가지 접근 방식은 그 명칭에 걸맞은 단일한 이론 체계를 갖추고 있는 것은 아니다. 엄밀한 의미에서 이론이라고 말할 수 있을 정도로 특정화된 개념 체계나 분석구조, 명제들을 공유하고 있지 않을뿐더러 해당 학자들조차도 그 명칭에 합의하고 있지 않기 때문에, 이론이라기보다는 오히려 접근 방식 혹은 시각이라고 할 수 있는 포괄적인 수준에 있는 것이다. 이러한 시각들은 사회운동에 관한 고전 모형과는 확연히 구별되는 분석 방법을 채택하고 있을 뿐만 아니라, 많은 점에서 전통적 관점을 비판하고, 그 대안적 성격을 강조해 왔기 때문에 오늘날에는 그 명칭이 일반적으로 인식되기에 이르렀다. 사회운동에 관한 이러한 두 가지 시각은 미국과 유럽의 서로 다른 역사적 경험과 지적 전통 속에서 형성되었기 때문에 명백한 차이점을 보이고 있다.

그러나 비계급운동, 비노동운동이라고 하는 후기 자본주의 사회의 새로운 사회운동을 대상으로 한다는 점과 양 이론의 지향점이 상호 보완적일 수 있다는 점에서 비교 및 통합의 가능성이 드물게나마 거론되기도 했다(조대엽, 1999: 74-75). 우리 학계에서도 신사회운동론에 대한 관심은 증폭되어 이론과 실제에 대한 논의들이 폭넓게 있어 왔다. 그러나 이에 비해 자원동원론에 대한 언급은 상대적으로 소원한 인상을 갖게 한다. 그러나 이 두 가지 시각은 다양한 측면에서 상호 보완적인 내용들을 갖추고 있기 때문에 두 시각 모두에 관심을 가짐으로써 얻을 수 있는 이점이 매우 크다고 말할 수 있다.

자원동원론에서 가장 특징적인 점은 외부 지원의 중요성과 제도화된 자원의 확보를 강조한다는 것이다. 자원동원론에서 사회운동은 고유한 지도력과 자원적 스태프, 광범위한 멤버십, 직접 수혜자로부터 나오는 자원, 그리고 대중참여에 기초한 행위 등을 특징으로 하는 고전적 사회운동조직으로부터 외부 지도력과 전일제로 고용된 스태프, 소규모의 혹은 상존하지 않는 멤버십, 양심적 구성원으로부터의 자원, 불만을 가진 집단을 직접 끌어들이기보다는 그들을 대변하는 행동 등으로 특징화된 전문 사회운동조직으로 변화되어 왔다는 것이다(조대엽, 1999: 84).

신사회운동에서는 구사회운동인 노동운동과는 달리 관심 영역을 시민권이나 정치 권력의 차원보다는 오히려 가치와 생활 양식에 두고 있다는 점에서 문화 영역이라고 볼 수 있다. 즉, 신사회운동은 기본적으로 시민사회라는 사회적 기저(基底)로부터 출현한다고 볼 수 있다. 이와 같은 신사회운동은 전통적인 시민사회연대론과도 밀접하다. 시민사회의 연대는 '공론의 장'을 기반으로 하여 민주주의적 압력을 경제 영역과 행정 영역에 대해 행사한다고 한다(유팔무 · 김호기, 1995: 129-131).

이와 같은 시민사회 연대를 통한 압력은 정당의 이데올로기를 바꾸게 하여 영국 노동당의 영향력 있는 지식인인 기든스(Anthony Giddens)는 『제3의 길(*The Third Way: The Renewal of Social Democracy*)』(1998)이라는 저서를 통해 새로운 정치철학을 통해 국가와 시장, 개인과 공동체, 권리와 책임에 관한 새로운 관계를 설정해야 한다고 주장하기에 이른다. 독일 사민당(SPD)의 신중도(Neue Mitte)이론 역시 영국의 노동당과 같이 사회주의의 실패를 인정하면서 구사회운동으로부터 탈피해 신사회운동을 강조하며 정권을 장악하기에 이른다. 따라서 유럽의 신사회운동에서 시민단체의 역할은 구노동운동의 연장에 있으면서 이데올로기가 전환되었다고 볼 수 있다. 시민단체와 국가 간의 관계는 독립된 또는 분리된 관계로 볼 수 없는 이유는 시민단체와 정당이 밀접하게 연관되어 있기 때문이다.

1990년대 이후의 우리 시민사회에 관한 논의는 어떻게 시민사회를 개념화하고 이해하는가에 따라서 크게 세 가지 각기 다른 접근법으로 조명이 가능하다. 첫째, 저항적 시민사회로서 국가 권력에 도전하거나 저항하는 자율적인 시민단체의 조직과 활동이 저항적 시민사회의 주된 내용을 구성하고 있다는 점이다. 이러한 접근은 주로 1980년대 말과 1990년대 초에 특히 크게 대두되었다. 둘째, 제3영역으로서의 시민사회이다. 최근 논의되고 있는 제3섹터에 관한 논의들은 시민사회를 영리를 목적으로 하는 기업의 활동 영역이나 행정 권력에 의해 영향을 받는 국가 공공 부문과는 다른 비정부, 비영리 부문을 중심으로 이뤄지고 있다. 셋째, 구성적 시민사회이다. 1995년 민선지방자치 제도의 실시로 지역 수준에서 삶의 질을 높이고, 지역사회를 활성화시키기 위한 다양한 시민활동이 등장했다. 시민단체들의 활동이 점차 대안 제시를 강조하고, 더 나아가 시민단체들이 주도적으로 '지역만들기', '마을만들기' 등 다양한 지역공동체 운동을 주도하면서 시민운동이 지역사회를 재구성하고 새롭게 변화시키려는 노력을 보여 주고 있다.

그러나 한국의 시민사회는 미국, 유럽 등지의 국가들과는 달리 민주적이며 공동체 의식이 강한 시민사회를 구축하는 데에 많은 노력이 필요하다. 권위주의적인 정부와 이에 맞서는 반정부적인 민간단체의 운동 속성이 여전해 보수와 진보 진영으로 나뉘어 중앙정치 중심의 시민단체는 활발하나, 지역사회의 주민운동 조직으로서는 약하다. 지역 시민사회를 구축하는 데에는 아직 미성숙 단계에 있다고 해도 과언이 아니다. 더군다나 새마을운동 조직, 바르게살기운동 조직, 자유총연맹 등 과거 특별법에 의해 만들어진 정부 주도형 관변단체가 아직도 지역에 따라서는 큰 영향력을 행사하고 있기 때문에, 중앙과는 별개의 논리가 지역사회에는 상존한다고도 볼 수 있다. 이러한 현상은 1980년대 후반부터 새로이 대거 등장하기 시작한 시민단체가 점차 증가하면서, 그리고 1990년대 이후 '문민정부', '국민의 정부', '참여정부'를 거치면서 더욱 가속되는 현상을 가져왔다. 또한 정부의 행정개혁 내지 행정개혁의 방향이 정부-기업-시민사회 3자 간의 공생과 공동생산 협력(coproductive cooperation) 관계를 강조하고 있는 풍조는 시민단체들의 자원동원론적인 운동 방식의 증폭을 가져오고 있다. 이상 살펴본 바와 같이 한국에서 2000년 1월부터 시행한 「비영리민간단체지원법」 제정이 가지는 의미는 유력 시민단체 간에 시장주의적인 경쟁을 유발시켰고, 정부와 시민단체 간에 파트너십을 형성하는 데 중앙에서는 신사회운동론적인 성격, 그리고 지역사회에서는 여전히 정부 주도적인 관변적 시민사회단체가 힘을 발휘하고 있다.

반면, 예를 들어 일본의 경우는 다른 선진 국가와 비교해 볼 때, '국가 중심적 사회'로 특징지어진다(임승빈, 2002). 단기간 내에 고도 성장을 성취하기 위해 국가를 중심으로 물적·인적 자원을 최대한 동원한 일본 모형의 경우에는, 시민사회가 취약할 뿐만 아니라 시민들의 자발적인 사회참여의 정도 또한 낮은 것으로 나타나고 있다. 따라서 일본에서는 정부-비영리-제1부문과 민간-영리-제2부문, 그리고 민간-비영리-제3부문을 구분하는 생각 자체가 여전히 일반화되어 있지 않다. 일본 시민단체들 역시 한국과 마찬가지로 재정이 충분하지 못한 것으로 알려지고 있다. 영국이나 미국에서처럼 정부로부터 재정 지원을 받기 어려울 뿐만 아니라 일반인의 기부문화 또한 상대적으로 그 기반이 취약한 것으로 보인다. 따라서 일본의 시민단체들은 대부분 외부로부터의 자금 지원을 받지 못하고 있으며, 회비나 팸플릿 판매들을 통해 기금을 마련하고 있다. 경우에 따라서는 기업 재단으로부터 조사 연구를 위한 자금 지원을 받기도 하는데, 시민단체들은 대기업으로부터 직접 재정 지원을 받는 것이 아니라 중립 단체를 통해 재정 지원을 받는 방법을 강구하고 있다. 그 결실이 1998년 2월에 제정된 「특정비영리활동촉진법」으로 나타났다.

제 2절

글로벌 NGO 사례

1 월드비전(World Vision)

1) 소개 및 일반 현황

긴급 구호활동과 개발사업을 하고 있는 기독교 민간 구호단체로서 1950년 한국전쟁 당시 고아와 미망인을 돕기 위해 미국 선교사 피어스(Bob Pierce) 목사와 한경직 목사에 의해 설립된 국제구호 및 개발기구로 한국에서 첫 구호사업을 시작한 월드비전은 현재 세계 최대의 구호단체로서 전 세계 100여 개국에서 1억여 명을 대상으로 긴급구호작업, 지역개발사업, 옹호사업을 펼치고 있다. 초기에도 기독교 사회복지단체로서 시작했으나 지금은 국내 사회복지 및 기부문화의 방향을 제시하며 선도적인 역할을 하고 있다. 2022년 현재 4만여 명의 직원들이 일하는 세계 최대의 민간 국제기구이다.

표 10-1 월드비전 일반 현황

설립일	조직 형태	직원 수	후원금	주소
1950.9.22	기타	약 4만여 명 (2022년 기준)	2,531억 원 (2019년 기준)	서울 영등포구 여의도동 24-2 월드비전

2) 활동 내역

월드비전의 주요 활동 내역은 <표 10-2>와 같다.

표 10-2 월드비전 주요 활동 내역

연도	주요 활동 내역
1950.9	한국선명회(현 월드비전) 설립
1969.2	가정복지사업 개시
1971.10	음성나환자 정착촌 지원 사업 개시(전국 32곳)
1972.6	선명회 직업보도소 개설
1972.10	거택 구호사업사업 개시
1978.5	국내 결연사업 개시
1979.10	미전도 그룹 선교사업 개시(공단, 교도소, 버스회사 등)
1991.5	'사랑의 빵' 운동 전개
1991.10	해외 결연사업 지원
1994.8	제1회 '기아 체험 24시간 캠프' 개최
1994.11	북한사업 개시(한우 60두 및 평양 제3병원에 침대 500개 지원)
1995.5	북한에 중국산 수수 500톤 지원
1995.5	국제협력단(KOICA)의 해외 지원 NGO 등록
1998.9	월드비전 국제총회에서 각국 선명회 명칭을 '월드비전'으로 통일
2000.4	SBS 후원 '사랑의 도시락 나눔의 집' 전국 9개소 운영
2000.10	북한 씨감자 생산 사업 성공리에 씨감자 첫 수확
2001.8	'제1회 홀리기아 체험' 개최
2001.9	창립 51주년 기념 및 사랑의 빵 10주년 기념 모금 만찬
2002.6	월드비전 가족지킴이센터 개소
2003.5	강원도 동해 아동학대예방센터 개소
2004.11	월드비전 창립 54주년 기념 후원의 밤 개최
2005.6	제13회 '기아 체험 24시간 캠프' 개최
2007.1	사랑의 빵 2천만 개 배부
2007.2	월드비전 북한농업연구소 개소
2017	아이엠(I AM)운동(분쟁피해지역 아동보호캠페인)

자료: 월드비전(http://www.worldvision.or.kr).

3) 설립 목적

미국 캘리포니아 주 몬로비아에 소재한 월드비전 국제본부에 의해 설립되어 한국의 「사회복지사업법」에 따라 도움을 필요로 하는 사람들에게 기독교 정신에 입각해 봉사함으로써 복지사회 건설에 기여함을 설립 목적으로 한다.

4) 사업

사회복지 사업 및 지원사업(아동복지사업, 청소년복지사업, 노인복지사업, 장애인복지사업, 지역사회복지), 사회복지관 운영 및 사회복지시설사업, 교육 · 선교 · 문화 사업, 목적 사업 수행을 위한 홍보 · 결연사업 · 국외원조사업 등을 추진하고 있다.

그림 10-1 월드비전 조직 구조도

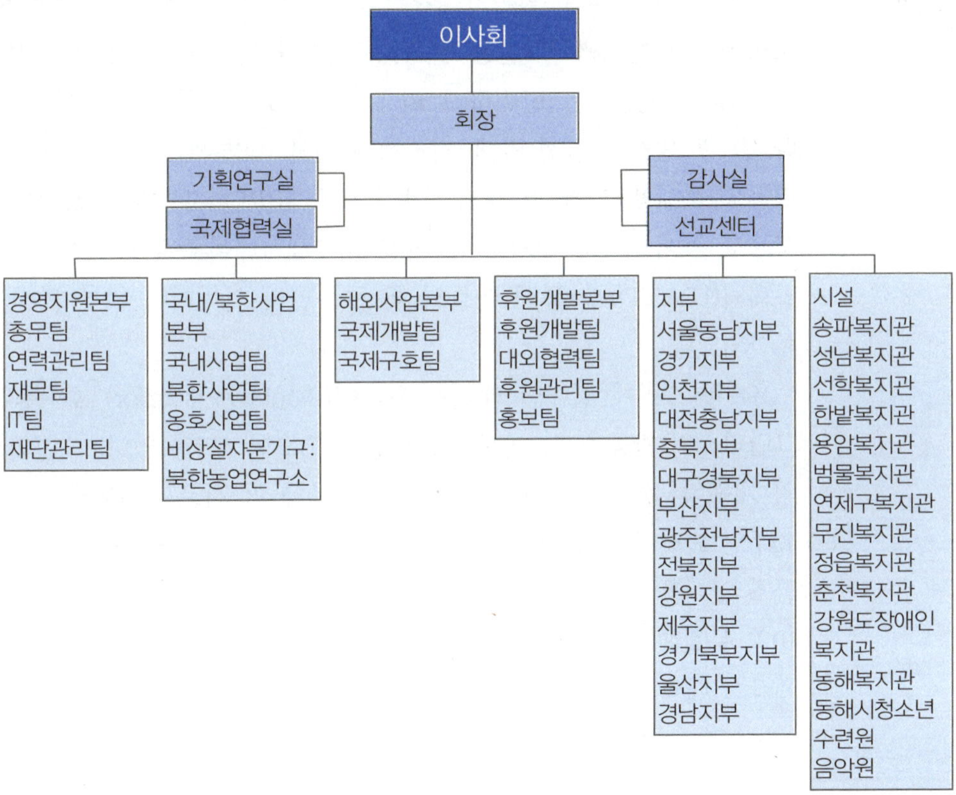

2000년 이후에는 아프가니스탄 등 국제적 분쟁지역의 아동보호, 학교설립 등의 국제구호사업에도 힘을 기울이고 있다.

5) 조직 구조

2022년 현재 조직은 협의형 이사회로 운영되고 있으며, 아시아, 아프리카 빈곤 국가의 지원을 위해 해외사업과 국내의 복지관 사업 등으로 조직이 구성되어 있다([그림 10-1] 참조).

2 그린피스(Greenpeace)

1971년 캐나다 밴쿠버 항구에 12명의 환경보호운동가들이 모여 결성한 국제적인 환경보호단체이다. 원래의 명칭은 핵실험을 하지 말라는 의미의 '파문을 만들지 마시오'였으나, 이들이 미국의 알래스카 주 암치카 섬으로 핵실험 반대 시위를 벌이기 위해 출발하며 배 중앙에 그린피스(Green-peace)라고 쓴 녹색 깃발을 건 것이 계기가 되어 단체 이름이 되었다. 본래 프랑스 핵실험을 반대하기 위해 발족했고, 고래 보호단체로도 유명하다. 그 후 원자력 발전 반대, 방사성 폐기물 해양 투기 저지운동 등 폭넓은 활동을 통해 1979년 전 세계 5개 국가에 있었던 지부가 1992년에는 24개국으로 늘어났으며, 1992년 브라질 리우데자네이루에서 열린 유엔환경개발회의(UNCED)를 통해 이들의 활동이 널리 알려지며 지부가 전 세계로 확산되었다.

1985년 7월에 일어난 레인보 워리어(Rainbow Warrior) 호 폭파사건은 그린피스의 활동을 전 세계인에게 알린 주요한 사건이었다. 그린피스 소속의 대표적 선박인 레인보 워리어 호는 일본의 히로시마(廣島) 원폭 투하 40주년을 맞아 1985년 8월 6일 프랑스 핵실험기지인 폴리네시아 모루로아 환초 일대를 시위 항해할 예정이었다. 그러나 모루로아로 떠나기 위해 7월 10일 뉴질랜드 오클랜드 항에 정박해 있다가 폭파 · 침몰되었다. 이 사건에 프랑스 대외안전국(DGSE)과 프랑스 정부가 관여되어 프랑스 미테랑(François Mitterrand) 정부는 국내 · 외적으로 최대 위기에 몰렸고, 에르뉘(Charles Hernu) 국방 장관은 사건에 책임을 지고 사임함으로써 전 세계의 이목을 받았다.

1993년 초 영국 근방의 셰틀랜드 제도 해역에서 브레이어 호의 8만 5,000여 톤의 원유 유출 사건 때는 바다에 퍼진 기름 제거 활동과 함께 석유에 흠뻑 빠진 야생동물들을 구조하기 위해 적극적인 활동을 벌였다. 1995년 프랑스가 또다시 남태평양의 한 섬에서 핵실험을 시도할 때 레인보 워리어 호가 섬 주변에 숨어서 이를 감시하다가 프랑스 특공대에게 쫓기는 추격 상황이 그린피스 카메라맨들의 비디오 카메라에 녹화되어 인터넷을 통해 전 세계에 공개되기도 했다.

그 밖에도 포경금지협약을 위반한 노르웨이의 제품 불매운동을 벌여 세계 수천 명이 이들의 캠페인에 동참했고, 인체에 해로운 배기가스를 내뿜지 않는 자동차를 만들어 전 세계에 홍보했으며, 국제연합 총회에 포괄적 핵실험금지조약(CTBT)이 통과되는 데 크게 기여했다. 주로 기후, 유독성 물질, 핵, 해양, 유전공학, 해양 투기, 산림 등의 부분에서 적극적으로 활동하고 있다. 물론 그린피스 활동에 비판도 많다. 고래잡이 금지에서 문어발식으로 핵발전소를 비롯한 모든 환경문제에 개입하여 전문성에 문제점이 제기되었고, 활동 방식에서도 내부 강경파들에 의해 과격한 시위운동에 문

그린피스(Greenpeace)의 전쟁 반대 대형 배너

제점들이 지적된 바 있다. 2022년 현재 전 세계 55개국에서 활동하고 있으며, 160여 개국 300만 명의 회원이 내는 기부금으로 활동하고 있다. 본부는 네덜란드 암스테르담에 있다.

한국에는 지부가 설립되어 있지 않으며, 1994년 4월 그린피스 환경조사팀이 한국의 자연보호 실태를 알아보기 위해 그린피스 호 편으로 방문한 바 있다. 국제 그린피스는 인터넷을 통해 한국에 소식을 보내오고 있다.

생각해보기 **대중은 왜 대항운동에 나서는가?**

칼 폴라니(Karl Polanyi)가 그의 저서 『거대한 전환(*The Great Transformation*)』(홍기빈 역, 1994)에서 갈파한 것처럼 사회를 시장 원리로 일원화하면 사회가 갈기갈기 찢어질 수밖에 없고 대중은 대항운동에 나서게 된다고 했다. 이와 같은 현상은 한 국가 내에서만 발생하는 것이 아니라 국제 사회에서도 발생하고 있다. 시장을 일원화시키려는 세계화에 대한 대항운동은 이제는 화젯거리도 아닐 정도이다. 다양한 계층, 심지어는 한 국가의 관점에서 보면 내정간섭이라고 할 정도로 인권, 환경 등의 분야에서 시민단체 활동의 영역이 확장되고 있다. 또한 스콜재단(Skoll Foundation)은 전 세계 모든 사람이 지리적이나 배경, 사회적 상태와 상관없이 참여하고 사람들의 재능과 능력을 마음껏 발휘할 수 있도록 하기 위해 1999년 제프 스콜(Jeff Skoll)에 의해 만들어졌다. 이베이(eBay)의 초대 회장이자 첫 직원인 스콜은 사람들에 대한 올바른 전략적 투자가 사회적 변화를 이끌 수 있다고 믿는다. 스콜재단은 '사회적 기업가 대상'이란 프로그램을 통해 사회적 기업가들을 발굴해 그들에게 투자한다. 이런 프로그램을 통해 전 세계적으로 수많은 사회적 이슈에 효과적으로 민주주의와 시장경제의 병행발전론, 비정부조직의 중요성을 강조하는 시민사회론, 공동체 정신을 중시하는 공동체주의도 앞서 인용한 폴라니의 영향에서 비롯된 것이라고 볼 수 있다. 2008년 미국발 금융위기에 대한 좌파들의 설명도 고삐 풀린 시장의 질주라는 개념을 제시한 폴라니의 사상에서 비롯된 것이라고 봐도 무방하다. 또한 이들을 통해 많은 사회적 기업가들이 발굴되었다(한국경제, 2014.6.9. 민경국 교수 칼럼에서 일부 발췌. http://blog.daum.net/4855028/15969621).

제 11 장 일본 시민사회의 변화

제 1 절 일본 시민사회의 형성과 변화

1 전후 태동 시기(1945년 이후)

일본의 시민운동은 전후 노동운동의 출발 이후, 특히 1960년대에 들어와서 안보 투쟁을 거치며 개념과 운동 방식이 형성되어 갔고, 1970년대 들어와 주민운동이라는 독특한 역사적 흐름 속에서 성장했다. 따라서 서구에서 바라보는 시민운동의 시각과 일본적인 시민운동의 현실 사이에는 사뭇 다른 차이와 간격이 존재한다. 일본적인 보수문화와 전후 민주주의의 성장 속에서 잉태된 일본의 시민운동은 독특한 형태로서 주민운동을 낳았으며, 관료 지배와 민관 협동의 오랜 전통은 일본적인 시민운동에 특유의 양식과 제도를 형성해 오고 있다.

일본에서 '시민' 담론은 일본이 서구 문물을 받아들여 근대화하던 시기였던 메이지(明治) 시대에 영어의 citizen을 번역해 사용한 것이었다. 일본에서 시민사회론은 근대에 들어와 서구 사회를 설명하는 기본 틀로 설정되고, 민주주의와 성숙한 자본주의가 움트는 서구 국가의 공통된 특성이 내재한 요람으로 인식되었다.

1945년 패전 이후 1960년대 초에 이르기까지 일본의 구체제에 대한 총체적인 반성에서 지향해야 할 준거틀을 제공했던 시민사회론은 그저 학술

잡지에서 다루어지거나 상아탑 내 논의에서 크게 벗어나지 못했다. 1960년대 안보 투쟁의 실패가 진보 진영과 좌파 세력에 심각한 타격을 주면서, 스스로 좌절감에 빠져 전국적인 네트워크 운동을 기피하거나, '정치' 또는 '운동'이라는 용어 사용을 금기시하는 경향조차 나타났다. 1960년대 주민운동을 거쳐서 시민사회론과 NPO 논의가 다시 부활한 것은 냉전의 붕괴와 고베(神戶)대지진 이후 1990년대 들어와서이다.

1990년대 이후 일본 시민운동의 경우, 중앙정부와 지방행정의 기능 저하로 일반 시민이 자기 주변의 가까운 과제를 해결하기 위한 목적으로 참여활동을 통해 삶의 틀을 바꾸어 보고자 하는 데서 출발해, 자원봉사와 시정참여를 통한 민·관 간 행정의 상호 책임과 역할 분담, 지방정부에 대한 적극적인 정책 요구 또는 지방, 중앙정부의 대립에 이르기까지 다양한 모습으로 나타나고 있다.

일본의 시민운동은 이미 전국 각지의 도시에 뿌리내리면서 확산되었으나 정치적 전향성은 그다지 강하게 드러나지 않고 있으며, 반드시 시민운동이라기보다도 다른 용어로 '시민활동'이라 불리기도 한다. '시민활동'은 "시민의 자발적인 참가와 지원에 의해 이루어지는 활동으로 사회적 과제의 해결을 지향하면서 자주적으로 행하는 조직적이고 지속적인 활동"으로 정의되고 있다(久住剛, 1998: 16-17).

2 시민사회의 발전

일본의 시민운동은 주민운동과 병행해 발전해 왔다는 특징을 지니고 있다. 일본은 전국적인 네트워크를 가진 시민운동이 아시아 각국의 시민운동과 비교해 볼 때에도 상대적으로 빈약하다는 것은 이론의 여지가 없다. 그러나 일본의 시민운동은 주민운동에서 출발해 지역 내 문제에 천착하면서 사회부조, 사회봉사 등의 지역활동을 전개함으로써 안정성, 지속성, 장기성 등의 장점이 뚜렷한 특징이 있다.

나카무라 외(中村政則 外, 1995)에 따르면, 주민이라는 개념은 토지에 근거를 둔 특유의 토착적·유대적·특수적 존재 형태로 나타나며, 시민 개념에는 토지와는 분리된 비토착적·연대적·보편적인 의식 형태가 있다고 설명하고 있다. 주민운동은 특정 사안에 대해 자신들의 생존을 위한 필요

조건을 확보하고자 하며, 지역 주민의, 지역 주민에 의한, 지역 주민을 위한 집단적인 의사 표시이다.

시민은 지역이 아닌 국가나 사회 전체의 현상과 미래를 통제하거나, 통제할 가능성이 있는 조직의 정책결정, 실시, 평가 과정에 참여하거나, 정책 자체에 저항한다는 점에서 주민과 확연히 다르다. 나아가서 시민이 활동하는 지역구조나 기업 지배로부터 독립해 사회적인 역할을 다하는 다양한 단체로 구성되며, 누구나 공감하는 보편적 가치를 중시해 국가의 경계를 넘어 국제적 연대를 추구하는 경향을 지니고 있다.

주민운동이 행정에 가장 큰 영향을 미친 사례로 공장이나 사업장의 공해 배출 반대, 구획정리사업 반대, 고층주택의 건축 반대, 도로 확장 신설 반대, 학교 통합 반대, 복지 시책의 충실 요구, 공공시설의 정비 요구, 재해대책 요구 등을 들 수 있다. 즉, 환경 파괴에 따른 지역 주민의 직접적인 권리 침해에 저항하는 생활 방어운동이 커다란 주제였으며, 복지, 교육, 공공시설의 정비 충실이라는 능동적인 요구 운동도 지방행정에 적지 않은 영향을 미친 것을 알 수 있다(安藤元雄, 1996: 15-16).

고도 성장과 함께 일본 사회가 급격한 변동을 겪으면서 지역사회의 전통적인 구조가 공동화(空洞化)하거나 위기에 직면했다. 지역경제나 지역문화의 갑작스러운 변질은 지금까지의 지역사회 질서를 유지하기 어렵게 만들었다.

3 지역사회의 변화

1960~1970년대 인구 유출이 심했던 농촌은 전통적인 행사조차 유지할 수 없게 되고, 신흥 주택지는 각지에서 모여든 사람들로 새로운 쵸나이카이(町內會)나 자치회가 결성되어 좀 더 자유롭고 자치적인 조직이 만들어졌다. 이러한 변화는 전통적 주민조직인 쵸나이카이에 큰 영향을 미치게 되었다(中田實, 1986: 12).

1969년 9월에 일본 수상의 자문기구인 국민생활심의회 조사부회가 「커뮤니티: 생활의 장에 있어서 인간성의 회복」이라는 보고서를 발표했다. 자치성의 「커뮤니티(근린사회)에 대한 대책요강」에 따른 모델 커뮤니티가 전국적으로 보급되어 이 방식을 답습하는 형태로 도도부현(都道府縣), 시정촌(市町村)에서 독자적인 커뮤니티 시책이 만들어졌다. 1970년대 이후 행정기관이나 매스컴에서 커뮤니티라는 용어를 빈번히 사용하게 되면서 '새로운 도시 만들기'라는 의미로 받아들여져 빠른 속도로 주민들 사이에 유통되면서 시민권을 얻게 되었다.

커뮤니티와 쵸나이카이(町內會) · 자치회는 몇 가지 점에서 구분된다. 우선 구역과 규모로, 쵸나이카이 · 자치회가 동네 단위 소규모로 구성되어 주민의 생활의 장이 넓어지는 데에 충분히 대응하지 못하나 커뮤니티는 생활권을 포함하고 있다. 구성 주체로 쵸나이카이 · 자치회는 세대나 가족을 구성 단위로 하나, 커뮤니티는 개인이나 가정이 구성 주체, 쵸나이카이는 주민을 반강제적으로 가입시키나 커뮤니티는 자주성과 책임을 지닌 시민이다. 쵸나이카이는 전통형 주민층으로 구성되나, 커뮤니티는 시민형 주민층으로 구성된다.

목적이나 활동에서 쵸나이카이는 구성원의 친목이나 관혼상제에서 상호부조 위주이며, 적극적으로 생활환경을 개선하려는 경우가 많지 않다. 이에 대해 커뮤니티는 다양한 과제의 해결을 기대한다. 커뮤니티는 지역성과 활동의 공동 목표를 지닌 개방적이고 구성원 간 신뢰 있는 집단으로, 근대적인 목적성, 민주성, 자주성, 개방성이 요구되나 쵸나이카이는 대부분 자주성에 의문이 있는데다 민주성, 개방성이 떨어진다(渡戶一郎, 1998: 30-31).

「커뮤니티: 생활의 장에 있어서 인간성의 회복」 보고서는 고도성장기 동안 인구의 도시집중, 생활권의 확대, 신 · 구 주민 간 문제 발생, 그리고 기능 집단의 확대, 농촌 생산구조의 변화 등이 진행되면서 거기서 생겨난 새로운 생활 스타일에 대해 문제를 제기하고 있다. 커뮤니티는 "생활의 장에 있어서 시민으로서 자주성과 책임을 자각한 개인과 가정을 구성 주체로 하여 지역성과 다양한 공동 목표를 가진 개방적이고 구성원 간 신뢰를 얻은 집단을 의미한다"고 적고 있다(倉澤進, 1998: 3-4).

커뮤니티 형성이란 이러한 새로운 생활 양식의 창조라는 사회 목표를 담고 있었고, 1990년까지 커뮤니티센터 시설이 전국에 약 5천 개소가 생겨났다. 주로 대도시 주변에 인구가 급증해 형성된 주택단지나 새로운 도시공간에 센터시설을 설립한 것을 성과로 볼 수 있다. 도쿄도(東京都)는 1996년 6월에 보고서 「커뮤니티행정의 새로운 전개: 커뮤니티에서 시민활동으로, 그리고 다시 지역으로」라는 보고서에서 1980년대 이후 나타나고 있는 탈지역적이고 네트워크 지향적인 시민활동이 문제 해결형 주민활동으로 형성되어 갈 가능성이 높아지고 있는 점을 지적하고 있다.

한편, 대도시에서도 지역만들기 협의회나 커뮤니티협의회 등 민간단체는 자치회나 쵸나이카이(町內會)와 마찬가지로 지역을 근거로 구성되어 있다. 다만, 자치회, 쵸나이카이 등이 대개 300세대까지 대상으로 한 소규모 단체가 많은 반면에, 지역만들기 단체는 주로 소학교구나 중학교구 등 좀 더 광역적인 지역을 단위로 한 것이 많아서 대상 인구가 1만 명을 넘는 단체도 있다. 지역만들기 단체의 구성원은 다양하나 한 통계에 따르면, 주된 선정 방법으로서 자치회 등의 임원 가운데 선정하는 경우가 56.8%, 부인회에서 선정이 28.8%, 지역 주민 가운데 공개 모집이 19.9% 정도이다.

지역만들기협의회 등은 자치회나 쵸나이카 등 지역단체와 밀접하게 관계하고 있다는 것을 알 수 있다. 또한 시정촌 등의 지방정부는 자치회나 쵸나이카이에 대신하는 새로운 활동체로서 지역만들기협의회 등의 설치를 장려하는 경우가 많아서 볼런티어 단체나 NPO 단체와 비교해 행정기관과 지역만들기 단체와의 연계가 강하다는 것을 알 수 있다. 각 협의회에 대해 각 자치단체가 조례나 요강, 종합계획 등에 의해 공적인 제도 근거를 추가한 경우가 많아서, 지역만들기 단체의 설치 자체가 행정의 리더십에 의해 탄생한 단체도 적지 않다.

이에 비해 시민운동이 활발한 오사카(大阪), 교토(京都) 등지의 도시지역에서는 네트워크형 조직이 증가하고 있어, 일본 시민단체의 조직구조는 산업화 정도와 지역 특성에 따라 달라지는 다중구조의 특징을 보이고 있다. 도시부에서 현저한 네트워크형 조직의 증가는 섣부른 추론일지 모르나 무당파층의 확대와 관련이 있어 보인다. 즉, 체제 내 정당보다도 생활 지향적인 시민단체에 호의를 보내는 경향이 뚜렷이 증가하고 있다. 지역문제에서 탈피해 공통 이슈별로 광범위한 유대를 꾀하고자 하는 네트워크형 조직의 시민단체야말로 서구형 시민운동의 전형에 가까운 것이라 할 수 있다.

| 제 2 절 |

정부 주도형에서 새로운 파트너십으로

1 행정 주도형의 자원봉사 구축

일본 국내에서도 자원봉사에 대한 관심이 매우 높아져 가고 있다. 한국과 일본의 공통점은 자원봉사와 기부문화가 부족하거나 거의 부재한 상태라는 문제점을 안고 있다. 이러한 현실에서 일본의 자원봉사 제도가 중앙정부 주도로 시작되어 사회에 정착되었다는 것은 매우 의미심장한 시사점을 준다. 공정한 사회를 만들기 위해 정부가 좀 더 적극적인 시민사회단체의 역량을 강화하기 위한 다양하고 적극적인 노력과 대책이 필요하다는 것을 의미한다.

일반적으로 NPO의 특성을 자발성이라고 하지만, 일본의 NPO 운동은 정부 주도의 자원봉사운동에서 시작된 것이 특징이다. 주민운동이 자발적인 저항운동이었다고 한다면, 자원봉사 제도는 일본 정부가 주체가 되어 추진한 위로부터의 계발사업이었다. 주민운동이 기업을 대상으로 한 지역지키기 운동에서 출발했던 것에 비해, 자원봉사 제도의 도입은 정부 주도라는 색다른 과정을 밟았다.

특히 고베대지진 때 많은 사람의 주목을 끌었던 자원봉사자 그룹의 활동은 원래 일본 사회에 척박한 전통을 지니고 있었다. 일본에서 볼런티어리즘(자원봉사제)의 에토스(ethos)와 동기의 원천은 중앙정부의 유도로 생겨난 것이었다. 그 역사는 서양 각국의 역사적 경험과 달리, 일본이 전후에 직면하지 않으면 안 되었던 딜레마와 마찬가지로 매우 독특한 것이었다. 기독교가 유럽이나 미국에서 자원봉사 활동의 가치를 인식시키는 원천이었던 반면, 일본은 중앙정부에서 독립한 종교단체가 존재하지 않았다.

2 1990년 이후 정부와 시민사회단체와의 새로운 파트너십

일본 시민사회단체는 교육과 사회복지, 보건의료, 환경 보전, 국제 교류, 문화예술 등 사회 서비스 제공에서 매우 다양한 활동을 전개하고 있으며,

비영리 민간단체인 NPO로 등록되어 있다. 일본 경제기획청의 통계에 따르면, 일본 내 NPO는 인증, 비인증 단체를 모두 합치면 30만 개 정도로 추산되며, 예산 규모가 연간 30만 엔 미만, 회원이 50명 미만 단체가 과반수이고, 상근 직원이 있는 단체는 10%에 못 미치는 것으로 나타났다.

이 가운데 인증받은 단체만을 대상으로 살펴보면 <표 11-1>과 같다. <표 11-1>에서 2010년 6월 내각부와 도도부현에서 인증을 받은 일본 NPO 법인 약 4만 개의 활동별 분야(복수 회답 허용)를 살펴보면, 활동 단체가 가장 많은 분야가 보건, 의료복지 분야로 57.7%, 이어서 사회교육 추진 활동 46.3%, 마을만들기 41.3%로 나타났다. 이어서 각 활동에 대한 지원단체도 46.2%, 어린이 건전 육성이 41.3%, 학술과 문화, 예술 또는 스포츠 진흥이 33.3%임을 알 수 있다. 이것은 사회복지 활동 단체가 가장 많고, 지역주민단체, 청소년교육단체가 비교적 많다는 것을 말해 준다.

일본 지자체가 NPO 단체를 행정 파트너로 인정하게 된 것은 1990년대 들어 두드러진 현상이라 할 수 있다. 일본 지자체와 NPO 간 거버넌스는 정

표 11-1 일본 NPO 법인 활동 분야 (복수 회답 가능, 2010.6.30)

호수	활동 종류	법인 수(개)	%
제1호	보건 · 의료 또는 복지 증진을 도모하는 활동	23,262	57.7
제2호	사회교육 추진을 도모하는 활동	18,671	46.3
제3호	마을만들기 추진을 도모하는 활동	16,632	41.3
제4호	학술, 문화, 예술 또는 스포츠 진흥을 도모하는 활동	13,427	33.3
제5호	환경 보전을 도모하는 활동	11,616	28.8
제6호	재해구난 활동	2,555	6.3
제7호	지역안전 활동	4,091	10.1
제8호	인권 옹호 또는 평화 추진을 도모하는 활동	6,389	15.8
제9호	국제협력 활동	7,858	19.5
제10호	남녀공동참획사회 형성 촉진을 도모하는 활동	3,365	8.3
제11호	어린이의 건전 육성을 도모하는 활동	16,665	41.3
제12호	정보화사회의 발전을 도모하는 활동	3,619	9.0
제13호	과학기술 진흥을 도모하는 활동	2,035	5.0
제14호	경제활동 활성화를 도모하는 활동	5,783	14.3
제15호	직업 능력 개발 또는 고용 기회 확대를 지원하는 활동	8,045	20.0
제16호	소비자 보호를 위한 활동	2,371	5.9
제17호	전 각호 활동을 행하는 단체 운영 또는 활동에 관한 연락, 조언 또는 지원활동	18,635	46.2

책 과정에서 다양한 민의 수렴과 행정 영역의 공동 부담, 양자 간 논의와 견제를 좀 더 확산시키고 있다. 1998년「특정비영리활동촉진법」제정 이후 지자체가 NPO를 인증하고 지원 제도를 활성화함에 따라 양자 간 대화의 필요성이 높아졌고, 복지 NPO, 환경단체와 국제협력 NPO 등이 증가하면서 빈번한 교류의 장이 마련되었다.

일본 지자체는 대부분 지역 내 NPO를 지원하기 위한 조례를 제정하고, NPO 지원센터를 설립해 지원 체제를 강화하고 있다. 일본 내에서 행정관청과 시민활동 단체와의 협력은 일상적인 현상으로 정착되고 있음을 알 수 있다. 행정관청의 구체적인 NPO 지원 시책으로는 홍보와 계발, 상담과 자금, 인재와 활동 거점 제공, 정보와 네트워크 등이 있다. <표 11-2>는 지방정부가 조례를 통해 지역 내 시민단체를 지원하는 구체적인 시책 프로그램 내용을 담은 것이다.

표 11-2 일본 지자체의 NPO 지원 시책

지원 분류	내용	주요 항목
홍보와 계발	NPO 설립과 홍보 계발	세미나, 심포지엄, 설립과 활동 가이드, 홍보
상담	설립과 활동 상담	상담창구 정비, 상담원 육성과 연수, 경영진단, 컨설턴트 파견, 기업과 행정 자원봉사 제도
자금	설립과 운영활동 융자, 지원	융자와 보조금, 기금 설립, 업무 위탁과 시민은행
인재	전문기술, 경영 플랜	연수회와 세미나, 자격 취득 강습회, 강사 파견
활동 장소	장소 제공과 기자재 정비	지원센터 설립과 시설제공, 세제 대우, 공공시설 우선 이용
정보	네트워크 구축, 정보기술 취득	정보통신 네트워크, 정보기기 보조와 재활용
네트워크	연락과 교류	협의회, 연락회, 컴퓨터 네트워크, 지원센터 설치

3 정부와 시민사회단체와의 파트너십

일본의 시민활동은 최근 들어 몇 가지 변화의 계기를 맞이하고 있다. 2012년 당시 일본의 집권 여당이었던 민주당은 지역공동체의 재생을 위해 주민이 단지 공공 서비스의 수혜자가 아닌 제공자 내지 입안자로서 지방자치에 참가하는 사회를 지향했었다. 특히 지역 주민 상호간 봉사활동을 지원하고, NPO가 커뮤니티의 주도적인 활동 주체로서 일할 수 있도록 세제 개혁 등을 통해 시민단체의 재정 기반을 강화하고 있다.

일본 민주당이 지향하는 지역 주권은 정경 유착과 관료 주도를 개혁해 지방분권과 시민연대를 강화해 가는 것이다. 중앙집권에서 탈피해 지역 주민이 주체적으로 행동하고 책임지는 지역 주권으로 전환이 민주당 정권의 방침이다. 자립과 공생, 연대를 통한 지역 주권과 우애사회 실천이 일본 정부의 정책적인 지향점이 되고 있다.

일본 민주당은 이러한 변화를 묶어서 '새로운 공공성'으로 표현하기로 했다. 2010년 하토야마(鳩山由紀夫) 전(前) 수상은 시정연설 중에 '새로운 공공성'이라는 용어를 무려 일곱 번이나 사용했다. 민주당 내에도 2010년 1월 '새로운 공공성을 지향한 시민과 민주당의 정책형성 프로젝트' 회의가 개최되었다. 공공성 논의는 글로벌 시스템 하에서 국가와 사회가 재편성되기 시작하면서 더욱 활성화되고 있다. 더구나 일본 정부가 스스로의 정치이념 기초로서 시민자치와 공공성의 개념을 중시한 것은 매우 주목할 만하다.

일본 시민사회에서도 사회적 기업은 큰 관심을 모으고 있다. 일본에서는 지역에 밀착해서 사회적인 목적 아래 적극적인 사업활동을 추진하는 것을 '사회적 기업'으로 보고 있다. 영국에서는 지역 재생이나 지역 만들기를 위한 사회적 기업활동이 왕성한 반면에, 일본에서는 1990년대부터 시작되어 사회적 기업과 재정 지원 제도가 정착되는 과정에 있다고 볼 수 있다.

일본 경제산업성이 정리한 「사회적 기업 보고서」(2008년 3월)에 따르면, 약 8천 개의 사회적 기업 사업자가 있으며, 고용 규모는 약 32,000명, 시장 규모는 약 2,400억 엔(한화로 약 3.3조 원)에 달한다. 사회적 기업 가운데 약 50%는 NPO 법인이며, 주식회사가 약 20%, 나머지는 다양한 형태로 이루어져 있다. 사업 분야는 복지, 보건, 의료, 육아 지원, 교육, 지역 활성화, 마을만들기, 관광 진흥, 안전 마을만들기, 문화・예술, 스포츠, 국제 교류 등 매우 다양한 편이라고 할 수 있다. 이 가운데에는 사업체뿐만 아니라, 중간 지원조직이나 싱크탱크(think tank)와 같은 조직도 포함되고 있다.

4 재난관리에서의 민-관 협력체제의 강화

일본의 NPO 지원법 제정의 계기는 1995년 1월의 한신・아와지(阪神・淡路) 대지진에 비롯된다. 군대의 재난현장에 신속한 파견이 가능하게 되었다든지, 소방기관에서도 한신・아와지 대지진 이후, 대규모 재해발생 시에 인명구조, 소방활동을 보다 효과적이고 신속하게 실시할 수 있는 체제를 국가의 입장에서 확보하기 위해 '긴급소방원조대' 제도를 창설하였다는 점은 큰 변화라고 볼 수 있다. 그 이유는 1995년의 한신 · 아와지 대지진(규모 7.3)에서는 6,437명의 사망 · 실종자가 발생했지만, 지진으로 무너진 건물에서 구출되어 살아남을 수 있었던 사람의 약 80%인 27,000여 명이 가족이나 이웃 주민 등에 의해 구출되었으며, 소방, 경찰과 자위대에 의해 구출된 사람은 약 20%, 8,000여 명이라는 조사 결과가 나온 바 있다(<표 11-3> 참조).

표 11-3 한신 · 아와지 대지진 당시 매장 · 고립자에 대한 구조 주체

구조 주체	구조자 수 비율
자력 탈출	34.9%
가족이 구조	31.9%
친구 및 이웃이 구조	28.1%
통행인이 구조	2.6%
구조대가 구조	2.6%(기타 0.9% 포함)

즉, <표 11-3>에서 나타내는 바와 같이 매장되거나 갇혀 있을 때 자력으로 탈출하거나 가족, 친구, 이웃 등에 의해 구출된 비율이 약 90%를 넘고 있어 구조대에 의해 구출된 것은 1.7%인 것으로 나타났다. 대규모 재난 시에는 모든 붕괴 현장에 행정 구조대가 신속하게 도착하는 것이 어렵기 때문에, 자조 · 공조의 강화를 도모해야 한다는 것을 의미한다. 2011년 동일본 대지진에서도 지진과 지진해일에 의해 시 · 정 · 촌장을 포함한 많은 행정기관의 직원이 피난하는 등 이재민을 지원해야 하는 행정 기능이 마비되고 말았다. 이처럼 대규모 재난 시 '공조의 한계'가 드러나면서 자조(自助), 공조(共助) 및 공조(公助)가 잘 맞물려 돌아가지 않으면 대규모 재난발생 후 재해대책이 잘 작동하지 않는다는 사실이 인식되었다.

따라서 대규모 재난 시(時)에는 행정체계로서는 대응의 한계가 드러났기 때문에 지역 단위의 대응 능력의 향상을 꾀하는 것이다. 물론 일본 지역사회에서는 전통적으로 지역공동체의 자조 · 공조에 의한 재난대응 능력의 핵심을 담당하는 소방단 및 자주방재조직이 있다. 그러나 자율소방단은 다음의 [그림 11-1]에서 나타내는 바와 같이 전체적으로는 인구고령화 및

그림 11-1 **소방단원 수의 추이** (단위: 천 명)

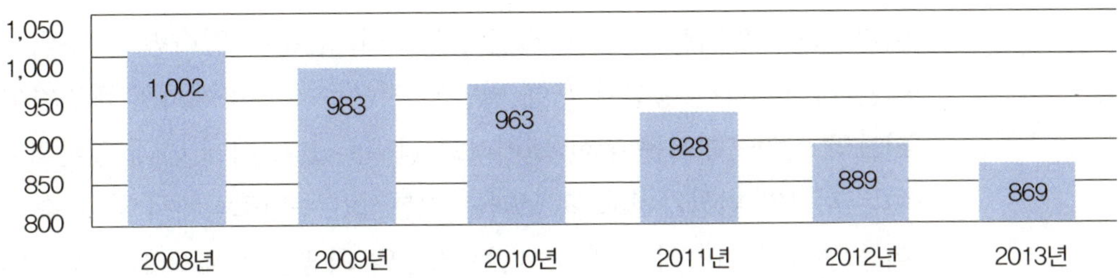

인구 감소 등의 요인으로 소방단원 수가 감소하고 있다.

따라서 일본의 NPO 가운데는 지역의 재난안전을 전문으로 하는 단체들이 많은 점이 눈에 띈다. 중앙정부인 일본의 총무성 소방청에서는 소방단의 가입 촉진, 처우 개선, 장비, 교육·훈련의 충실 강화, 자주방재조직의 리더 육성 등 지역공동체의 자조·공조에 의한 재난대응 능력 향상을 도모하고 있다. 또한 총무성 소방청에서는 지역 주민, 소방직원·소방단원 지방자치단체 직원 등에 대하여 인터넷에서 방재·위기관리에 대한 배움의 장을 제공하는 「방재·위기 관리 e-대학」을 설치 운영하고 있다. 이들 재난관리 NPO들은 2011년 후쿠시마 원전 사고로 인하여 더욱더 지역사회가 중시(한신·아와지 대지진 시의 피해자 가설주택에서의 고립, 자살 등이 잇따랐음)되어 집단 이전, 가설 주택 입주 단위에서의 커뮤니티 형성을 중시하는 정책을 채택하고 있다는 점도 특징이다.

제3절

주민조직과 NPO 조직

1 주민조직

1) 일본 지역사회의 특징

일본 지역사회에서 관해 논의하는 경우 대개의 논자들은 전통적 주민조직인 쵸나이카이(町內會)의 기능과 역할에 대해 사례연구를 통해 분석하는 것이 일반적이라고 할 수 있다. 그러나 일본의 지역사회에서 주민조직의 역할을 주민참여라는 서구의 이론적 잣대로 보려고 하는 경우 전혀 다른 메커니즘이 있다는 사실에 직면하게 된다. 단순히 말하면, 서구의 주민참여는 시민사회가 형성된 후에 발달된 것으로서 이곳에서의 주민참여는 자신들의 이익극대화를 위한 것이라고 할 수 있다. 이에 반해 일본의 주민참여는 서구와 마찬가지로 그 모태를 전통적인 주민조직에서 찾을 수 있으나, 이들은 자기 이익의 극대화보다는 자신의 희생을 전제로 한 주민참여를 하고 있다는 점에서 일본적 특성이라고 아니할 수 없다. 이들 주민조직의 구성원들은 행정의 협력자로서 혹은 대변자로서 행정활동을 하고, 동시에 주민의 의견을 수렴해 행정에 전달하는 기능을 수행하고 있는 것이다. 따라서 일본의 행정은 적은 인원의 주민조직을 준행정기관과 같이 이용해 행정의 생산성을 높이고 있으며, 정책 침투의 용이함을 동시에 얻고 있다(임승빈, 1997: 64). 따라서 일본의 지역사회에서는 주민 · 주민조직 · 행정 3자 간의 관계를 매개시켜 주는 지역사회의 조직은 준행정기관적인 역할을 하는 것이 특색이다.

2) 메이지 국가 형성 시기의 주민조직 형성

현재의 쵸나이카이(町內會) 등 전통적인 근린조직(隣保組織)의 기원을 메이지(明治) 이전인 에도(江戶) 시기로 보는 논자도 있으나, 국가 지배 체계의 하나로서 주민조직이 결성되기 시작하는 것은 메이지 시기라고 할 수 있다. 메이지 21년(1888년) 공포된 「시제정촌제이유서(市制町村制理由書)」에 따르면, 지금의 기초자치단체인 시정촌(市町村)에 자치를 보장하지 않고 국가의 집권적 통치 체제의 일익을 담당하도록 하는 내용을 담고 있다. 이와 같은 지방 개혁을 법률로써 공포하며 시행하는 가운데 쵸나이카이 등 전통적인 근린조직을 조직화하고 행정의 말단 기능을 담당시켰던 것이다. 쵸나이카이 등 전통적인 근린조직의 간부에게는 명예직 공무원과 같은 직위와 권한을 주어 국가와 지역사회를 잇는 선으로써 활용했다. 예를 들어, 정부가 「구호법(救護法)」, 「군인부조법(軍人扶助法)」 등 복지 서비스를 행하는 경우 이들 주민조직의 간부에게 수혜자를 추천하도록 했으며, 시혜를 주민조직을 통해 베풀도록 하는 것이다. 메이지 시기에 조직화되기 시작한 주민조직이 좀 더 적극적으로 국가 지배 체계의 일원으로 활용되기 시작한

때는 1910년대의 쌀소동부터라고 할 수 있다.

3) 지역사회의 지배구조: 쵸나이카이

지역사회에서의 네트워크 관계를 인구 100만 명 정도인 일본 가나자와시(金澤市)의 사례를 들어 살펴보면 다음과 같다. 가나자와의 지역사회 주민조직은 가장 작은 단위인 쵸카이(町會)－교하(校下)[1][정회연합회(町會聯合會)]－복합생활 거점지구－시－정부라는 4층 구조를 가지고 있다. 교하(校下, 정회연합회)는 가나자와시의 특수한 형태라고 하나, 다른 지역사회와 마찬가지로 공민관(公民館), 소방분단(消防分團), 청년단, 부인회, 어린이회 등이 교하(校下) 단위로 조직되어 있는 것은 같다.

표 11-4 가나자와(金澤)시의 지역사회구조 (단위: 개, 세대)

현정회구장회연합회 (縣町會區長會聯合會)	1
시정회연합회 (市町會聯合會)	1
교하정회연합회 (校下町會聯合會)	62
정회(町會)	1,327
번(班) (임조직, 隣組)	11,346
세대 수(世帶數)	125,149

<표 11-4>에서 나타나고 있듯이 62개 교하 조직이 기초가 되는 것은 정회(町會) 조직이라고 할 수 있다. 정회조직과 행정과의 관계는 주민자발적인 주민조직과는 다르다는 점이 특이하다(中川剛, 1993: 19).

4) 일본의 쵸나이카이 조직과 행정과의 파트너십: 구마모토시의 사례

구마모토(熊本)시에서는 1965년부터 쵸나이카이(町內會)가 제도화되었다. 2006년 4월 726개의 쵸나이카이가 있으며, 전 세대의 90%에 해당되는 24만 세대가 가입되어 있다. 가입 비용은 각 세대당 월 약 700~800엔가량

1) 초등학교나 중학교를 단위로 한 학교구.

표 11-5 지역공동체에서 쵸나이카이(町內會)의 역할

생활 안전에 관한 역할	방재활동	자주방재활동, 재해 대응
	방범활동	야간순찰, 방범 등 설치·유지관리 등
	교통안전활동	교통안전 지도, 교통안전운동 등
사회복지에 관한 역할	부조활동	독거노인 방문, 경로당 운영 등
	모금활동	적십자사 모금, 연말연시 어려운 이웃돕기
생활환경에 관한 역할	환경미화활동	청소, 쓰레기 처리장 정리
	자원회수활동	폐품 회수, 리사이클운동 등
	보건위생활동	병해충 구제, 헌혈운동 등
친목에 관한 역할	친목활동	각종 스포츠대회 주최, 여름축제 개최 등
	문화활동	문화재, 광보지의 작성 등

자료: 구마모토현(熊本縣), 구마모토시(熊本市) 내부자료(2007).

이며 다소의 차이가 있다. 무조건적인 가입 의무가 있는 것은 아니나 독신 세대 이외에는 대부분 가입하는 것이 자율적으로 지켜지고 있는 것은 일본의 다른 지역과 같다. <표 11-5>는 일본의 2006년 3월 인구 약 70만 명의 구마모토시에 있는 앞서 언급한 전통적 주민(隣保) 조직인 쵸나이카이의 지역사회에서의 주요한 역할을 나타낸 것이다.

<표 11-5>를 통해 알 수 있는 것은 전통적 주민(隣保) 조직인 쵸나이카이의 지역사회에서의 주요한 역할이 대부분 행정과의 접점이 되어 파트너 형태로 수행되고 있다는 점이다.

2 일본 NPO와 특징과 개념

1) 특정비영리단체활동법(일명 NPO법)의 제정

1998년 3월 일본 국회를 통과한 특정비영리단체활동법(일명 NPO법)은 종전 비공식적 영역에 머물고 있던 NPO들에 대해 법인격을 부여하면서, 필요한 지원이 가능하도록 했다는 점에서 일본 NPO 제도에서는 획기적인 변화를 가져왔다. NPO는 국가 내지 관료조직과 저항적이고 대립적인 운동의 성격을 띠지 있지 않으나 새로운 시민 참가 영역의 합법적인 확대, 국가권력의 시민단체와의 자발적인 공존 수용, 라이프 스타일로서의 봉사활동의 정착 등 점진적이면서도 거대한 변화로 또 하나의 '조용한 혁명(silent revolution)'에 해당할 만큼 커다란 영향력을 미친 것은 사실이다. NPO의 확대는 복지국가 이후 일본을 포함한 선진 각국에서 일어나는 공통 현상이며, 21세기형 패러다임의 도래를 시사한다.

일본 내 NPO는 어느 의미에서 자원봉사, 시민활동에 대한 측면에 비중이 크게 두어져 있다는 데에 주목할 필요가 있다. 개별 NPO의 활동은 소규모로, 주변 영역에서, 한정된 생활 주제를 해결하고자 하는 경향을 보인다. 광범위하고도 정치·경제적인 대규모 조직적인 투쟁운동의 성향은 매우 드물거나 거의 나타나고 있지 않는 것은 시민운동과의 차이를 극명히 드러내 준다. 교육과 사회복지, 보건의료, 환경 보전, 국제 교류, 문화예술 등의 사회 서비스의 제공에서 비영리 민간 부문의 역할에 초점을 맞춰 NPO로 보는 시각도 있다.

2) 일본 시민사회에서 NPO라는 단체가 생성된 의미

1970년대 후반 이후 복지국가의 위기, 신자유주의의 등장, 참여 민주주의의 발달과 함께 서구 사회가 찾아낸 보석이 바로 '시민사회'이다. 오늘날 시민사회는 공공 서비스의 생산, 민주주의적 가치의 재생산, 인간 소외의 극복 등과 밀접하게 관련되어 있어서 각종 사회문제에 대한 진단과 해결 대안을 제시하는 데 없어서는 안 될 개념으로 등장했다. 사회에서 활동하는 다양한 단체는 NPO(nonprofit organization, non-for-profit organization), NGO(nongovernmental organization), 제3섹터(the third sector), CSO(civil society organization), VO(voluntary organization), 민간단체, 사회단체, 공익단체, 시민단체 등 여러 가지로 부르고 있다. 이 밖에도 민중단체, 관변단체, 이익집단 등과 같은 용어가 사용되고 있다(박상필, 2001a: 53-54).

비영리단체(NPO)라는 용어는 미국에서도 많이 사용된다. 미국에서 비영리단체는 자원조직(voluntary organization), 자선조직(charitable organization), 독립 섹터(independent sector), 제3섹터(the third sector), 공익조직(public benefit organization), 비기업조직(nonbusiness organization), 면세조직(tax-exempt organization) 등 여러 가지로 불리고 있다. 이 중에서 가장 많이 사용되는 용어는 비영리단체이다. 학자들의 의견을 종합하면, 미국의 비영리단체는 정부와 기업을 제외한 자체의 관리 절차를 가지고 어떤 공공 목적에 봉사하는 단체를 말한다.

미국은 NPO가 포괄적인 형태로 제도화되어 있는 유일한 나라이다. 미국에서는 민간의 비영리조직을 NPO로 일괄해서 부르고, 주 법률에 의해 설립을 인정하고 있다. NPO는 법적으로는 비배당의 원칙으로서 이익을 전부 활동에 재투자하는 민간법인으로 정의되어 그 설립도 주담당청에 등록하며, 일본의 공익법인과 유사하다. 따라서 NPO의 활동 분야는 보건의료, 교육, 사회복지, 종교와 문화예술, 자선활동과 같은 전통적인 사회 서비스 영역에서 최근은 소비자운동, 환경 보호, 인권 옹호, 개발 협력이라는 사회 개혁적인 활동에 이르기까지 매우 다양하며, 이러한 NPO가 전국에서 130만 개 단체 이상, 경제 규모로 보아도 연간 총소득 3,160억 달러, 고용자 수 930만 명에 이른다.

유럽에서는 나라에 따라 사회제도가 각자 다르고 NPO의 동향도 매우 다양하다. 유럽에서는 미국과 같은 포괄적인 비영리법인 제도는 없다. 비영리활동을 하는 단체는 역사적으로 성립해 온 다양한 형태로 활동하고 있다. 재단이나 사단, 공익신탁, 임의단체, 또한 정부가 특별법으로 만든 특수법인 등이 독자적인 역할을 맡고 있다. 그러나 최근에 앞으로 사회 서비스의 모델을 찾는 가운데, 사회정책과 관련해 재편성의 움직임이 드러나고 있다. 유럽에서는 지금까지 복지국가 모형을 추구해 왔으나 복지국가의 위기를 맞이해 사회 서비스의 공급을 둘러싸고 재편성의 움직임을 보이고 있다. 정부가 NPO의 사회 서비스 공급 기능에 주목해 정부를 서비스의 공급자로부터 구입자로 바꾸자는 정책을 취해 NPO를 정부의 보조적·보완적인 것에서 정부의 대체적인 역할을 맡기는 것으로 변화하고 있다. 정부는 정책입안이나 재정 책임을 유지하면서 서비스의 공급에서는 영리·비영리의 민간 부문에 위탁해 국민의 대리로 필요에 따라 민간 서비스를 구입해 가는 것이다. 요컨대, NPO나 기업에 서비스 공급을 외부로 발주해, 그 결과로 종래보다도 많은 자금이 정부로부터 NPO로 흘러가 NPO의 활동이 더욱 활성화되었다(伊藤裕夫, 1997: 12).

일본에서 NPO는 비교적 정리된 개념으로 받아들여지고 있다. 일본은 공익법인 제도가 미국처럼 시민의 사회적 활동을 보장하는 것이 아니라, 오히려 대처(Margaret Thatcher) 정부 이후 영국에서 추진되어 온 행정 서비스의 민간화에 가까운 것이었다. 다만, 영국과 다른 점은 영국에서와 같은 현상 개혁적인 정책에서가 아니라, 개개 행정 시책의 보완으로서 이용되어 왔다. 즉, 현재의 공익법인 제도는 어디까지나 행정 시스템을 보완하는 것으로 기능하는 측면이 강하다.

일본의 NPO(non-profit organization)는 민간 비영리조직으로 1995년 고베대지진 시에 130만 명이 넘는 자원봉사자들이 모여들여 구호활동을 펴면서 본격적으로 사용되기 시작했다. 이에 대해 NGO(non-governmental organization)는 비정부조직으로서 협의의 의미로서 유엔이 정부 이외 민간단체와의 협력 관계를 정한 유엔헌장 제71조 가운데 사용하는 용어로서, 개발문제나 인권문제, 환경문제, 평화문제 등 지구 규모의 여러 가지 문제를 해결하기 위해 비정부, 비영리의 입장에서 활동하는 시민 주도의 국제조직 또는 국내조직으로 정의하고 있다. 즉, 활동 범위가 비교적 국경을 초월해 펼쳐지는 조직을 NGO의 범위로 포괄하고 있다.

일본의 NPO는 복지, 환경, 교육을 비롯해 다양한 분야에서 활동하고 있다. 사회복지 분야에서 특히 일본의 NPO는 많은 역할을 수행한다. 저출산·고령화사회가 빠르게 진행 중인 일본은 중앙과 지방정부, 사회보험의 재정 악화가 두드러지고 있다. 또한 가족의 개호(介護) 기능은 현저하게 떨어지고 있으며, 이에 따라 의료복지의 비용을 절감하고 자원봉사 기능을 활용할 수 있는 사회복지 시민사회단체에 대한 기대가 높아지고 있기 때문이다. 이러한 배경에서 1990년에 사회복지 사업법, 노인복지법, 신체장애자복지법 등 소위 복지 관계 8개 법이 개정되었으며, 또한 사회복지 기초구조개혁이라고 불리울 정도로 상당 부분 제도가 개선되었다. 중앙사회복지심의회가 1998년에 내놓은 보고서는 국민 스스로가 복지 부담, 자립과 사회연대를 병행, 개인의 안심과 자립이 중요, 상호부조와 사회복지 증진이 필요하다는 것이었다.

교육이나 양육에 참가하는 시민사회단체인 일본 NPO도 늘어나고 있다. 등교 거부나 아동 학대, 양육 지원, 매매춘 방지 등 인권 옹호나 외국인 아동 교육 등의 단체가 생겨나거나 네트워크가 강화되고 있다. 일본 문부과학성에 따르면, 2005년에 이르러 초중고생 가운데 등교하지 않는 학생들이 무려 18만 명 이상에 달하고 있다. 이에 대한 대안교육을 교육 NPO가 제공하거나 상담을 실시하고 있는 것이다.

환경 분야는 1970년대부터 비교적 이른 시기에 활동하기 시작한 단체로 해외와의 연계도 매우 강하다. 환경 가운데 하천, 해양, 삼림 등의 보전, 야생생물의 보호, 지구온난화나 오존층 파괴, 사막화, 자원 에너지, 쓰레기 폐기물, 농식품 등 매우 다양한 분야에 걸쳐서 활동하고 있는 단체가 많다. 비영리 민간단체로서 환경 분야에서 활동하고 있는 시민사회단체는 11,075

개에 달하며, 환경 보전을 목적으로 하는 단체도 2,555개에 달한다. 2004년 말까지 인증을 받은 NPO 법인 약 2만 개의 정관(定款)에 기록된 단체 가운데 약 3할이 환경 보전에 종사하고 있었다. 단체별 소재지를 살펴보면, 도쿄(東京)가 가장 많은 17.4%, 가나가와현(神奈川縣) 6.8%, 홋카이도(北海道) 6%, 시즈오카현(靜岡縣) 4.5%, 아이치현(愛知縣) 3.5% 등 도시권에 많이 분포하고 있다.

3 전통적 주민조직과 NPO의 구분

일본 내에서 지역주민조직, 자원봉사단체와 NPO는 어떻게 구별되는가를 살펴보면, <표 11-6>과 같다. 자원봉사라는 용어는 이미 일본에서 일반화되어 공통된 이미지를 형성하고 있다. 일반적으로 자원봉사 활동이란 예를 들면 고령자와 장애인, 이재민에 대한 자선과 박애활동, 해안이나 공원 등의 청소활동, 외국인과의 국제 교류활동 등이 생각나지만, 이들 활동에 공통된 것은 자발성과 무보수를 내용으로 하는 사회봉사, 사회 공헌적인 요소이다. 이에 대해 NPO는 개인의 선의가 전제가 아니고 또한 활동의 일환으로서 수익활동이 가능한 점이 큰 차이가 있다.

단체의 성질에서 살펴보면, 볼런티어 단체는 개개 자원봉사자의 집합체라는 이미지가 강하고 볼런티어 한 사람 한 사람의 선의와 무보수가 중요한 요소이다. 이에 대해 NPO는 하나의 조직으로서 측면이 강하고, NPO 가운데서도 조직성이 강한 단체는 유급 스태프가 있고, 전용 사무실을 보유하면서 지속적인 활동을 하는 것이다. 또한 행정과의 관계에서 자원봉사는 행정에 협력, 봉사하는 면이 강하지만, NPO는 행정에 협력·보완하면서

표 11-6 지역주민조직과 NPO·자원봉사단체

구분	지역주민조직	NPO·자원봉사단체
조직 목적	조직생활의 공동 수요 관리	지역사회 시스템 향상
조직 원리	상호 협력에 의한 의무 참가	상호 협동에 의한 자발 참가
경제 기반	회비, 행정보조금, 위탁비	기금, 기부, 사업수익금
행정 간 관계	하청, 협력, 보완 관계	파트너십 관계
활동 내용	지역관리, 위임, 친목사업	사회 공헌, 자주, 교류사업
구성원	지역 리더, 지역 주민	전문 스태프, 일반 시민

독자적인 서비스를 제공하거나 제안 기능도 가지고 있다.

제4절

공익법인 제도 도입

1 사단법인 · 재단법인의 진화

공익법인이란 민법 제34조에 준해 설립된 사단법인과 재단법인을 말하는데, 설립을 위해서는 ① 공익사업을 시행할 것, ② 비영리 목적을 추구할 것, ③ 해당 관청의 허가를 받을 것 등의 조건이 필요하며, 그리 간단하

그림 11-2 민간 부문의 법인제도

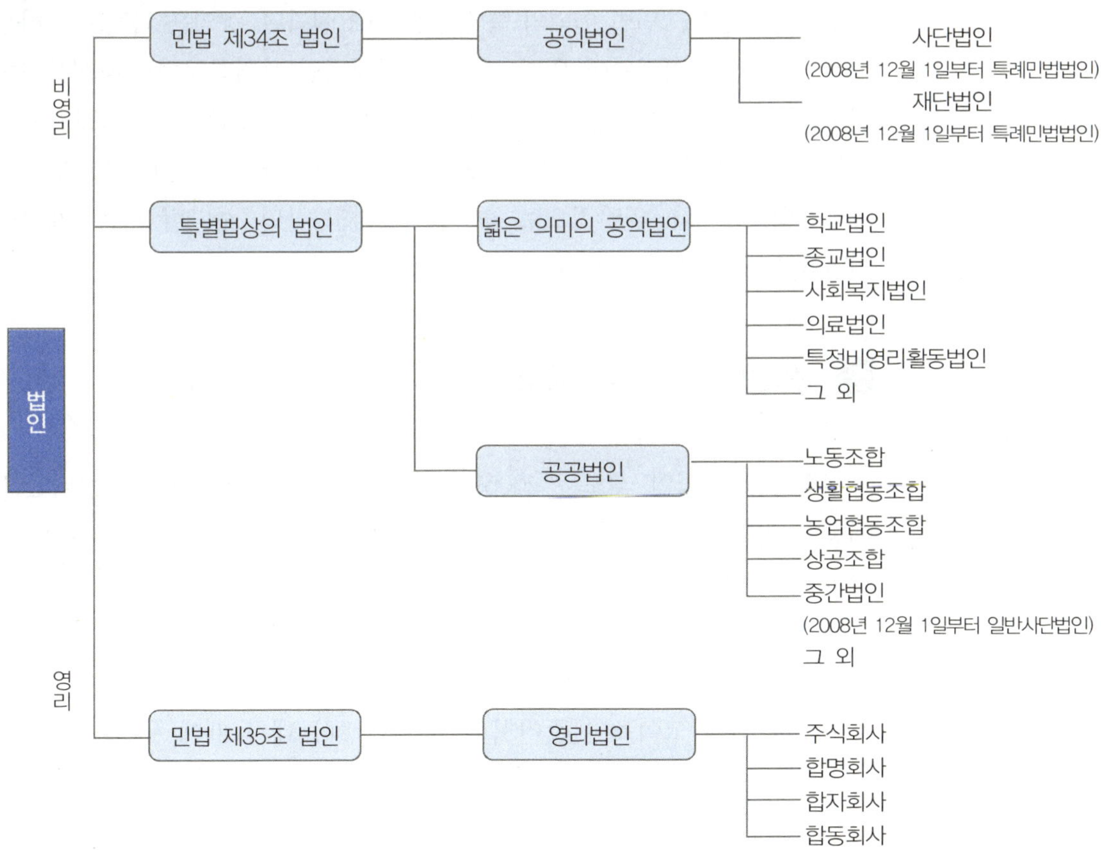

게 설립할 수 없다고 알려져 있다. 공익법인이 탄생한 것은 민법이 제정된 1896년으로 실로 긴 시간에 걸쳐 군림해 온 일본의 비영리 섹터의 리더 격의 존재인 것이다.

활동 내역으로는 여러 가지가 있지만 행정시설의 관리나 자격 인정, 검사의 실시 등 행정기관의 의뢰에 의존하는 법인도 많다. 특히 행정기관과의 연계가 강한 탓에 일정한 업무를 사실상 독점하거나, 민간업자를 압박하거나, 관료의 낙하산 인사의 부임지가 되거나, 지원금으로 받은 세금을 낭비하는 등의 여러 가지 문제가 부각되어 비판이 끊이지 않는 것도 사실이다.

공익법인은 넓은 의미로는 목적이나 내용에 따라 두 가지로 나뉜다. 그 한 가지가 사단법인으로, 일정한 목적을 기반으로 결합한 사람들의 집합체로서 단체로서의 조직 구성, 의사 등을 지니며, 단체가 하나의 사회적 존재로서 행동하는 조직이다. 또 다른 하나가 재단법인으로 일정의 목적을 기반으로 갹출·결합된 재단의 모임으로서, 공익을 목적으로 관리·운영되는 조직이다.

또한 이 밖에도 민법 이외의 특별법에 준해 설립된, 공익을 목적으로 하는 넓은 의미의 공익법인이 있다. 이것이 학교법인(사립학교법), 사회복지법인(사회복지법), 종교법인(종교법인법), 의료법인(의료법), 갱생보호법인(갱생보호사업법), 특정비영리활동법인, 이른바 'NPO 법인'(특정비영리활동촉진법) 등이다. 일반적으로 공익법인이라고 하면, 사단법인이나 재단법인만을 떠올리기 쉽지만, NPO 법인 등을 포함할 경우도 있다.

2 공익법인 개혁의 배경

새로운 공익법인 제도는 2006년 5월 26일 일본 국회에서 성립되었다. 애당초 이 공익법인 개혁은 2000년 12월 당시의 모리 요시로(森喜朗) 내각이 각의 결정한 '행정개혁 대강'에서, 특수법인 개혁, 공무원 제도 개혁과 함께 '행정개혁 3주체'의 하나로서 시작되었다. 정부가 지향하는 '관(官)에서 민(民)으로', '작은 정부'라는 행정개혁의 일환으로서, 그 후의 내각들도 꾸준히 추진해 고이즈미 준이치로(小泉純一郞) 내각 때에 무사히 성립했다. 아베 신조(安倍晋三) 내각 때에 2008년 12월 1일 실시가 결정되었다.

표 11-7 소관 관청 출신 이사가 있는 법인의 수 (단위: 개, 명)

소관 관청		법인 수	소관 관청 출신 이사				
			법인 수	이 중 1/3을 넘는 법인	이사의 수	이 중 상근 법인 수	이 중 상근 이사의 수
국가 소관	사단	3,683	1,528	83	3,642	1,096	1,387
	재단	3,093	1,521	256	4,412	832	1,403
	합계	6,776	3,049	339	8,054	1,928	2,790
도도부현 소관	사단	8,985	1,915	122	4,489	1,060	1,157
	재단	9,268	2,767	402	7,848	1,113	1,561
	합계	18,253	4,682	524	12,337	2,173	2,708

이렇게 제정된 법률은 이후의 비영리 섹터 전체를 움직이는 원동력이 될 가능성이 있기에, 사단법인 · 재단법인뿐 아니라, NPO 법인이나 중간법인 등 공익(公益) · 공익(共益)에 연관된 모든 사람에게 큰 영향을 미치게 될 것이다. 지금까지 사단법인이나 재단법인은 민법에 준해 각 감독관청 등이 각각의 설립을 허가했다. 공익성에 대해서도 각 관청의 재량으로 판단해 왔기에 그 결과 국가나 지방공무원의 퇴직 후 낙하산 인사의 온상이 되었던 것도 사실이다.

표 11-8 각 부처로부터 국가 소관 공익법인에 대한 보조금 · 위탁금 등의 상황

(2005년 결산 수준: 백만 엔)

	교부액 (백만 엔)	교부 법인 수 (개)	금액별 법인 수			
			1,000만 엔 미만	1,000만 엔 이상 1억 엔 미만	1억 엔 이상 10억 엔 미만	10억 엔 이상
보조금 등 [비율(%)]	256,676	480	114 (23.8)	194 (40.4)	119 (24.8)	53 (11.0)
위탁비 [비율(%)]	121,001	625	204 (32.6)	262 (41.9)	134 (21.4)	25 (4.0)
합계 [비율(%)]	377,677	930	264 (28.4)	357 (38.4)	235 (25.3)	74 (8.0)

주: 1. 교부액 및 교부법인 수는 공동 관할에 의한 중복을 제외한 실제 수치이다.
2. 이 자료에서 보조금 등이란, 2005년 결산서 코드번호의 항목 번호이지만, 원칙적으로 '16'의 보조금, 부담금, 교부금, 보급금 등이다. 또한 위탁비란 위와 같은 항목번호의 '14'의 것이다.
3. 교부액은 100만 엔 미만을 반올림하기 때문에, 보조금 등과 위탁비의 합은 합계와 일치하지 않는다.

	보조금 등		위탁비	
	교부액	교부법인 수	교부액	교부법인 수
지사부국 소관	258,726	3,381	359,966	2,505
교육위원회 소관	77,977	614	67,485	213
합계	320,583	3,960	406,290	2,685

주: 1. 합계는 공동 관할에 의한 중복을 제외한 실제 수치이다.
2. 보조금 등, 위탁비란 각각 지방자치법 시행규칙 제15조 제2항 별기 중, 절항 '19 부담금, 보조 및 교부금', '13 위탁료'를 가리킨다[자료: 위 <표 11-8>은 모두 『2007년도판 공익법인백서』(총무성 편)].

실제로 국가 소관인 종래 공익법인 중 약 3,000개 단체에 약 8,000명이나 되는 이사가 소관 관청의 공무원 출신이며, 도도부현 소관인 종래 공익법인에 이르러서는 약 4,600개 법인에 약 12,300명의 소관 관청의 전직 공무원이 낙하산 인사를 통해 이사직을 맡고 있었다. 이런 실태를 통해 국민의 낙하산 인사 비판의 강도가 높아지며, 결국 정부도 움직이지 않을 수 없는 상황에 몰리게 된 것이다. 그러므로 이 법률은 이러한 비판에 충분히 대응할 수 있는 것이어야만 했고, 신제도의 중점은 낙하산 인사를 배출하는 각 감독관청의 허가제를 일절 배제함으로써 법무국에서의 등기만으로 간편하게 법인을 설립할 수 있도록 하는 것이었다.

그림 11-3 행정, 공익법인, 국민과의 관계도

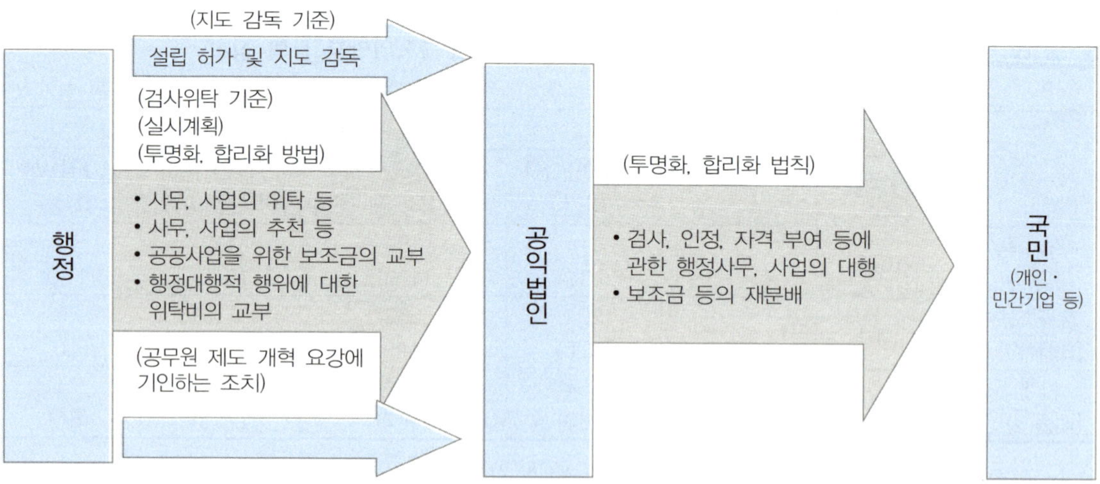

3 신공익법인 제도의 도입과 변화

사단법인 · 재단법인은 '일반'인지 '공익'인지의 분류이다. '일반'은 등기만으로 설립 가능하다. 중간법인은 사라지고, NPO 법인은 그대로 존치하기로 했다. 새로 성립한 법률 내용은 ① 일반사단법인 및 일반재단법인에 관한 법률(제344조, 이하 일반법), ② 공익사단법인 및 공익재단법인의 인정 등에 관한 법률(제66조, 이하 공익인정법), ③ 일반사단법인 및 일반재단법인에 관한 법률 및 공익사단법인 및 공익재단법인의 인정 등에 관한 법률의 시행에 따른 관계 법률의 정비 등에 관한 법률(제458조, 이하 정비법)의 세 개의 법률이다.

이 법률에 따라 비영리단체(잉여금의 분배를 목적으로 하지 않는 단체) 설립 시에는 관청의 영향력을 배제하고, 공익성의 유무나 목적에 관계 없이 준칙주의(등기)에 의해 간편하게 법인 자격을 취득할 수 있게 되었다. 이 법인명은 '일반사단법인', '일반재단법인'(일반법 제3조)으로 되어 있다. 또한 이러한 단체들 중에서 공익성이 있다고 인정되는 단체만이 다시 '공익사단법인', '공익재단법인'의 자격을 얻게 되며, 기부금의 우대 조치 등이 적용된다(공익인정법 제5조).

공익성 판단 여부는 내각부에 설치된 제3자 기관 '공익인정등위원회'의 유식자(有識者) 7인(도도부현에서는 '합의제 기관' 3인에서 5인)이 공익성의 인정과 취소 등 조치의 판단을 하게 되었다(공익인정법 제43조, 공인인정법에 관한 법률 제50조 제1항에 규정하는 합의제 기관의 조직 및 운영의 기준을 정하는 정령). 그리고 위원회의 관여 하에 내각총리대신 또는 도도부현지사가 인정을 실시하게 되어, 지금까지의 담당 관청의 허가제는 전부 폐지되었다(공익인정법 제4조).

이러한 신제도는 자유로운 활동을 촉진하고, 재산의 사회적 활용을 촉진한다는 관점에서 누구나 간편하게 법인을 설립할 수 있도록 되어 있다. 하지만 폭력단이나 피라미드 판매 목적의 단체라도, 일반사단법인이나 일반재단법인이라면 간단히 설립할 수 있다는 점이 이후 큰 사회문제가 될 것으로 보인다. 인정 제도가 있는 NPO 법인조차도 그러한 불법활동에 일부 이용되었던 사례를 생각하면, 휴면법인 정리 제도나 재판소에 의한 해산명령 제도를 설치한 정도로는 어느 정도의 억제력을 갖게 될지, 허가 제도를

그림 11-4 4개의 새로운 법인격

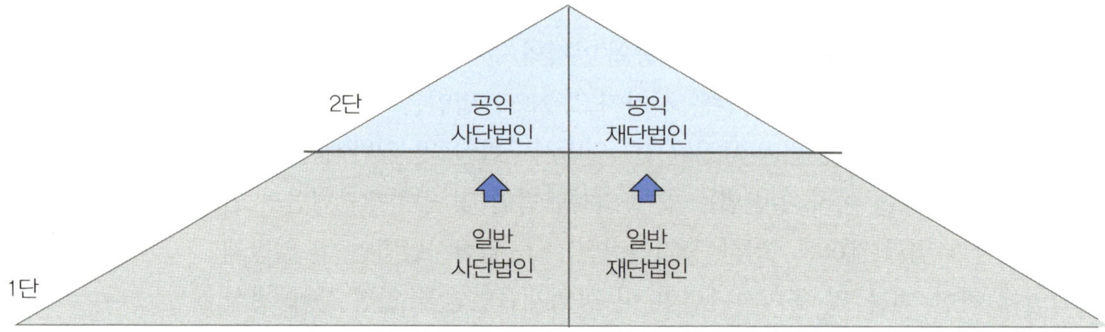

주: 1. 1단 부분은 등기만으로 설립할 수 있지만, 공익법인이라 명할 수 없다.
2. 2단 부분은 공익 인정의 기준은 높지만, 공익법인이라 칭할 수 있다.

일반사단법인의 주요한 특색

- 단체의 공익성과 목적은 불문하고, 등기만으로 설립 가능하다.
- 사원 2명 이상으로 설립 가능하다.
- 설립 시 재산 보유 규제는 설정할 수 없다.
- 사원, 사원총회 및 이사는 반드시 두고, 평의원은 통상적으로 두지 않는다.
- 이사회, 감사 또는 회계감사인의 설치가 가능하다.
- 설립 시 재산은 필요 없지만, 기금 제도의 채용이 가능하다.
- 사원에 의한 대표소송 제도가 있다.
- 원칙과세그룹과 원칙비과세그룹으로 구분한다.

일반재단법인의 주요한 특색

- 단체의 공익성과 목적은 불문하고, 등기만으로 설립 가능하다.
- 설립자는 설립 시에 300만 엔 이상의 재산을 거출한다.
- 재단 목적은, 그 변경에 관한 규정을 정관으로 정하지 않는 한, 변경 불가하다.
- 이사, 이사회 및 감사는 필히 설치. 이사의 업무 집행을 감독하고, 또한 법인의 중요한 의사결정에 관한 기관으로서, 평의원 및 평의원회 제도를 반드시 설치한다.
- 회계감사인의 설치가 가능하다.
- 원칙과세그룹과 원칙비과세그룹으로 구분한다.

없애는 것이나 간편한 설립에만 치중한 점에 다소 의문이 남는다.

4 공익사단법인 · 공익재단법인

제3자 기관 '공익인정등위원회'의 유식자(有識者)가 공익성의 인정이나

그림 11-5 시민사회단체의 공익 인정의 구조

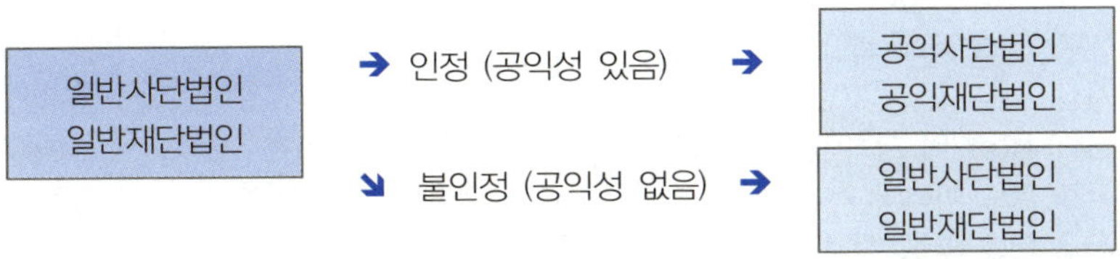

취소를 판단하고, 인정을 받지 못하면 '공익법인'이라고 칭할 수 없다. 새로운 법률상 등기만으로 설립 가능한 것(준칙주의)은 어디까지나 '일반사단법인', '일반재단법인'에 지나지 않다. 아무리 사단법인이나 재단법인의 이름을 걸고 있다 해도, 지금까지와 같이 공익성을 담보로 하는 것은 아닌 것이다. 그러므로 사회적인 신용을 얻기 위해서는 누군가에게 공익성을 인정받아야만 한다.

이에, 공익성을 인정하는 새로운 제도를 창설하게 된 것이다. 내각부에 설치될 제3자 기관 '공익인정등위원회'의 7인의 유식자(도도부현에서는 합의제 기관의 3인에서 5인의 유식자)가 공익성의 인정이나 취소를 판단해, 일정의 기준을 충족하는 법인만이 인정을 받아 공익성을 사회에 어필할 수 있는 '공익사단법인', '공익재단법인'의 명칭을 사용할 수 있게 되는 것이다. 부연하자면, 공인 인정이 있는 한, 인정을 받지 않은 법인은 공익적이 아닌 법인, 즉 '비공익법인'이라는 명찰이 붙게 되는 것과 같다고 할 수 있다.

공익 인정을 받기 위해서는 우선 다음 항목의 23가지 공익사업이 주된 목적이어야만 한다. 그 밖에도 공익 인정을 받기 위해서는 상당히 높은 기준이 정해져 있다. '공익사단법인' '공익재단법인'으로 인정받기 위한 23가지 공익 목적사업은 다음과 같다.

① 학술, 과학기술의 진흥
② 문화, 예술의 진흥
③ 장애자, 생활곤궁자, 사고 · 재해 · 범죄의 피해자 지원
④ 고령자복지의 증진
⑤ 노동 의욕이 있는 자에 대한 취로 지원
⑥ 공중위생의 향상
⑦ 아동, 청소년의 건전 육성
⑧ 노동자의 복지 향상

⑨ 교육, 스포츠를 통한 국민의 심신의 건전한 발달에 기여 또는 풍부한 인간성을 함양
⑩ 범죄 방지, 치안 유지
⑪ 사고, 재해의 방지
⑫ 인종, 성별 등에 의한 부당 차별이나 편견의 방지, 근절
⑬ 사상, 양심, 종교, 표현의 자유의 존중, 옹호
⑭ 남녀 공동참여 사회의 형성, 그 외에 더 좋은 사회 형성 추진
⑮ 국제 상호 이해의 촉진, 개발도상지역에 대한 경제 협력
⑯ 지구 환경 보전, 자연환경 보호 · 정비
⑰ 국토의 이용, 정비, 보전
⑱ 국정의 건전한 운영 확보
⑲ 지역사회의 건전한 발전
⑳ 공정한 자유경제 활동의 기회 확보, 촉진, 활성화에 의한 국민생활의 안정 향상
㉑ 국민생활에 불가결한 물자, 에너지 등의 안정 공급 확보
㉒ 일반 소비자의 이익 옹호, 증진
㉓ 그 외, 공익에 관한 사업으로서 정령으로 정한 것

따라서 종래의 사단법인 · 재단법인은 일단 '특례민법법인'으로 존속하되, 2013년 11월 30일까지 신법인으로 이행하지 않으면 자동적으로 해산되었다. 이번의 신제도에 따라, 민법 제34조의 규정에 의해 설립되었던 종래의 사단 · 재단법인은 신제도의 시행일인 2008년 12월 1일부터 '특례사단법인' 또는 '특례재단법인'(총칭해서 '특례민법법인'이라고 한다)으로 불리며, 그대로 존속하게 된다(정비법 제42조). 특례민법법인은, 이행 기간으로 정해진 5년 후인 2013년 11월 30일까지는 '사단법인', '재단법인'이라는 지금까지 친숙한 명칭을 사용할 수 있었다.

종래의 규정 · 기준 등에 근거해 종래의 해당 관청이 이어서 지도 감독하게 된다(정비법 제95조). 그리고 이행 기간 만료일인 2013년 11월 30일까지 '공익사단법인', '공익재단법인'이 되기 위한 이행 인정 신청을 하거나, 또는 공익성의 인정을 받지 않는 '일반사단법인', '일반재단법인'으로 이행 인가 신청을 하게 된다(정비법 제44조 · 제45조).

만약 이행 기간 만료일이 지나도록 공익성의 인정이나 이행 인가를 받지 않을 경우에는 11월 30일을 기해 해산한 것으로 본다. 기한에 맞춰 신청하는 법인이 있을 수도 있으므로 11월 30일까지 신청한 법인은, 11월 30일이 지나도 신청에 대한 인정, 혹은 인가 등의 처분이 나올 때까지는 지금까지와 같이 특례민법법인으로서 존속하도록 되어 있다(정비법 제46조).

종래의 사단법인 · 재단법인은 2008년 12월 1일 이후엔 새로운 법인격으로 이행하기 전까지, 신법의 규정은 적용받지 않으며 지금까지의 정관대로

운영하게 된다. 물론, 계산 서류의 작성이나 대차대조표 등의 광고(법령에 의해 의무지어진 사항을 채권자, 이해관계자 등에게 관보 등을 통해 주지하는 것에 관한 신법의 규정도 특례민법법인에는 적용되지 않는다(정비법 제79조).

또한 종래의 재단법인은 일반재단법인의 설립에 필요한 300만 엔 이상의 재산(일반법 제153조)에 대해서는, 이행 기간 중에는 보유한 순자산의 총액이 300만 엔 미만이라도 존속 가능하나, 이행 등기를 마친 사업 연도의 결산부터는 해산의 대상이 된다(정비법 제122조 제2항). 물론, 공익재단법인을 지향할 경우에는, 300만 엔 이상을 보유하고 있어야만 인정 신청이 가능하므로 주의해야 한다(일반법 제153조 제2항, 공익인정법 제7조 제2항). 이 밖에 종래의 재단법인은 신법에 근거한 기금을 모집할 수 있다(정비법 제87조).

특례민법법인의 등기에 대해서는 2008년 12월 1일 이후, 종래의 등기를 신법에 준하는 등기로 보게 되지만, '공익사단법인', '공익재단법인'이 되기 위한 공익성의 인정을 받은 후, 또는 '일반사단법인', '일반재단법인'으로 이행 인가를 받은 후에는 신법에 준해 필요한 등기(명칭, 필수설치기관의 설치 등)를 행하게 된다(정비법 제77조 · 제106조 · 제121조).

공익성의 심사는 유식자(有識者)로 구성된 '공익인정등위원회' 또는 '합의제 기관'이 공익성의 인정을 판단할 때에는, 기본적으로 활동 실적 등은 묻지 않지만, 경리적 기초를 명확히 하기 위해 신청 시의 재산목록이나 대차대조표 등에 대해서도 심사를 받게 되므로 과거의 실적을 전혀 조사하지 않는 것은 아니다. 또한 법률 제정 시의 부대 결의에서는 실적을 충분히 고려할 것이 명시되어 있으므로 역시 과거의 활동도 참고로 심사한다고 생각하는 것이 일반적이다.

그리고 행정청으로부터 '공익성 있음'으로 공익 인정을 받은 특례민법법인은 바로 이행 등기를 하게 된다. 등기를 해서 비로소 공익성이 있는 법인 '공익사단법인', '공익재단법인'으로서 되살아나는 것이며, 이후에도 그 행정청의 감독을 받게 된다(정비법 제106조, 공인인정법 제27조). 단, 행정청의 감독 자체는 지금까지의 제도와 큰 차이가 없어, 많은 전문가의 비판을 받는 부분이기도 하다. 지금까지 특히 비판이 심했던 해당 관청 제도를 없앤 교훈을 살려 얼마나 영향력을 배제할 수 있는지가 이후의 과제가 될 것으로 보인다.

그림 11-6 신법 시행에서 이행까지의 흐름

종래의 사단법인 · 재단법인

↓

신법 시행일(2008년 12월 1일)부터 기산해 5년을 경과하는 날까지의 기간(이것을 '이행 기간' 이라고 한다)은 일반사단법인 · 일반재단법인으로 보고, 일단 존속

↓

존속하는 대상 중, 새로운 법인격으로 이행의 등기를 하고 있지 않는 것을 특례민법법인('특례 사단법인', '특례재단법인')으로 부름.

↓

특례민법법인은 이행 기간 내에 공익성의 인정 신청, 또는 공익성의 인정을 받지 않는 일반법인으로의 이행 인가 신청이 가능

↓

이행 기간 중 공익성의 인정 또는 이행의 인정을 받지 않고 있는 경우는 이행 기간 만료일 (2013년 11월 30일)을 기해 해산한 것으로 봄.

↓

공익성의 인정 신청이나 이행의 인가 신청을 할 때에는 행정청(전국 규모의 법인이라면 내각부, 지역 한정이라면 도도부현청)에 대해 신청서와 함께 총회 의결 등 필요한 수속을 거친 정관 변경안, 사업계획서, 수지예산서, 재산목록, 대차대조표 등을 제출하는 등 기본적으로 서면심사 원칙

↓

인정 신청의 경우는 행정부의 장의 의견을 첨부해 행정부에 설치된 '공익인정등위원회' 또는 '합의제 기관'의 자문을 받은 후, 법률로 정해져 있는 제규정이나 인정 기준을 충족하는가에 대한 심사를 거쳐, 동 위원회 · 기관의 답신에 따라 행정부가 인정 등의 처분을 행함.

생각해보기 일본의 보수화는 언제부터일까?

교육과 문화는 함께 간다. 일본의 메이치(明治) 시대 이전의 에도(江戸) 시대(1601~1868년)의 바쿠후(幕藩) 체제에서는 전국의 300개 정도의 각 번(藩)은 고도의 자율적 행정권을 갖고 있으면서 자신의 영지를 통치해 다양한 문화가 있다고 여겨진다. 이와 같은 바쿠후 체제가 붕괴되고 중앙정부의 지방단체화된 것은 1871년 7월 14일의 칙령에 의해서이다. 당시 메이지 정부는 폐번치현(廢藩置縣)을 통해 도쿠가(德川)와 시대의 분권적이었던 300번(藩)의 일본식 봉건 영주제를 폐하고 중앙정부 관리를 파견해 통치하게 하는 47개의 현을 두어 중앙집권적 행정 체계를 착수하게 된다. 따라서 전국 각지의 도도부현의 지사는 천황 중심의 행정 체계에서 국가공무원이 임명되어 천황의 관리로서 직분을 수행하게 된다. 1871년 11월 18일에는 문부성(한국의 교육부)을 설치하고 동월 11월 25일에는 전국의 초중고 교육을 중앙집권적 교육행정으로 이행한다는 포고를 하게 된다. 이후 제정되는 메이지헌법에서의 교육제도에 관한 내용은 제9조에 '교육칙령주의'를 명문화한다. 교육칙령주의란 교육에 관한 주요한 사항은 천황의 명령에 의한다는 의미이며, 입법권이라고 할 수 있는 제국의회의 관여를 배제하고 있다. 따라서 메이지헌법상에서의 교육행정은 천황과 유럽의 귀족원에 해당되는 추밀원의 칙령에 의해 운영되는 행정 체계를 갖추게 된다. 메이지헌법에서의 교육 내용이 칙령으로써 정하게 되는데, 그 주요 내용은 첫째는, 대의명분을 중요하게 여길 것, 둘째는, 천황(국가)에 충효의 도의를 지킬 것, 셋째는, 천황을 받들어 서양 세력을 몰아내자는 존황양이(尊皇攘夷)론을 주창하는 것 등이었다(임승빈, 2011 재인용). 이러한 천황 중심의 지배 체제의 공고화가 지금의 일본의 국가주의적 보수화로 회귀하고 있지는 않은가 하는 의구심이 든다.

제 12 장 영국과 미국의 시민사회 변화

제 1 절 영국

19세기의 영미와 서유럽에서 시민의 등장은 산업혁명과 그 궤를 같이 한다. 중세의 농노에서 도시의 노동자로 변신한 사람들은 시민사회의 밑거름이 되었으며, 이들은 프랑스대혁명(1789년)에서는 부르주아가 주동이 되었다면 1830년, 1848년 프랑스 파리의 민중봉기에서는 이들 노동자 그룹이 주동자가 되었으며 점차적으로 이들은 시민권력으로서 자리를 잡게 된다. 프랑스뿐만 아니라 영국에서는 이보다 일찍 제1차, 제2차 인클로저(enclosur)운동에 의하여 산업혁명 과정에서 노동자들의 영향력이 커지게 되었으며, 즉 과거 신분제적 사회에서 최하층이었던 계층이 신분제가 붕괴되면서 시민사회로 탈바꿈하게 된 것은 이들 도시 노동자들의 변신에 의하여 가능하게 되었다고 볼 수 있다. 이 과정에서 다음 인용문에 거론되는 로크(John Locke), 루소(Jean-Jacques Rousseau), 아담 스미스(Adam Smith), 헤겔(Georg Wilhelm Friedrich Hegel) 등이 국가와 시민사회를 구분짓는데 큰 역할을 하게 된다. “플라톤(Plato), 아리스토텔레스(Aristotle)의 시대에서 정치학은 국가론으로 시작하여 민주주의의 사상이나 운동과 결합하여 발전하여왔다. 그러나 오늘날의 국가론이 주된 대상은 서구 근대화가 시작되어 국민이 주권자가 되는 국민국가(nation state)가 그 대상이 된다. 물론 단숨에 근대 유럽이 국민국가로 이행된 것은 아니다. 국가권력을 놓고 정치권력, 경제권력, 시민권력 간의 치열한 다툼 내지 내전도 불사할 정도로 이들 세력들은 국가의 지배적 질서를 통제하기 위하여 싸워왔고 그 결과 국민국가가 탄생한 것이다. 국가에 대한 생각 자체가 일종의 사회의 여러 세력집단들 간의 패권 다툼일 수밖에 없었지만 국민국가가 탄생하기 전까지는 정치권력이 가장 주된 권력이었다. 서구 사회에서 법치와 인민들의 주권, 최대 다수의 최대 행복을 지키는 국가 등에 대한 철학적 논제는 일찍부터 제기되었지만 실체화되는 것은 17세기 이후에 들어와서이다. 그러나 사상가들이나 서구의 국가들이 국가의 개념과 역할에 대해 일치된 견해를 갖고 있지는 않았다. 17세기 영국에서 아담 스미스가 그리는 상업 사회에서 국가는 경제 질서를 유지하는 최소한의 역할로써 충분했지만, 반면 18세기의 후진국 독일은 프랑스 혁명의 충격에서 헤겔은 국가를 "윤리적 이념을 실천하는 실체"라는 개념으로서 정의한 바 있다. 또한 19세기에 들어오면 마르크스(Karl Marx)가 국가의 개념과 역할을 "사회의 인위적이고 강력한 환상적 공동체"로서의 단정하며 유물론적 관점을 제기한다(임승빈, 2022b: 105 발췌 요약).

1 20세기 영국 시민사회의 변화

20세기 영국의 시민사회는 전반적으로 국가와 시민사회 부문 간의 관계가 바뀌었는데, 국가는 종전의 태도와는 달리 자선활동의 통제자(regulator)로서의 역할을 수행하기 시작했다. 1905년부터 1914년 사이에, 사회복지의 수행과 관련한 국가의 역할이 자유당 정부(liberal government)에 의해 주도되었고, 1919년에는 자원봉사단체협의회(National Council for Voluntary Organizations: NCVO)의 전신인 '전국사회서비스협의회(National Council of Social Service: NCSS)'가 설립되어 NCSS와 지방개발협회(rural development council)가 함께 자원활동을 조정하고, 정부와의 더 나은 협력을 위해 힘썼다.

특히 이 시기에는 「베버리지 보고서」(1942)로부터 영향을 받은 보편적 사회보험 및 복지의 수립이 자원 부문에 극적인 변화를 끼쳤다. 「베버리지 보고서」는 영국에서 1941년 6월에 창설된 '사회보험 및 관련 사업에 관한 각 부처의 연락위원회'의 위원장이었던 베버리지(Willian Henry Beveridge)

가 제출한 보고서로, 정식 명칭은 「사회보험 및 관련 서비스(Social Insurance and Allied Services, Reported by William Beveridge」이다. 이 위원회의 임무는 당시 사회보장제도로서 합리성이 결여되어 있던 그 무렵 영국의 여러 제도의 구조나 그 효율성을 재점검하고 필요한 개선책을 권고하는 데 있었다. 이 보고서에서 베버리지는 사회보장보험은 국가와 개인 간의 협력에 의해 달성되어야 한다는 원칙을 제시했고, 이후 많은 사회보장법이 제도화되어 그 유명한 '요람에서 무덤까지'라는 사회보장 체계가 확립되었다.[1)]

1970년대경에는 보편적 국가시설의 한계에 대한 논의가 진행되었다. 정부기관은 점점 그들이 수행하는 능력 면에서 비효율적인 것으로 간주되었다. 자조(自助)와 상호 원조는 커뮤니티 개발의 개념으로, 특히 도시 쇠퇴 및 인종 간 갈등과 같은 문제에 대응해 다시 나타났다. 특히 이 시기의 영국 시민사회와 관련해 영국 LSE 대학 교수인 루이스(David Lewis)는 국가와 제3섹터의 관계를 3단계의 발전 기간을 갖는다고 보았다. 1단계라고 할 수 있는 19세기 후반에서 20세기 초반에는 주로 자선사업이 행해졌다. 2단계의 20세기 중반에는 복지국가 시대가 도래해 교육, 건강, 사회 안전, 실업문제 해결 등이 국가의 책임이 되었으며, 제3섹터의 영역도 부분적으로 국가가 관여하던 시기라고 말할 수 있다. 복지국가 시대가 쇠퇴하면서 3단계에는 정부와 제3섹터 간에 새로운 관계가 형성되었다. 전통적인 베버리언 복지국가 시대에는 기대되지 않던 새로운 필요에 기반한 관계가 형성된 시기이다. 국가가 주도하는 것이 아니라 제3섹터가 적극적으로 나서 더 나은 공공 서비스를 제공할 수 있다는 인식이 확산되기 시작했다. 시민들이 자신의 복지를 위해 스스로 책임을 져야 한다는 인식이 생긴 시기이다(송백석·곽진오, 2010: 112).

2 제도적 지원 체계

2006년 수상 관저의 국무실에 제3섹터부(Office of the Third Sector)가 설치되었고, 그 이후 2010년부터 제3섹터부를 대신해 시민사회부(Office for Civil Society: OCS)가 발족되어 자선단체, 사회적 기업, 자원조직을 담

1) http://terms.naver.com/entry.nhn?cid=200000000&docId=1170051&categoryId=200000216

당하고 있다. 시민사회부는 시민사회를 구성하는 다양한 범위의 조직을 지원하고 강화하기 위해 발족되었으며, 시민사회부의 장기 전략은 다음 세 가지 목표 위에 수립된다. ① 자선단체, 사회적 기업 또는 자원조직의 운영을 수월하도록 함, ② VCS(Voluntary Community Service) 섹터[2]에 더 많은 자원을 투입하고 VCS 섹터의 독립성과 자생력을 강화함, ③ 시민사회 조직과 국가가 함께 사업할 수 있도록 함 등이다. '커뮤니티 및 사회' 의제에서는 자원 부문 · 커뮤니티(연대) · 국립복권청(National Lottery) · 사회투자시장 등과 관련한 정책을 다루고 있다. 자원 부문과 관련한 정책으로는 'VCS 섹터의 설립 및 운영 간편화 정책'과 '사회적 활동 장려정책'이 있다. 자원 부문과 관련한 정책으로는 'VCS 섹터의 설립 및 운영 간편화 정책'과 '사회적 활동 장려정책'이 있다.

2013년 2월부터 시작된 이 정책은 재무부와 협력하는 정책으로서, VCS 섹터를 구성하는 자선단체, 사회적 기업, 그리고 자원조직의 설립 및 운영이 원활히 이루어지도록 지원함으로써, 이러한 조직들이 더욱 성장하고 좀 더 중요한 업무를 수행할 수 있도록 하는 것이 그 취지이다.

시민사회의 형식주의를 극복하기 위한 정책의 일환으로 2010년 8월에 '시민사회 레드테이프(Red Tape) 태스크포스'가 발족되었고, 「Unshackling Good Neighbours」[3]라는 관료주의 및 형식주의를 극복하는 방안에 대한 보고서가 작성되었다. 또한 자선단체를 위한 새로운 제도적 구조로서, 자선법인조직(the Charitable Incorporated Organisation)을 소개했다. 이 정책의 배경에는 대부분 자선단체가 신탁 또는 비법인의 형태로 존재하고 있어, 자선단체가 지는 빚에 대해서는 자원신탁관리자(volunteer trustees)가 법적 책임을 지게 되는 상황이 있었다. 이러한 법적 책임으로부터 신탁관리자를 보호하기 위해서는, 자선단체가 미리 법인으로 등록을 해야 하는데, 소규모 혹은 중간 규모의 자선단체의 경우는 이러한 과정에 드는 비용이 높으며, 복잡화되어 있다. 자선법인조직(CIO)은 자선단체를 위한 새로운 법적 형태로서, 자선단체의 신탁관리자가 그들의 빚에 대한 책임을 지지 않도록 하기 위해 고안되었다. 자선법인조직은 자선위원회를 통해 등록

2) VCS 섹터는 자선단체(charities), 사회적 기업(social enterprises), 자원조직(voluntary organisations) 등을 말한다.

3) https://www.gov.uk/government/uploads/system/uploads/attachment_data/file/62643/unshackling-good-neighbours.pdf

할 수 있고, 자선위원회가 이를 관리한다.

VCS 기관에 대한 지원 개선으로서는 영국 시민사회부는 VCS 섹터 관련 자원봉사자, 후원자, 파트너를 확충하고 그들이 새로운 도전에 적응할 수 있도록 지원하는 정책을 펴고 있으며, 대표적으로 TLI(Transforming Local Infrastructure) 프로그램, 전략적 파트너 기금(the Strategic Partners Fund), 권고서비스 이행기금(the Advice Services Transition Fund: ASTF)이 있다. 먼저, TLI 프로그램은 시민사회조직(CSO)에 제공되는 지역 원조(local support)를 완전히 변화하는 것을 목표로 한다. 그러기 위해 시민사회 조직(CSO)이 양질의 지원, 네트워킹의 기회, 자원봉사자 확보 기회 등 더 넓은 범위에 접근 가능하도록 한다. 그뿐만 아니라 인프라 기구(infrasturcture organisations: 자선단체가 그들의 목표를 달성할 수 있도록 도와 주는 기구)가 더욱 효과성, 능률성을 확보할 수 있도록 대폭 변화하고, 국가의 보조금에 대한 의존도를 낮출 수 있도록 성장을 지원한다. 한편, 2012년 10월 빅 로터리 기금(The Big Lottery Fund)이 출범시킨 권고서비스 이행기금(ASTF)은 영국 전역의 지역 권고자를 위해 650만 파운드의 지원 패키지를 제공한다. 영국 정부의 VCS 기관 대상 정책 중 또 다른 하나는 '협약(Compact)'[4]에 대한 인식을 제고하는 것이다. 협약이란 정부와 자발적 공동체 부문(VCS) 간 체결된 협정으로, 상호 관계 및 상호 이익을 증진하기 위한 노력의 일환으로 시작되었다. 범정부적으로 협약 적용을 감독하는 시민사회부(OCS)를 포함한 모든 정부부서가 협약에 가입되어 있다. 모든 정부부서는 협약의 원칙이 정책 영역의 중심에서 잘 적용될 수 있도록 책임지는 담당자를 지정해야 하고, 영국의 대부분 지역에는 지역 협약(Local Compact)이 있어, 협약의 원칙에 지역의 요구를 반영하고 있다. 협약의 정신에는 평등의 구현을 명시하고 있으며, 국가적 수준에서 파트너십을 강화할 것, 파트너십을 지방 수준에서 강화할 것, 지역공동체 통합을 위한 협약의 역할에 대한 이해를 증진시킬 것, 제3섹터의 독립, 이익 대변을 위한 목소리를 강화할 것, 변화하는 입법환경과 정책환경에 상응해 협약의 적실성을 지속적으로 강화할 것을 내용으로 하고 있다(송백석 · 곽진오, 2010: 115).

협약과 관련해 Compact Voice는 협약에 공동으로 서명해 자발적 공동

4) http://www.compactvoice.org.uk/sites/default/files/the_compact.pdf

체 부문을 대표하는 단체를 나타내는 말이다. Compact Voice 이사회는 NAVCA, NCVO, ACEVO 등과 같은 원조 기구의 대표를 포함한다. Compact Voice는 국가적 · 지역적 파트너십에서 더 나은 방향을 위해 정보, 교육, 그리고 지원과 조언을 제공하며 VCS의 이해를 정부에 대변한다. 또 다른 정책으로는 자선단체와 사회적 기업이 기금 및 재정을 확보할 수 있게 도와 주고, Funding Central과 Contract Finder 포털을 지원하는 정책이 있다. Funding Central은 자선단체, 자원조직, 사회적 기업이 자금 지원 기회를 찾을 수 있도록 하는 주요 서비스를 제공하며, Contract Finder 포털은 정부와의 계약에 관한 정보를 제공한다.

마지막으로 영국 정부는 VCS 섹터에서 기술 및 리더십에 대한 검토도 지원하고 있다. 이는 VCS 섹터의 가장 중요한 기술 및 리더십에 대한 요구를 취합해 검토하는 것을 목적으로 하고 있으며, 현재 정부에 의해 이뤄지고 있는 지원이 얼마나 효과적으로 그들의 요구를 충족하고 있는지에 대한 자료를 취합 및 검토하는 것을 그 내용으로 한다. 현재의 추진력이 충분히 기구에 미치는지 또는 충분히 잘 수행되고 있는지에 대한 고려도 함께 이뤄지게 된다. 또한 VCS 섹터와 민간 부문의 지원으로 2013년 상업기술 마스터클래스(Commercial Skills Masterclass)를 운영해, VCS 조직이 유용한 상업기술을 개발할 수 있도록 지원한다.

제2절

미국

1 형성과 성장

미국은 이민 초기부터 서로 다른 배경을 가진 사람들이 공존하며 환경에 적응해야 하는 숙명적인 과정을 거쳤기 때문에, 다른 사람의 의견을 존중하고 서로 간의 협의를 바탕으로 사회를 형성해온 역사적 전통을 가지고 있다. 이로 인해 미국의 시민사회에서는 자발적인 참여가 일반화되어 있으며, 공공의 이익에 대한 광범위한 공감대가 형성되어 있다. 또한 특권 계층이나 계급에 대한 강한 반발 의식이 자리잡고 있기 때문에 권력의 집중이나 권력의 과도한 영향력 행사를 견제하는 국민적 정서를 가지고 있다. 그러므로 독립 이전부터 민간이 사회의 모든 과정에 주도적으로 참여했으며, 독립 이후에는 이러한 민간 중심의 활동이 국가 형성과 발전에 중요한 역할을 담당했다. 이러한 미국의 특징은 토크빌(Alexis de Tocqueville)이 미국 여행 경험을 바탕으로 저술한 『미국의 민주주의(*Democracy in America*)』에 잘 나타난다. 토크빌은 미국인이 자신의 운명을 변화시킬 수 있는 능동성을 가지고 있으며, 민주 사회의 평등한 개인들은 특정한 개인이나 계급을 신뢰하기보다는 오히려 여론에 의지한다고 평가하고 있다. 또한 미국인들은 정치적인 결사와 관계없이 시민 생활에 필요한 부분에서 공공의 결사를 조직한다고 언급하고 있다. 미국인이 자발적으로 결성된 단체를 통해 일찍부터 자신의 문제와 공공의 문제를 해결해 왔다는 것은 미국 시민사회의 단면을 보여 주는 중요한 특징이다.

미국인은 정치뿐 아니라 다양한 분야에서 이익단체, 자선단체, 비영리단체, 친선단체 등을 결성하고 적극적으로 참여하고 있다. 특히 정부에 의한 사회복지가 미흡한 미국에서는 공익 분야에서 시민단체의 활약이 두드러진다. 미국 시민단체는 인권운동에도 활발하게 참여했다. 노예 해방, 인종차별, 성차별 등 사회적인 갈등을 해소하고 평등하고 자유로운 사회를 구현하기 위한 활동에 시민단체가 적극적으로 참여해 중추적인 역할을 수행했다. 이러한 운동은 산업화가 진행되면서 한때 노동운동의 성격을 가지기도 했지만, 파업 등 과격한 방법에 대한 적대적인 여론이 형성되어 제도권 내에서 노동자의 지위 향상을 추구하는 실용적인 방향으로 전개되었다. 한편으로 종교단체를 중심으로 일어난 자선조직운동 등은 도시의 빈곤층에 대한 민간 차원의 구제와 이를 통한 지역사회운동으로 전개되었다.

1960년대에 접어들면서 미국 시민운동에 다양한 변화가 일어났다. 진보적 성향의 케네디(John F. Kennedy) 대통령과 그의 암살 후 대통령직을 승계한 존슨(Lindon B. Johnson) 대통령은 '위대한 사회'를 내세우며 개혁을 추진하면서 빈곤, 공중 보건, 교육, 환경 등 다양한 사회문제를 다뤘고, 이러한 과정에 시민단체들이 적극적으로 참여하게 되었다. 또한 마틴 루터 킹(Martin Luther King) 목사에 의해 대표되는 공민권 운동이 본격화되었으며, 베트남전쟁으로 촉발된 반전운동 등에 학생들이 적극적으로 참여하는 등 다양한 측면에서의 시민운동이 일어났다. 하지만 다양한 계층의 불만이 극단적인 행동을 통해 표출되었던 것에 대한 대안으로 1970년대에는 삶의 질 향상을 위한 공익단체들의 출현이 두드러지게 나타나게 되었다. 특히 카터(Jimmy Carter) 대통령 집권 이후에는 사회문제 해결을 민-관 파트너십으로 접근하려는 PPP(Public Private Partnership)가 강조되었다. PPP는 특정 사회문제를 해결하기 위해 정부, 기업, 비영리단체, 시민이 자원을 분담해 서로 협력하는 일(Langton, 1993), 혹은 도시 개발, 지역 개발 등에서 지방자치단체와 민간이 서로 협력해 공동의 목적을 달성하고자 상호 협력 관계를 유지하면서 추진하는 사업(Woolman & Ledebur, 1980)이라고 정의할 수 있다. 이후 신자유주의 성향에 따라 공공 부문에서 정부의 참여가 위축되면서 PPP는 더욱 중요한 역할을 수행하게 되었다. PPP는 시카고 도시개발계획, 우편제도, NASA, 의료보험, 중소기업 창업보육센터 등 다양한 분야에 적용되어 공공 영역에서 중요하지만, 기능이 쇠퇴하거나 정부의 지원이 미흡한 부문을 중심으로 광범위하게 활용되고 있다.

2 미국 시민사회의 영역별 활동 유형

미국인은 일반적으로 적극적인 참여를 통해 당면한 문제를 해결하고, 더 나은 미래를 위한 정책결정에 주도적으로 관여하기를 원하기 때문에 다양한 시민단체의 구성과 참여에 적극적인 모습을 보인다. 이에 따라 미국인들은 적어도 한 개 이상의 단체에 가입해 시민운동에 적극적으로 관여하고 있다. 버바(Sidney Verba)는 약 79%의 미국인들은 여러 종류의 단체에 가입하고 있으며, 이들 중 약 48%는 정치적 입장을 취하는 단체에 회원이거나 기부금을 제공한다고 밝혔다(Verba et al., 1995). 이러한 미국인들의 적극적인 사회참여 의지는 자발적이고 다양한 자원봉사의 형태로 나타난다. 미국인들은 48%가 자원봉사 활동을 하고 있으며, 이는 네덜란드 38%, 스웨덴 36%, 영국 34%, 독일 18%에 비하면 월등한 수준이다(Stehle, 1995). 시민단체에 대한 미국인의 자발적인 참여와 높은 자원봉사 비율은 다양한 시민운동을 펼칠 수 있는 추진력으로 작용하고 있다. 미국 비영리섹터(Independent Sector)의 조사에 따르면, 미국 성인 인구의 44%가 1주일에 평균 3.6시간의 자원봉사 활동을 수행하고 있다.

미국의 종교적 집단이나 이민 집단이 중심이 되어 이뤄지는 지역사회에 대한 사회 서비스는 교육, 의료, 복지 등의 영역을 감당하면서 비영리 부문의 중요한 위치를 차지하게 되었다. 특히 이러한 비영리단체들의 활동은 정부의 개입을 배제하고 시민들의 자발적인 참여에 의해 이뤄진다는 특징을 가지고 있기 때문에, 공익을 추구하고 공공선을 추구하는 공정하고 객관적인 시민단체를 형성하는 데 중요한 계기가 되었다. 미국에는 100만 곳이 넘는 각종 비영리단체가 등록되어 있다고 한다(Salamon, 1992). 하지만 비영리단체 중에는 종교단체에서 운영하거나 정치적 성향을 가지는 사회단체가 다수 포함되어 있기 때문에 이를 구별하기는 쉽지 않다. 샐러먼(Lester M. Salamon)의 정의에 의하면, 공식적으로 조직된 실체이며, 민간에 의한 조직이며, 이익을 배분하지 않으며, 외부의 통제를 받지 않는 자치적인 조직이며, 자발적인 조직이며, 비당파적이고, 공공의 이익이 목적인 조직을 비영리단체로 인정하고 있다.

미국의 시민단체는 이슈 영역별로 다섯 분야에서 활동을 전개하고 있다(정하윤, 2000).

첫 번째는 평등과 권리에 관한 것이며, 시민권 운동의 출발점이다. 몽고메리의 버스 보이콧에서 출발한 흑인들의 권리 보장 운동은 National Association for the Advancement of Colored People(NAACP), Southern Christian Leadership Conference, CORE, SNCC 등 수많은 풀뿌리 단체들의 결성으로 이어졌고, 시민권 운동을 가속화시켰다. 흑인 외에 여성의 권리를 보장하려는 움직임은 1970년대 강화된 이래 미국의 정의(正義)에서 중요 세력을 이루게 되었다. 흑인, 여성, 소수 인종, 그리고 동성애자들의 운동은 대부분 차별에 대한 대항에서 발전되었고, 이들의 움직임은 단호하고, 도덕적이며, 공격적이고, 열정적이었을 뿐만 아니라 효과적이기도 했다. 이후에도 선례를 따라 다수의 시민권 운동이 효과를 거두고 있다.

두 번째는 환경운동이며, 20세기 초반부터 환경 보존을 위해 발달했다. 하지만 현대 환경운동은 1962년 『뉴요커(*New Yoker*)』에 발표된 카슨(Rachel Louise Carson)의 『침묵의 봄(*Silent Spring*)』(1962)에서 살충제의 파괴력을 언급하면서 확대되었고, 1963년에 다수의 환경 관련 제안이 의회 안건으로 채택되었다. 시에라클럽(Sierra Club), National Wildlife Federation, Wilderness Society, Izzak Walton League 등 다수의 환경단체가 활발하게 활동하면서 영향력을 증대시켰고, 정부에서도 1970년대에 29개의 규제 법안을 제정했다. 결국 환경단체들은 환경문제에 대해 공공의 관심을 자극하는 데 정통하게 되었고, 이것이 결국 정치적인 강점으로 작용하게 되었다.

세 번째는 소비자운동이며, 네이더(Ralph Nader)가 Public Citizen을 통해 모금한 자금을 바탕으로 일련의 단체를 조직하면서 활성화되었다. Health Research Group, Aviation Consumer Action Project, Congress Watch, Public Interest Research Group, Public Citizen Litigation Group 등의 로비단체를 통해 기업들의 무책임한 행동을 정부가 규제해야 한다고 주장했다. 이러한 활동은 1970년대 소비자생산안전위원회(Consumer Product Safety Commission)의 창설과 연방통상위원회(Federal Trade Commission)의 쇄신을 통해 성공적으로 정착될 수 있었다.

네 번째는 정부 개혁과 관련된 시민단체이다. 이들은 다른 시민단체에 비해 차지하는 비중은 크지 않지만, 정부 개혁과 관련해 중요한 역할을 수행했다. Common Cause, Civil Liberties Union 등이 대표적인 단체이다. 이들은 정부 비리를 밝히고, 선거 자금 개혁 활동을 전개했으며, 새로운 로비법 통과에 압력을 가했다. 이러한 결과로 정보의 자유법과 연방선거운동법을 통과시켰다.

다섯 번째는 가족적 가치를 주장하는 보수적인 시민단체이다. 이들 시민단체는 낙태, 학교 기도, TV 윤리성 등의 이슈에서 활동을 전개했다. 일련의 보수적 시민단체들은 전통적인 가족의 감소에 무관심한 정부와 대결하면서 1970년대 다수 등장했다. 대표적인 단체로는 남녀평등 수정안과 여권단체들이 선호하는 여러 입장에 반대해 장기적인 투쟁을 전개하는 Eagle Forum, 기독교적 윤리를 주장하는 Moral Majority, Christian Coalition 등을 들 수 있으며, 대부분 1980년대의 공화당 집권 하에서 발전했다.

미국의 NPO에서 단체 수가 많은 순위를 살펴보면 교육, 자선봉사, 예술문화, 사회복지순이나 운영 지출 및 고용의 크기에서는 의료보험, 교육, 사회복지순이며 이들이 전체의 80%를 차지하고 있다.

3 미국 시민사회의 특징

개인의 권리와 자유는 주 헌법에서 최우선적으로 보호받고 있다. 이러한 것은 초기의 8개 헌법 수정 조항에서 미 헌법을 서술하고 있는 부분에서, 밀접한 공통점이 있을뿐더러 어떠한 경우에는 일치하기도 한다. 예를 들면, 모든 주 헌법은 삶, 자유, 그리고 '정당한 법적 절차' 없이 재산의 박탈 당하는 것으로부터 시민들을 보호한다. 근본적으로, 국민의 권리장전은 미 정부의 행정 조치로부터만 시민들을 보호했었다. 주(州) 단위로 국가 법원의 권한에 대한 보호를 제공하는 제14번째 헌법 개정을 채택했던 1868년까지, 주 헌법과 법원은 시민의 자유에 대한 중요한 수호자였다. 미 최고 법정의 판결은 또한 주에 미국의 권리장전을 적용했는데, 특히 1953년에 출범한 워렌(Warren) 법정 동안에 그랬다. 몇몇 주는, 특히 여성과 소수민족에 대한 차별을 영속시켰던 주들은 그들의 신뢰를 유지하는 데 실패했다. 그러나 1980년대에 적극적인(행동주의적) 주들은 주 헌법의 아래에서 개인의 권리 보장을 해야 한다고 거듭 주장하기 시작했다. 최소한 모든 주 헌법은 미 권리장전에 근거하고 있는 그들의 권리를 반드시 보호하고 보장해야 한다. 그러나 주의 헌법 규정들은 특별하거나 더 광범위한 권리를 시민들에게 보장해야 할지도 모른다.

따라서 미국은 일찍부터 국민에 기반한 민주적 제도가 정착되었기 때문에 일상적인 정치와 정책결정 과정은 하향식 방식이 아니고, 시민의 의견이 적극적으로 반영되는 상향식 방식에 의해 이뤄진다고 볼 수 있다. 그리고 시민의 의견이 상향식으로 전달되는 과정 속에서 시민단체는 중추적인 역할을 수행한다. 미국에서의 정치 과정은 여러 단체의 정치권에 대한 로비의 형태로 나타나며, 이를 통해 다양한 이익을 대변하는 여러 단체가 자신의 의견을 정치권에 표출해 정책에 반영될 수 있도록 적극적인 활동을 펼치고 있다.

예를 들어, 미국의 환경 NGO는 정책의 결정뿐 아니라 실행 과정에도 적극적으로 참여해 전문성을 발휘하고 있다. 정부와의 협력을 통해 환경 문제의 해결에 직접 관여하거나, 전문가의 시각을 반영한 조언을 제공하는 등 정책 동반자로의 역할을 수행하고 있다. 또한 행정절차법, 국가환경정책법, 시민소송조항 등을 활용해 정부와 기업의 환경 관련 정책 실행 과정을 감시하고 잘못된 것을 시정하도록 압력을 행사하고 있다. 환경 NGO의 이러한 주도적인 활동은 시민들의 높은 지지와 다양한 전문가들의 참여가 있기 때문에 가능한 것이다.

미국의 시민운동은 인권운동, 노동운동, 경제적 불평등 해소 등의 사회 갈등적인 부문에서 환경, 소비자 보호, 복지 등 삶의 질 향상과 같은 사회 통합적인 이슈로 확대되고 있으며, 특히 신자유주의적인 접근에서 기인한 정부의 실패와 시장의 실패를 해결하기 위한 대안적인 접근으로 받아들여지고 있다. 무엇보다도 사회의 복잡성이 높아지면서 문제 해결을 위한 다각적인 접근이 필요하지만 정부의 역량이 시장의 요건을 충족시키지 못하는 한계점에 노출되고 있는 상황에서 시민단체들 간의 다각적인 협의를 거친 효율적인 접근 방안은 정책입안 과정에서 중요한 역할을 수행하고 있다. 사회의 복잡성은 정책의 입안 과정에서뿐만 아니라 정책수행 과정에서 또 다른 문제점을 노출할 수 있는 상황이기 때문에, 해당 분야에 대한 전문성을 가지고 있는 시민단체의 견제와 감시의 역할이 더욱 중요한 위치를 차지하고 있다.

특히 미국은 어느 나라보다도 NPO 부문이 발달되어 있는데, 이는 미국 정부의 미약한 사회복지 제도와 관련이 있다고 할 수 있다. 미국인들은 정부에 권력이 집중되거나 비대해지는 것을 반대하면서 정부의 사회 관여가 최소한으로 이뤄지기를 희망하고 있으며, 자유주의와 개인주의 성향을 갖고 있는 기업들도 높은 세금과 정부의 적극적인 시장 개입에 대해 반대하는 입장을 나타내고 있다. 또한 미국인의 정서를 이루고 있는 도덕적이고 자립적인 정신은 정부에 의한 복지정책이 수혜자의 도덕적 해이(moral hazard)를 일으켜서 오히려 역효과를 발휘한다고 인식하고 있다. 그렇게 때문에 사회에서 일어나는 많은 문제를 해결하기 위해 정부의 역할을 기대하기보다는 지역사회를 중심으로 형성된 자발적인 역량을 통해 접근하려는 성향이 강하다. 그러므로 정부의 제한적인 사회 관여와 지역사회에서 형성된 자발적인 참여 의지는 사회적 공감대를 형성하면서 많은 NPO가 설립되고 활동할 수 있는 기반이 되었다.

미국의 NPO는 정부를 대신해 다양한 분야에서 활동하고 있으며, 사회적 갈등을 해소하고 공동체를 유지하는 데 결정적인 역할을 수행하고 있다. 이는 정부, 기업, 국민 모두의 NPO 활동에 대한 적극적인 지원이 있기 때문에 가능한 것이다. 미국에는 환경, 건강, 에너지 등 일상적인 생활과 연계되는 부문뿐 아니라, 치안, 재난, 소방 등 위기를 초래할 수 있는 상황에 대한 예방, 알코올 중독, 강간 피해, 아동 학대 등 사회 불안을 조장하는 분야에 대한 대응, 고아, 노인, 양자, 소수민 등 사회 취약 계층에 대한 보호, 교육, 예술, 종교 등 문화적 활동 등 다양한 부문에서 NPO 활동이 전개되고 있다.

정부는 사회복지에 대한 관여를 최소한으로 유지하고 있는 대신에, 비영리단체를 통해 부족한 서비스가 제공될 수 있도록 권장하고 있다. 또한 기업들도 기부나 재단 등을 통해 사회복지 서비스 등의 제공에 적극적으로 참여하고 있으며, 종교단체나 지역사회에서도 정부가 제공하지 않는 공공서비스 제공을 사회 배려의 차원에서 자발적이고 주도적으로 수행하고 있다.

2000년대 초반의 통계이기는 하나 GDP 중 NPO 운영비의 비중도 6.3%로 다른 선진국의 3.5%를 훨씬 상회하고 있다. 이러한 수치에서도 알 수 있듯이, 미국의 NPO는 규모나 내용 면에서 다른 국가와는 비교가 안 되는 활발한 활동을 수행하고 있다.

4 미국 시민단체에 대한 지원 제도

1) 법률적 지원 체계

미국은 시민단체나 자선단체 등 비영리법인을 설립하거나 자선재단을 운영하기 위한 별도의 법 체제가 존재하는 것은 아니다. 미국에서의 단체 결성은 시민의 당연한 권리이고 단체 결성의 자율성이 존중되기 때문에, 연방정부에 의한 간섭이나 통제가 이뤄지지는 않는다. 그러므로 시민단체는 주법에 정하는 범위 내에서 신청을 통해 법인을 설립할 수 있다. 또한 주법에 따라 NPO 법인을 설립할 수 있는데, 이러한 경우 주마다 설립 요건에 다소간의 차이는 있지만 대부분의 경우 NPO의 활동을 통해 발생한 이익을 주주나 회원 등 운영 주체에게 배당하지 않고, NPO의 사업 목적을 위해 사용해야 한다는 조건을 충족시켜야 한다.

세제나 비용상의 혜택과는 별도로 NPO 활동이 활성화될 수 있도록 지원하는 법규가 행정절차법의 일부인 정보공개법과 행정기관 회의공개법이다. 「정보공개법(Freedom of Information Act)」은 공공기관이 보유하거나 관리하는 정보에 대해 국민의 공개 청구와 공공기관의 공개 의무에 관해 규정함으로써 국민의 알 권리를 보장하고, 국정에 대한 국민참여와 국정운영의 투명성을 확보하기 위해 제정한 법이다. 이러한 「정보공개법」은 NPO가 공공기관의 계획이나 활동에 대해 정확한 정보를 얻을 수 있기 때문에, NPO의 활동이 예측 가능하고 지속적인 방법으로 수행되는 데 도움을 준다. 또한 NPO는 정부의 활동을 견제할 뿐만 아니라, 서로 협력해 보완할 수 있는 방안을 도출해 좀 더 실질적이고 효과적인 활동을 수행할 수 있다. 또한 1996년에는 「전자정보자유법」이 제정되어 정보에 대한 청구와 공개를 전자메일 등을 통해 진행할 수 있게 되었다. 행정기관 회의공개법은 「일조법(Government in the Sunshine Act)」이라고도 하는데, 시민들이 연방정부에 의한 정책결정의 자문 과정에 관해 충분한 실용적인 정보를 받을 권리가 보장되어야 한다는 것을 전제로 하는 것이다. 1976년 9월 13일 이 법안에 서명한 포드(Gerald R. Ford) 대통령도 "민주 체제에서 시민은 정부가 무엇을 하는가 하는 것뿐만 아니라 왜 또 어떤 과정을 거쳐 결정을 내리는가 하는 것을 '알 권리'가 있다. 이 새 법은 정부는 봉사하고 국민이 통치한다는 미국의 자랑스러운 전통에 따른 것"이라고 말했다. 이 법은 국무부나 국방부 등과 같이 1인의 장관을 장으로 하는 정부기관을 제외하고, 대통령이 임명하고 상원이 인준하는 2명 이상의 위원으로 구성된 합의제의 연방정부기관들의 회의를 공개하도록 규정했는데, 약 50개 기관이 해당된다. 이 법에 따라 NPO는 심의가 진행 중인 사안에 대해 방청이나 여론 조성 활동 등을 통해 위원회의 결정에 영향을 미칠 수 있으며, 해당 사안에 대한 사전 대응을 수행할 수 있다. 미국에서는 공공기관이 법규를 지키지 않는 경우 누구나 법원에 소송을 제기할 수 있는 시민소송제도가 있는데, NPO도 시민의 자격으로 소송을 제기할 수 있다. 이러한 시민소송은 환경과 관련된 법규 등에 많이 규정되어 있으며, 이를 통해 NPO는 정부의 부당한 행동을 감시하고 시정을 요구하는 등 법적인 대응이 가능하다. 1993년에 「국가 및 지역사회 자원봉사법(National and Community Service Act: NCS)」이 제정되어 정부 차원에서 자원봉사 프로그램을 구성하고 참가자를 지원하고 있으며, 이 법을 근거로 하여 국가자원봉사연합(Corporation for National Service: CNS)을 설립하고, 지역사회에 대한 자원봉사 프로그램을 확대하고 있다.

2) 재정적 지원 체계

미국의 NPO는 자발적이고 자생적으로 결성된 경우가 많기 때문에 정부로부터 직접적인 재원 지원을 받는 것은 아니다. 그러므로 NPO는 재정의 많은 부분을 자체적으로 조달하거나 수익 사업을 통해 충당한다. 정부에서는 세금 면제, 우편요금 할인 등의 혜택을 지원하고 있다. NPO가 세금을 면제받기 위해서는 국세청에 등록해야 하며, 국세청에서는 해당 NPO를 조사해 세금 면제의 대상이 되는지 여부를 결정한다. 미국의 국내소득세법에서는 세금을 면제받을 수 있는 기관을 규정하고 있다. 동법 제501조에 따르면, "종교, 자선, 과학, 공공 안전을 위한 시험, 문학 또는 교육을 목적으로 설립되어 운영되거나, 국가적 또는 국제적인 아마추어 스포츠 경기를 진흥하거나, 아동 또는 동물의 학대를 방지하기 위한 법인, 공공단체, 기금, 재단으로서 순이익의 일부가 여타 민간 주주나 개인의 이익을 위해 사용되거나, 단체의 실질적인 활동 부문이 선전을 목적으로 수행되거나, 본법에서 규정된 사항을 제외하고는 입법에 영향을 주거나, 어떠한 공직 후보자를 대신해 출판이나 성명서의 배포를 포함해 정치적인 운동에 참가하거나 관여하는 단체는 면제 대상에서 제외된다"라고 대상을 명시하고 있다. 또한 NPO의 활동에는 우편이 많이 활용되는데, 체신청에 신청을 통해 우편요금 할인의 혜택을 누릴 수 있다.

미국의 경우 회비나 이용자 부담금을 통한 수입이 전체의 50%를 차지하고 있고, 민간의 기부금 등이 20%이며 정부의 지원금은 30%에 불과하다(Salamon & Anheier, 1994). 이는 다른 선진국의 경우 정부의 지원금이 43%를 차지하는 경우와 대조적이다. 하지만 미국의 연방정부나 지방정부는 NPO를 육성하고 활발한 활동이 이루어질 수 있도록 세제 혜택, 계약 체결 등 간접적인 방법을 통해 지원하고 있다. 시민단체에서 기부금이나 재단의 재정 지원은 중요한 재원으로 인식되고 있다. 특히 시민단체가 창설하는 경우에 필요한 자금에서 후원금이 차지하는 비율이 전체의 90%에 육박하므로 후원금은 시민단체의 설립에 가장 중요한 재원이다(Walker, 1983). 하지만 재정을 재단 한 곳에만 의지하기보다는 여러 재단에 분산하여 지원을 받는 것이 일반적이다. 특히 시민단체는 서비스 분야별로 별도의 재단을 확보하고 있는 경우가 많다. 이러한 세분화된 재정 지원은 시민단체의 독립성을 유지하면서 자율적인 사업 전개가 이뤄질 수 있는 근간을 제공한다.

NPO가 원활하게 운영되기 위해서는 재원뿐 아니라 다양한 인력의 공급이 필요하므로, 자원봉사자는 NPO의 사업 운영에서 중요한 부분을 차지한다. 미국의 경우 자원봉사가 일반화되어 있어 많은 국민이 자발적으로 자원봉사에 참여하고 있다. 존스 홉킨스대학의 비영리 섹터 국제비교 프로젝트에 따르면, 자원봉사 활동에 참가한 18세 이상의 미국인은 전체의 48.8%에 이르고 1주일에 평균 4.2시간씩 참여하며, 연간 총 2,030만 시간의 자원봉사가 이뤄지고 있다. 자원봉사자에 참여하는 인원도 성별이나 나이에 관계

없이 다양하게 참여하고 있으며, 자원봉사자의 참여 영역도 다양한 분야에 걸쳐 있다. 그러므로 미국에서의 NPO 활동은 적극적이고 활발한 자원봉사자의 지원에 힘입어 유지되고 발전하고 있다고 말할 수 있다.

생각해보기 오큐파이운동은 대항운동인가, 대안운동인가?

"월가를 점령하라!"는 구호와 함께 오큐파이(Occupy Wall Street: OWS) 운동(Occupy Movement)은 캐나다의 반소비지상주의 잡지인 『애드버스터즈(*Adbursters*)』에서 항의의 의미로 미국 금융 중심가인 월가에서 행진을 시도하는 등의 활동으로 시위를 호소했고, 트위터와 같은 SNS로 활동 범위를 넓혀나갔다. 2011년 9월 17일 토요일부터 브로드웨이와 메이든 거리와 가까운 스카티 공원에서 이틀 밤을 새운 시위대는 월요일 아침이 되자 거리로 나섰다. 스카티 공원은 2006년 재개장하기 전에는 자유광장공원으로 불렸으며, 이날 이후 스카티 공원에서는 대중 토론이 열리는 등으로 시위대의 본부와 작전 지휘소가 되었다. 전 세계에서 이 시위에 동참하는 자발적인 원조 물품이 도착해 쌓이게 되고, 시위대는 추위를 이기기 위해 담요와 가방으로 둘러싸고 근처 가게에서 상자를 가져다 깔고 농성을 계속했다. 10월 15일에 대규모 시위를 미국의 주도적인 활동가들이 주장한 가운데 세계 주요 도시에서 반(反)월가 시위가 전 세계 1,500여 개의 도시에서 일어났다. 서울에서도 덕수궁과 여의도 주변에서 반월가 시위가 일어난 가운데 인터넷으로만 이뤄진 반월가 시위는 빈부 격차 해소, 비정규직 처우 개선 등으로 국가에 따라 다양하게 나타나고 있다. 이탈리아 로마에서는 폭력적인 시위대가 평화로운 시위대 주변으로 끼어들어 폭력 시위로 격화되면서 최소 70명이 체포된 것으로 보도되었으며, 벨기에, 그리스, 스페인 등의 여러 도시에서 금융 권력의 집중과 정치인들의 부패에 대해 각성을 요구했다(위키백과, 2014.1.25, Naver 검색). 심지어 2014년에는 중국 치하인 홍콩에서도 발생했을 정도이다. 이러한 OWS 운동에 대한 평가는 다양하다. 즉, 유럽과 미국에서 발생하고 있는 이들 오큐파이 운동이 대안이 없는 대항운동 또는 대안을 모색하는 대안운동인 것인가에 대해 깊이 생각해 볼 과제이다.

제 13 장 사회적 자본의 위기와 협치적 공동체주의

제1절

참여 민주주의의 위기

1 시민참여와 민주주의

수 세기 동안 민주주의와 지방자치를 꽃피우기 위해서는 적극적으로 참여하는 시민이 필요하다는 생각이 하나의 상식으로서 존재하고 있었다. 즉, 민주주의는 우리의 공공의무를 수행하는 시민의 필요성과 공공제도의 바람직성은 사적인 자발적 결사체에 시민이 광범위하게 참여하는 사회적 자본을 구체화하는 시민참여의 네트워크에 의해 부분적으로 결정된다는 이유에서다.

이러한 참여 민주주의는 미국의 정치철학에서부터 깊은 뿌리를 내리고 있다. 1816년 당시 미국의 대통령이었던 제퍼슨(Thomas Jefferson)은 "요청이 있으면 모든 시민이 직접참여하고 행동할 수 있을 정도의 카운티(county)를 여러 개의 작은 구역으로 나누고, 자기가 사는 곳에서 제일 가까이에 있고 가장 관심이 많은 직책을 맡아, 정부의 적극적인 일원으로 만들면 나라와 질서에 강한 애착심이 생겨날 것이다"라고 주장하며 풀뿌리 민주주의를 촉진하기 위해 헌법을 개정하자고 제안했다. 그로부터 10여 년 후 프랑스의 정치철학자 토크빌(Alexis de Tocqueville)은 "한 사람을 그 사람만의 울타리에서 끄집어내 국가의 운명에 관심을 두게 하기는 어렵다.

국가의 운명이 자신의 처지에 어떤 영향을 미칠 수 있는지 확실히 이해하지 못하기 때문이다. 그러나 그 사람이 소유한 땅끝을 가로지르는 도로 건설 계획이 제안되면, 그는 작은 공공의 업무와 자신의 가장 큰 개인적 이익 사이에 연관이 있다는 것을 단번에 알아차릴 것이다. 그리고 누가 보여주지 않아도 스스로 일반 이익과 개인 이익을 하나로 묶는 밀접한 연결관계를 발견할 것이다"라고 언급하면서 국가의 운영에서 개인을 참여하도록 하는 것이 얼마나 어려운지, 그리고 개인을 참여하기 위해서는 어떻게 해야 하는지 강조한다.

영국의 정치철학자 밀(John Stuart Mill)은 『대의정부론』에서 공동 작업에 참여하는 시민은 "참여 민주주의 아래에서 시민은 자기 이익이 아니라 여러 사람의 이익을 중요시하도록 요구받고, 서로의 주장이 충돌할 경우에는 자신의 개별적 특수성과는 다른 규칙을 따르도록 요구받으며, 공중의 한 사람으로 자신을 느끼게 되고, 공중의 이익이 되는 것은 무엇이든 자신에게도 이익이 된다고 느끼게 된다는 것이다"고 언급하였다.[1] 참여 민주주의는 정부의 수요와 공급 측면에서 모두 중요하다. 공급 측면에서 보면 시민적 공동체의 시민은 더 좋은 정부를 기대하며, 그런 정부를 얻어낸다. 정책결정자들이 자신의 정치적 책임을 시민에게 져야 한다고 예측하면, 대중의 저항에 직면하느니 자신들의 최악의 충동을 억제하게 된다는 것이다. 공급 측면에서 보면 공직자와 시민 모두의 민주주의적 가치, 그리고 시민 공동체의 사회적 하부구조에 의해 대의 정부의 업무 수행이 쉬워진다는 것이다.

2 시민참여의 허와 실

단체를 조직하는 미국인의 창의성은 무궁무진하다는 말이 있을 정도로 미국인은 다른 나라들에 비교해 자발적 결사체가 활발하게 참여하고 있다. 토크빌(Alexis de Tocqueville)은 그의 저서 『미국의 민주주의(*Democracy in America*)』에서 "미국에서는 연령에 상관없이, 어느 지위에서건 여러 성향의 모든 사람이 늘 단체를 조직하고 있으며, 미국에서 지적 · 도덕적 단체

1) Robert D. Putnam, *Bowling Alone: The Collapse and Revival of American Community*, (페이퍼로드, 2009), p.557.

들보다 더 주목할 만한 것은 없다"라고 언급하여, 19세기 초 미국 사회 속에서 지금까지 계속 남아 있는 자발적 결사체의 활발한 활동을 포착하였다. 공식 단체에 공식 회원으로 가입하는 것은 사회적 자본의 한 측면이자 대개 공동체 참여 활동의 유용한 지표로써 간주한다. 미국의 『단체 백과사전(*Encyclopedia of Associations*)』에 등록된 전국 규모의 비영리조직의 숫자가 1968년 10,299개에서 1997년 22,901개로 1인당 전국 규모 조직의 수가 70% 상승하는 등 지난 30년 동안 지속적인 성장세를 보였다. 그러나 1962년 『단체 백과사전』의 조사 결과를 보면 지난 사반세기 동안 자발적 결사체의 수는 3배가 늘었으나 평균 회원 수는 10분의 1로 줄어들었다. 즉, 단체의 수는 많아졌지만, 규모가 대부분 축소되었다는 것이다.

1960년대와 1990년대 사이 단체의 폭발적인 증가는 미국 내 풀뿌리 참여의 성장보다는 단체 명칭만 잔뜩 늘어났음을 의미한다. 또 하나의 현상으로 전국 규모 단체의 본부가 지리적으로 밀집되어 급속한 증가세를 보이는 신생단체들은 지역에 뿌리를 두고 회원 중심으로 움직이는 풀뿌리 활동이나, 개별 회원들 사이의 정기적 접촉의 장을 마련하기보다는 전문인력들이 배치되어 자신들의 주장과 이익을 선전하는 조직으로 더욱 전국적인 정치토론에서 견해를 표출하는 데 주력한다. 20세기 이후 상당 기간 미국인들의 단체활동에 대한 참여가 지속해서 상승했으며, 마지막 3분의 1 동안은 회원들이 전혀 만나지 않는 완전히 새로운 형태의 '3차 단체(tertiary association)'들이 창설되면서, 대면 교류 회원의 감소 및 실제로 지역공동체의 단체에 할애하는 시간은 감소하였다. 많은 미국인이 자신을 단체의 회원이라고 주장하지만, 클럽을 비롯한 자발적 결사체의 적극적인 참여는 불과 몇십 년 만에 놀라운 속도로 급락한 것이다.[2)]

결국 과거에 시민의 참여를 촉진했던 능력, 자원, 관심이 교육 수준의 향상으로 더 많은 인적자원이 늘어났음에도 불구하고 시민참여, 즉 사회적 자본은 감소했다. 이는 1960년대 중반 이후 미국인의 정치와 정부에 관여하고, 자신의 권리를 행사하는 다양한 방식이 과거와 비교하면 성격이 크게 변화했기 때문이라고 볼 수 있다. 교육 수준의 상승과 함께 공직에 출마하거나 국회의원에게 편지 보내기, 잡지 · 신문에 편지나 원고 보내기 등 자신의 의견을 공개적으로 표현하는 행동은 10~15%가 줄었다. 즉, 공공업

---

2) 위의 책, pp.74-76.

무에 대한 지식은 잘 갖추고 있으나 실제로 정치와 정부에 참여하는 사람들은 날이 갈수록 줄고 있다는 것이다. 특히 투표율은 약 25% 감소, 정치와 공공업무에 대한 관심도는 약 15~20% 감소, 정당 관련 집회 참석은 약 35% 감소, 정당 정치의 관여도는 약 40%의 감소세를 보였다. 모든 종류의 정치단체 혹은 시민단체의 참여는 40%가 감소했다. 퍼트남의 주장에 의하면 미국은 과거와 비교하면 시민참여, 즉 사회적 자본이 감소를 하고 있다고 볼 수 있다는 것이다.[3]

제2절

사회적 자본의 위기와 협력적 거버넌스를 통한 극복

1 사회적 관용성이 미흡한 사회적 자본의 위기

사회적 자본(social capital)이란 이 책의 제1장에서도 언급했듯이 사람들 사이를 협력할 수 있게 하는 구성원들의 공유된 제도, 규범, 네트워크, 신뢰 등 일체의 사회적 자산을 포괄하여 지칭하는 것이다. 이 중에서도 신뢰는 사회적 자본의 핵심으로 물질적 자본, 인적 자본에 뒤이어 경제 성장의 중요한 요소로 손꼽히고 있다. 사회적 자본이 잘 확충된 나라일수록 국민 간의 신뢰가 높고 이를 보장하는 법 제도가 잘 구축되어 있어 거래비용이 적고 효율성은 높으므로, 국가의 생산성이 올라가고 국민소득은 높아진다. 뿐만 아니라 사회적 자본은 정치의 투입(input)뿐만 아니라 산출(output)에도 영향을 준다.

시민참여가 정부의 업무 수행 능력에 미치는 영향은 이탈리아의 지방정부가 가장 잘 보여 주고 있다. 본래 정치적으로 독립적이며, 경제적으로도 분화된 강한 지방정부를 갖고 있던 이탈리아는 사회경제적 변화에 발맞추어 시민의 참여와 지역의 요구에 신속하게 반응할 수 있는 지방자치 정부로 전국을 재편하게 되었고, 1970년 지방정부 개혁을 위한 헌법 조항을 실행했다. 개혁 시행 이후 이탈리아 지방정부들의 사회적 · 경제적 · 정치적 · 문화적 환경은 천차만별의 모습을 보인다. 어떤 정부들은 비효율과 부패,

3) 같은 쪽.

무기력한 모습을 보이지만, 다른 정부들은 공공사업을 효과적으로 운영하여 그 지역 주민을 만족시키면서 혁신적인 보육시설 프로그램과 직업훈련소를 세우는 등 투자와 경제 발전을 촉진하며, 환경기준과 가정 의료에도 앞장서 나가고 있다. 이탈리아의 지방정부를 좀 더 자세히 들여다보면, 적극적인 공동체 단체들을 많이 보유하고 있는 볼로냐시의 에밀리아-로마냐, 그리고 토스카나 같은 이탈리아의 일부 지역의 시민들은 공동체 참여에 있어서 후견이 아니라 공공의 문제 때문에 참여한다. 그리고 그들은 공정하게 행동하면서 서로를 신뢰하고 법을 준수한다. 이 공동체들의 지도자들은 상대적으로 정직하며 평등 이념을 지지한다. 이러한 '시민적 공동체들(civic communities)'은 연대성과 시민참여, 그리고 통합성을 중요시한다. 바로 여기서 민주주의의 원리가 작동하는 것이다. 반면에 칼라브리아와 시칠리아처럼 '비시민적(uncivic)' 지역의 경우 우리가 아는 공동체적 시민권 개념이 성장하지 못했다. 사회단체, 문화단체 등 시민의 공동체적 단체참여는 희박하며, 특히 주민들의 관점에서 보기에 공공업무는 자신들의 일이 아니라 '보스', '정치가' 등 '힘 있는 사람들'의 일, 즉 남의 일이다. 결국에는 서로 맞물려 있는 악순환 속에서 거의 모든 사람이 누군가에게 이용당하고 무력하며 불행하다고 느낀다. 이처럼 비시민적인 대의 정부가 시민적인 공동체에 비교해 능률이 떨어진다는 사실은 전혀 놀라운 일이 아니다. 정부의 질적인 측면에서 이렇게 뚜렷한 차이가 생긴 원인은 투표율, 신문 구독, 합창단과 문학 모임 가입 같은 시민참여의 강한 전통에서 비롯되며, 이는 성공적인 지방정부의 증명서이다.[4)]

하버드 대학교수인 퍼트남(Robert D. Putnam)이 주장하는 바대로 이탈리아의 남부와 북부 지방정부 간의 성과의 차이가 생기는 원인을 분석한 후, "사회적 자본이 남북 지방 정부의 성과와 경제 발전의 차이를 만들어냈다"라는 결론은 다음과 같은 의미이다. 즉, 집합적 행위의 딜레마를 극복하거나 자기 스스로 기회주의를 배격할 수 있느냐는 한 사회가 갖고 있는 사회적 자본에 달려 있다는 점이다.[5)]

그러나 우리나라의 문제는 지방정부의 성과 논쟁 이전에 인구 편중에 따른 지역공동체 붕괴 현상이 매우 심각하다는 것이다. 인구 5,100만 명 가운데 인구 1,000만 명의 서울시, 그리고 50만 명 이상의 대도시 거주자가

4) 위의 책, pp.572-574.
5) 위의 책, pp.590-592.

인구의 80~90%를 차지하는 것은 시간 문제이다. 이에 따라 농촌공동체 붕괴는 이미 오래된 정책 어젠다이며, 도시공동체의 구축은 극히 몇몇의 사례지역을 제외하고는 난제이다. 도시에서도 서울, 전주, 광주, 부산 등 대도시 지방정부에서도 도시공동체 활성화 정책 및 각종 조례를 제정하여 추진하는 움직임이 왕성하나, 서울의 성미산공동체 사례를 제외하고는 대부분 전통시장 상인과 예술인들의 콜라보 형태로 발전하고 있지만, 이 역시 젠트리피케이션(gentrification) 등으로 공동체 정신을 잃고 관광중심 주의로 빠지고 있다.

미국의 경우, 사회적 자본이 풍부한 도덕주의적인 주(state)들은 공공정책에서 대단히 혁신적이고 실력 본위의 채용 규칙에 따라 정부 직원을 충원한다. 이러한 주에서 정치는 보다 문제 지향적이고, 사회적 · 교육적 서비스에 초점을 맞추며, 명백히 덜 부패해 있다. 사회적 자본이 높은 주들은 더욱 능률적이고 혁신적인 정부를 유지한다. 그리고 시 단위에서도 풀뿌리 참여의 수준이 높은 곳은 후견 정치를 차단하고, 연방정부의 지역사회 발전 보조금의 더욱 공정한 배분을 확실히 보장한다. 제도화된 동네 단체들을 가진 포틀랜드, 세인트폴 같은 도시는 지역 주민이 원하는 제안을 통과시키는 데 더욱 효율적이며, 이러한 도시들은 지역 주민으로부터 시 정부에 대한 높은 수준의 후원과 신뢰를 누리고 있다. 실제로 사회적 자본이 높은 공동체에서 정부는 '우리'이지 '그들'로 인식되지 않는다. 이런 방식으로 사회적 자본은 정부의 정통성을 강화한다. 이런 맥락에서 보면 10년 주기의 사회 조사에서 공동체의 협조 수준이 어느 정도인지 가장 잘 예측할 수 있는 지표는 주민의 시민적 참여의 수준이다. 투표율, 사회적 신뢰 등 사회적 자본의 측정에서 상위를 차지하는 공동체들은 공영방송국에 보내는 기부금에서도 상당한 차이를 나타낸다. 로퍼 설문조사(Roper Survey)에 따르면, 정치적 이데올로기의 양극단에 있는 미국인은 시민 생활에 참여가 높지만, 온건 계열에 속하는 미국인은 시민 생활에 불참하는 경향이 있다. 즉, 자신을 매우 자유주의자 혹은 매우 보수주의자라고 규정한 미국인은 더욱 온건한 견해를 가진 동료 시민보다 공공회의 참석, 국회에 편지쓰기, 지역 시민단체 활동, 심지어는 교회 참석도 더 잘할 가능성이 높으며, 반면에 자신을 이데올로기적으로 중도라고 규정한 사람이 공공회의, 지역단체, 정당, 정치 집회 등으로부터 훨씬 많이 이탈함에 따라 이데올로기적 '극단주의'와 참여의 이 상관관계는 20세기 마지막 25년 동안 더 강화되었다.

역설적으로 자신의 정치적 견해를 중도 혹은 온건이라고 규정하는 미국인의 수는 나날이 늘고 있지만, 이데올로기적 스펙트럼에서 더욱 극단적인 위치에 서 있는 사람이 회의참여, 위원회에서의 업무봉사 등에 차지하는 몫은 날이 갈수록 커지고 있다. 그러므로 중도적인 목소리들이 침묵을 지켜옴에 따라 미국의 풀뿌리 시민 생활에서는 더욱 극단적인 견해들이 점차 우위를 차지하게 되었다. 이런 의미에서 시민적 불참은 미국 건국 초기의 우려했던 고전적인 '파당' 문제를 악화시키고 있다.

그 이유에 대하여 사회평론가 셔드슨(Michael Schudson)은 "조직, 단체 속에서 연대성의 하락은 분명히 손실이나 그 이면에 있는 개인적 자유의 증대는 분명히 이익"이라고 주장하고 있다.6)

표 13-1 논리적으로 가능한 네 개의 사회 유형

	사회적 자본(낮음)	사회적 자본(높음)
관용성(높음)	개인주의적 사회 '너는 네 일해라 나는 내일 하겠다'	시민적 공동체 '마녀' 없는 세일럼
관용성(낮음)	무정부주의적 사회 만인의 만인에 대한 전쟁 상태	분파주의적 공동체 내집단 vs. 외집단 '마녀사냥'이 벌어지는 세일럼

퍼트남(Putnam, 2000)의 분류에 따라 <표 13-1>과 같이 실제로는 논리적으로 가능한 네 개의 사회 유형이 있다. 단순하게 '자유 대 공동체'의 대립이라는 해석은 '개인주의적 사회'와 '분파주의적 공동체'와 같이 자유는 풍부하지만, 공동체는 거의 없는 개인주의적 사회와 공동체에 큰 비중을 두지만, 자유는 거의 없는 사회를 강조한 것이다. 그러나 다른 두 유형의 사회 유형, 특히 관용과 사회적 자본을 결합한 무정부주의적 사회도 있다는 것을 잊어서는 안 된다.

퍼트남에 의하면, "공동체를 중시하는 사람들은 과거에는 편협성을 불러일으켰으며, 그들의 21세기 계승자들은 높은 수준의 관용을 유지해야 할 필요가 있다. 또한 현재 미국에서 가장 편협한 개인과 지역공동체들은 가장 연계성이 낮은 곳이며, 시민적 불참이 편협성을 막아주는 유용한 도구라거나, 혹은 관용이 불참의 부작용이라는 증거는 전혀 없다. 사회적 자본

6) 위의 책, pp.583-588.

과 관용성은 공생관계이다"[7]라는 것이다.

퍼트남의 연구에 의하면, 부와 소득의 분배라는 측면에서 1950년대와 1960년대의 미국은 그 어느 시대보다 더 평등했고, 사회적 연계성과 시민적 참여가 가장 높았던 시기로 최고 수준의 평등과 최고 수준의 사회적 자본은 일치했다. 반면 20세기 후반 들어서는 불평등이 가장 오래 지속해서 늘어난 시기였으며, 사회적 자본 역시 그 정도로 오랜 기간 지속해서 하락했던 최초의 시기였다는 것이다.[8]

2 지역공동체 붕괴와 협력적 거버넌스 구축

2016년 이후 한국행정연구원이 실시하는 사회통합실태조사에서 입법부와 행정부는 청렴도와 신뢰도 모두 최하위권을 형성하고 있다. 자기의 대표자가 공익을 위하는 것 같지도 않고, 그 대표자에 대해 믿음도 없다는 점은 대의제 민주주의를 채택하고 있는 현재의 정치체제에 큰 위협이다. 『이코노미스트(*The Economist*)』의 민주주의 지수를 보면 167개국 중 우리나라는 2016년에 24위, 2017년에 20위로 아시아지역에서 가장 높은 순위를 기록하고 있다. 그러나 높은 순위를 가지고 있음에도 우리나라의 민주주의는 '결함 있는 민주주의'로 분류된다. 완전한 민주주의 체제를 위해서는 현재에서 한 걸음 더 나아간 시스템이 필요하다. 현재 우리 사회가 활용할 수 있는 기술과 제도, 의식을 기초로 현실성 있고, 효과적인 시스템을 모색할 필요가 있다. 정보통신기술의 발전으로 인한 온라인망의 일반화는 주민들의 공공 부문 참여 패러다임을 크게 변화시켰다. 온라인을 통한 의사소통, 블록체인과 같은 제4차 산업혁명 기술은 온라인상에서 보안을 유지하면서 다수의 인원이 투표와 같은 시스템을 운영할 수 있도록 발전하고 있으며, 제도적으로는 자치분권이 강조되면서 주민참여를 통한 지역의 활성화를 꾀하고 있다.

지난 2018년 2월 제주도에서 열린 '지방분권과 균형발전 비전회의'의 결론은 주민에게 관심을 쏟아야 한다는 것이었고, 현 정부의 지방분권 정책기조 또한 주민에게 초점이 있다. 중앙정부인 행정안전부에서 시작된 주민

7) 위의 책, pp.590-592.
8) 위의 책, p.595.

자치회 도입 노력은 전국 단위로 확산되어, 각 지방정부는 '부산형 주민자치회', '서울형 주민자치회'와 같은 시스템을 갖춰 나가고 있으며, 현재 우리나라에서 가장 작은 단위인 읍・면・동에서 주민이 중심이 되는 자치 시스템을 갖추어 나가겠다는 방향이다. 우리나라는 국정농단 사태 이후 크고 작은 충돌도 있었으나 대통령 탄핵과 새 정부 수립에 이르기까지 성숙한 시민의식과 참여가 돋보였다. 맞닥뜨린 사안의 중대성을 고려해보면 세계적으로 유례없을 평화로운 정권변동과 시민의 손으로 직접 사회변화를 끌어낼 수 있다는 경험은 지속해서 정치에 관심을 끌게 하는 힘이 되었다. 이 같은 정치참여를 향한 시대적 요구에 부응하기 위해, 현재 다수의 지역에서 정식으로 도입하였거나, 도입에 대해 논의를 하는 '주민자치회' 조직을 활용하여 참정의 욕구가 높아진 주민의 실질적인 참여를 보장하는 체계를 구축하는 주민 의견 수렴체계와 온라인투표 시스템을 포함하는 모델은 주민 의견의 상향적 전달을 효과적으로 하고, 이를 기초로 직접민주주의와 주민참여를 확대할 수 있다.

협력적 거버넌스는 공공 부문의 단독 활동만으로는 사회문제의 해결이 어렵고, 사회문제를 해결하기 위한 집합적 노력을 통해 가능하다는 접근으로 문제 해결, 또는 더 나은 사회를 위한 계획 및 실행 등을 위해 사회의 많은 주체가 벌이는 활동으로서 일종의 공공관리 네트워크이다. 협력적이라는 것은 단지 집합적으로 활동한다는 의미를 넘어서 참여자 간의 상호의존성 하에서 참여자 간의 이질성을 건설적으로 극복하고, 의사결정 권한을 공유하고 결과에 대한 집합적 책임을 지는 것을 의미한다.

즉, 협력적 거버넌스를 통하여 공공기관이 공적 활동을 하는 과정에서 비정부 이해관계자와 직접 상호작용하여 해당 문제를 해결하려는 통치방식으로 정의하면서 협력적 거버넌스의 여섯 가지 특징을 제시한다. 첫째, 협력적 거버넌스는 공공기관이나 공적 제도가 주도한다. 둘째, 참여자는 비정부조직이나 사회구성원이 포함되고, 셋째, 정책이나 공공관리의 의사결정에 대해 직접 참여한다. 넷째, 참여자는 공식적으로 조직되고 집합적으로 행동한다. 다섯째, 합의형 의사결정을 목적으로 한다. 마지막으로, 협력적 거버넌스는 공공의 문제 해결을 위한 것이며, 공공정책 또는 공공관리에 협력의 초점이 있다. 협력적 거버넌스의 특징을 살펴볼 때, 비정부 이해관계자와 직접 상호작용하는 의사결정 과정을 통해 공적 문제를 해결하는 통치 방식을 협력적 거버넌스라고 할 수 있다. 정치철학자 거트먼(Amy

Gutmann)은 "우리의 생각과 가치관을 대변할 수 있고 또 기꺼이 그렇게 하려는 단체에 접근하지 못하면, 우연히 부자이거나 유명 인물이 되지 않는 이상 우리의 목소리를 많은 사람에게 듣게 하거나 정치 과정에 영향을 미치는 능력은 매우 제한될 수밖에 없다"고 했다. 시민적 연계가 효과를 거두는 데는 꼭 공식적 제도의 형태가 필요한 것은 아니다. 베를린 장벽 붕괴 이전 동독의 민주화 운동에 관한 연구를 보면, 친구 네트워크를 통해 민주화 운동의 참여자가 충원되었던 것처럼 누가 이 대의명분에 참여할지 결정하는 데는 이데올로기적 헌신, 공식적인 조직 형성의 노력보다 이 일상적인 유대가 더 중요하다는 사실이다.9)

지금의 한국 사회처럼 진보와 보수의 정치적 양극화는 정부의 문제 제기와 해결 능력에 찬성과 반대 집단들 간의 냉소주의적 관점을 증대시키고, 시민참여의 문제점만이 부각될 수 있다. 따라서 앞서 언급한 공론화 과정을 통한 의사결정 구조 설계라든지 시민단체(NGO)들 등의 자발적 결사체가 얼마나 중요한지 인식할 필요가 있다. 물론 NGO의 정책 영향력 행사가 항상 좋은 것만은 아니다. 퍼트남이 지적한 바와 같이 결사체들 스스로가 반자유주의적 경향을 강화할 수 있고, 반민주주의적 세력들에 의해 남용될 수 있다. 민주주의를 해결하기 위한 만병통치약이 아니므로 자발적 결사체를 성공적인 민주주의를 위한 수단으로써 피드백을 하고 협치라는 시스템을 장착해야만 민주주의가 올바르게 작동할 수 있다.

한국 사회의 지역사회에서의 또 다른 심각한 문제는 퍼트남의 분석에 의하면 소득과 분배의 구조 속에서의 지역 격차와 인구 구성 면에서의 격차가 동시에 발생하는 지역공동체 붕괴 현상을 꼽지 않을 수 없다. 퍼트남의 또 다른 저서인 『우리 아이들(*Our Kids*)』(2014)에서 그는 1960년대 미국 사회와 비교하여 "지금의 미국 사회는 또다시 새로운 형태의 공동체 붕괴에 직면하고 있다"고 하였고, 야마시타 유우스케(山下祐介)의 "地方消滅の罠"는 커뮤니티 붕괴를 '지방소멸(地方消滅)'이라 언급하며 2040년까지 전국의 기초자치단체의 과반수가 소멸한다는 것이다. 이는 자치단체에 대한 정책으로써 선택과 집중이라는 중앙정부의 인식과 대처가 잘못되었다고 지적하는 것이다. 우리나라는 아직 지역사회복지와 공공 서비스 등에 정부 차원의 직접적인 서비스 제공이나 지방자치단체에 직접적인 지원이 일반

9) Robert D. Putnam, *Bowling Alone: The Collapse and Revival of American Community*, (Simon & Schuster, 2000), p.559.

적이다. 반관반민(半官半民)의 기금으로 운영하는 중간 지원조직을 설립하여 지역 NPO, 시민단체, 사회적 기업 등을 재정적으로 지원하면, 예산은 절감하면서 정권과도 중립적이며 복지 서비스를 효율적이고 경제적으로 제공할 수 있다. 이러한 중간 지원조직이 활성화되고, 특히 지원을 받은 사회적 기업의 숫자가 늘어난다면 실제적인 일자리 창출 효과도 가져올 수 있다. 반면 지역사회 조직들과 행정 파트너십 원칙을 확립할 때 의사결정 면에서 개입을 최소화하지 않으면, 지역사회의 조직의 자립에 문제가 생길 수 있다. 중간 지원조직에서 지역별, 과제별 네트워크로 나눠, 각각의 특성을 인지하여 상호적 협력 관계를 연계해 가며 구축해가는 것이 중요한 과제이다. 특히 중간 지원조직의 사회적 인식, 정부와 지역사회의 조직의 파트너라는 인식을 확립하여 운영해야 한다. 지방자치에 대한 논쟁을 규범적으로 접근하지 말고, 지방자치의 원래의 의미인 지역공동체 주민들이 자유의 원리로 자치실현이 가능한지에 대해 질문하는 것이 중요하다.

지금의 우리나라의 지역사회 공동체는 심각한 인구편중 현상을 겪고 있다. 지방정부에서는 커뮤니티 재생을 위하여 민-민, 관-민, 관-학 등의 진정한 거버넌스를 구축하여 이들 협치적 거버넌스 조직에 권한과 예산을 줘야 할 것이다. 즉, 공동체 붕괴의 위기를 극복하기 위해서는 [그림 13-1]과 같이 지역의 자율성을 담보하는 공동체적 시민사회가 이뤄지도록 노력하여야만 할 것이다(임승빈, 2017).

그림 13-1 공동체적 시민사회

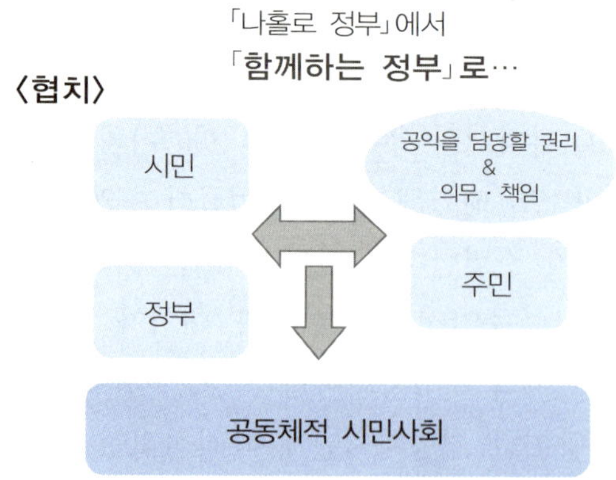

지역사회 거버넌스의 일종으로서 협력적 거버넌스가 존재한다면, 협력적 거버넌스는 주민참여의 확대를 통해 지역의 문제를 해결할 수 있는 체계를 제공할 필요가 있다. 지역사회 거버넌스를 통해 주민들이 공동체에 대한 참여와 관심이 증가하여, 지역 단위의 상호의존성을 바탕으로 하는 공동체와 사회자본이 형성될 것이다. 대의 민주주의의 보완제로서 SNS 등을 활용한 직접 민주주의를 활성화함에 있어 직접 민주주의의 주체를 어디까지 인정할 것인가에 따라 다르겠지만, 마을 단위에서 주민자치조직을 대표로서 활용하는 것은 작은 단위의 대의 민주주의 제도의 보완으로 볼 수 있다. 더 많은 주민이 협력적 거버넌스의 주체자로서 편입될수록 대의 민주제와 충돌이 되는 대표성의 논란은 희석될 수 있겠다.

참고문헌

[국내문헌]

강명구(1996). 지방자치와 시민사회의 열림. 『도시연구』.

강문규(1996). 『시민참여의 시대』. 서울: 한울.

강상욱(2001). 『NGO에 대한 정부 재정 지원 실태분석』. 한국NPO학회 춘계학술대회 발표논문집.

강수돌(2009). 『사회적 기업가의 자세와 역할: 2009 충청 사회적 기업가 아카데미 강의 자료집』. 충북: 충북사회적기업협의회.

경향신문(2017). "시급 1만원, 지금 당장"…6 · 30 '사회적 총파업' 비정규직 4만명 역대급 집회. 2018.6.12 접속. http://news.khan.co.kr/kh_news/khan_art_view.html?artid=201706301804011/

고성국(1994). 한국 시민사회의 형성과 발전. 『아시아문화』, 제10호.

구본선(2016). 주민자치회를 통한 협력적 거버넌스 정착에 관한 연구: 시범실시 사례를 중심으로. 석사학위논문. 서울대학교.

국회여성가족위원회수석전문위원실(2008). 『성평등 관련 입법현황 및 향후 과제: 제17대 국회(2004.5.30-2008.5.29)』. 서울: 국회여성가족위원회 수석전문위원실.

권대우(2011). 헌법적 권리로서의 소비자권과 소비자운동권의 발현. 『세계헌법연구』, 17(3): 259-290.

권수현(2011). 여성운동과 정부, 그리고 여성정책의 동학. 『아시아여성연구』, 50(1): 7-47.

권현정 외(2003). 『페미니즘 역사의 재구성』. 공감.

김경훈 · 경태원(2011). 공공기관의 소셜 미디어 활용 현황 및 활성화 방안. 『한국콘텐츠학회지』, 9(1). 한국콘텐츠학회.

김관규 · 김관옥(2006). 전자민주주의 정치참여 확대 기여에 관한 제논의. 『언론과학연구』, 6(2). 한국지역언론학회.

김동배(2005). 『시민사회와 자원봉사』. 서울: 학지사.

김명희(2008). 영국의 사회적 기업 사례 연구와 한국에의 정책적 함의. 『사회복지정책』, 33: 135-157.

김미경 · 서동희(2004). 한국과 영국, 스웨덴의 여성정책의 형성과 정부역할의 변화. 여권론적 관점을 중심으로. 『한국행정학보』, 38(6): 349-370.

김민하(2010). 모바일 기부 서비스의 이용 및 확산에 대한 연구. 성균관대 (경영)대학원 석사논문.

김선기 외(2009). 『지역공동체 경영사업 활성화 방안』. 한국지방행정연구원.

김선미(2003). 『NGO의 정책적 영향력: 금융실명제 실시의 사례분석』. 한국정치학회.
김선욱(1998). 여성과법, 이룬것과 이루지 못한 것. 『여성과사회』, 9(40): 63.
김선혁(2006). 한국의 민주주의 공고화와 시민사회. 『아세아연구』, 제129호.
김수영(2011). 고려대학교 2011년 2학기 '성과 사회' 강의자료.
김수진(2016). 여성혐오, 페미니즘의 새 시대를 가져오다. 『교육비평』, (38): 163-188.
김수현(1997). NGOs의 쟁점과 신뢰성 논의. 『한국사회정책』.
김영란(2003). 한국의 여성운동과 여성복지정책의 변화. 『한국사회학』, 37(3): 187-216.
김영래(1997). 이익집단의 개념과 유형. 김영래(편), 『이익집단정치와 이익갈등』. 서울: 한울.
______(2000). 『시민단체의 정치참여 발전 방향』. 서울: 내나라.
김영미(2002). 거버넌스와 여성, 여성정책. 『한국정책과학학회보』, 6(3): 77-91.
______(2008). 이명박정부의 여성정책: 일자리 창출에서 여성의 의미. 『2008년 한국여성학회 제24차 춘계학술대회: 신자유주의 시대의 젠더 · 계층 · 세대의 정치학』(학술대회 자료집). 373-394. 한국여성학회.
김영화 · 손지아(2004). 여성운동이 여성복지에 미친 영향과 의미. 『복지행정논총』, 14(2): 81-106.
김영훈 외(2009). 『영국의 거버넌스형 마을 만들기』. 서울: 기문당.
김용철 · 윤성이(2005). 『전자민주주의: 새로운 정치 패러다임의 모색』. 서울: 도서출판 오름.
김원철(2007). '새로운 겨울' 맞은 진보진영. 국민일보(12월 21일), 2면.
김윤호(2010). 커뮤니티 비즈니스의 개념 정립에 관한 연구: 사회적 기업과의 구분을 목적으로. 『한국사회와 행정연구』, 21(1).
김익현(2005). 『블로그 파워』. 서울: 커뮤니케이션북스.
김재인 · 정건섭(2010). 선진국 사례를 통한 한국형 사회적 기업의 과제와 방향. 『공동행정연구』, 11(2).
김정훈(2001). 진보적 시민사회 형성을 위한 이론적 탐색. 유팔무 · 김정훈 편, 『시민사회와 시민운동2』. 서울: 한울.
김종법(2009). 유럽의 사회적 기업: 성과와 한계. 『세계지역연구논총』, 28(1).
김준기(1999). 『정부-NGO 관계에 관한 이론적 고찰 및 정부 NGO 지원사업 분석』. 한국행정학회 동계학술대회 발표논문집.
______(2001). 『한국에서의 제3자적 정부의 논의』. 한국행정학회 하계학술대회 발표논문집.
김준기 · 김정부(2001). NGO 연구에 대한 비판적 고찰. 『행정논총』, 39(3): 195-233.
김중태(2010). 『소셜네트워크가 만드는 비즈니스 미래 지도: 세계를 강타하는 미래 네트워크 미래혁명』. 서울: 한스미디어.
김태룡(2002). 한국 NGO들의 영향력을 결정하는 요인에 관한 연구. 한국정책학회 기획세미나.
김태성 · 성경륭(2000). 『복지국가론』(개정판). 서울: 나남출판.

김필두(2014). 주민자치회 시범실시에 대한 성과분석. 『지방행정연구』, 28(3). 지방행정연구원.
김현정(2000). 여성운동과 국가의 관계에 관한 연구. 성폭력 특별법과 가정폭력방지법 제정운동을 중심으로. 이화여자대학교 석사학위 논문.
김호기(1993a). 그람시적 시민사회론과 비판이론의 시민사회론. 『경제와 사회』, 가을호.
______(1993b). 시민사회 논쟁, 어떻게 이해할 것인가? 『말』, 1월호.
노대명(2008). 한국의 사회적 기업과 사회서비스. 『보건복지포럼』.
노동부(2006). 『사회적 기업 육성전략』.
______(2008). 『사회적 기업 육성 기본계획(2008-2012)』.
______(2009). 『주요 국가의 사회적 기업』.
논객(2018). "옥시=BR코리아! 옥시의약품 불매운동!", 2018.4.20.
마이클 가자니가 지음, 박인균 옮김(2009). 『왜 인간인가?』. Michael Gazzaniga(2008). *Human*. 서울: 추수밭 출판사.
마크 트레메인 지음, 이동훈 옮김(2008). 『블로그와 시민권 그리고 미디어의 미래』. 서울: 커뮤니케이션북스.
문은숙(2004). 소비자운동의 이해와 한국소비자운동의 발전 과정. 『시민사회와 NGO』, 2(2): 189-224. 한양대학교 제3섹터연구소.
문진영(2004). 사회적 배제의 국가 간 비교연구: 프랑스, 영국, 스웨덴을 중심으로. 『한국사회복지학』, 56(3).
문화재청(2010). 문화재기본계획 제1편. 『문화재청 내부보고서』.
박명규(1994). 19세기 후반 일본의 국가와 사회. 『아시아문화』, 제10호.
박병옥(1997). 시민운동을 가로막는 법률들. 『지방자치』, 10월호.
______(2003). 한국 시민운동의 전망과 과제. 경실련 토론회 발제문.
박상필(1993). 시민단체와 정부의 관계 유형과 지원체제. 『한국행정학보』.
______(1998). 시민단체의 자주성과 공익활동 능력. 경북대학교 행정학과 박사학위 논문.
______(2001a). 『NGO와 현대사회』. 서울: 아르케.
______(2001b). 『NGO를 알면 세상이 보인다』. 서울: 한울.
______(2001c). 『NGO학의 정립을 위하여』. 한국NPO학회 춘계학술대회 발표논문집.
______(2001d). 『NGO의 정책참여 분석』. 한국산업사회학회 제4회 비판사회학대회 발표논문집.
______(2001e). 『NGO 활성화를 위한 법적 고찰』. 『한국정치연구』, 제6호.
______(2001f). NGO 개념의 역사와 실체. 『현상과 인식』, 겨울호.
______(2002). 『거버넌스에서 민주주의의 급진적 재구축: NGO의 역할과 한계』. 한국행정학회 춘계학술대회 발표논문집.
______(2005). 『NGO학: 자율·참여·연대의 동학』. 서울: 아르케.
______(2008). 『NGO와 정부 그리고 정책』. 서울: 한울.
박선경(2013). 페미니즘 이론과 문학에서의 '여성성' 변이와 증식 과정. 『어문학』, 121:

269-301.

박선주 · 정원모(2010). 공공 부문의 성공적인 소셜미디어 도입 및 활용 전략. *CIO Report*, Vol.24. 한국정보화진흥원.

박소현(2011). 문화예술 분야 재능 기부 활성화 방안 연구. 『한국문화관광연구원 기본 연구』, 2011-15.

박용규(2009). 『커뮤니티 비즈니스와 지역경제 활성화』. 삼성경제연구소.

박용규 · 주영인(2009). 『지역활성화의 새로운 대안, 커뮤니티 비즈니스』. 삼성경제연구소.

박원순(2001a). 『한국 시민사회 발전을 위한 고민과 대안』. 시민운동지원기금 주최, 2001년 포럼: 시민사회-시민운동 발전을 위한 대토론회 발표논문집.

______(2001b). 제대로 된 부패방지 입법을 위한 시민운동은 중단 없이 계속된다. 미발표 논문.

박인례(2005). 소비자 운동 성과의 영향요인. 숙명여자대학교 일반대학원 박사학위 논문.

박재영(1998). 『국제기구정치론』. 서울: 법문사.

______(2003). 『국제관계와 NGO』. 서울: 법문사.

박지향(1994). 영국 시민사회의 형성과 발달, 『아시아문화』, 제10호: 261-290. 춘천: 한림대학교 아시아문화연구소.

박한우(2007a). 사이버 공간의 정치 커뮤니케이션에 대한 네트워크 분석: 17대 국회의원의 이웃 시민 블로그를 중심으로. 『대한정치학회보』, 15(1).

______(2007b). 블로그에 나타난 정치인 네트워크: 17대 국회의원을 대상으로. 『한국언론학보』, 51(3). 한국언론학회.

박희봉 · 김명환(2000). 우리나라 지역사회의 사회자본 증진에 관한 연구: 사회자본 측정과 분석을 위한 시도. 『한국정치학보』, 33(4).

박희주 · 박성용 · 이득연 · 김성천 · 송순영 · 강성진(2007). 소비자정책의 평가와 과제. 『정책연구보고서』, 7-222.

배영옥(2007). 한국의 기부문화에 대한 연구: 아름다운재단 사례를 중심으로. 목원대 대학원.

배이화(2007). 영국의 사회적 기업 육성 방향과 전략. 『국제사회보장동향』, 2007년 봄호: 33-41. 한국보건사회연구원.

백진아(2002). 90년대 여성노동정책의 형성과 담론. 『젠더와 사회』, 1: 41-68.

변화순 · 유희정 · 장영아(1997). 『여성정책의 현황도 전망: 21세기를 향한 여성정책』. 서울: 한국여성개발원(현 한국여성정책연구원).

부산여성가족개발원(2007). 여성정책 외. 『여성우리』, (38): 42-51.

사이버 노동대학(2009). [노동운동사 2] 한국전쟁-87년 노동자대투쟁까지. 2018.6.12 접속. http://www.junnodae.org/

사회복지공동모금회(2002). 사회복지공동모금회 배분사업 효과성 평가.

삼성경제연구소(2009a). 지방 주도의 경제활성화 과제.

_____(2009b). 사회적 자본 확충을 위한 정책과제. 제722호.
새뮤엘 P. 헌팅턴 · 로렌스 E. 해리슨 공편, 이종인 옮김(2001). 『문화가 중요하다(*Culture Matters*)』. 서울: 책과 함께.
서울신문(1992). "성폭력 여성운동차원서 대처." 서울신문(4월 29일), 14면.
성경륭 · 김호기 외(1997). 『시민운동의 활성화를 위한 민간단체 육성 방안』. 정무장관 제1실.
송경재(2010). 미국 소셜 네트워크 서비스(SNS) 사용자의 특성과 정치 참여. 『한국과 국제정치』, 26(3). 경남대학교 극동문제연구소.
송백석 · 곽진오(2010). 영국의 제3섹터 정책과 사회적 기업 정책: 노동당 공동체주의로 이해하기. 『한국사회정책』, 17(2): 103-134. 서울: 한국사회정책학회.
송보경(2002). 한국의 소비자운동의 과제와 전망. 『사회이론』, (22): 151-177.
신광영(1995). 『시민사회 개념과 시민사회 형성』. 유팔무 · 김호기(편), 『시민사회와 시민운동』. 서울: 한울.
_____(1999). 비정부조직(NGO)과 국가정책. 『한국행정연구』, 8(1): 29-43.
신광영 · 유팔무 외(1994). 시민사회 개념과 시민사회 형성. 『시민사회와 시민운동』. 서울: 한울.
신동규(2001). 고객신뢰, 고객몰입 및 고객애호도에 미치는 영향. 동아대학원 박사학위 논문.
신지(1991). 참여 · 감시로 공명선거 실현을. 『새가정』, 411: 42-47.
심영희(2002). 1990년대 한국 성정책 전개과정: 변화의 내용과 요인. 『젠더와 사회』, 1: 69-95.
안홍욱(2010). "차상위층 장학금 519억 등 서민예산 2조 줄었다." 경향신문(12월 15일), 3면.
양기호 외(1999). 『시민사회운동: 이론적 배경과 국제적 사례』. 서울: 법문사.
_____(2004). 『일본지역연구(上), (下)』. 소화.
양병국(2003). [정부입장] 의료정책 입안과정에서 소비자 운동 이렇게 본다. 『의료정책포럼』, 1(2): 33-35.
양용희(1998). 『시민단체의 모금 및 회원관리 방식의 개선 방안』.
양현아(2005). 호주제도 폐지라는 역사읽기. 『세계화 시대, 한국여성주의의 발전과 과제: 광복 60주년 기념 제7차 종합 학술대회』(학술대회 자료집). 51-84. 한국여성학회.
앨런 어윈(1998). 1990년대 일본 시민운동의 특징: 오사카지역 사례조사를 중심으로. 『한림일본학연구』. 한림대일본학연구소.
_____(1998). 가나자와시의 정책과정 연구. 『한림일본학연구』. 한림대일본학연구소.
_____(2000). 한국 시민단체의 정치적 기능: 참여연대를 중심으로. 『21세기정치학회보』.
_____(2003). 『일본의 지방정부와 정책과정』. 서울: 서울대출판부.
앨런 어윈 지음, 김명진 외 옮김(2011). 『시민과학』. 서울: 당대.
앨빈 토플러 · 하이디 토플러 지음, 김원호 옮김(2009). 『불황을 넘어서』. 서울: 청림출판.

염돈민(2010). 지역공동체사업(CB) 및 사회적 기업 육성전략. 『정책브리프』, 제81호(2010-20). 강원발전연구원.
염재호(2002). 한국 시민단체의 성장과 뉴거버넌스의 가능성. 『아세아연구』, 45(3).
오관석(2004). 『사이버 정치와 e-거버먼트』. 경기: 도서출판 인간사랑.
오은진(2014). 『경남발전』, (131): 4-12. 경남발전연구원.
우에타 가즈히로 외 엮음, 나주몽 외 옮김(2009). 『도시경제와 산업 살리기』. 서울: 한울아카데미.
울리히 벡 지음, 정일준 옮김(2000). 『적이 사라진 민주주의』. 서울: 새물결.
유정규(2007). 『커뮤니티 비즈니스의 의의와 과제: 일본의 사례를 중심으로』.
유팔무(1991). 그람시 시민사회론의 이해와 한국적 수용의 문제. 『경제와 사회』, 겨울호.
______(1995). 시민사회의 성장과 시민운동. 『경제와 사회』, 봄호.
유팔무 · 김정훈(2001). 『시민사회와 시민운동2』. 서울: 한울.
유팔무 · 김호기(1995). 『시민사회와 시민운동1』. 서울: 한울.
유훈(1998). 네트워크의 유형과 변동. 『행정논총』, 제36호.
윤광재(2008). 정부와 NGO 간의 관계에 관한 연구: 공무원 인식도를 중심으로. 『한국행정논집』. 한국정부학회.
이광우(2009). 『지역사회와 사회적 기업: 지속 가능한 사회적 기업의 성공 요인에 관한 연구』. 사회적 연구 포럼 및 비영리학회 공동학술대회.
이근주(2000). 『NGO 지원과 정부』. 한국행정연구원.
이면우(1998). 『일본의 NGO활동 연구』. 세종연구소.
이명석(2002). 거버넌스의 개념화: 사회적 조정 양식으로서의 거버넌스. 『한국행정학보』, 36(4): 185-205.
이미정(2002). 『사회자본을 통한 공공부문 IT 아웃소싱의 조직내-조직간 관계 개선 방안』. 서울시립대 전자정부연구소.
이성록(2004). 자원봉사와 사회자본. 『한국의 사회자본 어떻게 육성할 것인가?』. 중앙일보 시민사회연구소.
이숙종(1998). 일본 NGO활동의 개관. 이면우 편, 『일본의 NGO활동 연구』. 세종연구소.
______(2004). 『작은 정부와 일본 시민사회의 발흥』. 서울: 한울.
이시재 외(2001). 『일본의 도시사회』. 서울: 서울대출판부.
이신행(1997). 『한국의 사회운동과 정치변동』. 서울: 민음사.
______외(1999). 『시민사회운동: 이론적 배경과 국제적 사례』. 서울: 법문사.
이용탁(2009). 사회적 기업가정신에 관한 이론적 고찰. 『사회적 기업 연구』, 2(2).
이원보(2004a). 『한국노동운동사 5』. 서울: 지식마당.
______(2004b). 『한국노동운동사 6』. 서울: 지식마당.
______(2005). 『한국노동운동사 100년의 기록』. 서울: 한국노동사회연구소.
이의영(2002). 시민사회의 인적자원 개발 과제연구. 한국교육재정 · 경제학회 연차학술대회 발표 논문.
이정옥(2001). 한국 시민운동의 걸림돌과 디딤돌. 『제3회 중앙 시민사회 심포지엄 자료집』. 중앙일보 시민사회연구소.
이준효(2021). 페미니즘과 테러리즘, 한국분석철학회.
이지운(2000). "'여성부' 여성들이 더 반대?" 서울신문(5월 10일), 31면.
이현희(2006). 한국 NGO의 인적자원 관리 현황과 개선 방안. 성공회대학교 NGO대학원 석사학위 논문.
이희태 · 김석용(2001). NGO 근무자의 직무만족 영향요인 분석. 한국지방자치학회.
인천in(2016). "가습기 살균제사건과 옥시불매운동", 2016.5.10.
임보영(1993). 정책결정과정에 있어서 여성단체의 역할에 관한 분석: 제4차 가족법개정과정을 중심으로. 서울대 석사학위논문.
임승빈(1997). 일본 지역사회에 있어 전통적 주민조직의 역할. 『지방행정연구』, 12(1). 한국지방행정연구원.
______(1998a). 都市地域開發政策과 住民參與에 관한 연구: 韓 · 日의 事例比較 『韓國行政研究』, 6(4). 한국행정연구원.
______(1998b). 行政と地域社會のネットワーク形成について. 『翰林日本學研究』, 제3집. 한림대학교 한림과학원 일본학연구소.
______(1998c). 읍 · 면 · 동사무소, 커뮤니티센터로의 기능 전환과 운영 방식. 『지방자치』, 제18호. 현대사회연구소.
______(1999a). 행정과 NGO 간의 네트워크 구축에 관한 연구. 한국행정연구원.
______(1999b). 정부와 자원봉사단체의 바람직한 관계 정립 방안에 관한 연구. 한국행정연구원.
______(1999c). 행정과 NGO의 네트워크 관계. 한국행정연구원.
______(1999d). 政府와 自願奉仕團體의 바람직한 關係 定立方案에 관한 연구. 한국행정연구원.
______(2000a). 자치단체와 NGO 간의 생산적 협력 관계를 위하여. 『自治公論』, 7월호. 한국자치개발연구원.
______(2000b). 『2000 민주공동체 실천사업 심포지엄』. 국정홍보처 민주공동체 실천사업 자료집.
______(2002). 한국과 일본의 시민사회와 지방정부 간 교류의 특징과 과제. 명지대학교 행정학과.
______(2005a). 『서울시와 비영리 민간단체의 파트너십 강화와 역량평가에 관한 연구』. 명지대학교 지방자치연구센터 · 한국행정학회.
______(2005b). 서울시 서대문구의 행정과 주민조직의 주민참여 모델. 『사회과학논총』, 23(1). 명지대학교 사회과학연구소.
______(2006a). 『행정과 NGO』. 서울: 명지대학교.
______(2006b). 『지방자치론』(제2판). 서울: 법문사.
______(2007a). 『서울시와 비영리 민간단체의 파트너십 강화와 사업평가에 관한 연구』. 서울: 명지대학교 지방자치연구센터.
______(2007b). 지역의 공동체 사회를 강화하는 동사무소 통폐합을 위한 계기가 되어

야.『공공자치』, 6월호. 공공자치연구원.
______(2007c). 행정환경 변화와 정부와 민간의 역할. 문화일보(7월 16일), 30면.
______(2008a)『행정자치부와 비영리 민간단체의 파트너십 강화와 사업평가에 관한 연구』. 한국행정학회.
______(2008b). 시민단체에 대한 정부지원제도의 문제점과 개선 방안. 청와대 보고서.
______(2009a).『정부와 NGO』. 서울: 대영문화사.
______(2009b). 우리나라 시민사회단체의 책무성 향상방안에 관한 연구. 한양대학교 제3섹터연구소.『시민사회와 NGO』, 7(1): 35-55.
______(2011). 공공정책의 갈등관리를 위한 공유재의 구축에 관한 연구, 제4권. 서울행정학회.
______(2012). 한국 시민사회의 변화와 지방분권.『지방분권과 한국시민사회』. 시민사회 포럼 간행. 서울: 중앙일보시민사회연구소.
______(2022a).『지방자치론』(제15판). 파주: 법문사.
______(2022b).『질서의 지배자들』. 파주: 법문사.
임승빈 외(2012). 행정안전부 비영리 민간단체 공익지원사업평가보고서. 한국정책과학학회 학술용역보고서.
임은경(2004). 정부와 NGO 간의 재정적 파트너십. 2004 서울시 비영리민간단체 시정참여사업 중간 워크숍 발표 논문.
임혁백 · 김윤태 · 김철주 · 박찬웅 · 고형면(2007).『사회적 경제와 사회적 기업: 한국형 사회적 일자리와 사회 서비스 모색』. 서울: 송정문화사.
장원봉(2005a). 지역을 중심으로 한 사회적 경제운동의 모색: 실업극복국민재단 지역특화 사업을 중심으로. 한국도시연구소.
______(2005b). 사회적 경제의 대안적 개념 구성에 관한 연구. 한국학중앙연구원 박사학위 논문.
장정순(2007). 미국의 사회적 기업의 재원 조달 방안.『한국비영리연구』, 6(1): 273-381.
장필화(1990). 여성정책을 위한 기초적 검토: 여성학 시각에서.『여성학논집』, 7: 11-22.
전윤정(2005). 한국의 모성보호정책변화에 관한 연구. 정책 행위자들의 협력 · 대립양상을 중심으로.『여성건강』, 6(2): 91-119.
전정환(2007). 지방정부의 소비자행정체제에 대한 평가.『한국거버넌스학회보』, 14(2): 239-270.
정병순 · 신경희(2007).『서울시 사회적 기업 육성 및 지원 방안』. 서울시정개발연구원.
정선희(2006).『빈곤 해결을 위한 일자리 정책: 사회적 기업이 지속 가능한 발전』. 한국도시연구소.
정영호 · 노대명 · 고숙자(2008). 사회적 일자리(기업)의 가치평가 및 국민경제적 파급효과 분석.『보건사회연구』, 25(1): 72-99.
정인경(2016). 포스트페미니즘 시대 인터넷 여성혐오.『페미니즘 연구』, 16(1): 185-219.
정재영(2006). 웹2.0 시대, 사업 패러다임이 바뀐다.『LG주간경제』. LG경제연구원.
정재훈(2003). 노무현 정부의 여성복지정책.『한국사회복지학회 2003년도 춘계학술대회』

(학술대회 자료집). 377-388. 한국사회복지학회.
정정화(2005). 환경 NGO의 활동 방식과 정책참여 유형: 영월댐과 새만금간척사업 사례 비교분석.
_____(2006). 정부와 NGO의 관계 비교연구. 『한국사회와 행정연구』, 17(1): 47-79.
정진성(2001). 『현대 일본의 사회운동론』. 서울: 나남.
정태석 · 김호기 · 유팔무(1995). 『한국의 시민사회와 민주주의의 전망』. 서울: 한울.
정훈(2011). 문화재 소유자의 재산권 존중과 공적 책무. 한국법정책학회 · (사)한국문화재정책학회 공동 학술세미나 논문집. 2-10.
조대엽(1995). 한국의 사회운동과 조직 유형의 변화에 관한 연구. 고려대학교 사회학과 박사학위 논문.
_____(1999). 『한국의 시민운동: 저항과 참여의 동학』. 서울: 나남.
조명래(2009). 미스포터에서 비틀즈까지: 내셔널트러스트 운동의 본령, 영국의 NT운동. 『월간문화재사랑』, 9월호: 12-16. 문화재청.
조석주 · 김필두(2000). 『지역 NGO의 지방자치단체 정책 참여 방안』. 한국지방행정연구원.
조선일보(2017). 文 대통령, 민주노총 총파업에 "새 정부에 요구 엄청나게 많겠지만, 1년쯤 시간 달라." 2018.6.12 접속. http://news.chosun.com/site/data/html_dir/2017/06/21/2017062102238.html?Dep0=twitter&d=2017062102238
조승래(2004). 18세기 영국의 시민사회론. 『역사와 경계』, 51: 145-164. 부산: 부산경남사학회.
조영복(2007). 『사회적 기업 육성의 육성을 위한 중장기 정책 방향』. 사회적기업연구원.
_____(2009). 『사회적 기업의 이해와 국내외 경영사례』. 사회적기업연구원.
조영복 · 곽선화 옮김(2007). 『사회적 기업 진행보고서: 성공을 위한 전략』. 사회적기업연구원.
조영복 · 곽선화 · 류정란(2010a). 『사회적 기업 국가별 전략과 정책』. 서울: 시그마프레스.
_____(2010b). 『사회적 기업: 다양성과 역동성, 배경과 공헌』. 서울: 시그마프레스.
_____(2010c). 『유럽 사회적 기업 부문 정책과 사례』. 서울: 시그마프레스.
조영복 · 류정란(2009). 부산지역 사회적 기업가를 위한 사회적 기업 육성에 대한 연구. 『인적자원관리연구』.
조영복 · 양용희 · 김혜원(2007). 『사회적 기업 육성을 위한 중장기 정책 방향』. 대통령자문 국민경제자문회의.
조은설(2013). 『한국정책과학학회보』, 17(1): 119-148. 한국정책과학학회.
조현옥(2008). 한국의 여성정책결정에 여성운동이 미친 영향. 『2008 건국 60주년 기념 공동학술회의 여성정치패널』(학술회의 자료집). 7-30. 한국국제정치학회.
조혜정(2008). "이명박 당선인 민주당 지도부 방문 때 발언 파문 '여성부는 여성권력을 주장하는 사람들의 부서.'" 한겨레(1월 19일), 6면.
조희연(1995). 민중운동과 시민사회, 시민운동. 유팔무 · 김호기 편, 『시민사회와 시민운동』. 서울: 한울.
주성수(1999a). 『시민사회와 제3섹터』. 서울: 한양대학교출판부.
______(1999b). 자원봉사활동지원법의 주요 쟁점과 제정 방향. 『사회복지』, 제141호.
______(2001a). 『서울시와 NGO의 파트너십 현황과 과제』. 2000 서울시정참여사업 심포지엄 자료집.
______(2001b). 『거버넌스 시대의 정부와 NGO』. 한국NGO학회 추계 콜로키움 발표논문집.
______(2001c). 『시민사회와 NGO 논쟁』. 서울: 한양대학교출판부.
______(2003). 참여시대의 시민, 정부 그리고 NGO. 『시민사회와 NGO』, 1(1): 1-17.
______(2005). 『자원봉사: 이론, 제도, 정책』. 서울: 아르케.
______(2006). 『NGO와 시민사회: 이론, 모델, 정책』. 서울: 한양대학교출판부.
주성수 · 서영진(2000). 『UN, NGO, 글로벌 시민사회』. 서울: 한양대학교출판부.
주창범 · 임승빈(2010). 정치와 시민사회와의 새로운 소통, 한국정책과학학회 특별세미나 발제집(장소: 서울 프레스센터, 일시: 2011.11.7).
차명제(2000). NGO들의 활동 분야와 유형. 김동춘 외, 『NGO란 무엇인가』. 서울: 아르케.
______(2004). 한국 시민사회 발전을 위한 시민단체(NGOs)의 역할. 2004 서울시 비영리 민간단체 시정참여사업 중간 워크숍 발표 논문.
참여와 혁신(2007). 화물연대 파업이 반복되는 이유. 2018.6.12 접속.
http://www.laborplus.co.kr/news/articleView.html?idxno=1299
채종헌(2012). 유럽 사회적 경제의 현황과 다양성에 관한 연구. 2012년 한국NGO · 금천구 공동학술대회 발제문.
최승호(2009). 『충북사회적 기업의 발전 방안』. 충북: 충북개발연구원.
최원형(2009). "이명박정부 1년 '여성정책 실종': 성평등 · 보육 · 인권정책 후퇴." 한겨레 (2월 26일), 16면.
최장집(1993). 『한국 민주주의의 이론』. 서울: 한길사.
최장집 외(1995). 『시민사회의 도전』. 서울: 사회비평사.
최희경(1993). 페미니스트 인식론 연구: 객관성 개념을 중심으로=(A) Study on Feminist Epistemology, 이화여자대학교 대학원: 여성학과.
컬린(Janella A. Kerlin) 지음, 조영복 옮김(2010). 『사회적 기업 국제비교』. 서울: 시그마프레스.
크리스챤아카데미(1996). 『일본시민운동과 지방자치』. 서울: 한울.
크리스천투데이뉴스(2018). 혜화역 페미 시위 전 무슨 일? 홍대 누드크로키 몰카, 피팅모델 미투 사건…청와대 국민청원 답변에도 규탄시위. 2018.6.9. 김신의 기자.
하승수(1996). 『탈냉전시대 아시아시민운동의 과제』. 서울: 한울.
______(2001). 『시민운동과 법』. 조희연 편, 『NGO가이드』. 서울: 한겨레출판사.
하승창(2001). 『하승창의 NGO 이야기』. 서울: 역사넷.
한겨레(2012). 화물연대 파업 타결…운송료 9.9% 인상 합의. 2018.6.12 접속.
http://www.hani.co.kr/arti/society/labor/540296.html

한국문학평론가협회(2006). 『문화비평용어사전』. 서울: 국학자료원.
한국사회교육원 편(1996a). 『지방화와 지구화, 그리고 시민운동』. 서울: 한울.
______(1996b). 『탈냉전시대 아시아시민운동의 과제』. 서울: 한울.
한국사회학회 · 정치학회 편(1992). 『한국의 국가와 시민사회』. 서울: 한울.
한국산업사회연구소 편(1996). 『한국사회의 변동: 민주주의, 자본주의, 이데올로기』. 서울: 한울.
한국일보(2012). 화물연대 파업/정부 표준임금제 약속 '헌신짝'…세번째 되풀이 파업. 2018.6.12 접속. http://hankookilbo.com/v/e5783075d15f41ec8af9ed100c1ceed6
한상진(2008). 사회적 기업과 일자리 창출전략: 사회적 일자리 정책을 넘어서. 『노동사회』, 2008년 4월호.
한양대학교 제3섹터연구소(2002). 『2001년 서울시시정사업 참여 시민단체 평가보고서』.
______(2003). 『NGO리포트』. 서울: 한양대학교출판부.
한영혜(2004). 『일본의 지역사회와 시민운동』. 서울: 한울.
한홍구(2002). 한국의 시민사회, 역사는 있는가. 『시민과 세계』, 창간호.
행정안전부(2010.6). 『2010년 지역공동체 일자리사업 종합지침』.
허란주(1999). 페미니즘과 자율성. 『여성과 철학, 철학과 현실사』.
현대경제연구원(2006). 『커뮤니티 비즈니스: 지역경제 활성화의 새 모형』.
호소우치 노부타카 외 지음, 정정일 옮김(2008). 『우리 모두 주인공인 커뮤니티 비즈니스』. 서울: 도서출판 이매진.
호소우치 노부타카 편저, 박혜연 · 이상현 옮김(2007). 『지역사회를 건강하게 만드는 커뮤니티 비즈니스』. 희망제작소.
환경경영신문(2018). "소비자 중심의 새로운 시민운동 절실-NGO의 전환점." 2018.2.19.
황윤원(1997). 정치과정에서의 시민참여와 새로운 정치세력의 양성. 『도시연구』, 제3호: 15-40.
황정은(2010). 사회적 기업가에 대한 인식이 근로자 직무만족에 미치는 영향에 관한 연구. 숭실대학교 대학원 박사학위 논문.
황현옥(1990). 사월혁명 당시 노동운동의 전개과정에 관한 연구. 이화여자대학교 대학원 석사학위 논문.
FKII(2009). 소셜 미디어란 무엇인가? *IT Issue Report*. 한국정보산업연합회.

가습기 살균제 사망사건/옥시 불매 운동. http://dabrose32.blog.me/220710955858(2018.6.3 접속) http://www.nongaek.com/news/articleView.html?idxno=38082
[네이버 지식백과] 코로나바이러스감염증-19-(COVID-19)(시사상식사전, pmg 지식엔진연구소), 2021.10.27 접속. https://terms.naver.com/entry.naver?docId=5912275&cid=43667&categoryId=43667
[네이버 지식백과] 플랫폼법(시사상식사전, pmg 지식엔진연구소), 2021.10.28 접속. https://terms.naver.com/entry.naver?docId=6118849&cid=43667&categoryId=43667
뉴스코리아, '패륜글' 논란 임용시험 합격자, 기다리면 교사 발령난다, 2021.10.28 접속.

https://www.news1.kr/articles/?4404893

디지털부산문화대전, 여성 관련 시민단체.

매일경제, 결국 고개숙인 日유니클로, 2021.10.27 접속. https://www.mk.co.kr/news/business/view/2019/07/534339/

매일경제용어사전, 5세대 이동통신(5G) 검색 2021.10.28 접속. https://terms.naver.com/entry.naver?docId=2276164&cid=43659&categoryId=43659

매일일보, 온라인 플랫폼 골목상권 침탈까지 '첩첩산중', 2021.10.28 접속. http://www.m-i.kr/news/articleView.html?idxno=870379

머니투데이, "한남충 XX" 여초카페 글에 동조·반박 댓글…모두 같은사람이었다, 2021.10.28 접속. https://news.mt.co.kr/mtview.php?no=2021101313353039932

머니투데이, 일베 7급 공무원 '임용 취소' → 불법촬영 혐의 '검찰 송치', 2021.10.28 접속. https://news.mt.co.kr/mtview.php?no=2021063009492738124

부산일보, 성전환 변희수 전 하사 '전역 취소' 판결 확정, 2021.10.28 접속. http://www.busan.com/view/busan/view.php?code=2021102815135117569

세계일보, "온라인 플랫폼 기업 골목상권 침탈, 코로나보다 무서워" [세계초대석], 2021.10.27 접속. http://www.segye.com/newsView/20211026514013?OutUrl=naver

시사상식사전, '5세대 이동통신' 검색, 2021.10.28 접속. https://terms.naver.com/entry.naver?docId=1968158&cid=43667&categoryId=43667

연합뉴스, '성전환 후 강제전역' 변희수 전 하사 자택서 숨진 채 발견(종합2보), 2021.10.28 접속. https://www.yna.co.kr/view/AKR20210303174051064

연합뉴스, 아베규탄시민행동 "日, 역사왜곡 사죄하고 경제침략 중단하라", 2021.10.27. 접속. https://www.yna.co.kr/view/AKR20190831046100004

연합뉴스tv, 매장 정리 속도내는 일본기업들…넘지 못한 불매운동, 2021.10.27 접속. https://www.yonhapnewstv.co.kr/news/MYH20211024001600641?did=1825m

이데일리, 변희수 부사관 "훌륭한 여군되고 싶다…기회 달라", 2021.10.28 접속. www.edaily.co.kr

이투데이, 소상공인 80%, "코로나 영향으로 매출 감소했다"(+신규확진 401명), 2021.10.27 접속. https://post.naver.com/viewer/postView.naver?volumeNo=30532701&memberNo=6132524&vType=VERTICAL

조선일보, 성전환 변희수 전 하사, 자택서 숨진 채 발견, 2021.10.28 접속. https://www.chosun.com/national/national_general/2021/03/03/WVWAVPLLJBAV7NIGEIT5N5GXQA/

조선일보, 신작폰 흥행에 5G 가입자 2000만 '초읽기'… 품질 논란은 '과제', 2021.10.28 접속. https://biz.chosun.com/it-science/ict/2021/10/13/MV3BYIBH2FFXFORSO2DYOK7XQ4/?utm_source=naver&utm_medium=original&utm_campaign=biz

조선일보, 지하철서 옷 다벗은 그녀 "변희수 하사 자유 보장하라", 2021.10.28 접속. https://www.chosun.com/national/national_general/2020/10/13/S5BFUL3D55H2RBANYDUFFA55SE/

투데이코리아, 시만단체 “5G 불통 2년째다” 玳 통신사 “보상할 만큼 했다”, 2021.10. 28 접속. http://www.todaykorea.co.kr/news/articleView.html?idxno=285728

패션비즈, 반일 불매운동, 패션업계 파장은?, 2021.10.27 접속. http://www.fashionbiz.co.kr/article/view.asp?idx=173980

평화를 만드는 여성회, http://www.peacewomen.or.kr/

한겨레, 대리운전, 빨래방, 식자재…골목상권 위협 커지자 중소 상인들 뭉친다, 2021.10.27 접속. https://www.hani.co.kr/arti/economy/startup/1016811.html#csidx556667567c2e8c3b23ac3d920570c2a

한국여성노동자회, http://kwwnet.org

한국여성단체연합, http://www.women21.or.kr

한국여성민우회, http://www.womemlink.or.kr/

함께 문제를 푸는, 프로젝트-화난사람들, 5G 손해배상 집단 소송, 2021.10.28 접속. https://prj.angrypeople.co.kr/progress/v/90

YTN, 여성 상의 탈의 시위 둘러싼 논쟁 격화, 윤현숙 기자.

YWCA, www.ywca.or.kr

[국외문헌]

Aiken, M.(2006). 영국의 사회적 기업. 『국제노동브리프』, 4(6): 22-30. 2006년 6월호. 한국노동연구원.

Almond, Gabriel & Bingham Powell(1978). *Comparative Politics: System, Process, and Policy*. Boston: Little Brown Company.

Anderson, Chris(2006). *The Long Tail: Why the Future of Business is Selling Less of More*. New York: Hyperion.

______(2006). *The Long Tail: Why the Future of Business is Selling Less of More*. New York: Hyperion.

Anheier, Helmut, et al.(2004). 지구시민사회의 개념. Anheier, Helmut, et al.(eds.). 조효제 · 진영종(공역), 『지구시민사회』. 서울: 아르케; *Global Civil Society Yearbook*. Oxford: Oxford University Press, 2002.

Anheier, Helmut K. & Regina List(2005). *International Dictionary of Nonprofit and Nongovernmental Organizations*. London: Taylor & Francis.

Arato, A.(1989). Civil Society, History, and Socialism: Replay to John Kean. *Praxis International*, No.9.

Arnstein, Sharry(1969). A Ladder of Citizen Participation. *Journal of the American Institute of Planners*, 35(4): 216-224.

Austin, James E.(2000). *Strategic Collaboration between Nonprofits and Business*.

Bacchiega, A. & C. Borzaga(2001). Social Enterprises as Incentive Structures: An Economic Analysis, in *The Emergence of Social Enterprise*. London: Routledge.

Beck, Ulrich(2000). *The Brave New World of Work*. Cambridge University Press.

Bjur, W. E. & G. B. Siegel(1997). Voluntary Citizen Participation in Local Government: Quality, Cost, and Commitment. *Midwest Review of Public Administraion*, Vol.11.

Bonstein, D.(2007). *How to Change the World*, Oxford University Press. 박금자 외 옮김 (2008), 『달라지는 세계』. 서울: 지식공작소.

Borzaga, C., & A. Santuari(1998). *Social Enterprises and New Employment in Europe*. Autonome Region Trentino Sudtirol, Trento, Italy.

Borzaga, C., & J. Defourny(eds.)(2001). *The Emergence of Social Enterprise*. London: Routledge.

Bourdieu, Pierre(1986). The Forms of Capital, in J. G. Richadson(ed.). *Handbook of Theory and Research for the Sociology of Education*. New York: Greenwood.

Cabinet Office(2006). *Social Enterprise Action Plan: Scaling New Heights*.

Cato, M., L. Arthur, R. Smith, & T. Keenoy(2007). 기타 연주를 좋아하십니까?: 음악기반 사회적 기업을 통한 경제침체 극복. *Social Enterprise Journal*, 3(1). 고경희 옮김, 『사회적 기업 저널』, 2007년 3월호.

Chaskin, Robert J. et al.(2001). *Building Community Capacity*. New York: Aldine De Gruyter.

Clark, John(1991). *Democratizing Development: The Role of Voluntary Organizations*. London: Earthscan Publications.

Coleman, James(1988). Social Capital in the Creation of Human Capital. *American Journal of Sociology*, 94: 94-121.

______(1990). *Foundations of Social Theory*. Cambridge: Belknap-Harvard University Press.

Coston, Jennifer(1998). A Model and Typology of Government-NGO Relationships. *Nonprofit and Voluntary Sector Quarterly*, 27(3).

Dees, J. G.(1998). The Meaning of Social Entrepreneurship, Center for the Advancement of Social Entrepreneurship, Fuqua School of Business, Duke University. http://frqua.duke.edu/centers/case/documents/dees_sedf.pdf

Dees, J. G. & B. B. Anderson(2003). For-Profit Social Ventures, in M. L. Kourilsky & W. B. Walstad(ed.). *Social Entrepreneurship*. Senate Hall Academic Publshing.

Defourny, J.(2006). 확장된 유럽에서의 사회적 기업. 『국제노동브리프』, 4(6): 4-21. 2006년 6월호. 한국노동연구원.

Defourny, J. & C. Borzaga(2001). *The Emergence of Social Enterprise*. London: Routledge.

Defourny, J. & M. Nyssens(2006). Defining Social Enterprise. *Social Enterprise*. London: Routledge.

Defourny, J., L. Favreau, & J. Laville(2001). Introduction to an international evaluation, in R. Spear, J. Defourny, L. Favreau, & J. Laville(eds.). *Tacking Social Exclusion in Europe*. Aldershot: Ashgate.

Defourny, J., P. Develtere, & B. Fonteneau(2000). *Social Economy: North and South*. Centre d'Economie Sociale.

Department of Trade and Industry(2001). Researching Social Enterprise, Final Report to the Small Business Service. UK Department of Trade and Industry.

______(2002). Social Enterprise: A Strategy for Success. UK Department of Trade and Industry.

______(2003a). A Progress Report on Social Enterprise: A Strategy for Success. UK Department of Trade and Industry.

______(2003b). Public Procurement: A Toolkit for Social Enterprise. UK Department of Trade and Industry.

De Sario, Jack & Stuart Langton(1987). Citizen participation and technocracy, in De Sario & Langton et al., *Citizen Participation in Public Decision-making*. New York: Greenwood Press.

DiMaggio, P. & W. Powell(1983). The Iron Cage Revisited: Institutional Isomorphism and Collective Rationality in Organizational Fields. *Americal Sociological Review*, 48: 147-160.

DTI(2005). *A Survey of Social Enterprises Across the UK*.

Easton, Diavid(1953). *The Political System*. New York: Knopf.

Elkington, J. & P. Hartigan(2008). *The Power of Unreasonable People*. Schwab foundation for Social Entrepreneurship. 강성구 옮김(2008), 『비이성적인 사람들의 힘』. 서울: 에이지.

Everling, C.(1997). *Social Economy*. London: Routledge.

Favreau, L.(2000). Globalization and the Social Economy: A North-South Perspective. *Social Economy*. Black Rose Books.

Fukuyama, Francis(1995a). *Trust: The Social Virtues and the Creation of Prosperity*. New York: Free Press Paperbacks.

______(1995b). Social Capital and the Global Economy. *Foreign Affairs*, 74(5).

______(2004). *State-Building: Governance and World Order in the 21st Century*. New York: Cornell University Press.

Garret, G.(1988). *Partisan Politics in the Global Economy*. New York: Cambridge University Press.

Gidron, Benjamin, Ralph M. Kramer, & Lester M. Salamon(eds.)(1992). *Government and the Third Sector: Emerging Relationships in Welfare States. San* Francisco: Jossey-Bass Publishiers.

Glasius, Marlies & Mary Kaldor(2004). 『9·11 이후 지구시민사회의 현황』. Helmut Anheier, et al.(eds.). 조효제·진영종 옮김, 『지구시민사회』. 서울: 아르케; *Global Civil Society Yearbook*. Oxford: Oxford University Press, 2002.

Gordenker, Leon & Thomas Weiss(1996). Pluralizing Global Governance: Analytical Approaches and Dimensions, in Thomas Weiss & Leon Gordenker(eds.). *NGOs, the UN & Global Governance*. Boulder, Colorado: Lynne Rienner Publishers.

Gorz, A.(1999). *Recalining Work: Beyond the Wage-based Society*. Policy Press.

Greffe, Xavier(2003). *Innovation, Value Added and Evaluation in the Third System: A European Perspective*. The Non-profit Sector in a Changing Economy. OECD.

Harper, Ernest B. & Arthur Dunham(eds.)(1959). *Community Organization in Action*. Association Press.

Hatch, Stephen(1980). The role of voluntary social welfare organisations in Norway: A democratic alternative to A bureaucratic welfare state.

Hayton, K.(1984). Community business: A new role for the planner. *Journal of Environmental Planning and Management*.

Hibbs, D. A.(1977). Political Parties and Macroeconomic Policy. *American Political Science Review*, 71(4): 1467-1487.

Hines, F.(2005). Viable Social Enterprise: An Evaluation of Business Support of Social Enterpries. *Social Enterprise Journal*, 1(1): 13-28.

Horton, R. D.(2009). Social Enterprise: Meaning, Scope, Potential, in Sang-dal Shim (ed.). *Social Enterprise: Concepts and Emerging Trends*. Korea Development Institute.

ICNPO(1996). *The International Classification Of Nonprofit Organizations: INCPO-REVISION1*.

INTRAC(2013). *The history of UK civil society: briefing paper 38*.

International Social Enterprise Conference(2009). The Development of Social Enterprise at Columbia Business School. *Columbia Business School*.

Iversen, T., & Soskice, D.(2006). Electoral Institutions and the Politics of Coalitions: Why Some Democracies Redistribute More than Others. *American Political Science Review*, 100(2): 165-181.

Japanese NGO forum for Social Development(1995). *Japan NGO Country Report*, March.

Jones, Charles(1984). *An Introduction to the Study of Public Policy*(3rd ed.). Monterey, CA: Brooks/Cole Publishing Company.

Kay-Yut Chen & Marina Krakovsky(2010). Secrets of Moneylab. Penguin Press(1986). *Fairness as a constraint on Profit seeking: Entitlements in the Market*. American Economic Review. 케이윳첸 외 지음, 이영래 옮김(2010), 머니랩. 타임비즈, 76(4): 728-741.

Kerlin, Janelle A.(2006). Social Enterprise in the United States and Europe: Understanding and Learning from the Differences. *Voluntas*, 17: 247-263.

Kitazawa Yoko(1999). Civil Society and People's Participation in Japan, in *Japanese NGO Country Report*.

Korpi, W.(2006). Power Resources and Employer-Centered Approaches in Explanations of Welfare States and Varieties of Capitalism: Protagonists, Consenters, and Antagonists. *Word Politics*, 58(2): 167-206.

Korten, David(1990). *Getting to the 21st Century: Voluntary Action and the Global Agenda*. West Hartford, Connecticut: Kumarian Press.

Kuhnel & Selle(1990). The role of voluntary social welfare organisations in Norway: A democratic alternative to a bureaucratic welfare state.

Lalmanzuala, C.(2008). 인도의 사회적 기업: 사회 불균형의 새로운 방해 요인들. Asian Social Entrepreneurs Summit.

Langton, Stuart(1983). *Private Partnerships: Hope or hoax.*

______(1993). Public Private Partnership. *National Civic Review*, Vol.73.

Lipietz, A.(1992). *Towards a New Economic Order: Post-fordism, Ecology and Democracy*. Oxford University Press.

Loury, Glen(1977). A Dynamic Theory of Racial Income Difference, in P. A. Wallace & A. LeMund(eds.).

Lyon, F. & M. Ramsden(2006). Developing fledgling social enterprises? A study of the support required and the means of delivering it. *Social Enterprise Journal*, 2(1): 27-41.

Lyon, P.(2005). Agent in the organism: toward a biogenic theory of cognition. PhD thesis, Australian National University.

Mitchell, R. K., B. R. Agle, & D. J. Wood(1997). Toward a theory of stakeholder identification and salience: defining the principle of who and what really counts. *Academy of Management Review*, 22(4).

Muramatsu, Michio(ed.)(2000). *Local Government Development in Post-War Japan*. Oxford University Press.

NCVO(2009). *Civil Society: a framework for action.*

______(2012). *Annual Report and Accounts 2011/12.*

Neck, H., C. Brush., & E. Allen(2009). The landscape of Social Entrepreneurship. *Business Horizons*, Vol.52.

New Economics Foundation(2004). *Chasing Progress: Beyound measuring economic growth.* London: NEF.

Norio Tomono(2006). *Kodo Keizaigaku*. 이명희 옮김(2010), 『행동경제학』. 서울: 지형.

Osborne, David & Ted Gaebler(1992). *Reinventing Government*. New York: Penguin Books.

Ostrom, Elinor(1990). *Governing the Commons: The Evolution of Institutions for Collective Action*. New York: Cambridge University Press.

______(1992). *Crafting Institutions for Self-Governing Irrigation Systems*. San Francisco, CA: ICS Press.

______(2006). *Understanding Institutional Diversity*. New Jersey: Princeton University Press.

Paton, R.(2003). *Managing and Measuring Social Enterprises*, London: Sage.

Peattie, Ken & Adrian Morley(2008). *Social Enterprise: Diversity and Dynamics*. Contexts and Contribution.

Portes, Alexandro(1998), Social Capital: Its Origins and Applications in Modern Sociology. *Annual Review of Sociology*, 22: 1-24.

Prabhu, G. N.(1998). Social Entrepreneurial Management, Leadership in management. www.mcb.co.uk/service/conference.sept98/lim/papera2.htm

Putnam, Robert D.(1993a). *Making Democracy Work: Civic Tradition in Modern Italy*. Princeton: Princeton University Press.

______(1993b). The Prosperous Community: Social Capital and Public Life. *American Prospects*, 4(13): 35-42.

______(1995). Bowling Alone: America's Declining Social Capital. *Journal of Democracy*, 6(1): 65-78.

______(2000). *Bowling Alone: The Collapse and Revival of American Community*. Simon & Schuster.

______(2009). *Bowling Alone: The Collapse and Revival of American Community*. 페이퍼로드.

Rados, David L.(1981). *Marketing for Non-Profit Organization*.

Rifkin, J.(1996). *The End of Work: The Decline of the Global Labor Force and the Dawn of the Post-Market Era*. New York: G. P. Putnam's Sons.

Rockefeller, John D.(1983). The Third Sector, in Brian O'Connell(ed.). *America's Voluntary Spirit*(3rd ed.). 355-362. New York: The Foundation Center.

Rogen, H. M. & O. Sallg(2007). *Social Entrepreneurship*.

Rosenau, James(1992). Governance, Order and Change in World Politics, in James Rosenau & Ernst-Otto Czempiel(eds.). *Governance without Government: Order and Change in World Politics*. New York: Cambridge University Press.

Saaty, T. L.(1982). *Decision Making for Leader, The AHP for Decision in a Complex World*. CA: Wadsworth.

Salamon, Lester M.(1987). Partners in Public Service: The Scope and Theory of Government-Nonprofit Relations, in Walter W. Powell(ed.). *The Nonprofit Sector*. 99-117. New Haven: Yale University Press.

Salamon L. M.(1992a). *America's Non-profit Secter*.

______(1992b). *Government and the Third Sector*. San Francisco: Jossey-Bass Publishers.

______(1994a). The Rise of the Nonprofit Sector. *Foreign Affairs*, 73(4): 109-122, July/August.

______(1994b). The Civil Society Sector: A New Global Force Mimed.

______(1995). *Partners in Public Service.* Baltimore: The Johns Hopkins University Press.

______(1999). *America's Nonprofit Sector*(2nd ed.). New York: The Foundation Center.

Salamon, Laster M. & Helmut Anheier(1994). *The Emerging Sector: An Overview.*

______(ed.)(1997). *Defining the Nonprofit Sector: A Cross-National Analysis.* Manchester: Manchester University Press.

Sen, A.(2000). Social Exculsion: Concept, Application, and Scrutiny. *Social Development Papers* 1, Asian Development Bank.

Simmons, P. J.(1998). Learning to Live with NGOs. *Foreign Policy*, Fall: 82-96.

Skelcher, C., Mathur, N., & Smith, M.(2005). The Public Governance of Collaborative Spaces: Discourse, Design and Democracy. *Public Administration*, 83(3): 573-596.

Somer, A.(2005). Shaping the Balanced Scorecard for Use in UK Social Enterprise. *Social Enterprise Journal*, 1(1).

Speckbacher, G.(2003). Balanced Scorecard for Projects. *Project Management Journal*, 32(1): 38-53.

Stehle, Vince(1995). European Volunteerism Trails.

Thompson, J. & B. Doherth(2006). The Diverse World of Social Enterprise. *International Journal of Social Economics*, 33(5/6): 361-375.

Tocqueville, Alexis de(1996). *Democarcy in America*(ed.). J. P. Maier, trns. George Lawrence. New York: Anchor Books.

______(1997). 『미국의 민주주의 I, II』. 임효선 · 박지동(공역). 서울: 한길사; *Democracy in America.* New York: Vintage Books(edited by Phillips Bradley), 1957.

Todres, L. P. Fulbrook, & J. Albarran(2000). On the receiving end: a hermeneutic-phenomenological analysis of a patient's struggle to cope while going through intensive care. *Nursing in Critical Care*, 5: 277-287.

Verba, Sidney et al.(1995). *Voice and Equality.*

Verba, Sidney & Norman H. Nie(1972). *Participation in America.* New York: Harper and Row.

Walker J. L.(1983). *The Origins and Maintenance of Interest Groups in America.*

Woolman, Horold & Larry Ledebur(1980). Concept of Public Private Coproduction. *Shaping Local Economy.*

World Bank(2003). NGO-Civil Society. www.worldbank.org

Yamamoto, Tadashi(ed.)(1994). *Deciding the Public Good: Governance and Civil Society in Japan.* Tokyo: Japan Center for International Exchange.

NGO活動推進センター(2000). 『NGOデータブック: 数字で見る日本のNGO』.

NGO活動推進センター 編著(2000).『國際協力NGO DIRECTORY』. トライ.
岡本仁宏(1997.6). 市民社會論の諸論点について.『法と政治』.
經濟企劃廳國民生活局 編(2000).『特定非營利活動法人の活動・運營の實態に關する調査』.
高寄昇三(2002).『コミュニティビジネスと自治体活性化』第2刷. 東京: 學陽書房.
關西國際交流團體協議會(1997).『關西の國際交流團體の現狀について』.
久住剛(1998). 市民活動・NPOと自治體.『年報自治體學』第10號.
堀田力 外(1998).『NPOコンメンタール』. 日本評論社.
宮本憲一(1988).『地方自治の歷史と展望』. 自治體硏究社.
琦玉縣自治振興センター(1981).『町內會・自治會とコミュニティ』. 市町村担当課長앙케이트調査.
金澤市町會聯合會(1987).『金澤市町會聯合會三十周年記念誌』.
大島七七三(2009).『社會企業家になる方法』. アスペクト.
大學教育社(1991).『現代政治學事典』. ブレーン出版.
渡戶一郞(1998.6). 90年代後期東京におけるコミュニティ施策の轉換.『都市問題』.
東京市政調査會(1997.4).『都市問題(特輯: NPO)』.
______(1998.6).『都市問題(特輯: 轉換期におけるコミュニティ行政』.
東海自治體問題硏究所(1986).『これからの町內會・自治會』. 自治體硏究社.
東海自治体硏究所 編集(1981).『町內會・自治會』. 自治体硏究社刊.
木村仁 編著(1984).『都市政策』. ぎょうせい.
富野暉一郞(1996.10). 分權時代の住民運動.『都市問題』.
山崎丈夫(1996).『地域自治の住民組織論』. 自治體硏究社.
山內直人 編(2002).『NPO白書2002－最新データからみた日本のNPO』. 大阪大學大學院國際公共政策硏究科 NPO硏究プロジェクト.
澁川智明(2001).『福祉NPO』. 岩波書店.
石田賴房(1979). まちづくりと住民運動.『都市問題』, 70卷4号. 東京市政調査會.
小嶬勝人 編著(1997).『アジアのNPO』. アルク.
松原明(1997.4). NPOを支える制度とは.『都市問題』.
松下啓一(1998.6). NPOに對する公的助成と憲法89條.『都市問題』.
______(1998).『自治體NPO政策』. 東京: ぎょうせい.
______(1999).『自治體NPO政策: 協働と支援の基本 ルール: NPO條例の提案』. 東京: ぎょうせい.
首藤もと子(1997.3). ASEAN諸國のNGO.『政治學論集』. 駒澤大學.
神戶都市問題硏究所 編著(1980).『地域住民組織の實態分析』. 東京: 勁草書房.
阿部志郞 編(1993).『小地域福祉活動の原点』, 全國社會福祉協議會.
安藤元雄(1996.10). 住民運動における住民の論理.『都市問題』.
蓮見音彦 外(1997).『現代都市と地域形成』. 東京: 東京大學出版會.
塩澤修平・山內直人 編著(2000).『NPO硏究の課題と展望』. 日本評論社.
奧田道大(1997.11). 1990年代の都市コミュニティ論.『都市問題硏究』.

玉野和志(1998.6). コミュニティ行政と住民自治.『都市問題』.
雨森孝悦(2007).『デスクブックNPO』. 東洋経済新報社.
衣川光正 外(1984).『市民自治の實驗』. ぎょうせい.
伊藤裕夫(1997.4). NPOの實態と期待との峡間.『都市問題(特輯: NPO)』.
日本NPO學會(2001).『NPO教育と人材育成』.
日本平和學會 編(1989).『市民・NGO運動と平和』. 早稲田大學出版部.
猪口孝(1988).『國家と社會』. 東京: 東京大學出版會.
全國NGOの集い實行委員會(1992.4).『NGO間の新しいネットワークを求めて』.
田中尙輝(1998).『ボランティアの時代』. 東京: 岩波書店.
田中正司(1994).『市民社會理論と現代』. お茶の水書房.
電通總研(1996).『NPOとは何か』. 日本經濟新聞社.
鳥越皓之(1994).『地域自治會の硏究』. 東京: ミネルウァ書房.
週間ダイヤモンド(2009.4.11). 社會企業家の全仕事.
中田實(1986).『これからの町內會・自治會』. 東京: ぎょうせい.
中村政則 外(1995).『戰後民主主義』. 東京: 岩波書店.
倉澤進(1998.6). 社會目標としてのコミュニティと今日的問題.『都市問題』.
出井信夫(2001.8). NPO支援の課題と展望.『都市問題』.
土岐寛(2002).『地方自治とまちづくり』. 東京: 敬文堂.
坂寄俊雄 編(1982).『地域生活と生協運動』. 法律文化社.
行方久生(2003).『地域・自治體と構造改革』. 旬報社.
後房雄(2009).『公共サービスを担えるか』. 法律文化社.
ニェヴェス ゴディネズ(1998.8a). 日本におけるボランタリズム(1).『法學論集』. 京都大學.
______(1999.8b). 日本におけるボランタリズム(2).『法學論集』. 京都大學.
鈴木・富野 編著(2006). コモンズ論再考. 東京: 晃陽書房.
文部科學省 編(2007).『文部科學白書』. 東京: 文部科學省.
文化廳(2010).『我が國の文化行政』. 東京: 文化廳.

blog.naver.com/aourin/80108840172 (아우르)
blog.naver.com/ddablog (사회복지 법인 따뜻한 동행)
www.peoplepower21.org (참여연대 홈페이지)
www.ccej.or.kr (경실련 홈페이지)
www.socialenterprise.go.kr (사회적 기업 홈페이지)
www.socialenterprise.go.kr/intro/human_notions.jsp (사회적 기업 홈페이지)
www.schwabfound.org (사회적 기업가를 위한 슈왑 재단)
www.ashoka.org [아쇼카(Ashoka)]
www.info.nec.go.kr
www.seoul.go.kr

www.smc.seoul.kr
www.twitter.com
www.facebook.com
www.knowledge.go.kr
www.womenlink.or.kr
www.lovekorea.net
www.ymcakorea.org
http://www.ncvo-vol.org.uk/
http://www.legislation.gov.uk
http://www.charitycommission.gov.uk/
http://www.compactvoice.org.uk/
http://www.fundingcentral.org.uk/default.aspx
http://www.civilsociety.co.uk/
http://www.cdf.org.uk/content/funding-programmes/community-first
http://data.ncvo-vol.org.uk/
http://www.nationaltrust.org.uk/
http://www.legislation.gov.uk/
http://www.bunka.go.jp/bunkazai/rekishifuchi/index.html
http://www.bunka.go.jp/bunkashingikai/seisaku/08_05/pdf/shiryo_8.pdf

찾아보기

ㄱ

가브리엘 앨먼드(G. Almond) 23
가습기 115
가족사회 핵가족화 42
가치 37
갈등조정 69
감시자(watcher) 35
갑신정변 74
갑오경장 74
강제징용 116
개념 51
개체주의적 126
거대한 전환 242
거래적 단계 248
결사 30, 39
결함 있는 민주주의 321
경쟁·경합 185
경제결사체 59
경제민주화 87, 242
경제적 효율성 36
경제정의실천시민연합(경실련) 41, 93
계급운동 101
계서제 47
계약실패이론 193
고베(神戶)대지진 270
공공관리 322
공공단체 55
공공선(good) 218, 257
공공성 52, 65
공공재(common good) 26, 220
공공정책 67
공권력 43
공동 182
공동기업(joint venture) 248
공동 생산 182
공동지(共同地) 218
공동체 40, 324
공동체주의 218
공론의 장 180
공론화 227
공리주의 217, 218
공유자원 218, 243
공유재(common goods) 217, 218, 219, 220
공익 291
공익단체 55
공익법인 287, 288
공익사단법인 292
공익성 36
공익인정등위원회 291
공익재단법인 292
공익활동 62
공적판단 228
공정성 112
공조(公助) 278
공조(共助) 278
관변단체 56
관용성(낮음) 320
관용성(높음) 320
광우병 85, 86
광우병 파동 156
광주항쟁(1980) 79
광화문 촛불집회 163
교육 35
구사회운동 40, 82
구성적 시민사회 262

국가 건설(State Building) 25
국가인권위원회 133
국권회복 75
국민대책회의 85
국민신탁법 226
국민신탁운동 225
국민의 정부 262
국민청원 132
국정관리 34
국제여성인권단체 130
국제적 연대 258
국제화 96
권력 67
권력견제이론 193
권위주의적 정부 42
권위주의 정권 42
권익 옹호 67
규범 31, 34
그린피스(Greenpeace) 65, 137, 266
극단주의 319
근린조직(隣保組織) 280
글로벌 시민사회 257
긍정적 신뢰의 범위 36
긍정적 형식주의 36
기든스(A. Giddens) 261
기부 212
기부금 53
기부금품모집금지법 209
기부의 유형 214
기부활동 212
기술적 전문성 64
길드(guild) 49
김대중 대통령 139
김대중 정부 81
김호기 261

ㄴ

낙동강 운하 조기 건설 148
낙천 · 낙선운동 138, 139
내셔널트러스트(National Trust) 219, 223, 225
네이더(Ralph Nader) 307
네트워크(network) 31, 34, 176, 270, 322
네트워크 구축 60
노동운동 101
노동조합 59
노무현 정부 82, 129
노사관계개혁위원회 104

ㄷ

다중매체(SNS) 136
대변(advocacy) 67
대안운동 313
대운하 건설 148
대의 민주주의 171, 325
대의적 민주제 43
대의정부론 315
대처리즘(Thatcherism) 44
대체 · 하청 185
대표자 201
대한자강회 75
대한주부클럽연합회 122
대항운동 313
도덕적 해이(moral hazard) 309
독립협회 74, 92
동등성 50, 181
동학혁명 73
디마지오(Paul Dimaggio) 38

ㄹ

라도스(David L. Rados) 60
레이거노믹스(Reaganomics) 44
로컬 거버넌스(local governance) 32
로크(J. Locke) 298
루소(J. J. Rousseau) 46, 48, 298
룰(rule) 44
리더십 63, 97

리프킨(Jeremy Rifkin) 100

ㅁ

마르쿠제(H. Marcuse) 105
마르크스(K. Marx) 47, 299
마을만들기 262
막스 베버(Max Weber) 19, 26
메이지(明治) 269, 280
문명의 충돌 259
문민정부 80, 262
문재인 정부 88
문제 제기 50, 181
문화 23
문화가 중요하다 33
문화자본 38
물산장려운동 76
물적 자본 27
미국 41
미국의 민주주의 304, 315
미국의 시민사회 303
미군기지 이전 반대운동 150
미시건 민병 36
미투운동 130
민간단체 53, 55
민간조직 178
민족자본 74
민주노총 105
민주성 36
민주 시민교육 69
민주주의 30, 46
민주주의 작동 23
민주화 95
민주화운동 42
민중계몽 75
민중단체 56
밀(J. S. Mill) 47, 315

ㅂ

박근혜 정부 87
박원순 140
배타적 연고주의 63
법체계 74
베버리지 보고서(1942) 299
베트남 전쟁 109
벡(U. Beck) 136
변증법 106
보수 323
보수적 시민단체 42
보존주의자 107
보편복지 242
보호주의 107
복지국가 46
봉건(feodale) 47
봉토(feodum) 47
부르디외(P. Bourdieu) 28
부르주아 298
부안 핵폐기장 반대운동 145
부정부패 98
부정적 외부 효과 62
부정적인 형식주의 36
분권적 202
불꽃페미액션 129
비계급운동 41, 260
비공동체주의적 126
비관습적 정치참여 137
비노동운동 41, 260
비딩파싱 67
비도덕적 가족주의 25
비스비(Visby) 45
비영리기업 61
비영리단체(NPO) 34
비영리민간단체지원법 63, 210
비영리성 66
비정부성 65
비합리성 63

ㅅ

사단법인 287
사바티어(P. A. Sabatier) 177
사유재 217, 220
사족(士族) 71
사회개혁 139
사회과학 32
사회교육 69
사회구성주의 20
사회구조 180
사회단체 61
사회 서비스 246
사회운동이론 193
사회적 관용성 317
사회적 기업 242, 244, 246
사회적기업육성법 244
사회적 기업의 개념 246
사회적 연계성 321
사회적 자본 19, 24, 36, 318
사회적 자본(낮음) 320
사회적 자본(높음) 320
사회적 자본지수 37
사회학 32
살균제 115
살롱 50
상근 활동가 202
상호부조 74
새마을운동 92
새마을운동중앙협의회 92
샐러먼(L. M. Salamon) 63
생활협동조합운동 127
서비스 대행 모델 240
서비스 제공자 35
서울의 봄 79
선호취합 227
성정책 128
성평등 134
세계화 257
세월호 참사 160, 162
셀즈닉(P. Selznick) 19
소비자권리보호 112
소비자단체 114, 121
소비자보호법 114, 120
소비자운동 112, 113, 307
소비자협동조합 59
소상공인연합회 118
소액주주운동 195
소외 106
소통 45
수출규제 116
수평적 네트워크 39
숙의(deliberation) 227
스미스(A. Smith) 50
스티글리츠(J. E. Stiglitz) 22
시민(civitas) 49
시민계급 171
시민권 운동 306
시민단체 43, 56, 90
시민배심원제 228
시민사회 32, 46, 48
시민사회단체(CSO) 40, 43, 52
시민운동 136, 269, 270
시민유산 226
시민적 참여 25, 26
시에라 클럽 107
시장 44
시장실패 34, 62, 309
신고리 5 · 6호기 229
신고전주의 32
신고전학파 43
신공익법인 291
신뢰 31, 32, 243
신뢰성 65
신민회 75
신분제 73
신분제 사회 71
신사회운동 261
신사회운동론 40, 260
신자유주의 43, 257, 308

신제도론 20
신제도주의론 23
신중도(Neue Mitte)이론 261

ㅇ

아노미(anomie) 139
아담 스미스(A. Smith) 298
아리스토텔레스(Aristotle) 298
아비투스 31
알메딜렌(Almedalen) 45
압력 63
애국계몽운동단체 91
애국부인회 75
양반 73
에도(江戶) 280
여론 43
여론 환기자(advocator) 35
여성대중운동 127
여성문제 125
여성발전기본법 129
여성복지정책 128
여성부 128
여성운동 125
여성정책 128
연대 60
연방정부 109
영국 49
영국의 내셔널트러스트 운동 223
오스트롬(Elinor Ostrom) 243
오코넬(Brian O'Connell) 172
오큐파이운동 313
옥시 사태 122
완전경쟁시장 44
외부적 요인 207
우리 아이들(Our Kids) 323
우산조직 220
운하백지화국민행동 149
원전문제 110
월드비전(World Vision) 263
유교 71
유럽 41
유령회사 254
유신정권 79
유팔무 261
윤석열 정부 89
의료협동조합 59
이기주의 63
이념 갈등 167
이데올로기 42
이라크 파병 146
이명박 정부 84
이슬람 연맹 36
이익단체 44
이익집단 57
이탈리아 23
인력관리 198
인적 자본 27
인적자원 201
일반 291
일본 사회 233
일본의 NPO 지원법 277
일제강점기 73
임승빈 262
입헌군주제 74

ㅈ

자레드 다이아몬드(Jared Diamond) 22
자발성 66
자발적 30, 40, 62
자발적 참여 53
자본주의적 프로테스탄트의 세속주의 27
자선적 단계 248
자원동원론 40, 41, 193, 260
자원봉사 100
자원봉사자 201
자원활동(voluntary action) 53
자유의지 47
자율성 53, 64

자율정신 69
자조(自助) 278
자주사업 모델 240
자치회 272
재단법인 287
재정적자 34
저항적 시민사회 261
적십자 61
전교조 83
전문성 64
전태일 79, 102
절대주의 49
정보사회 106
정보화 96
정부·시장 실패이론 192
정부실패 34, 62, 309
정부우위모형 187
정부의 지원 반대 206
정책 과정 171, 176
정책 네트워크 176
정책 영역별 유형론 184
정책집행 68
정책효과성 254
정치박람회 45
정치적 양극화 323
정치적 연합 42
정치적 자원 137
제3섹터 50, 52
제3섹터부 300
제3영역으로서의 시민사회 261
제도론 19
제도적 규칙 21
제도주의론 23
제안자 35
제퍼슨(Thomas Jefferson) 314
젠더인지적 125
젠트리피케이션(gentrification) 319
조대엽 260, 261
조선 71
조선건국준비위원회(건준) 78
조선노동자조합전국협의회 78
조선사회 73
조정자 69
조직관리 198
조합주의 177
존 뮤어(J. Muir) 107
종교단체 55
주민자치조직 325
주민조직 279
중간조직 220
중간 지원조직 220, 221, 232, 239
중개자 199
중첩모형 187
중층형 지원사업 모델 240
지구시민 256, 259
지방소멸 323
지방정부 32
지역공동체 붕괴 321
지역만들기 262
지역만들기협의회 273
지역사회 24, 271, 324
지역사회 거버넌스 325
지역 주민 32
지역주민조직 286
지원(advocacy) 236
직능단체 59, 60
진보 323
진보적 시민사회단체 42

ㅊ

차별 사회 71
참여 202
참여민주사회시민연대 93
참여연대 85, 89, 195
참여정부 262
총독부 74
총선시민연대 138, 139
총선연대 140
최제우 73

쵸나이카이(町內會) 272, 273, 279, 280, 281
취약계층 246
측정 36
침묵의 봄 108

ㅋ

칼뱅주의(Calvinism) 27
커뮤니티 272
커뮤니티 비즈니스 255
커뮤니티 형성 272
커피하우스 50
코로나19 118
콜먼(J. Coleman) 24, 27
키케로(M. T. Cicero) 49

ㅌ

탈코트 파슨즈(T. Parsons) 19
태도 37
태안 기름 유출사고 154
테이블 사회 50
토크빌(Alexis de Tocqueville) 26, 34, 40, 100
통합적 단계 248
투명성 112
특권층 48
특정비영리단체활동법(일명 NPO법) 282

ㅍ

파트너십 43, 178, 179
파트너십형 180
퍼트남(R. D. Putnam) 23, 29, 30
페르낭 브로델(F. Braudel) 47, 48
페미니스트(feminist) 126, 130
페미니즘(feminism) 126, 130
포괄성 50, 181
폴라니(Karl Polanyi) 242
폴뿌리 단체 64
프랑스대혁명 298
프로테스탄트 윤리와 자본주의의 정신 26
프로테스탄티즘(Protestantism) 26
플라톤(Plato) 298
플랫폼 기업 123

ㅎ

하버마스(Jürgen Habermas) 180, 181
한국소비자연맹 112
한국여성민우회 127
한신・아와지(阪神・淡路) 대지진 277
한일위안부 117
합리화된 신화 21
행정 주도형 274
향반 72
헌팅턴(S. P. Huntington) 22, 33, 259
헤겔(G. W. Friedrich Hegel) 298
현실사회주의 51
협동 182, 243
협동모형 187
협동조합 59, 242, 243
협력적 거버넌스 321, 322, 325
협력・협조 186
형식주의 36
호주제 폐지 82, 129
호혜성 32
홉스(T. Hobbes) 47, 48
환경운동 107, 306
후쿠야마(Francis Fukuyama) 24, 25, 30
흄(D. Hume) 50, 218
홍사단 92

기타

1776년 미국 독립운동 49
1789년 프랑스 시민혁명 49
1965년 한일협정 78
1979년 부마항쟁 78

1997년 IMF 외환위기 35
1차원적 인간 106
2003년 파병 반대 143
2006년 국민신탁법 225
386세대 135
charity 213
FTA 협정 반대운동 152
IMF 81, 98
KKK 36
NGO 35, 40, 51, 52
NGO의 개념 61
NGO 주도모형 187
NGO 혁명 63
NPO 52
NPO법 233
NPO 서포트센터 234, 235
NPO・자원봉사단체 286
philanthropy 213
Public Citizen 307
SNS 106, 325
societas civilis 49
SOFA 84
SOFA 개정운동 141
VCO(NPO) 234, 236
VO 52
YMCA 41, 92
YMCA연합회 113
YWCA 41, 92, 122

저자 소개

임승빈(林承彬)

임승빈은 일본 동경대학교 학술학 석사와 박사학위를 취득했다. 학부는 한국외국어대학교에서 외국어를 전공했으나 언어가 아닌 언어학에 관심을 갖기 시작한 계기가 된다. 대학원에서는 행정학을 선택하여 행정학 석사를 취득하고, 1987년 4월에는 일본의 동경대학교 총합문화연구과 대학원의 상관사회과학 석사과정, 1995년 3월 박사학위를 취득할 때까지 동경대학교 상관사회과학을 전공하였다. 정치학, 행정학, 사회학, 경제학에 관한 강의수업과 세미나 수업을 받고 최종학위 논문인 "包括奉事形の政策執行(포괄봉사형의 정책집행)"이다. 지역사회의 민간인 명예직 행정위촉위원들과 행정과의 상호의존적 네트워크를 통한 정책집행과정에 관한 논문이다. 이론적 틀은 루만(Niklas Luhmann)의 사회체계론과 베버(Max Weber)와 파슨즈(Talcott Parsons)의 구조기능주의적 이론에 영향을 많이 받았으나 기본적으로는 지역사회와 행정과의 상호의존관계가 구조기능적만으로도 또는 현상주의적으로만으로도 해석할 수 없다는 입장이다. 오히려 일본의 경우는 권력의 순환과정과 권위의 순환과정이 메이지 유신 이후에 만들어진 국가제도주의 하에서 경제적 보상 관계가 아닌 사회적 보상 관계를 통하여 특수한 제도가 형성되었다는 경위를 밝힌 논문이다. 학위 이후에 한국에 귀국하여 한국지방행정연구원, 한국행정연구원, 국립순천대학교 등을 거쳐 명지대학교 행정학과에 근무 중이다. 그동안 주요 단독 저서로는 2003년 초판 발행 이후 2022년까지 제15판을 거듭해온 『지방자치론』(법문사), 제4판 개정판까지 낸 『정부와 NGO』(대영문화사), 2022년에 출간한 새로운 저서인 『질서의 지배자들』(법문사)이 대표적이다. 표창으로는 국민포장, 대통령상 2회 수상, 문화부장관상을 수상한 바 있다. 한국지방자치학회장(2017년)을 역임했으며, 입법고시 출제, 행정고시 면접, 7급/9급 행정학 출제위원 등을 역임한 바 있다.

제5판
정부와 NGO

펴낸날 제1판 제1쇄 2009년 2월 28일
제2판 제1쇄 2012년 8월 30일
제3판 제1쇄 2015년 2월 25일
제4판 제1쇄 2018년 8월 10일
제5판 제1쇄 2023년 2월 20일

지은이 임승빈
펴낸이 임춘환
펴낸곳 도서출판 대영문화사
주소 (본사) 사무실: 경기도 고양시 일산서구 주화로 70
우신프라자 307호 (우 10387)
(본사) 물류센터: 경기도 고양시 일산서구 덕산로
107번길 68-50 (우 10205)
등록 1975년 12월 26일 제3-16호
전화 (031) 913-3062, (031) 914-3884~5
팩스 (031) 913-3839
홈페이지 http://www.dymbook.co.kr

ISBN 978-89-7644-877-4
값 26,000원